张振犁 编著

孟宪明 朱淑君 统纂

中原神话通鉴

ZHONGYUAN SHENHUA TONGJIAN

· 第四卷

河南大学出版社
HENAN UNIVERSITY PRESS

·郑州·

目 录

二十四、夏禹 (1017)

531. 崇伯点化 [登封市] (1017)
532. 启母石 [登封市] (1022)
533. 涂山姚代姐育婴 [登封市] (1026)
534. 五指岭 [登封市] (1029)
535. 启母还阳 [偃师县] (1032)
536. 春风第一枝 [社旗县] (1034)
537. 牛头山 [登封市] (1035)
538. 石门沟 [登封市] (1037)
539. 禹都阳城 [登封市] (1038)
540. 箕山的来历 [登封市] (1040)
541. 箕山怀的传说 [登封市] (1041)
542. 挪宫 [登封市] (1043)
543. 龙王村与鸿雁河 [新郑市] (1046)
544. 大禹魂 [开封市] (1047)
545. 金牛开河 [灵宝市] (1051)
546. 禹王治水 [三门峡市] (1052)
547. 开三门 [三门峡市] (1054)
548. 三门峡的传说 [三门峡市] (1057)
549. 大禹导黄河 [三门峡市] (1058)
550. 大禹造桥 [三门峡市] (1059)
551. 米汤沟 [三门峡市] (1060)
552. 马蹄窝(一) [三门峡市] (1062)
553. 马蹄窝(二) [三门峡市] (1064)
554. 马蹄窝(三) [三门峡市] (1064)
555. 神脚掌 [三门峡市] (1065)
556. 中流砥柱 [三门峡市] (1066)

557. 驯服黄河［洛阳市］ （1068）
558. 通天柱与巡河大王［三门峡市］ （1069）
559. 邙山的传说［洛阳市］ （1071）
560. 河伯授图［新乡市］ （1073）
561. 禹王导黄河［济源市］ （1074）
562. 大禹导沇水［济源市］ （1075）
563. 船城［武陟县］ （1078）
564. 滚土堆［山东鱼台县］ （1080）
565. 大禹锁蛟［浚县］ （1081）
566. 大禹治水［滑县］ （1085）
567. 皇帝和龙［温县］ （1086）
568. 禹王锁蛟（一）［禹州市］ （1087）
569. 禹王锁蛟（二）［禹州市］ （1089）
570. 禹王锁蛟（三）［禹州市］ （1091）
571. 大禹捉蛟［禹州市］ （1093）
572. 禹王锁蛟井［禹州市］ （1094）
573. 启母石的传说［禹州市］ （1094）
574. 打开龙门口［禹州市］ （1095）
575. 诸侯山治水［禹州市］ （1099）
576. 石砣降妖［洛阳市］ （1101）
577. 石门［栾川县］ （1102）
578. 水牛沟［偃师县］ （1103）
579. 仙人石［汝阳县］ （1104）
580. 夏宝［伊川县］ （1105）
581. 鲧禹父子与龟驮碑［南阳县］ （1107）
582. 龙头桥的来历［新野县］ （1108）
583. 星星草［社旗县］ （1109）
584. 鲧禹治水［登封市］ （1110）
585. 淮汝交流［淮滨县］ （1113）
586. 禹王锁蛟龙［方城县］ （1115）
587. 大禹王［栾川县］ （1117）
588. 太室山与少室山［登封市］ （1117）
589. 崇伯鲧上任［登封市］ （1119）
590. 盗土治水［登封市］ （1120）

591. 下雨王下凡[登封市] …… (1121)
592. 下雨王借尸转世[登封市] …… (1123)
593. 玉溪村[登封市] …… (1124)
594. 文命聆教[登封市] …… (1126)
595. 舜王访贤[登封市] …… (1128)
596. 玉溪垂钓[登封市] …… (1130)
597. 负黍厅对[登封市] …… (1132)
598. 大禹治洪水过家门[登封市] …… (1136)
599. 照爷石[登封市] …… (1139)
600. 火烧蛟河[登封市] …… (1140)
601. 焦山斩甥[登封市] …… (1141)
602. 大禹斗水怪[商丘市] …… (1143)
603. 大禹骨链锁恶龙[商丘市] …… (1144)
604. 禹[桐柏县] …… (1147)
605. 桐柏山、淮河、大禹[桐柏县] …… (1149)
606. 淮河的来历[桐柏县] …… (1152)
607. 禹舟铁环[桐柏县] …… (1154)
608. 桐柏禹王[桐柏县] …… (1156)
609. 大禹治水[桐柏县] …… (1157)
610. 金茶叶[桐柏县] …… (1158)
611. 禹王锁蛟[桐柏县] …… (1160)
612. 铁链锁蛟[桐柏县] …… (1163)
613. 金镯锁蛟[桐柏县] …… (1164)
614. 玉井龙渊[桐柏县] …… (1166)
615. 大禹斩将[桐柏县] …… (1169)
616. 大禹治水和淮河水怪[桐柏县] …… (1171)
617. 禹王分水[桐柏县] …… (1172)
618. 大禹导长江[唐河县] …… (1174)
619. 淮渎抢地[桐柏县] …… (1175)

二十五、商汤 …… (1179)

620. 盛花坪[济源市] …… (1179)
621. 汤王祈雨[济源市] …… (1182)
622. 白云山[巩义市] …… (1184)

副 编

一、天文气象 …………………………………………………………………… (1189)

    1. 太阳和月亮（一）［清丰县］ …………………………………………… (1189)
    2. 太阳和月亮（二） ………………………………………………………… (1191)
    3. 太阳和月亮（三）［栾川县］ …………………………………………… (1191)
    4. 太阳和月亮（四） ………………………………………………………… (1193)
    5. 太阳和月亮（五） ………………………………………………………… (1193)
    6. 太阳和月亮（六）［封丘县］ …………………………………………… (1194)
    7. 太阳和月亮（七）［中牟县］ …………………………………………… (1195)
    8. 太阳赶月亮 ……………………………………………………………… (1196)
    9. 太阳和月亮换位［桐柏县］ …………………………………………… (1197)
    10. 太阳姑娘和月亮嫂嫂 ………………………………………………… (1197)
    11. 月嫂和日妹 …………………………………………………………… (1198)
    12. 日头和月亮（一）［豫东一带］ ……………………………………… (1199)
    13. 日头和月亮（二）［西峡县］ ………………………………………… (1199)
    14. 太阳和月亮的传说［延津县］ ……………………………………… (1200)
    15. 太阳姑娘［西峡县］ ………………………………………………… (1201)
    16. 月亮妹妹 ……………………………………………………………… (1202)
    17. 日月两兄弟分工［嵩县］ …………………………………………… (1202)
    18. 太阳的传说 …………………………………………………………… (1203)
    19. 太阳和月亮的故事 …………………………………………………… (1204)
    20. 太阳月亮的团圆节［桐柏县］ ……………………………………… (1205)
    21. 太阳公主 ……………………………………………………………… (1206)
    22. 日月山［西峡县］ …………………………………………………… (1207)
    23. 月亮半缺的来历 ……………………………………………………… (1208)
    24. 皎阳与洁月 …………………………………………………………… (1209)
    25. 龙女献日月［项城县］ ……………………………………………… (1210)
    26. 红仙丹与白仙丹［桐柏县］ ………………………………………… (1211)
    27. 太阳东出西落的由来 ………………………………………………… (1211)
    28. 阳光为啥会刺眼［淮阳县］ ………………………………………… (1212)
    29. 日、月、星的由来［范县］ …………………………………………… (1213)
    30. 太阳、月亮和鸡冠［西峡县］ ………………………………………… (1214)

31. 太阳、月亮和星星 …………………………………………（1214）
32. 日食月食〔濮阳市〕 ………………………………………（1215）
33. 天狗吞月 ……………………………………………………（1216）
34. 天狗吃太阳 …………………………………………………（1217）
35. 太阳神和黑煞神〔舞阳市〕 ………………………………（1218）
36. 白天和黑夜 …………………………………………………（1219）
37. 启明星〔洛阳市〕 …………………………………………（1220）
38. 启明星的来历〔郸城县〕 …………………………………（1222）
39. 镰刀星座 ……………………………………………………（1223）
40. 担子星的故事 ………………………………………………（1223）
41. 虹的传说 ……………………………………………………（1224）
42. 朝霞为什么是红色的〔范县〕 ……………………………（1226）
43. 雪花的由来〔洛河流域〕 …………………………………（1227）
44. 雪花姑娘 ……………………………………………………（1227）
45. 为啥先闪电后响雷〔淇县〕 ………………………………（1228）
46. 雨水为什么不均〔内黄县〕 ………………………………（1229）
47. 天明为啥一阵黑〔淇县〕 …………………………………（1230）
48. 天为什么是蓝的〔西峡县〕 ………………………………（1231）
49. 天为啥是蓝的〔范县〕 ……………………………………（1231）
50. 天为什么是青的 ……………………………………………（1232）
51. 阴天刮风不下雨的传说 ……………………………………（1232）
52. 为啥西南风热东北风冷 ……………………………………（1233）

二、自然神祇 …………………………………………………（1234）

53. 山神和巫婆〔清丰县〕 ……………………………………（1234）
54. 风婆婆〔豫南一带〕 ………………………………………（1236）
55. 寿星的故事〔滑县〕 ………………………………………（1238）
56. 老寿星头上的包 ……………………………………………（1239）
57. 建双塔〔中牟县〕 …………………………………………（1240）
58. 玉皇大帝的来历〔息县〕 …………………………………（1241）
59. 天奶奶替天爷解难 …………………………………………（1242）
60. 地上的光明是怎么来的〔西华县〕 ………………………（1243）
61. 水火不相容〔汤阴县〕 ……………………………………（1244）
62. 龙伯钓鳌 ……………………………………………………（1244）

63. 雷公和闪母 …………………………………………………………… (1245)
64. 好天难当 ……………………………………………………………… (1246)
65. 老天爷难当[浚县] ……………………………………………………… (1247)
66. 老天爷分家 …………………………………………………………… (1248)
67. 天帝赐麦子[淮阳县] …………………………………………………… (1248)
68. 人管天下[桐柏县] ……………………………………………………… (1249)
69. 老天奶奶当家 ………………………………………………………… (1251)
70. 土地爷和土地奶奶[西峡县] …………………………………………… (1252)
71. 老天爷的来历[西峡县] ………………………………………………… (1254)

三、人的起源 ………………………………………………………… (1255)

72. 人的来源 ……………………………………………………………… (1255)
73. 人的来历 ……………………………………………………………… (1256)
74. 老天奶奶造人 ………………………………………………………… (1256)
75. 世上为啥有残疾人[禹州市] …………………………………………… (1257)
76. 天神的哑水 …………………………………………………………… (1257)
77. 人为啥不长角 ………………………………………………………… (1262)
78. 眼耳口鼻的由来[项城县] ……………………………………………… (1263)
79. 男人为啥长胡子[杞县] ………………………………………………… (1264)
80. 没角捏[唐河县] ………………………………………………………… (1265)
81. 语言雨[商城县] ………………………………………………………… (1265)
82. 人身上为啥没毛[项城县] ……………………………………………… (1266)
83. 人身上为啥有泥[清丰县] ……………………………………………… (1267)
84. 喉疙瘩和胡须[项城县] ………………………………………………… (1268)
85. 男人为何有咽喉 ……………………………………………………… (1269)
86. 天帝封寿[项城县] ……………………………………………………… (1269)
87. 人活六十不活埋 ……………………………………………………… (1271)
88. 人祖问寿[遂平县] ……………………………………………………… (1272)
89. 人的寿命 ……………………………………………………………… (1273)
90. 女人的心为什么是水做的[洛阳市] …………………………………… (1274)

四、文化创造 ………………………………………………………… (1276)

91. 蚕姑奶奶[南召县] ……………………………………………………… (1276)
92. 打石取火和锄头的来历[镇平县] ……………………………………… (1277)

93. 锄头的传说[范县] ……………………………………… (1278)
94. 锄头的来历 ……………………………………………… (1279)
95. 锄钩为啥是弯的[唐河县] ……………………………… (1280)
96. 弓和箭的传说[南阳县] ………………………………… (1281)
97. 一日三餐的传说[西峡县] ……………………………… (1282)
98. 造屋的传说[南阳市] …………………………………… (1283)
99. 纺线婆的传说 …………………………………………… (1284)
100. 三黄[通许县] ………………………………………… (1285)
101. 海水为什么是咸的 …………………………………… (1286)
102. 海水为啥是咸的[开封市] …………………………… (1288)
103. 食盐[西峡县] ………………………………………… (1288)

五、动物神话 …………………………………………………… (1290)

104. 神牛下凡的故事[郑州市] …………………………… (1290)
105. 牛来人间[沈丘县] …………………………………… (1291)
106. 神牛下凡 ……………………………………………… (1292)
107. 牛叹气的传说[安阳市] ……………………………… (1293)
108. 牛和五谷 ……………………………………………… (1294)
109. 牛为啥没上牙[南阳市] ……………………………… (1295)
110. 牛传话 ………………………………………………… (1295)
111. 老牛植草[桐柏县] …………………………………… (1296)
112. 牛为什么吃草[遂平县] ……………………………… (1296)
113. 牛、驴二将军 ………………………………………… (1297)
114. 金牛与伏牛山[灵宝县] ……………………………… (1298)
115. 牛 猫 鼠[舞阳市] …………………………………… (1299)
116. 牛的传说 ……………………………………………… (1300)
117. 玉帝哄牛下凡间[沈丘县] …………………………… (1300)
118. 牛蹄子为啥分两瓣 …………………………………… (1301)
119. 牛蹄子为什么两瓣 …………………………………… (1302)
120. 关于牛的传说 ………………………………………… (1302)
121. 猪马牛羊牲畜的来历[西峡县] ……………………… (1303)
122. 六畜的来历[鹿邑县] ………………………………… (1308)
123. 蛇与人[宜阳县] ……………………………………… (1309)
124. 小鸡放屁[濮阳县] …………………………………… (1309)

125. "哥哥打"的来历 …………………………………………… (1310)
126. 龙、虎、鸡、太阳的故事[安阳市] ……………………… (1311)
127. 公鸡报晓 …………………………………………………… (1312)
128. 龙的产生[襄城县] ………………………………………… (1313)
129. 老虎身上的花纹 …………………………………………… (1313)
130. 盗五谷[济源市] …………………………………………… (1314)
131. 羊盗五谷种[西峡县] ……………………………………… (1315)
132. 狗为什么改不了吃屎[淮滨县] …………………………… (1317)
133. 狗吃屎的故事 ……………………………………………… (1318)
134. 狗求五谷 …………………………………………………… (1319)
135. 狗尾巴大谷穗的传说 ……………………………………… (1320)
136. 人吃狗食[嵩县] …………………………………………… (1320)
137. 吃屎狗的来历 ……………………………………………… (1321)
138. 狗为啥爱吃屎[南召县] …………………………………… (1322)
139. 狗看门的传说 ……………………………………………… (1322)
140. 青蛙是怎样改恶从善的[社旗县] ………………………… (1323)
141. 青虫为什么没有牙[淅川县] ……………………………… (1324)
142. 青蛙的舌头为啥短[南召县] ……………………………… (1325)
143. 鲤鱼犯荆花 ………………………………………………… (1326)
144. 龟盖为什么四十五块[西华县] …………………………… (1327)

六、植物传说 …………………………………………………… (1329)

145. 麦、谷子、玉米为啥只有一个穗 ………………………… (1329)
146. 小麦为什么只有一个穗 …………………………………… (1329)
147. 牛王种草 …………………………………………………… (1330)
148. 荞麦与寒露 ………………………………………………… (1330)
149. 麦子为啥单穗头[淮滨县] ………………………………… (1332)
150. 五谷为啥不是从根到梢都结籽[唐河县] ………………… (1333)
151. 植物浑身长穗的传说 ……………………………………… (1334)
152. 今天的小麦为什么只一个头 ……………………………… (1335)
153. 小麦顶头穗的来历[西峡县] ……………………………… (1336)
154. 麦穗与狗和兔子[社旗县] ………………………………… (1337)
155. 狗与麦子 …………………………………………………… (1338)
156. 五颗麦籽 …………………………………………………… (1338)

157. 通条麦与小麦[桐柏县] ………………………………… (1339)
158. 小麦和稻谷为啥只有一个头[桐柏县] ………………… (1341)
159. 小麦为啥只长一个头 ……………………………………… (1341)
160. 麦穗的传说[义马市] …………………………………… (1342)
161. 为什么麦子只有一个穗 …………………………………… (1343)
162. 庄稼的传说 ……………………………………………… (1344)
163. 小麦为什么只长一个穗[沈丘县] ……………………… (1344)
164. 口粮为什么又叫"免狗点"[洛阳市] ………………… (1346)
165. 麦为啥只结一个穗[唐河县] …………………………… (1347)
166. 小麦的传说[南阳县] …………………………………… (1347)
167. 原来下面不下雪 ………………………………………… (1348)
168. 下雪的故事[新乡市] …………………………………… (1349)
169. 天上下白面[林州市] …………………………………… (1349)
170. 五谷的来历 ……………………………………………… (1350)

七、地方神话传说 ………………………………………… (1353)

171. 黄河翻身的传说[封丘县] ……………………………… (1353)
172. 邙山和黄河的传说[封丘县] …………………………… (1355)
173. 邙山的传说[洛阳市] …………………………………… (1357)
174. 淮河的来历(一)[息县] ……………………………… (1358)
175. 淮河的来历(二)[息县] ……………………………… (1360)
176. 蛟龙破河[新乡市] ……………………………………… (1362)
177. 伏牛山的传说[卢氏县、栾川县] ……………………… (1363)
178. 孤山的传说[新乡市] …………………………………… (1364)
179. 花山爷与面疙瘩山[社旗县] …………………………… (1365)
180. 龙门的传说[洛阳市] …………………………………… (1366)
181. 龙门开不开[洛阳市] …………………………………… (1369)
182. 五湖四海的形成[西华县] ……………………………… (1370)
183. 不到黄河心不死[濮阳市] ……………………………… (1371)
184. 猪拱河的传说[豫东北] ………………………………… (1372)

后记 ……………………………………………………………… (1374)

二十四、夏　禹

531. 崇伯点化 [登封市]

大禹治水首先从西北高原起，疏导洪水向东南流，正走哩，龙关山挡住了去路。造成洪水倒流，连孟门山顶都淹没了。大禹心急火燎，领导治水大军昼夜开凿龙关山，到最后只需用一斧子，龙门口就劈开的时候，大禹举起斧子就是往下劈哩，抬头一看，日头已经压山。心想，等到明天再干吧。劳动一天，太累了，坐下来歇歇。一坐下来就昏然入睡，梦中见来了个白胡子老头儿，靠大禹身边坐下。

大禹问道："大爷，您来这里干啥？"

白胡子老头儿回答说："来看俺儿子哩。"

"您儿子在这干啥？"

"在这里治水。"

"他叫啥名字？"

"叫虬龙。"白胡子老头反问道："你认识他吗？"

"不认识。"大禹摇摇头说。

"是啊！在这里参加治水的人这么多，你不会完全都认识。"

大禹又问道："您家住在啥地方？"

白胡子老头儿笑眯眯地说："哪里山高，哪里就是俺家。"

大禹没有理解白胡子老头儿话的意思，又问道："您来见到儿子没有？"

"我是见到儿子了！"老头很伤感地说："他娘在家里更想念他。不知你们啥时候才把洪水治下去，让他回家。"

大禹轻松地说："快啦！明天一早，只用我一斧子劈下去，龙门口一开，洪水一退，就可以叫他回家。"

白胡子老头儿一听明天一早就打开龙门口，不仅没有高兴，反而大惊失色地说："哎呀！你明天一早就把龙门口打开，下游还没有河道，又没有堤坝，洪水下去没有管教到处泛滥，那还得了。当年崇伯鲧就是吃了这个亏的！"

大禹本来心情是轻松的，经白胡子老头儿一指点，心里又紧张起来，惊觉问题严重,心里说:"哎呀!要不是这老头指点,我又要犯俺爹曾经犯过的错误啊!真得感谢这个老头儿呢!"扭脸一看,不知道老头儿啥时已经走了。他前思后想拿不出主意。现在不开龙门口,上游在洪水里泡着;现在把龙门打开,下游又会被洪水冲毁,等把下游的河挖开,再把河南岸的堤坝筑起来,那要到何年何月!正愁着没办法哩,发现白胡子老头儿坐的地方,有个小黄布袋,拿起来一看,里边装着半袋五色杂土,布袋上还写着四行字:

"应龙画线,

黄龙负土,

金龙定水,

虬龙造山。"

落款是:玄鱼。

大禹醒来,翻来覆去,解不开这四句话的意思,随即叫来伯益、颖龙、童律、庚辰等人,把梦中的事讲了一遍。大家都围着黄布袋猜想起来。

庚辰说:"舅舅,你就没有问问老头是哪里的人?"

"问啦。"大禹说:"他说哪里山高,哪里就是他家。"

童律不假思索地说:"世界上到处都有高山,难道到处都是他家。"

"不。"伯益是个细心人,说:"人家说的是山高,不是说的高山!"

大家在议论,大禹在思索。他说道:"对呀!山高两个字合写是个'嵩'字,分开写是山高。老头儿是说他家居住在嵩山。"

庚辰又问:"老头姓啥叫啥,来这里干啥呢?"

大禹说:"老头儿叫啥我没有问,但他说他是来看在这治水的儿子哩!"

"他儿子叫啥?"庚辰问。"叫虬龙。"大禹说。"咱们的家就住在嵩山,他跟咱们是同乡,现在又跟我们一起在这里治水,怎么没听过有虬龙这个人?"庚辰争辩说。

大家一时弄不清白胡子老头儿和他儿子虬龙究竟是谁,当然对黄土布袋上提到的应龙、黄龙、金龙和玄鱼这几个人也没法知道是谁。最后,大家把注意力集中在四行字的落款上。

童律说:"黄土布袋是老头留下的,不用说布袋上面的字是老头儿写的,当然,最后落款就是老头的名字了。"

庚辰摇摇头说:"嵩山一带根本没有听说有玄鱼这个人。"

这时候,一向沉默不语的伯益说话了。

"玄鱼二字合写是个'鲧'字。依我看好像是老崇伯死后成神来点化咱呢!"

"哪有死了的人,晴天白日来显魂的!"大禹是个孝子,伯益提起他父亲老崇伯就伤心地掉下泪来。

伯益坚持说:"老崇伯为治水忠心耿耿,奋斗了一生,他老人家虽死,精神还在啊！老头儿当着你的面,说他是嵩山人,而且在黄土布袋上留名'玄鱼',这不是老崇伯又是哪个呢？"

"你说老头是老崇伯,那么他的儿子虬龙是哪个？"童律说:"临走留下一布袋黄土又是干什么？"

"虬龙当然就是夏伯大人了。"伯益说道:"老崇伯在世时,治水用的是神土堵挡洪水。现在他又把一生没有用完的神土送给儿子,叫他治水哩！"

经过伯益的解释,大家觉得确实是老崇伯神灵来指点后代治水呢,但是大家对"应龙画线,黄龙负土,金龙定水,虬龙造山"这四句话仍然解不开。

回到住地,晚上,人们都已入睡,唯有大禹思前想后久久不能入睡。直到更深夜静他刚刚入睡,梦中看见一个人头龙身的金龙老神从空中飘然而下,一见大禹,就从怀中掏出了玉皇大帝的圣旨说:"你们父子治水的决心感动了上神,玉帝传下圣旨,命我和黄龙来助,我在今日夜间,由应(颍)龙在前画河道,黄龙背负'神土'随后紧跟,再有你自己两手撒土造成南北邙山,直把洪水送入东海。"

梦中的大禹担忧地说:"龙门一开,洪水流速甚急,前头造山工程进行得慢怎么办？"

金龙老神说:"你们只管在前遵旨而行,后头有我定水缓缓而下。"

说了这些话后,金龙老神不见了。只见有四条龙各就各位,各负其责,各尽其力,前面是应(颍)龙拖着长长尾巴,划出了弯弯曲曲的河道,紧跟着是黄龙驮土在中间,这时大禹只觉得浑身发热,变成了一条很高的虬龙,两手抓起黄土筑造邙山,管住了洪水顺着河道走,不能随便乱冲,最后看见一条金色老龙手拿定水针,走走、停停,定住洪水缓缓而下,到东方发亮的时候,黄龙背上的黄土已经撒完,没法再往前进。这个地方,就是现在的邙山东头。金龙老神说:"鸡叫之声,就是我回天宫交旨之时。"说罢拱手向大禹道别而去。

图24.531.1 此禹像出自明弘治年间辑刻的《历代古人像赞》,这是我国最早的一部肖像画集(孟宪明供稿)

天色大亮,大禹站在邙山东头,眼望东方、长叹一声,说:"嗨！差一大截没有把洪水送入东海,到以后洪水在这里,还不知道怎样危害后代子孙呢！"

讲述人：崔文秀
采录整理：韩有治
流传地区：豫西一带

图24.531.2 清雍正年间刊小说《廿一史通俗衍义》版画（孟宪明供稿）

图24.531.3 明·张居正《帝鉴图说》揭器求言（孟宪明供稿）

【文献选录】

颛顼生鲧，鲧生高密，是为禹。

鲧娶有莘氏女，谓之女志，是生高密。云：高密，禹所封国。

禹母修已，吞神珠如薏苡，胸拆生禹。

（《世本·帝系》）

鲧娶于有莘氏之女，名曰女嬉。年壮未孳，嬉于砥山得薏苡而吞之，意若为人所感，因而妊孕，剖胁而产高密。

（《吴越春秋》）

夏后氏禘黄帝而祖颛顼，郊鲧而宗禹。

（《国语·鲁语上》）

尧命夏鲧治水，九载无绩。鲧自沉于羽渊，化为玄鱼。

（东晋·王嘉《拾遗记》卷二）

禹伤父功不成，循江泝河，尽济甄淮，乃劳身焦思以行七年，闻乐不听，过门不入，冠挂不顾，履遗不蹑。功未及成，愁然沉思。

(《吴越春秋》)

夏后所居曰嵩山，夏都阳城，即嵩山所在，古无"嵩"山，但以崇字为之，故《国语》称鲧为崇伯鲧。《周书》称禹为崇禹。

(章炳麟《神权时代居山说》)

洪水滔天，鲧窃帝之息壤，以埋洪水，不待帝命。帝令祝融杀鲧于羽郊，鲧腹生禹。帝乃命禹卒布土以定九州。

(《山海经·海内经》)

禹平水土，主名山川。

(《尚书·吕刑》)

禹敷土随山刊木，奠高山大川。

(《尚书·禹贡》)

禹乃以息土填洪水，以为名山。

(《淮南子·地形训》)

《夏书》曰："禹抑洪水十三年，过家不入门。陆行载车，水行载舟，泥行蹈毳，山行即桥，以别九州。随山浚川，任土作贡。通九道，陂九泽，度九山，然河菑衍溢，害中国也尤甚，唯是为务。故道河自积石，历龙门，南到华阴，东下砥柱，及孟津、雒汭，至于大邳。于是，禹以为河所从来者高，水湍悍，难以行平地，数为败，乃厮二渠以引其河，北载之高地，过降水至于大陆。播为九河，同为逆河，入于渤海。九川既疏，九泽既洒，诸夏艾安，功施于三代。"

(《史记·河渠书》)

舜乃使禹疏三江五湖，辟伊阙，导廛涧，平通沟陆，流注东海。鸿水漏，九州干，万民皆宁其性。

(《淮南子·本经训》)

【点评】

本篇流传于河南中岳嵩山一带，是关于大禹治水及其在父鲧的点化下，开展治水的神话遗存珍品。它对研究我国远古华夏族系及其开发中原的功业，有十分重要的科学价值。

其中透露出如下重要原始文化信息：①大禹的父辈崇伯生前治水的首要地区在嵩山及洛阳黄河一带。②嵩山也叫崇山，是夏部族祖居地，崇伯曾被黄帝封为这一带的诸侯，"禘黄帝而郊鲧"便是历史事实。它说明：禹族创业从嵩山一带开始。

③禹的治黄大业是在鲧死后通过幻梦指点,并在天帝派的神龙帮助下完成的。这一点与文献相符。它形象地勾画出了大禹治黄的历史和蓝图。④大禹治水神话应以中原为起点。

532. 启 母 石［登封市］

在登封市嵩山脚下矗立着一块巨大的石头,像一尊雕像站立在那儿,相传这就是"启母石"。在离"启母石"不远的地方,还立着两根由大块方石头垒成的门柱,上边刻着打猎、农耕的浮雕画。这就是当时大禹的家门口,后人叫"启母阙"。

那时候,洪水横流,为了使人民安居乐业,大禹治水跑遍了九州四野。在嵩山南面,西自龙门,东到禹县,有一条大河叫颍河,颍河一泛滥,两岸就变成一片汪洋,什么庄稼也不能生长。大禹为了把洪水排出去,就在登封县西北的萼岭口(也叫轘辕关)一带凿山治水。他打算把嵩山南面的洪水引进北面的洛河,然后再让它流到黄河里去。

这一天,大禹来到萼岭口附近一看,这里山势险峻,凿通萼岭口工程很大。他为了很快开通河道,在凿山时,就变成一只巨大的黑熊。大禹每天忙着开山凿石,没工夫回家,也顾不上吃饭,就叫妻子涂山氏给他送饭。他为了不让妻子知道自己变熊的事儿,就跟妻子约定:只要她听见敲鼓的声音,就去给他送饭。涂山氏就按照他的嘱咐办事。每天,当她听到咚咚的鼓声时,就赶快撑着木筏子,把饭给大禹送到开山的工地上去。这样,夫妻两人虽说都很辛苦、劳累,但心里很快活。

有一天,大禹在山坡上行走的时候一不留心,脚下踩动的几块石头从山上滚下来,刚好掉在鼓面上,发出了"咚咚"的响声。大禹因为忙,走得急,也没在意,只管上山去了。涂山氏一听到鼓声,心里纳闷,今天丈夫为什么吃饭早了呢?大概是特别累,饿得也快了吧!于是,她就赶快把饭做好,急急忙忙撑着木筏子给大禹送饭去了。

谁知道,当她来到山坡前,左等右等,也不见大禹回来,就往山上爬去。她来到山上往下一看,只见有一头大黑熊,正在山下用力凿石推土,开挖河道。它伸出两条巨臂,用力朝山岩上一推,只听轰隆一声响,山石塌下了一大片,倒在水里,溅起几丈高的浪花。大黑熊这才直起腰来,看看新开出来的山口,乐得眉开眼笑。

涂山氏一见,大吃一惊,心想:自己的丈夫大禹,怎么是一只大黑熊呀?平时自己为什么没有发现呢?一时间,她不知道怎么办才好,就提起饭篮赶快往家跑。一路上,她又羞又急又气。当她快到家门口时,心里一阵难过,往那里一站,就变成了一块石头。再说大禹,晌午时来到大鼓跟前,敲起鼓来。可是,他敲敲,等等,等等,敲敲,好久也不见妻子送饭来。他想,一定是出了事,就赶紧往家走。

大禹回到家里,里里外外找不着妻子的影子,只见家门口的山坡上,多了一块巨大的岩石,旁边还放着饭篮子。大禹这才明白:原来妻子已经变成岩石了。这时,大禹后悔不该把自己变熊的事儿瞒着妻子。他又想:妻子已经怀孕很久了。这一来,咋办呢?我没有儿子,谁继续治水呢?想到这里,他就急匆匆地走到巨石前面,大声喊道:"孩子他娘啊!你就这样离开我了吗?你要把儿子交给我呀!"

突然,轰隆一声响,这块巨大的岩石裂开了,跳出了他的儿子。大禹急忙把儿子抱了起来。后来,这孩子长大了,大禹就给他起名字叫"启"。所以,那块巨石就叫"启母石"。

讲述人:宫熙
采录人:冯辉　胡汉卿
采录整理:冯辉

图 24.532.1　嵩山启母石(2007年程健君摄)

图 24.532.2　中岳汉三阙之启母阙(程健君摄)

图 24.532.3 启母阙西半阙(2007 年程健君摄)

图 24.532.4 启母阙东半阙(2007 年程健君摄)

图 24.532.5 启母阙夏禹化熊图(2007 年程健君摄)

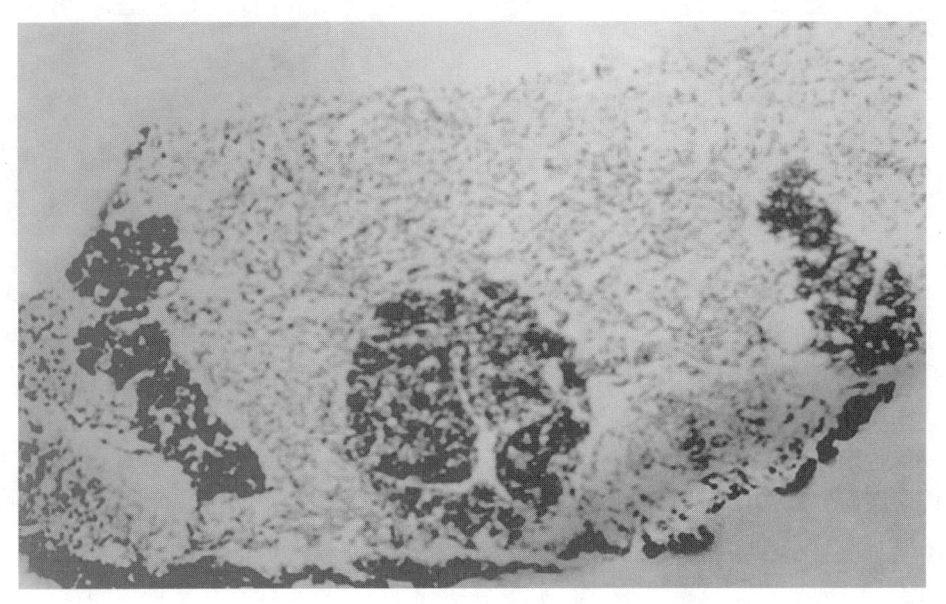

图 24.532.6　启母阙启母化石图（程健君摄）

【文献选录】

又东十里,曰青要之山,实惟帝之密都。北望河曲,是多驾鸟。南望墠渚,禹父之所化,是多仆累、蒲卢。

（《山海经·中次三经》）

夏后氏生而母化为石,此事之异,闻者说见《世纪》。盖原禹母获月精石如薏苡吞之,而生禹也。《淮南子·修务》云："禹生于石。"注谓："修已感石坼胸而生。"故说者以为夏后生而母复为石。今登封东北十里有庙,庙有一石,号启母石。……启母历代崇祀。亦以为之启母。按：元封元年,(汉)武帝幸缑氏,制曰："朕用事华山,至中岳见夏后启母石。伏云：'启母化为石,启生其中。'"地在嵩北,有少室姨神庙。登封北十二里,云启母之姨,而偃师西二十五里,复有启母小姨行庙。《淮南子》："禹通轘辕,涂山欲饷,闻鼓乃来。禹跳石误中鼓,涂山忽至,见禹为熊,惭而去。至嵩山下,化为石,禹曰：'归我子！'石破北方而生启。"盖本乎此事,……

（《路史·余论九》）

启母庙南有石阙,亦称开母祠。

（北魏·卢元明《嵩高山记》）

【点评】

　　本篇是流传于河南登封市中岳嵩山一带并见于典籍的"大禹治水"神话遗存名篇珍品。它接近口承民间原始形态,对研究华夏族系及夏文化的形成,有重要作用。

　　其中透露出的原始文化信息有:①夏族开发、居住和繁衍生息的主要地区,在中原腹心地带中岳嵩山周围。②夏禹的亲属(妻子、妻妹、儿子、臣子)都从这里出现。太室山、少室山、太室阙、少室阙古代遗迹,便是他们在此居住、生活的力证。③夏禹治水,最早应从这里开始,逐渐推向黄河、伊洛乃至全国各地,而《启母石》反映的正是大禹治水初期的活动。④原人的心智用想象构想:禹可变熊治水,人兽可以互变易形;涂山氏可以因心理失常,变为灵石;她又可崩裂,让儿子出世。它反映了原始人观念里的"人兽一体"、"灵石崇拜"的意识形态的特征。⑤在典籍古本《淮南子》及《随巢子》等文献中,均有"启母石"的记载;汉武帝亦曾在来嵩岳朝拜时,见过此神话遗迹及传闻。足见其产生于民间的时间是很古老的。⑥《启母石》神话中所讲的大禹治水的轘辕关,就在太室山西麓的"萼岭口",其山势、庙宇建筑,均可作为真实可信的实证。⑦启母石遗迹在嵩山南麓,县城北,古迹班班可考。这些都是其具有神话文化史价值的佐证。

533. 涂山姚代姐育婴［登封市］

　　中岳嵩山有太室、少室二山。这太室、少室的名字是从何说起呢?

　　相传唐尧时,登封市叫崇地,嵩山叫崇山。那时,普天下洪水泛滥,人们无法生存,纷纷逃往崇地。因为这里地势高,又有个酋长崇伯鲧领着堵水,就留下了一大片土地,可供居住。因此鲧也有了名声。

　　鲧的名声传到唐尧耳朵里,他就派鲧专门去治水。鲧只知道堵,一连治水九年不成,便被唐尧杀了。

　　虞舜为君后,鲧的儿子大禹要求继承父亲的遗志去治水。舜看禹有决心有才能,就答应了。禹的朋友伯益,劝禹用疏浚的办法去治水,一连治了十三年,开出九条河道,终于治住了洪水。

　　大禹治水到涂山,人们看大禹三十多岁还没有娶媳妇,就把一个最好的姑娘涂山娇嫁给了他。婚后,禹把涂山娇带回崇地。涂山娇的妹妹涂山姚不愿离开姐姐,也一起到崇地安家。大禹把涂山娇安排在崇山脚下居住,把涂山姚安排在季山脚下居住,安排停当后就又治水去了。一次路过家门,同伴劝禹进家看看,禹却说:"治水要紧,不能因顾自己耽误大事。"就这样大禹一连三过家门口,都没进门看上一眼。后来,要开凿轘辕关,工地就在家门前,禹这才见到了涂山娇。涂山娇有次发现丈夫的化身是黑熊,一气变成了石头。大禹从石头中唤出了儿子启。可是抱着孩子怎去开山呢?大禹无奈只好找涂山姚了。涂山姚见大禹为民治水的决心坚如铁石,十分爱慕,便继她姐姐嫁给了大禹。从此,她不仅代姐姐照料孩子,还代姐姐一天三顿为大禹准备饭菜。大禹就把涂山娇住的崇山叫"太室",把涂山姚住的季山叫"少室","太室山"与"少室山"也就从此得名了。

不久,轘辕关被凿通,治水的人又开到了龙门山,凿开了龙门口,撤干了汝阳江,露出了大片沃土。

人们为了纪念涂山娇、涂山姚姐妹,在太室山下建了太室殿和太室祠,在少室山下建了少室殿和少姨庙,还在启母石前建了启母殿和启母庙。

采录整理:甄秉浩

图 24.533.1 中岳汉三阙之太室阙(程健君摄)

图 24.533.2 中岳汉三阙之少室阙（程健君摄）

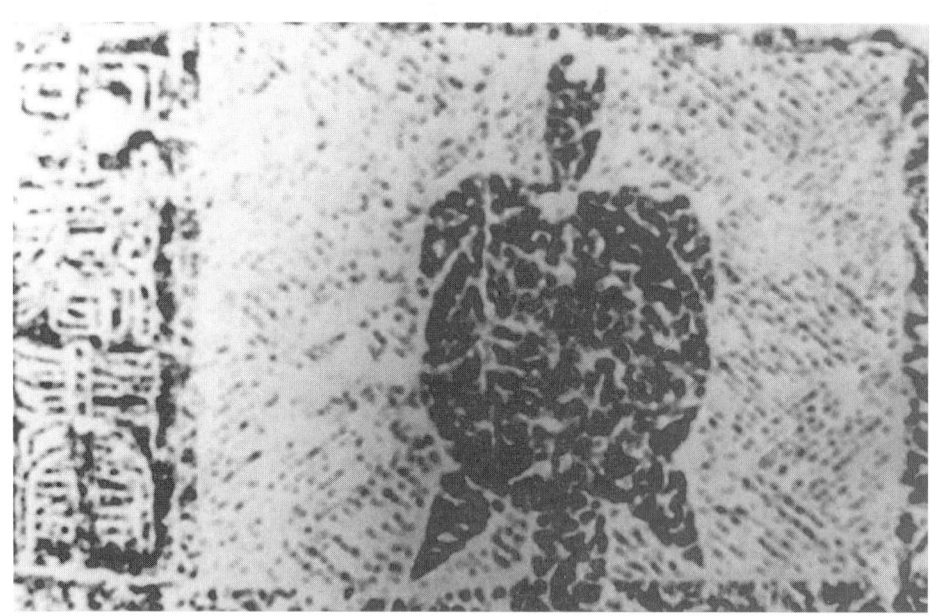

图 24.533.3 太室阙鲧画像（程健君摄）

【文献选录】

禹娶涂山,治鸿水,通轘辕山化为熊。涂山氏见之,惭而去,至嵩高山下化为石。禹曰:"归我子!"石破北方而生启。

(《绎史》卷十二引《随巢子》)

禹行功,见涂山氏之女,禹未之遇,而巡省南土。涂山氏之女,乃命其妾候禹于涂山之阳。女乃作歌,歌曰:"候人兮猗!"实始作南音,周公及召公取风焉。以为《周南》、《召南》。

(《吕氏春秋·音初》)

伊水又出陆浑县之西南……历崖口山峡也,翼崖深高,壁立若阙,崖上有坞,伊水经其下,历峡北流,即古三涂山也。

(《水经注·伊水》)

【点评】

本篇流传在中岳嵩山登封一带,是关于大禹家世、亲属的神话、传说珍品。它对研究大禹族系有重要价值。

其中告诉我们:①嵩山太室山与少室山名字的来历,可作大禹族系从嵩岳开发、居住、繁衍生息的历史事实。②大禹与涂山氏结为夫妻在豫西嵩县一带,而不在其他地方(如安夷、四川等)。③大禹妻子化石后,孩子与家务无人照料。其少姨涂山姚,主动嫁于禹,代姐育婴。这说明当时"姐妹同嫁一夫"的婚俗已存在,并在后来延续几千年。④嵩山的"太室阙"、"启母阙"和"少室阙"等古迹实证,足见大禹及亲属的神话、传说,确有据可考。

534. 五指岭 [登封市]

中岳嵩山的北面还有一座山岭,远看山头上像是竖着一只巨大的巴掌,裸露着五个手指,因此人们称它"五指岭"。

传说大禹打开轘辕关后,要去开凿龙门口。动身时,涂山姚抱着启儿送出门外,大禹在涂山姚的怀中亲了亲启儿,说了声"五年后再见",就匆匆地走了。

五年过去了,小启会跑会跳会说话了,整天缠在姨娘身边吵着要爹,他哪里知道姨娘早把心都想碎了。

这天,姨娘分外高兴,她拍着启儿的小脑袋说:"启呀!你爹出门整整五年了,今天就该回来了!"话音还没落,只听得太室山北"轰隆"一声巨响,涂山姚把启儿抱将起来,说:"走,龙门口开了,接你爹去!"一边说着,一边就离开家门,朝东北方向走去。

涂山姚抱着启儿走啊走啊,爬上太室山,越过峻极峰,跨过白鹤谷,又攀上马头崖,站在最高峰上直朝北望。只见对面山上又是一声巨响,半个山头就滚倒在山谷之中。就在这山头倒下的地方,出现了一只大熊掌,高竖着五个指头。波涛汹涌的龙门水,通过被熊掌推开的大山向东直泄。涂山姚很想从山倒处看到丈夫,但是除了洪水之外,唯有那五个手指在竖着。涂山姚眼含热泪抱着启儿,面对着洪水坐了下来。

其实,这只大熊掌正是大禹的一只手掌。龙门口被凿开之后,大禹就驾着木筏随波东流察看水路。他到了这个地方,看到山头阻水,霎时心中火起,身子一抖又化为大熊,伸开巴掌一下子推掉了半个山头。他的手还没来得及收回,就瞧见涂山姚抱着启儿,正站在对面马头崖上。大禹心里一惊,生怕涂山姚看穿情由,再走涂山娇的老路。好在整个身子有山头阻隔,只有这只手已被她看见,因此急忙恢复了原形,只把这只熊掌留在了山上。从此,这座山就被人们称为"五指岭"了。

涂山姚抱着启儿,正在马头崖上含泪北望,忽然看见洪水中一条木筏向南驶来,定睛一看正是大禹,便对启儿说:"爹回来了!"启儿喊了声"爹",张开双臂就迎着大禹跑去。大禹走上岸来,一把把启儿抱了起来,一家三口幸福地凝望着滚滚东流的大水,好半天大禹才笑着说:"好了好了,水泄了,家家都该团圆了,我们团圆的日子也快到了。"说罢,别了涂山姚和启儿,又匆匆地登上木筏,朝东北方向走了。

采录整理:甄秉浩

图 24.534.1　大禹治水的古辗辕关(1991 年 10 月程健君摄)

图 24.534.2　古辕辕关门（1991年程健君摄）

【附录】

信　函

[按]登封市广播站甄秉浩给张振犁的信。信中说明《五指岭》神话采录的经过,甚详。

张老师:您好。

上午,我从老崔叔手中接到了您的来信。读后深受教益,关于《五指岭》这个神话故事,是我在(一九)五八年前听我二伯父讲的,因为我家就住在五指岭南麓,登封县最东面的第一个小村——景店。我伯父解放前做旋货(就是算盘珠之类),整天往五指岭上跑,他是从谁口中得来的我就不知道了。这个故事就流传于五指岭这一带。

我二伯父名叫甄西庚,汉族,今年就已八十六岁了,但在大前年就去世了。登封县芦店乡景店村人,农民,半文盲。我今年五十九岁,一九三一年三月十八日生,多半生从事新闻工作,现在退二线作登封文化局协理,实际在家一直在搞《武则天登封传》、《少林寺全传》等长篇历史小说的创作。文化程度就算大专呢!

采录时间：大约在一九五六年八月里，采录地点就在我家中，是我同伯父在一起讲起嵩山的历史，讲到大禹治水时，偶然间听他给讲这个故事，一直到一九八一年，开封地区《中岳》杂志黄浦生同志来收集民间传说时，我才写了出来，写时，只同我写的《太室山与少室山》和"启母石"的传说，作了些吻合，基本完全保留原始模样，没有多大变动。

张老师，我只能为您的工作贡献这一点点出处，别的我就不知道了。祝您编安！

学生：秉浩
1990.3.4.下午

【点评】

本篇是流传在河南登封与新密、荥阳、偃师、巩义交界五指岭一带，关于大禹治黑石关洪水的神话遗存珍品。它是采录者从其叔父（镟匠）口述追记的，对研究大禹家世及治水功业有重要意义。

其中透露出：①大禹变黑熊推山治水的又一重大活动（一在轘辕关一在黑石关）；又是一次为妻子寻找；此次是涂山娇妹妹涂山姚带儿子启上峻极峰北望；上次被涂山娇发现后变石而去，此次禹恐再有悲剧，在变回人形时，未变完听儿子叫，剩一只手，成了五指岭。②人石互变，在当时原人的观念里是普遍现象，此神话意识特别鲜明。③大禹治水多靠其变巨兽的超自然力量来实现。气概宏大，惊人耳目。④大禹治水，妻子全力支持，姐姐化石，妹妹接过姐姐的儿子自己抚养。大禹外出，涂山姚像姐姐一样，仍以丈夫治水保护人民为第一生命。她身背外甥登嵩山之顶企盼丈夫归来。令人感动！其高尚的精神境界，令人敬仰。

值得注意的是：①此篇神话长期在当地传播。采录者小时从伯父口中听来，而他的伯父又是一个经常在五指岭上做小生意卖镟货的商贩。因此，它完全从民间口头传承中记录来，特别珍贵。②从至今尚屹立于嵩山北系的五指岭山名来看，也证明它是真实的、神圣的。

535. 启母还阳［偃师县］

轘辕关下，有个还阳镇。传说启的母亲涂山氏就是在这里还阳的。

禹治水十三年，平息了天下洪水，被推举为王，建都在阳城。这时候，四海升平，五谷丰登，百姓安居乐业。禹王高高兴兴地管理着国家大事。只有一件事常常使他伤心苦恼。啥事呢?他与涂山氏成亲以后,整年累月不在家,曾经三过家门,也没到屋里探望一下,夫妻没有安安生生地团聚过几天。特别是为打通轘辕关,他化作黑熊,害得涂山氏化为石头,一命归天。一想到这些,他觉得愧对了妻子,心里十分难受。

禹的儿子启呢?他懂事以后,听父亲讲,在他出生之前,母亲已化为石头死去。他知道了这些,经常跑到化为石头的母亲面前,千呼万唤,痛哭不止。哭够喊够了,一个人迷迷糊糊地漫山遍野去游荡。

一天,启又到他化为石头的母亲面前哭叫了一阵后,不知不觉来到了轘辕关下,往一座山神庙门口一躺,便睡着了。这时候,他朦朦胧胧地听到"启儿!启儿!"的喊声。启睁眼一看,面前站个女子,长相、穿戴和他父亲对他讲的他母亲生前的模样没有差别。启很惊奇,忙站起来。那女子又说:"启儿!我就是你的母亲。"

这是咋回事呢?中岳大帝知道治水有功的禹王思念贤妻,可怜的启儿思念母亲,他十分同情,便启奏玉皇大帝让涂山氏还阳,使其全家团聚。玉皇大帝准奏。于是,涂山氏从天而降。她见启儿睡在山神庙前,便把启从梦中唤醒。

启望着母亲半信半疑,不敢相认。这时禹王恰好赶到。因为启出门后,禹王不放心,便跟踪找来了。禹看见涂山氏也大吃一惊。涂山氏对禹王说:"中岳大帝为你们父子的思念之心感动了。他启奏玉帝,让我还阳和你们重新团聚!"禹王一听,热泪滚滚,忙叫启儿与他母亲相认。

涂山氏还阳的地方后来形成了镇子,就叫还阳镇。

采录整理:偃师县采风组

【点评】

本篇流传在登封、偃师一带,是关于"大禹治水"神话的传述,而非原来大禹神话本体。它是先民在大禹夫妻治水忘我的高尚精神的感召下,派生出的体现后人心愿的传闻。它说明:后人对禹的信仰,超越了现实的实际可能而出现的奇迹。

其中值得注意的问题有:①启母还阳的心愿,是后人的幻想。②启母涂山氏还阳是靠后世道教的神祇(中岳大帝、玉皇大帝)的力量:善有善报,生死大权由天帝主宰。③此篇传述显示后来的对立口吻,而非大禹夫妻、儿子的神话本体。④还阳镇也只是后人根据"在不可能的情况下,在幻想中成为可能"的思维的产物。

536. 春风第一枝［社旗县］

很早很早以前，地上一片洪水。庄稼淹没了，房子塌了，老百姓只好聚在山顶上。天地间混混沌沌，连春秋四季也分不清。

那时候的帝王叫舜，舜叫大臣鲧带领人们治水，治了几年，水越来越大。鲧死了，他的儿子禹又挑起了治水的重担。

禹率领人们察找水路的时候，在涂山遇到了一位姑娘。这姑娘给他们烧水做饭，帮他们指点水源。大禹很感激这个姑娘，这姑娘也很喜欢禹，两人就成亲了。禹因为忙治水，他们相聚了几天就分手了。临走时，姑娘把禹送了一程又一程。当来到一座山岭上时，禹就对她说："送到什么时候也得分别啊！我不治好水，是不会回头的。"姑娘两眼含泪看着禹说："你走吧，我就站在这里，要一直看到你治洪水回到我的身边。"大禹道别，他把束腰的荆藤解下来，递给姑娘。姑娘抚摸着那条荆藤腰带，说："去吧，我就站在这里等，一直等到荆藤开花，洪水停流，人们安居乐业时，我们再团聚。"

大禹离别姑娘就带领人们踏遍九州，开挖河道。几年以后，江河疏通，洪水归海，庄稼出土，杨柳发芽了，人民终于安居。大禹高高兴兴连夜赶回来找心爱的姑娘。他远远看见姑娘手中举着那束荆藤，站立在那高山上等他，可是，当他到跟前一看，原来那姑娘早已变成石像了。

原来自大禹走后姑娘就每天立在这山岭上瞭望。不管刮风下雨，天寒地冻，从来没走开。后来，草锥子穿透了她的双脚，草籽儿在她身上发了芽，生了根，她还是手举荆藤瞭望，天长日久，姑娘就变成了一座石像。她的手和荆藤长到一起了，她的血浸着荆藤。不知过了多久，荆藤竟然变青、变嫩，发出了新的枝条。禹上前唤着心爱的姑娘，泪水落在石像上。霎时间，那荆藤竟开出了一朵朵金黄的小花儿。

荆藤开花了，洪水消除了。大禹为了纪念姑娘心意，就把这荆藤花儿起个名叫迎春花。

采录整理：姜书华

【点评】

本篇流传在河南西部涂山一带，是关于禹妻涂山氏忠于大禹治水功业的自我牺牲崇高精神诗化的神话珍品。对研究大禹家室及其从事的神圣事业,有重要作用。

其中的特点:①与文献中涂山氏等候大禹的民歌"候人兮猗"相符。②涂山氏化石,只是涂山氏一生结局的一种神话幻想。③涂山氏在此篇中为等候丈夫,站立在大地上化为巨石,禹送她的青藤化作盛开的迎春花,寓意深远,境界神圣纯洁,它隐喻二人心心相印的崇高感情升华的奇迹。④涂山氏两种结局可并存。两种化石,含义不同:化石生启是原人的灵石崇拜的信仰遗存;候禹静立化石言其爱情坚贞,而且中心仍是以大禹治水保民的神圣感情物化的形体。而禹送妻子的青藤这一爱情信物,则与灵石化身的妻子结缠在一起,开出鲜美的迎春花。其圣洁自非一般的感情。

总之,本篇史料、文学价值极高。

537. 牛头山 [登封市]

相传,大禹治水后期,洪水虽落,但在颖河源头由于地势低洼,积水未退,仍是一片汪洋。在这片汪洋中,盘踞着一条蛟龙。这条蛟龙根据气候变化迁居卧地。炎夏时居于阴凉的上游,春秋天居于中间,严冬时迁居下游(即现在的"上龙窝"、"中龙窝"、"下龙窝"三个村庄的来由)。蛟龙经常兴风作浪,为非作歹,为给人民除害,玉皇大帝派驸马牛王下凡,治服这条蛟龙。

蛟龙红头青躯,嘴吐獠牙,爪如利剑,鳞似快刀。牛王下凡见了蛟龙,施一礼道:"贵体可好?"蛟龙傲慢地说:"你是何物!扰我龙宫?"牛王便把玉帝的旨意说了一遍,劝它不要为非作歹。蛟龙听后勃然大怒:"你假传圣旨,看我宰你!"不由分说,抡起大刀向牛王头上砍去。牛王急忙用双锏架住了大刀,仍和颜悦色地说:"劝你不要任性,不然,后悔莫及。""你少说废话,看刀!"蛟龙说着就抡刀向牛王砍来,牛王一连让过蛟龙几刀,看它无悔悟之意,便斗打起来。一直战了九九八十一个回合,蛟龙体力渐渐不支,刀法一乱,挨了牛王一锏。蛟龙看战牛王不过,便使个妖法腾飞上空,霎时满天大雾,蛟龙趁此潜入水中。牛王无奈,只好坐在海边石上纳闷。

这时,太白金星飘然而来。牛王见了十分高兴,把与蛟龙鏖战的情况向太白金星说了一遍。太白金星从腰中解下一根玉带,又拿出一张金符赐予牛王,交代几句,腾空而去。

第二天,正当午时,牛王来到海边,把玉带往海上一抛,霎时玉带变成了一道土岭,把大水分开。没有一个时辰,海水便分东西两处流走。后来人们便把这道岭叫"分水岭",就是现在的"分水庄"村。

俗话说:放开水来捉王八。海水一干,蛟龙无处存身了。牛王又诚恳地对蛟龙说:"你现在改邪归正还不晚,我可以在玉帝面前保你无事。"蛟龙哪能听进耳朵里,又舞刀杀来。双方又战了七天七夜,只杀得太阳无光,星斗稀落……蛟龙看战牛王不过,便张开血盆大口,喷出一股毒气,牛王被熏得浑身发紫,疼痛难忍。在万般无奈的情况下,牛王才拿出金符照蛟龙眼前一抖,蛟龙只觉得头晕眼花,四肢无力,瘫软在地上。片刻,一股白气冲天而起,蛟龙无影无踪了,地上留下一条尺余长的毒蛇。牛王将小毒蛇提起,抡了七七四十九圈,抛在山脚下的一口枯井里。然后把那张金符贴在井口的石头上,顿时股股泉水从井侧冒出,人们称这个池子叫"龙泉"。后来,在池子不远处盖了处院落,名曰"龙泉寺"。妖龙被除以后,牛王因剧毒攻心,一散劲瘫死在那里。现在龙泉寺西面的那座山头,即牛头山。

一日,玉皇大帝登上灵霄宝殿,召集文臣武将议事。玉皇问道:"朕派驸马下凡为民除害,未知如何?"太白金星向前奏道:"玉帝,前些时臣下凡见到了牛王,我赐他玉带、金符,助他除怪,可不知后来如何？玉帝可派人下去看个究竟。"玉皇大帝看了太白金星一眼,问道:"那家卿愿去？"太白金星说:"自从驸马下凡以后,大公主整日愁眉不展,前天要随臣下凡去看望驸马。现在何不派大公主前去？"太白金星看玉皇大帝不语,又道:"如果圣上不放心,让两位公主陪同前去如何？"玉皇大帝思考良久,道:"就依卿之言。"大公主领了旨意,随同两个妹妹驾起祥云,下凡来了。

她们落下云头,来到此地,一看牛王战死在那里,悲痛万分,大公主更是哭得死去活来。

此后玉皇大帝连下几道圣旨,宣她们上天,大公主誓死不再回去,要永守牛王尸体。二公主、三公主无奈,只得陪着姐姐整日守在牛王身边。玉皇大帝知道三个女儿不再升天,封三个公主为"三仙圣女"。人们为了纪念她们,在牛头山下盖了一座庙宇,称为"三仙庙"。这个山,玉皇大帝命名为"牛头山"。

讲述人:王庚申
采录整理:王电杰
流传地区:嵩山一带

【点评】

本篇系大禹治水神话的衍化传闻,基本上是道教神祇玉帝派牛大王在嵩山一带治水的传说。不属于禹治水神话的本体,可作为研究大禹治水后续的传闻。

538. 石 门 沟 [登封市]

在嵩山南麓,启母石东面,有一条很大的山沟,叫"石门沟"。相传,涂山女变成石头,生下了启以后,夏禹仍住在登封告城,白天外出治水,夜晚回家照管孩子。启自小聪明懂事,他知道父亲治水是为了拯救黎民百姓,所以父亲把他留在家里,他从不哭闹。他两岁会跑步喊爹,四岁会读书写字,六岁会爬山攀崖,七岁学会了开山治水的各种技术,每天跟着父亲走东闯西治理水患。

这年夏天,连降猛雨,山洪暴发,嵩山南麓的大部分洪水聚积在禹家东面的山洼里。因为洼前有座几丈高的石崖,挡住了洪水的去路,洪水泄不出去,便在这里泛滥成灾,黎民百姓个个叫苦连天。

夏禹整天忙着开凿辕关,每天早出晚归,顾不得左右观看,没想到自己住家附近还有邻居泡在水里。一天早上,启吃过早饭到东山去玩,发现了这一情况,就趁父亲在家吃饭的机会,偷偷拿了父亲的开山斧,直奔东山而来。这把开山斧重约二百多斤,没有大力气是拿不动的。启虽然年龄幼小,但力大过人,拿起开山斧,只觉轻如鸿毛。他来到东坡,先在一块大石头上把斧刃磨了磨,并想试试斧刃是否锋利,于是就照着路旁的一块大石头用力劈去,只听"忽啦"一声,大石头像豆腐块似地分成了两半,后人就把他劈开的石头叫作"试斧石"。启一见此情,心中高兴万分,自言自语地说:"斧刃还怪快哩!"他就拿着开山斧直奔东山挡水的山崖而来。

夏禹吃完饭,不见了开山斧,四处寻找没有下落,心想一定是被儿子拿走了,就急忙出外寻找。半路上他发现启正拿着开山斧往东山上走,于是就大声问道:"启儿你拿开山斧弄啥哩?"启理直气壮地答道:"俺要继承父业,开山治水,搭救黎民百姓!"说完,他来到挡水的山崖前,举起开山大斧,用尽平生的力气照着山崖猛劈下去,只听"轰隆"一声巨响,挡水的山崖被劈开一个像大门一样的缺口,山洼里的洪水从缺口处滚滚而下。从此,这里的水患消除了。当地的黎民百

图 24.538.1 登封禹洞(2007年程健君摄)

姓为了纪念启劈山治水的功绩,把他劈开的山崖缺口起名叫"石门",把这条山沟起名叫"石门沟"。

　　采录人：耿炳伦
　　采录整理：张存义

【点评】

　　本篇是流传在登封嵩山一带的关于大禹之子启帮助父亲劈山治水的传闻。它对研究夏禹世系及治水功业有重要作用。

539. 禹都阳城［登封市］

　　中岳嵩山南麓二十多里的阳城山下,颍河、五渡河与石淙河相汇处河谷盆地的土岗上,有个古老的都城遗址,被称为"王城岗",也就是今日所说的阳城。

　　禹继承父业,治水十三年,周历了九州土地,天下万国。东方到过扶桑,那是太阳升出的地方;西方到过三危山,那是西王母三青鸟居住的地方;南方到过交趾（越南）,那里气候非常炎热;北方到过人正国、犬戎国、夸父国、积水山和积石山,那里是北极荒远的处所。他领着人们疏通了大河三百条,小河三千条,沟沟岔岔不计其数,使地上的洪水流入江河,江河的水归于大海,人民过上了安居乐业的日子。

　　那时尧已经去世,舜做了天帝,他赏赐给禹一块上方下圆的黑色宝贝玉石"元硅",作为奖励;并封他为"夏伯",还把帝位让给了他;为了安慰他失去涂山氏女娇的寂寞,还赏赐给他一个叫"圣姑"的神女。可是对这些,他都不要,为了把帝位让给商均,他偷偷地逃到崇高山南的阳城山中,隐藏起来。很多人打听到他隐居的地点,都自动地追随他来,天下诸侯也都离开商均而投奔禹。

　　禹没办法,只得在阳城山下即天子位,做了帝王,并建国都,国号夏后。据说一匹日行三万里的神马"飞菟",受了禹的德行感召,也自己来到禹的宫廷,甘愿做他的坐骑。之后,又有一匹会说话的叫"跌蹄"的神马,也自动来做禹的坐骑。禹骑着神马到处安抚百姓,安排洪水退了之后的生产、生活,到处留下了神马的蹄印。

　　如今,阳城遗址还在,很多专家认为那就是当年的禹都阳城。

图 24.539.1 登封阳城博物馆（2009 年程健君摄）

图 24.539.2 登封阳城的大禹像
（2007 年程健君摄）

图 24.539.3 登封阳城的大禹治水像（2007 年程健君摄）

【点评】

本篇系作者根据部分文献资料和传说,编写的大禹治水事迹的概述,可作研究大禹生平的参考。

值得注意的是本篇所言禹都阳城一事,在20世纪70年代,国家和省级考古队曾在王城岗进行大规模发掘。出土的地下城址夯土层、城中管道及陶器底都有"阳城"字样,均与文献相符合。当时,在学术座谈会上,学者一致公认阳城乃夏禹初都。启即位后,曾迁都阳翟(今禹县)。由此可知,此资料比较可靠。

540. 箕山的来历 [登封市]

箕山原叫簸箕山,因为山形像簸箕,可是叫得简省了,就叫它箕山。实际上更古的时候,还叫避启山,山名和簸箕山近音,叫习惯了,就叫簸箕山,或叫箕山。

叫避启山,说的就是伯益避启的事。

伯益是助禹治水的一个功臣。相传他是颛顼帝的曾孙,是玄鸟燕子的后代,叫大费,也叫伯益,或柏翳,东夷族嬴氏的祖先。因为他懂得很多鸟兽的性情和语言,善于畜牧和狩猎,在舜当天帝的时候,就任过掌管山泽的虞官。他后来帮助禹治理洪水,立下汗马功劳,很受禹的重用。禹做了天帝以后,便选他为继承人。人民也很拥护这个英雄。

禹把都城迁到阳翟(河南禹县),叫他坐镇国都,管理国事,自己去南方各地巡视去了。禹的儿子启虽然长大了,但没带他去,也留在北方。可是,他看到伯益代父执政就很不愿意,处处想找他的别扭。实际上启因为大禹忙着整治洪水,没时间和机会教育他,由涂山氏之妹涂山姚带领他长大,把他娇惯得只会吃喝玩乐,什么道理也不懂,心中更没有老百姓。所以,禹不把帝位给他。

禹到南方去以后,走到过去曾大会群神的会稽山,病了,病得很急,积劳成疾,不幸逝世。消息传来,大家都非常悲痛。伯益也在悲痛之中,一方面派人去南方运尸,一方面派人到阳城启的家中慰问。

可是启呢?他表面装得对父悲痛,对伯益顺从,暗地里却招兵买马,发展自己的私人势力,瞅准阳翟国都空虚的机会,发兵对国都大肆进攻。

伯益为人忠厚,又在沉痛悼念禹的活动之中,看在是敬爱的禹帝的儿子份上,想回避一下,不战自退,把国都让给了启,自己带人逃避到箕山上去了。所以人们便叫这山为避启山。

谁知启更加嚣张,回头又向箕山进攻。伯益本来没带多少人马,现在又被启的大批军队攻击,虽提出让位,又说明利害关系,最后全力奋战,但少不胜多,寡不敌众,自己和军队将士全部战死在乱军之中。

启做了天帝,却还说是伯益让位的,并且又在每年的春秋两季都要杀猪宰羊祭祀伯益,这样,可真是"名正言顺"了,"夏传子,家天下"的封建王朝也就由此开始了。

当然,人们又不敢明目张胆地叫这山为避启山,看它像簸箕,便叫它簸箕山,或叫箕山。

至于禹的尸首,当时由于路远,天气炎热,又有动乱,没有运回,便埋在了会稽山上。现在浙江绍兴的会稽山还有禹陵的遗迹。

【点评】

本篇是流传在河南登封的关于夏禹王朝初建的历史状况的神话遗存珍品。它比较接近民间口承形态,对研究夏王朝转变的真实情况,有重要参考价值。

其中主要透露的历史文化信息:①禹未能"选贤与能"接替他的王位,便在南巡中死去。②启趁禹不在国都之机,夺权即王位,开始"家天下"国家制度。这是我国历史的重大转折。③伯益协助禹治水和建国,做出重大贡献,但他为了敬重禹,而退让启的夺权斗争,最后以失败告终。从而转化为"家天下"的进程,"公天下"一去不复返。④启为夺权合法化,狡诈称是伯益让权的骗局。⑤从"公天下"到"家天下"是历史的必然。⑥从"避启山"到"簸箕山"是历史见证,也与字音相同而被流传下来。

541. 箕山怀的传说[登封市]

箕山背阴有一处低凹的地方,湿润背风,树木葱茏,靠土堰根挖窑居住的几户人家,长年累月以耕牧为生,人称这里为箕山怀。说是"怀",也有另一层意思:传说夏代第十四代国王孔甲到箕山打猎遇到风沙,为躲避风沙进入山怀,又从民妇怀里夺走了初生的娃娃入了宫廷的。

孔甲是个吃喝玩乐、不理朝政的昏君。他喜欢打猎,整天带着一大帮宫廷随从和卫队,骑马持械到野外打猎;有时一出去就是十天半月。

这天,他带领随从来到被尧封为箕山公神有许由家的箕山,耀武扬威地在山中乱窜。箕山公神许由便刮一阵飓风,一时间飞沙走石,天昏地暗。孔甲的队伍被刮得东躲西藏、四散奔逃。孔甲被刮下马来,摔了一个跟斗,被随从搀扶到山怀一家低矮的土窑洞里,暂避风沙。

这家山民只有夫妻两个,虽已四十来岁,因家贫很晚才成婚,妻子不久就怀了孩子。正在国王孔甲被搀扶进洞的时候,他们的男孩儿刚刚落地。

抱孩子的邻居老妇一见国王到来,都感到吃惊;看看国王只顾望着窑外的风沙惊魂未定,心内也不害怕了,并且主动跟国王和随从搭话,还夸:"这孩子生得好,有福气,一生下来就见到国王,将来一定也是个大官!"有人却说:"未必,说不定他见人家是大官,自己还会遭灾殃呢!"孔甲听了,先是一笑,后是眉头一竖,止住说:"胡说!见了孤王怎会遭殃?我愿收他做儿子,看谁敢给他灾殃!"说着,就要窑主人给他孩子。窑主人再三哀求,才答应暂时将孩子留给窑主人抚养。

风停沙住,孔甲出窑,招集失散的随从、卫队回都入宫。后来,却又真的派人来箕山把孩子从娘怀里接去宫中抚养。主人不给也没办法。

孔甲只管给孩子好吃好穿,叫他过优裕的生活,享不尽的荣华富贵!孔甲常在大臣面前夸耀:"哼,跟王长大,看谁敢给他灾殃!?"可是,他只注意养活,而没有教给他知识和本领,娃娃什么也没有学到。

娃娃慢慢长大,成了少年,成了青年,该给他官做做了。可是他光知道吃喝玩乐。没有官怎么证明作为国王的威风呢?他就是个白痴也得给他官做!这事传出去激起了一些正直贤臣的议论,也引起民间人们的反对。箕山公神许由早为孔甲夺走箕山山民之子而愤恨。

这天,孔甲正要封这孩子高官的时候,孩子却跑出去玩了。他跑到宫廷演武场去看演武。孔甲派使臣去找。那使臣忠于孔甲,害孩子不浅。箕山公神许由刮起大风,本想把厅椽摧折,把使臣砸死,没想到椽折幕落,砸飞器械架上一把利斧,利斧跳了起来,正落在奔跑的孩子后脚脖上,将脚砍掉。

孩子的伤虽经医治,伤口愈合,但成了终生瘸子。

孔甲伤心地想:两只脚有官不会做,还能摆摆架子吓人,一只脚怎么做官?架子也摆不成了。因此,只得让这孩子去当个不能走动的守门人。他想到箕山接生的民妇的话,无限感慨。感慨之余,写了一首《破斧之歌》,说:破斧子呀破斧子,你毁了我的儿子!只想到君主之后都能富贵,却不料终成了残废!那就当个守门人吧,但不要再回箕山去……

【点评】

本篇是流传在登封市的传说,对了解夏王朝统治者的腐朽政治,有参考价值。其中的某些迷信成分,可作为测验当时民心、民情的口承资料。

542. 挪　宫 [登封市]

"挪宫！挪宫！"有人会问，这是人们在喊叫吧？不！这不是人们的叫喊声，而是鸟儿在叫喊。鸟儿会说话吗？会呀！我就讲一个鸟儿说话的故事。

相传，很早很早以前，普天之下是一片汪洋，洪水四溢，到处为害，逼得黎民百姓只有到高山峻岭上去居住。后来，夏禹的父亲崇鲧领导治水九年，因治洪水的方法不当，招致大祸，被判罪充军羽山，死在北极的冰天雪地里。到了夏禹治理洪水，他接受了先人的经验教训，改变了方法，疏渠引水十三年，最后治水成功。夏禹在世的时候，百姓们拥护他做了夏王，死了以后，人们为他修盖了很多庙宇。别的地方不说，单在中岳嵩山，从东到西不到二十里以内，东修太室祠，西修少室庙，中间盖了启母宫。

夏禹治水成功，也惊动了上方的玉皇大帝。

有一天，玉皇大帝在灵霄宝殿和群神议论大事。太白金星奏道："臣启玉帝陛下，下界出了一件大喜事！"

玉皇大帝问："是何大事？"

太白金星道："夏禹治理洪水成功，水顺河流，河归大海。百姓们都从高山上搬到平地住了。赏功罚罪，是治世之道。对夏禹的功劳，陛下也应该有所赏赐呀！"

玉皇大帝说道："夏禹活着的时候已经做了夏王，死后又受到祭祀。这已经是很高的赏赐啦！"

"那些都是黎民百姓们对他的敬意，陛下作为上帝，更该有所赏赐。"

"他在世为主，死后成神，已经足够了！朕实在无法再封赏了。"

太白金星说："臣以为应该赏赐，也有法赏赐。"

"依你之见，如何赏法？"玉皇大帝问。

太白金星说："黎民百姓为他修盖了庙宇，陛下赏赐他一块御匾，使他治理洪水的事迹流芳万代，就是最大的赏赐。"

玉皇大帝心里想："中是中，但匾造多大呢？造得小了，哪能显出我堂堂玉皇大帝的威风；造得大了，下界的庙门又都很低，也挂不了。"想来想去，自己也想不出个好办法，就提起御笔，写了四句："工匠鲁班，监工杨戬，工期百日，匾挂石岩。"写罢，交给太白金星李长庚去办。

太白金星赶忙奏道："陛下，匾题何字？"

玉皇大帝说："功高无比，文词岂能表达！"说罢，就起驾回吉祥宫去了。

太白金星在灵霄宝殿领来了圣旨，连夜召来了鲁班和杨戬，命他二人急速下凡给夏禹王造挂御匾。

鲁班和二郎神杨戬来到下界,把世界上所有的禹王庙都查看了一遍,最后,决定在中岳嵩山启母宫后的悬崖上造一幅石匾。

可是山高,崖陡,咋上去刻造呢?

鲁班说:"造,我有青钢神斧一把,砍石如剁泥,按期造完是可以的。但这山高有百丈,崖如刀切,上不去,站不住,没有办法造啊!"

二郎神杨戬说:"只要你能刻造,怎样上去,我有办法,你穿上我的登云鞋,站在云头上刻造就是了。"

难题算是都解决啦。

鲁班从工具箱中取出了青钢神斧,在一块大石头上磨了又磨,然后递给杨戬,说:"你试一试,看快不快?"二郎神杨戬接过青钢神斧,走出屋门,向着一个大石头砍去,只听"喀嚓"一声,囫囵囵的一个大石头,被砍成了两半。杨戬惊奇地说:"哎呀!好一把锋利的斧头呀!有了它,百日工期,一定能按期完成。"后来,人们就把被二郎神劈裂的石头叫"试斧石"了。

从这一天起,不管风雨和寒暑,鲁班都穿着登云鞋,站在云头上,为夏禹王刻造御匾。二郎神杨戬也日不错影,每天去监工。

经过九九八十一天,御匾快要刻造好的时候,太白金星李长庚下界来视察。二郎神杨戬一看是太白金星来到,慌忙叫住鲁班,二人一齐向太白金星施礼。

鲁班说:"上神,你看这御匾刻造在这里好不好?"

二郎神杨戬也说:"上神,这块御匾正好刻造在启母宫的后岩上。你看照不照?"

太白金星李长庚也不吭声,从上往下看看,又从下往上照照,说道:"好是好,照也照。可是有一件,您二位只顾高兴哩,刻造石匾凿下来的大石块,万一滚落到启母宫上,把宫殿砸坏咋办呢?"

鲁班和杨戬压根儿就没有往这上头想过,听太白金星一讲,才大吃一惊。

"那咋办呢?"鲁班发愁啦。

二郎神杨戬这时候也没了办法,只好恳求太白金星说:"上神,这都怨俺两个粗心大意,事到如今,工期快到了,再换个地方恐怕也来不及了,请上神恩赐一个办法吧!"

李长庚沉思了一阵,说道:"我看,这样吧,咱把启母宫挪到别处,照原样重新复建起来算啦!咱们挪宫院,不挪山门,岩上边滚落下来的大石头,让它落在宫殿旧址上,叫它为千斤石①。这样,前头有山门,中间有千斤石,后岩上有石匾,三点成一线,还是一座好宫院。"

---

① 千斤石:又叫启母石,这里是同一物的不同传说。

二郎神杨戬问:"挪到别处的宫院叫啥名字呢?"

太白金星说:"叫'重复宫'吧!"

鲁班问:"咋挪呢?"

太白金星李长庚说:"您二位只管按期刻完御匾,挪宫的事由我去办。"

鲁班和杨戬这才放了心,照常刻造御匾去了。

太白金星李长庚,找来了嵩山的山神和土地神,命他们两个变成两只鸟儿,连明彻夜,轮换叫喊:"挪宫!挪宫!"

起初,宫里宫外都没有注意这种鸟儿的叫声。时间长了,鸟儿越叫越高,越叫听得越清楚。宫里宫外的人们都觉得很奇怪,这个说:"过去可从来没有听见过这种鸟儿的叫声呀!"那个说:"这可能是一种神鸟,要不,它咋会绕着宫院叫呢!"大家都说:"神鸟叫'挪宫',一定是宫院在这儿有危险。叫挪,咱就赶快挪吧。"说罢,宫里宫外一齐动手,不几天,整个宫院,除了山门,都被挪到距离旧宫向西一里多的地方。正要去挪山门,只听"轰隆隆……"一声巨响,从万岁峰的刀切岩上,滚落下来一大溜石头块,其中一块最大的石头不偏不斜正好滚落到启母宫大殿的旧址上。宫后的悬岩壁上,明明显显地亮出一块长方形的石匾来!

这时候,再也听不到鸟儿的叫声了。人们都说:"鸟儿不叫了,危险过去了,这山门就不用再挪了,赶快把挪走的宫院重修起来。"宫院重新修成以后,取名就叫"重复宫",后来又更名为"崇福宫"。

从此以后,"挪宫!挪宫!"的故事就流传下来了。

讲述人:韩成良
采录整理:韩有治
流传地区:中岳嵩山

【点评】

本篇是流传在河南登封的关于大禹治水神话派生的风物传说。它不属于禹神话本体,系后来道教神国传闻编造的神幻作品。可作研究中原华夏族系对大禹神祇信仰的参考。

其中的特点:①天神主持为禹的治水之功进行表彰的神幻故事。其主旨是为禹赏赐御匾而产生的一系列难题的解决。②天下的禹庙不可胜数,而在禹族祖居的嵩山"启母宫"圣地,应悬最高规格的巨匾,才能符合天心民意。③刻匾的过程与"挪宫"都是由道教神操持并由鲁班完成的。这些显然与大禹神话无关,只是后人的撮合。其意在把禹功置于道教神的主宰下。④作为与禹绩相关的遗迹,自然对禹神话有宣扬的客观作用。

543. 龙王村与鸿雁河[新郑市]

在很久以前,天下洪水泛滥成灾,到处汪洋一片,人们四处逃难,无家可归。

舜帝命大禹治理洪水。大禹奉命,驾船行驶到现今的新郑地带时,黑云压地,狂风暴雨。大禹稳坐船中,探流沙,察水势,研究治水路线和方法。他率领百姓,挖河道,排淤泥,白天黑夜与洪水搏斗。当时,有对鸿雁,经常跟着大禹,展开翅膀,遮盖着大禹的船,不让雨淋住大禹。雨停了,鸿雁累得坠落在大禹的船头。

这时,突然正北霹雳一声震天响,出现了一条巨龙,张开大口,吸呀,吸呀,把汪洋大水吸干吸净,又朝大禹开挖的河边吐去。"哗——"大水顺着河槽,向东南大海流去。巨龙因劳累过度,死在了滩上。

从此,洪水平息,风调雨顺。中原一带的人们过着安居乐业的生活。百姓们抬着猪羊,捧着贡品,慰劳大禹,庆贺胜利。舜帝见大禹治水有功,就把帝位禅让给了大禹。

大禹为王以后,没有忘记帮他治水的那对鸿雁和巨龙。在巨龙累死的地方,大禹让人们修起龙王庙,逢年过节,送礼上香。后来,人们称这个地方叫龙王村。大禹把那对鸿雁死落的那条河流,起名为鸿雁河。

讲述人:李合义,47岁,粮店工人
采录整理:王雅湘

【点评】

本篇流传在河南新郑一带,是大禹治水神话遗存的珍品。它接近民间口承神话形态,对研究大禹在中原腹地治服洪水有重要科学价值。

其中透露的神话信息:①大禹乘船在中原地区平原地带治理水患。②其中鸿雁为禹遮雨,巨龙为禹开河,动物、禽鸟人格化表现人民的意愿,令人感佩。这种神话思维的特点,是原始神话的典型。与道教传说相比,其价值自然不可同日而语。③禹受禅让,功盖天地,而其圣功又离不开异物的相助。因此,更具艺术魅力。④正因其流传地域特殊,更见其可贵。

544. 大禹魂 [开封市]

开封南郊有一片宽阔的高地,曾是古代治水英雄大禹与水妖河怪血战的地方,俗称禹王台。相传,黄河每次在这里决口,古城变成一片汪洋,附近的禹王台却安然无恙。人们传说,高台得过神力相助,下面顶着一座山峦,见水便长,水涨台高,再大的洪水也休想淹没它。

尧舜时期,人间风调雨顺,五谷丰登。神仙水德星君主管天下的水情,他的坐骑水灵兽生性残暴,神通广大,特别是口中含着一颗聚水珠,能调动江河湖海之水,把任何地方变成一片泽国。不料,这个畜生挣脱锁链偷偷下凡,藏在黄河里兴妖作怪,从此世间便多灾多难了。

黄河到处泛滥,百姓叫苦连天,舜王便任命鲧主持治水。鲧采取到处围堵的办法,不仅没有挡住洪水,反而造成了更大的危害,按照刑律被处死。他的儿子大禹挺身而出,继续带领人们除害。大禹汲取了父亲的教训,审时度势,因势利导,劈山开河,疏导洪水,水灵兽只得乖乖地让他牵着鼻子走。他在万山丛中日夜奔波十三载,三过家门而不入,劈石峡,凿龙门,开挖河道,引黄东流,建立了丰功伟业,受到天下百姓的拥戴。舜死后,大禹便成了炎黄部落联盟的首领。

黄河冲出壶口,来到一马平川的中原地区,奔腾咆哮,横冲直撞。水灵兽如虎添翼,大显神通,洪水再也不按大禹开挖的河道前进了,经常漫溢河槽,到处肆虐。洪水过后,像笤子梳过似的,将庄稼、房屋、人和牲畜一扫而光。

大禹来到中州地势最低、洪水危害最大的开封视察,面对生灵涂炭、荒无人烟的惨景,不禁流下了痛苦的眼泪。他深知如果不采取高招降伏河妖水怪,半生奔波,前功尽弃。蓦地,他想起父亲从前治水的办法,倒很适于平原地区。阴阳五行,土能克水,运土筑堤,一定能扼制住洪水。

第二天,他把筑堤堵水的办法一说,大家都很赞成。人们先在洼地修筑了一座高台,让大禹站在上面观察水情,发号施令。大禹居高临下,对洪水动向了如指掌。他把令旗指向哪里,大批民夫就涌向哪里。肩挑人抬,人流如梭,一道道大堤平地而起,挡住了洪水的去路,人们不禁喜上眉梢。

黄河里的水灵兽勃然大怒,施展道行,驱动洪水,杀气腾腾向人们冲来。"兵来将挡,水来土掩。"大禹早有防备,令旗一摆,人们争先恐后运土上堤,水涨堤高,第一个回合人类胜利了。

水灵兽气得嗷嗷直叫,连忙纠集了五湖四海的河妖水怪、狐朋狗友,乘风踏浪,浩浩荡荡杀来。道高一尺,魔高一丈。大禹一招手,一百名膀大腰圆的壮士肩扛牛皮大鼓,挥动大槌,擂响战鼓助威。他们围着高台边敲边舞,动作热烈粗犷,鼓声响彻云霄,激励人们顽强奋战。这就是流传至今的盘鼓舞,已经成为当地的民间游艺。双方斗得天昏地暗,日月无光,第二个回合打了个平手。

正当双方势均力敌、相持不下时,水灵兽狗急跳墙,吐出聚水珠,调来东海水,倒灌黄河。霎时,巨浪滔天,一浪高过一浪,铺天盖地压了过来。大禹见势不妙,忙挥动令旗让民夫撤退。可是,还没等人们明白发生了什么事,洪水已经冲垮大堤,吞噬了一切。

大禹十分悲痛,忙向台下的壮士大声喊道:"留得青山在,不怕没柴烧。你们快走!"

"你不走,我们也不走!"众壮士异口同声,更加强劲地边敲边舞,悲壮地迎接死亡。洪水包围过来,壮士们很快被淹没了。

水灵兽跃出水面,一阵狂笑:"大禹,只要向我低头认罪,可饶你不死!"

大禹挺起胸膛:"人类顶天立地,头可断,血可流,腰却不能弯!"

"只要你承认我世间无敌,再也不和我作对也行。"

大禹义正词严:"即使我制服不了你,还有我的后代,子子孙孙,奉陪到底!"

水灵兽吹了口气,水猛地上涨,一直淹到大禹的脖颈,吼道:"快投降吧!"

"人类决不屈服!"

在这严重关头,天上主管土壤的神仙土德星君骑着大青牛腾云驾雾路过这里,见水灵兽为非作歹,要置大禹于死地而后快,不禁怒火中烧,暗中施展法术,调来一座大山支在高台之下。

奇迹发生了:高台逐渐上升,露出了水面。水灵兽气急败坏,张开血盆大口,喷出一股巨流,直向大禹冲来。洪水一个劲地猛涨,高台也越升越高。

土德星君找到水德星君,诉说水灵兽在人间作恶多端,请他严加管教。水德星君怕给自己脸上抹黑,索性装聋作哑。土德星君一气之下,便让神通广大的坐骑大青牛下凡助大禹一臂之力。

水灵兽用尽吃奶力气也淹不住大禹,正想耍点子,突然,晴空霹雳,大青牛从天而降,"哞"的一声,张开海口,把洪水喝了个精光。

水灵兽图穷匕首见,祭出看家法宝聚水珠杀敌,只见空中万道水剑刺向大青牛。大青牛四蹄刨地,飞沙走石,凝成一道铜墙铁壁抵挡。双方各显神通,鏖战一场。

这时,天下的百姓从四面八方赶来支援大禹治水,千军万马汇集台下,迅速筑好大堤,制服了水灵兽,洪水奔流入东海。人们在大青牛卧过的地方修建了开封城,安居乐业,又在高台上立祠塑像,纪念大禹。今天的禹王台公园,迎门有一幅大型彩色壁画,生动地再现了当年大禹带领中原人民治水的宏伟壮观场面。

图 24.544.1 开封禹王台也称古吹台(1991年程健君摄)

图 24.544.2 开封禹王台大禹庙(2005年孟宪明摄)

图 24.544.3　开封禹王台大禹像（孟宪明摄）

【点评】

本篇是作者根据部分文献和开封的民间神话传说，编写的通俗文本。它对了解大禹在中州开封一带治水的情况，有重要作用。

其中说明如下重大问题：①大禹在开封一带平原治水，未采用挖河道沟渠进行的办法，而是因地制宜，继承父鲧以土围堤的经验，制服洪水。这样对治水全局来讲，就比较全面、科学。疏导宜在山陵地带使用，围堤堵水宜在东部平原使用。这确实是科学实践的一大补充。②大禹率民工筑堤，擂鼓助威，留传下古老的开封盘鼓民间艺术。其原始艺术的功能性十分明确。此一信息极为可贵。③开封南郊地势高亢的禹王台是大禹治服水怪的地方，人们在大青牛卧过的地方修城，所以开封城也叫卧牛城，可说有据。总之，本篇在中原大禹治水神话中，占有特殊的重要地位。

值得注意的是：①由于作者不是采用科学的方法，而是以口承民间神话为主体，夹杂有通常人们都知道的历史材料，混为一体，使民间神话珍品被淹没。这是一大损失。②作者采用道教仙话的骨架来表述，就更使原形口承神话失真了。③作者的创作手法，时有流露，也影响了它的朴素、明快的民间风格。从本篇的写作来看，这是应该记取的教训。

545. 金牛开河［灵宝市］

大禹治水时，有个牛子神相助。

原来，灵宝县靠黄河的梁文征庙一带，有个大鱼石（巨石），挡住河水不能向东畅流。

金牛有一次从天上下来，一看，见三板石头顶住坡，黄河水往这里冲，老百姓受不了。它也很焦心。

夏禹王治水来到这里，想把这大鱼石往外开凿哩！结果是，白天凿，黑夜合；白天凿，黑夜合。金牛在南天门看见了，就下来用角帮助掘。金牛把鱼石整开以后，黄河水就不能为害了。

这下子可触怒了上神玉帝。玉帝说金牛多管闲事。禹王就派手下人帮它说情。金牛说："我呵，我是为百姓整河哩，我有啥错！"

天神说："桃林的百姓应该遭难，你不该下来。这是犯了天条。"

金牛从此被打下了人间。

老百姓说："不是金牛，我们怎能安居乐业！"所以，至今，梁文征庙一带的老百姓还敬祀牛子神。

这里每年三月桃花盛开，后来又种了大片枣林，灵宝大枣也就特别有名。老百姓都蒸牛角形的枣馍敬金牛天神。这种习俗到现在还很盛行。

这一带被黄河冲了几百年、几千年，三板石的老百姓都没受害，都是金牛开河的功劳。

讲述人：王生民，男，60岁，灵宝县西阎乡乡志编写室负责人
采录人：杨虎胜　程健君　张振犁
录音：程健君
采录时间：1984年12月5日
采录地点：灵宝县西阎乡达紫营村王家

【点评】

本篇是流传在河南灵宝县（原阌乡县）一带大禹治水神话遗存的珍品。它属接近民间口传形态的神话，对研究大禹沿黄河治水活动有用。

其中透露如下神话信息：①黄河从高原流经山西、陕西交界的壶口，进入峡谷，直泄而下，过龙门势若悬河，由北而南，经陕西潼关风陵渡，被阻挡，为害灵宝大片土地。由于一巨石（鱼石）的拦阻，不能折向东流。因此，这里的引黄东来成了关键问题。②大禹在此凿掉鱼石成了大难题。似有天帝作对：白天凿开，夜间又合住。人格化的天宫神牛，私自助禹以角抵开鱼石，黄河始东流入海，立了大功。③神话中经常出现天帝惩罚人类的"罪过"而使之遭难。此处亦然。这里让黄河冲击淹没灵宝的土地，即是一例。因而金牛助禹开河，具有抗御天帝赐下灾难的行为，被认为是犯了"天条"，而贬下凡间受罪。这类神话题旨，明显带有天帝惩人"罪恶"意图失败的人民心愿的内涵。正因为如此，人们才永远敬祀金牛。甚至在食俗上用吃牛角形的馍，来纪念金牛的功劳。此类神话题旨，正是马克思所说的"神话是通过想象来征服自然、支配自然"的原理。

值得注意的是：当地习俗和庙中的碑文都可证明此神话、传说的真实性。

546. 禹王治水［三门峡市］

传说，这里以前是个湖。我们这儿有个魏德岭，对岸有个张店塬。俗话说："魏德岭开船，张店塬揽船。"这里是一座大山，陡着哩！正好形成一个湖，水不能东流。

禹王治水来到这儿一看，见是两只羊在争仗，挡住水不能东流。禹王就把这两只羊逮住了，水也就拓开了。那面是山，这面也是山。开了槽水才流下去了。

下面是鹰咀圪扒窝①，水路很难走。

讲述人：王海堂，男，65岁，农民，识字
采录人：张振犁　杨帆　程健君
录音：程健君
采录时间：1985 年 4 月 21 日
采录地点：三门峡大安村

【附录】

禹王治水［三门峡市］

那时候，这里都是石头，有一个横崖头，水流不出去，聚成一个大湖。俗话说

---

① 鹰咀圪扒窝：当地方言。形容沟沟坎坎、凸凸凹凹。

"张店塬上船,魏德岭揽船",就是证据。

禹王治水时凿开了。这是石山,水才从这儿下去。

这就是禹开三门。

禹王治水有功了,后来给他盖个庙。

讲述人:张百河,男,81岁,农民,识字
采录人:张振犁　杨帆　程健君
录音:程健君
采录时间:1985年4月22日
采录地点:三门峡史家滩

禹王开三门[三门峡市]

禹王治水前,这里没有几道门。禹王治水到这儿以后,把山开开了。过去这里都是湖。土里头的龙骨一架一架的。

"张店塬开船,魏德岭揽船。"这事情不假。

讲述人:张小根,男,62岁,农民,不识字
采录人:张振犁　杨帆　程健君
录音:程健君
采录时间:1985年4月22日
采录地点:三门峡史家滩

禹开三门[三门峡市]

大禹在三门峡开辟,这是真事。狮子头是人工留下的,上面刻的"鬼斧神工"几个大字,看样子,是上面没有凿下来以前刻上去的,打出来以后,再把字往上凿。最后,把这几个字悬到最高处,很高。现在是打不上的。

再一个就是这里的岩层和淤泥,在山沟里就可以看到:山岩上一层石头,一层沙子。这个证实大禹没有治水以前,这个传说是真实的。什么"张店塬开船,魏德岭揽船",说明这两个点是个水平线。没有治水以前,河道没有疏通,这里就是个大湖。

讲述人:王海亭,男,62岁,农民,识字

采录人：张振犁　杨帆　程健君
录音：程健君
采录时间：1985年4月21日
采录地点：三门峡大安村

图 24.546.1　三门峡原貌图（三门峡水利工程宣传部供稿）

【点评】

本组四份资料是1985年4月，调查组直接从三门峡南岸村庄农民那里采访的录音稿。它虽不完整，却十分真实地说明了三门峡开通之前，这里确实挡住黄河不能东流的自然环境的情况。大禹也真正从这里凿开三门，打通了黄河主道，畅流东海。

据地质、考古学证明：在远古时候，这里确实是个大湖，南北岸可以渡船。这里农民口述的材料，是从古人那里一直传留下来的。它要比文字资料早得多，也可信得多。正因为如此，才更见大禹开三门疏导黄河的功德无量。

547. 开三门[三门峡市]

在很早很早的时候，三门峡一带是个很大的湖泊，名叫"马沟"，没有出口。如果站在高山上往下看，眼前是一片白茫茫的湖水，一眼望不到边。当时弄船的人常说："张店塬开船，魏德岭揽船。"张店塬在山西省平陆县，魏德岭在河南省陕县的张茅乡。这是黄河两岸最高的两个大塬,也是当时的两个码头,可见当时的水位真够高了。

再说北山的深潭里有一条老龙,看到马沟水深湖大,就挪到这里来住了。这条老龙来了以后,经常喷云吐水,兴风作浪,马沟的水越涨越高,淹没了不少村庄和土地。老百姓今天搬这里,明天挪那里,过不上安生日子了。有时候洪水突然涨上来,家家户户被冲得妻离子散,不知道淹死了多少人。

那个时候是舜王坐天下,他看到老百姓受难,心里不好受,就派大禹去治水。大禹是个有本事的人,他有两件宝物:一把划水剑和一柄开山斧。剑划到哪里,水就流到哪里;斧子劈到哪里,哪里就开出河道。

大禹来到马沟后,先跑到高山顶上察看地势,看到整个地形是西北高,东南低。他想:水总是由高处往低处流的,我应该把水从西北引到东南。想罢,他就跑到湖边,用剑向东南划了几下,水就顺着剑划的道向东南流去。当水流到马沟峡谷的时候,一座大山拦住了水的去路,水又聚住了。大禹抡起开山斧,"啪啪啪"三斧子,把大山劈开了三个豁口,水就分为三股向下流去。三个豁口把大山分成了四座石岛:和南岸相连的一座半岛,临水的一端,像一只张着嘴的狮子,因此大家叫它"狮子头";中间两座石岛叫"鬼门岛"和"神门岛";和北岸相连的半岛叫"人门岛"。大禹开完三门,又抡起了斧子,开出一座砥柱岛,用它来定波镇澜。以后人们就把这个地方叫"三门峡"。

水道疏通以后,马沟的水一天比一天浅,眼前一大片湖泊慢慢变成了狭长的河谷,这可急坏了水底的老龙。它咬牙切齿地说:"大禹呀大禹,我不惹你,你倒惹起我来啦!要知道我可不是好欺负的!"

老龙一生气,把天上的云雾都吸进肚里,接着又兴风作浪发起了大水。没多大一会儿,水又涨得很高,淹没了许多村庄和田地。

大禹看到这情景,心里也很气恼。他怒冲冲地说:"孽龙呀孽龙,我不把你除掉,这里的老百姓就不得安生!"

大禹拔出利剑,"扑通"一声跳进水里和老龙搏斗起来。老龙嘴里喷着水,张牙舞爪地向大禹扑过来。大禹举起宝剑,用力向老龙的心窝里刺去。老龙急忙向水底一沉,躲过了大禹的宝剑……他们就这样斗了三天三夜,只斗得天昏地暗,日月无光。最后大禹和老龙都乏了,谁也占不了上风。老龙喘着粗气,张开利爪,拼着最后一股劲儿,恶狠狠地向大禹扑过来。大禹一闪身子,躲过了老龙的利爪,趁老龙没有摆稳身子,使出了全身的力气,用剑刺进了老龙的胸口。这时候,鲜红的血像泉水一样从老龙的心窝里喷出来。血喷到两岸的山上,把山石都染成了红色。直到现在,三门峡两岸的山壁上,还有红色的山石和泥土。

老龙死了以后,沉到水底去了。以后水又不断地往下流,马沟湖就变成了黄河河道。原来的湖底都露出了地面,高处成了塬,低平处成了地。

水患平息以后,老百姓都回到三门峡,修房建屋,垦荒种地,日子比过去安稳得多了。老百姓为了纪念大禹,在黄河两岸建了两座禹王庙。

三门峡大坝开工以后,民工在河滩上刨出了一盘龙骨,有头、有爪、有尾。据说这就是当年被大禹杀死的老龙的尸骨。

图 24.547.1　三门峡砥柱石(2008年程健君摄)

【文献选录】

砥柱,山名也。昔禹治洪水,山陵当水者凿之,故破山以通河。河水分流,包山而过,山见水中,若柱然,故曰砥柱也。三穿既决,水流疏分。指状表目,亦谓之三门矣。

(《水经注·河水》)

古者龙门未辟,吕梁未凿,河出于孟门之上,大溢逆流,无有丘陵高阜灭之,名曰洪水。禹于是疏河决江,十年不窥其家。

(《尸子》孙星衍辑,卷上)

【方志选录】

三门:中神门,南鬼门,北人门。惟人门修广可行舟,鬼门尤险。舟筏入者罕得脱。三门之广,约三十丈。

(《陕州志》)

【点评】

本篇是采录者根据当地的有关大禹治水劈三门、除孽龙及周围自然环境的特点,编成的"开三门"通俗文本。它与民间口承神话形态有一定距离,但可作为研究"大禹开三门"神话的依据。

其中涉及以下问题:①禹治三门峡的全过程与神幻故事紧密相连。②大禹治水前,三门峡的原来地貌与地质、考古等资料基本相符。③此篇与文献记载亦大体相一致。④问题是表述语言近于作家语言习惯,与口头语言有距离。因此,它不属于口承原始形态。

548. 三门峡的传说[三门峡市]

相传大禹治水到了黄河,先得到河伯献的河图,也就是治水的地图。他凿开了龙门山之后,顺着河水来到了现在三门峡附近。这里原来也是一座大山,挡住了黄河的去路,使黄河的水流到这里流不过去,只好倒回头向上流,淹没了八百里秦川。这座山叫砥柱山,山石异常坚硬。

禹王带领治水群众驻扎下来,准备凿开砥柱山,使河道畅通。由于河水混浊,无法饮用,禹王就带领大家挖井取水,一共挖了七口水井,至今还在。禹王指挥群众、鬼神,把砥柱山破成几段,凿开了三个缺口,河水从这里急涌而过,合成一股流下。三个缺口好像三道门,所以叫作"三门"。三门各有名字:"鬼门"、"神门"、"人门"。河中的两个石岛,其中一个叫"鬼门岛",岛上崖头上有两个比水井口还大的圆坑,活像一对马蹄印,叫作"马蹄窝"。据说是禹王开砥柱,跃马过三门时马的前蹄在这里打了一个滑溜踩下的足印。

三门峡的上游有个禹王庙,从前"放溜"过三峡的艄公们都先要在这里歇脚,给禹王烧香许愿,放鞭炮,饱吃饱喝一顿,然后才驾着木船直向三门峡,是否能够侥幸渡过三门,或者在岩头上碰个稀烂,全在眨眨眼的工夫。所以当地人说:"店头街(茅津渡)是叫不尽的艄公,哭不完的寡妇!"

讲述人:王卷群,47岁,汉族,中学教师,陕县大营乡五原村人
采录人:许明星,洛阳市孟津县人

采录时间:1990年暑假

【点评】

本篇是流传在河南陕县的关于三门峡大禹治水神话遗存的珍品。它接近民间口承神话形态,对了解三门峡的大禹治水神话全部概况有重要价值。

其中的特色:①从大禹来三门峡驻扎安营到挖井七眼;从开三门到马蹄踏崖留下蹄印;从中流砥柱到禹王庙遗迹,历历在目。②整体资料齐全,很有价值。③直接从农村农民口头采录的原始形态,符合科学性的要求。④大禹治三门黄河,依照的是河伯授予的治河图,来源古老,神话意识典型。

549. 大禹导黄河[三门峡市]

传说,过去大禹治水的时候,三门峡一带是个大湖。俗话说:"张店塬开船,魏德岭揽船。"张店塬在山西,魏德岭在河南,是当时的两个大码头。可见那时这个湖有多大。大禹治水来到这里时,要在山上劈开一个大豁口,再在下面开一条河,让湖水顺着河走。

大禹要去劈山开河了,临走时对娘娘说:"等到河开开了,水都流走了,再给我送饭。"

大禹把山开开以后,就变个黑猪在前边拱河,湖水顺着河往东流。

娘娘见水下去了,天也不早了,就提着饭罐去送饭了。到地方一看,不得见人,光看见一个黑猪拱河哩,就慌忙吆喝开了:"黑猪拱河哩,黑猪拱河哩!"

大禹一听是娘娘在吆喝,知道是让她看见了原形,气哩一巴掌把娘娘的头打掉了,滚到了河当中。

三门峡以前有神门河、人门河、鬼门河。人门河中间插着一块大石头,那就是娘娘的头。娘娘的身子还在山西那边站着哩,也说是娘娘山,也叫梳妆台。娘娘送饭的罐里是汤,也让大禹打洒了,河北面就有个地方叫米汤沟。高庙山的料礓石,是娘娘汤里拌的面疙瘩,满地都是。

讲述人:王双师,男,48岁,农民,上过几年小学
采录:河南大学中原神话调查组
录音整理:程健君 张振犁

采录时间:1985年4月21日
采录地点:三门峡大安村

【点评】

本篇是流传在河南三门峡的关于大禹治水神话遗存的珍品。它质朴、明快、生活气息浓,是当地农民讲述的口头录音稿,属民间神话原始形态。

其中透露的神话信息是:①大禹在三门峡变猪拱河与他在登封轘辕关变熊推山开河,有异曲同工之妙。可见在先民看来,人变兽鸟是为了增强人的征服自然力量;同时,人兽互变是原始先民的特殊幼稚观念的反映。这是神话意识的典型。同时,也与图腾信仰有一定关系。②在轘辕关禹变熊,涂山氏发现后变石生子;在三门峡,娘娘见禹是猪,喊叫时,被禹把她的头打掉,身首异处,变成人门河中的娘娘头,在河对岸的娘娘山(也叫梳妆台)是娘娘身子。娘娘送饭洒米汤的地方叫米汤沟;高庙山一带的料礓石,是娘娘洒的米汤里的面疙瘩。所有这些遗迹,都是幻想的产物,又都是大禹在此治水留下的证据。这全是原始神话朴素的幼稚的神话意识。

存在的问题:①娘娘不知是涂山姚不是,因为涂山娇已化石了。②同一类情节出现在不同作品里,似乎也是一种神话模式。③大禹打掉妻子的头和《青石筋的来历》中禹打死妻子,似不近情理。其中可能有禁忌观念。

550. 大禹造桥[三门峡市]

三门峡的三个石桩,原说是桥腿。大禹造桥完工的时候,好像说有什么法子,这么一弄,就翻过来了:上面是桥面,下面是桥腿。

最后,他给他老婆说:"你听见我打鼓了,你再给我送饭,没听见鼓声以前,不要来送饭。"好像很神秘,到了时候大禹才打鼓。

结果,来个飞虫撞到鼓上响了,老婆就把饭送来了。大禹一看,这事被她给败了。所以这个桥就只好桥脚朝上,没能翻过来。大禹当时把饭罐子一撂,气坏了:"你算把我的计划打乱了。"

当时,饭汤罐子被扔了,山上边的料礓石洒得满坡,据说就是大禹洒的面汤疙瘩变的遗迹。

讲述人:王海亭,男,62岁,农民,识字
采录人:张振犁　杨帆　程健君
录音:程健君
采录时间:1985年4月21日
采录地点:三门峡大安村

【点评】

本篇是从农民那里采录的原始资料。主要内容与《米汤沟》相似,只有其中敲动鼓的是虫羽(鸟)。这一点与黄帝在娘娘蛋儿坡的情节类似。这里其他传说则是官牛推蛋造成的。此可供比较研究之用。用敲鼓联系妻子送饭,似乎也是一种模式,多处采用,这应是民间创作的特点之一。如同羿追日遇马齿菜,后又大量用在"二郎追日"和"王莽撵刘秀"传说中一样,是可以套用的。

551. 米 汤 沟 [三门峡市]

"北岸有条米汤沟,南岸有座高庙山。
沟里枣刺挂红裙,山下娘娘打饭罐。
三门峡谷造大桥,大禹老君美名传。"

这首民谣说的是三门峡谷造桥的故事,也就是鬼门、神门、人门三座石岛的来历的传说。关于这三座石岛的来历,南北两岸的说法不完全一样,现在咱就说说北岸的吧。

在三门峡北岸的平陆县,有一个三门村,村旁有一条米汤沟。这条沟里有三样怪事:第一是下雨沟里流红水,那水稠糊糊的,就像红豆熬的米汤;第二是酸枣树的枣刺不带钩;第三是官牛①不推蛋蛋。为什么这条沟和旁处不一样哩?这些事还得从大禹娘娘送饭说起。

大禹治水的时候,曾经三过家门而不入。大禹的妈妈知道以后,更加想念儿子,到处打听儿子的消息。这一天,她听说大禹在三门峡治水,就把大禹娘娘叫到跟前说:"我听说大禹在三门峡治水,成天操劳。你也去吧,到那里好好照顾他。"

娘娘点头答应,第二天拜别了婆婆,就到三门峡去了。

---

① 官牛:即屎壳郎。

大禹把三门峡的河道疏通以后,看到南北两岸的百姓来往很不方便,决定在这里造一座桥。他日日夜夜拱在水里打桥基,忙得连饭也顾不上吃。这时候,正好娘娘赶到三门峡。娘娘来了以后,看到大禹这样劳累,很心疼他,天天做点好饭给他送到河边上。

娘娘住在北岸山上,天天跑这么远的路给大禹送饭,大禹也心疼她。要是自己回家吃饭,又太耽误时间。大禹想来想去,想出了一个两全其美的好办法。他在半山腰里凿了一个挂鼓石,在石上挂了一面鼓。他对娘娘说:"你来回跑这么些路太累了,以后你把饭送到这里就中。饭送来后,你敲几声鼓,我听到鼓响就上来吃饭。"

娘娘觉得这个办法不错,就按照这个办法行事。她把饭送到半山腰后,就敲起鼓来。不多一会,大禹果然上来吃饭了。

山顶上有一条干沟,一直通到半山腰里。娘娘送饭定要经过这条沟。沟里长了许多小酸枣树,树上有许多带钩的枣刺。沟里还有许多官牛,整天在那里推蛋蛋。有一天,一群官牛在沟边上推蛋蛋,忽然刮起了一阵大风,把那些蛋蛋都刮下山坡,正好落在大禹安的那面鼓上,发出了"咚咚咚咚"的一阵响声。

这时,大禹正在峡谷里造桥。他已经造好了三个桥腿,单等桥面一安上,南北两岸的百姓就可以来往了。大禹干得正有劲,忽然听到半山坡上鼓声乱响,他想现在还不到饭时,一定是娘娘有急事找他,所以他赶紧往半山坡上跑。

再说娘娘正在屋里做饭,她刚熬好一锅稠糊糊的红豆米汤,还想做几个鸡蛋烙饼,忽然听到鼓声敲得急,觉得有点奇怪,她想:"每次都是我把饭送到那里后再敲鼓,今天还不到饭时,他怎么就跑上来敲鼓了呢?哦,他一定是饿了,催我快送饭。"

想到这里,娘娘顾不得再做鸡蛋烙饼,慌忙把红豆米汤倒进饭罐,掂起罐就往山下走。娘娘走到那条沟里时,一不小心,裙子被枣刺挂住了,娘娘打了个趔趄,身子一晃,一罐红豆米汤都撒在沟里了。娘娘很生气,用手捋了捋枣刺说:"长这些钩干啥?把我的红裙挂坏了,米汤都弄洒了。"

说也奇怪,那些枣刺听了娘娘的话,前面的钩都直了。从此以后,这条沟里的枣刺都不带钩。

娘娘掂的米汤虽说都洒了,她还是想到半山坡上看看大禹,叫他今天别干活了,跟她一起回去吃饭。娘娘刚走到半山坡上,大禹也正好赶到。娘娘见了大禹,关心地说:"还不到饭时,你怎么就敲起鼓来了?你饿了吧?"

大禹见娘娘空着手下来,以为她把饭藏起来了,心想我造桥这么忙,你还给我开玩笑。他责备娘娘说:"你要不敲鼓,我怎么会上来呢?这几天我干活正吃劲,你别跟我开玩笑!"

娘娘心想,我不怪你,你倒怪起我来了。她也没有好气地说:"谁给你开玩笑啦？你要是不敲鼓，我怎么会失急慌忙地跑下来，把米汤也弄洒了。"

大禹着急地说："你快把饭拿出来吧，我忙着哩！"

娘娘生气地说："你整天忙，到底忙的啥？"

大禹说："我在造桥啊！"

娘娘更加生气地说："你是治水的，怎么还造桥？造桥这事不是你干的，你造不成！快跟我回去吃饭吧！"

娘娘说话是灵验的，她这"造不成"三个字一出口，大禹的桥再也造不起来了，在三门峡谷中只留下了三个桥腿，后来人们把这三个桥腿叫作"人门岛"、"神门岛"、"鬼门岛"。

官牛见自己推蛋蛋闯下了这么大的祸，害得大禹桥也没有造成，非常后悔。从此以后，这条沟里的官牛再也不推蛋蛋了。

红豆米汤洒在沟里以后，每逢下雨，山顶上流下来的清水，流到这一段，就变成了稠糊糊的红水，群众就把这条沟叫作"米汤沟"。

【点评】

本篇是采录者综合当地有关"大禹造桥"的零星资料，整理编写的通俗传说文本。可作为研究民间神话整理经验、教训的材料。

其中的明显特点和问题是：①由于作者采用的是综合整理法（或叫俄罗斯 A·托尔斯泰整理法），因此从整体看，比较完整。②也由于作者加进了"文学化"的表现手法（如细腻描写、叙述语言知识分子化、通俗文学化等），就脱离民间口承神话的风格特点。这个教训值得记取。③大禹造桥明显与大禹导黄河不是一个神话故事。此处与《开三门》相同之处是，劈开砥柱山三个口子成了三门，而这里却是未修好的桥腿成了三门岛，似有区别，又有联系。④其中所说：大禹的母亲想儿子，让儿媳去照顾大禹。可见大禹的家距三门峡不远。不然，母亲不会听说禹在三门峡治黄河。由此，足见禹的家室在嵩山一带是可靠的。禹母事，文献不载，可能是民间传说想象的产物。这在民间出现异文是经常的、普遍的。

552. 马蹄窝（一）[三门峡市]

在三门峡的峡谷南面有个鬼门岛。鬼门岛临接水面的岩石上，有两个直径一尺多长的马蹄形的石坑。人们传说，这两个石坑，原是马的一双前蹄踏出来的。

古时候，黄河沿岸非常荒凉，漫天的风沙，人们要是一不小心，就会被黄沙埋没。为了制服洪水，大禹骑马来到黄河岸边。这匹马的耳朵可灵啦，能辨别风声的大小，会预测气候的变化。每当快起大风时，它便停蹄不走，张着嘴，望着主人"咴，咴，咴"大叫三声。

有一天，大禹沿黄河边来到了三门峡。他看见这里的山崖陡峭，层层叠叠的岩石阻塞了东流的河水，便决心劈开石岛，疏通河道，引黄河流入东海。

大禹骑着马，想到河南岸去探测山峡里岩石阻塞的情况。他刚刚走到河边，忽然间，马停下来，"咴，咴，咴！"昂首大叫三声。大禹知道事情不妙，就急忙勒转马头。大禹刚进入峡谷，只见天色突变，狂风大作，飞沙走石，一时分不清东西南北。大禹只好耐住性子，等待飞沙过后，再去对岸。谁知道，大禹一连两次都被风沙挡了回来。

大禹治水心切，当风沙一停，就第三次来到河岸，准备过河，这马刚把前蹄踏在一块像狮子头的岩石上，却又停蹄不前了。大禹一看，脚下是巨浪狂流，截断了去路。怎么办呢？勒转马头另寻渡口吧，这三门峡一带全是陡壁悬崖，不但山上没有道路可走，连一根青草也不长。

大禹急中生智，紧紧抓住马缰绳，大呼一声："好马，跃过河去！"只见他鞭子一扬，那马好像懂得主人的心事，立刻昂起脖子，用尽全身力气，举蹄向前纵身一跃。只听呼的一声，马腾空而起，飞向对面三门天险的另一块岩石。谁知马的前蹄刚一着地，吭溜一滑，突然前身下坠，卧了下来。大禹面不改色，紧紧地勒住缰绳。马前脚跃起，后腿一蹬，终于飞跃过了这块岩石，来到了黄河南岸。从此，这块岩石上留下了两个深深的石坑。这就是当年大禹跃马飞过黄河时，留下的马蹄窝。人们只要一看见马蹄窝，就想起了大禹治水时忘我的英雄行为。

采录人：巴牧

采录整理：王家骏　陈志海

【点评】

本篇流传在三门峡一带，是关于大禹治水神话的珍品。它比较接近民间口承神话原始形态。

其中的特色：①反映了大禹疏导洪流的艰辛，也表现出他无畏的奋斗精神。②马通灵性，俗说"一马三分龙"，它懂人意，奋力跃过三门峡的雄伟壮举，名耀青史。③本篇在当地家喻户晓，全凭口头传承保留至今，足见其生根在群众生活土壤之中，具有旺盛的生命力。

本篇原系作家写的,带有创作色彩,后经科学整理,基本恢复原貌。这个经验值得总结。

553. 马蹄窝(二)[三门峡市]

传说是大禹(也有说是老君)过河,治水哩,跑急啦留下的古迹。在这边的人门河岸上,有两个后马蹄印,跟往后蹬的劲一模样。那边鬼门圪垯上,有一个马前膀和嘴趴的样子的坑,坑有半亩多大。石头上是马过去蹭的窝,很像是马蹭的样子。

讲述人:王海堂,男,65岁,农民
录音:程健君　杨帆　张振犁
采录时间:1985年4月21日
采录地点:三门峡大安村

【点评】

本篇是在三门峡采集的口头传说录音稿。它比较原始、朴实、明白,可作研究口承神话遗存的重要资料。

554. 马蹄窝(三)[三门峡市]

在鬼门岛南面临水的地方,有两个磨盘大的圆坑,形状很像马蹄,群众把这两个坑叫作"马蹄窝"。据说这是大禹骑着马过三门时留下的马蹄印。

相传大禹骑的马是一匹神马。它力气大,跑得快,能翻山,会涉水,大禹靠它渡过了许多难关。在三门峡治水的时候,大禹把南岸的事情料理完毕,要到北岸去巡察。可是那么宽的水面,怎么过得去呢?

大禹摸了摸神马的头,问道:"你能驮我过去吗?"

神马点了点头,表示可以。

这里本来是一个大湖,水很深,湖底有一条老龙。自从大禹到三门峡治水后,开山挖河,疏通了水路,这里的水一天比一天小,已经变成了一条河。如果水再往下流,老龙就不能在这里待下去了,所以老龙恨大禹,总想寻机会报复报复他。

大禹骑着神马来到了南岸的半岛狮子头上,要从这里跨过河中的鬼门岛,跳上北岸。正当神马腾起四个蹄子要上鬼门岛的时候,那条龙喷云吐雾,作起法来,把好端端的峡谷搞得乌烟瘴气,辨不清南北东西,看不见石岛的位置。大禹见情况不妙,急忙勒转马头,退出了峡谷。

　　云雾消散以后,大禹又催马过河。神马竖起身子,正要过河,老龙又刮起了大风,峡谷里黄沙漫天,迷住了神马的眼睛。大禹只得再次退出了峡谷。

　　风停后,大禹拍了拍马头说:"再加一把劲,这次一定要过去!"

　　神马点了点头,仔细瞅了瞅河中石岛的位置,然后使出浑身的劲,腾空跃起。老龙见两次作法都没有吓退大禹,就使出了最后的一招。它在河底打了一个滚,嘴里喷出了大水。刹那间,河面上白浪滔天,洪水高涨。这一次,神马记清了河中几个石岛的位置,使劲朝鬼门岛上跳去。当神马的一对前蹄刚刚踏到鬼门岛上的时候,大水漫到了岛上,一个大浪打在神马的前心,神马失了前蹄,在鬼门岛的南端打滑卧了坡。这时,大禹高喊一声:"使劲!"

　　神马屏住了气,一纵身,跳过三门,平安到达了北岸。

　　因为神马使劲太大,一对前蹄在鬼门岛上蹬出了两个马蹄窝,马脖子在岩石坡上打下了一道深坑。这就是禹王马蹄窝的来历。

【点评】

　　本篇是作者根据部分当地的传说,综合整理出来的通俗文本。虽比较完整,但问题也值得思考:①《马蹄窝》本是一篇独立成形的传说,却把"大禹战恶龙"捏合在一起,可谓"画蛇添足",多此一举。这样,反而降低了原篇的艺术完整性。②从写法上,知识分子语言特点比较明显,脱离了口承传说的语言风格。③问题最大的还在于把民间说的情节搞颠倒了。原来大禹是从北岸跳往南岸的鬼门岛留下的马蹄窝,而本篇却成了大禹从南岸飞向北岸人门岛。结果矛盾无法解决,自己陷入困难。这是不进行科学考察又凭主观想法撮合在一起出现的问题。这是犯了大忌。教训应接受。

555. 神 脚 掌 [三门峡市]

　　在三门峡南岸,离地面六尺高的山壁上,有一只脚趾头向上的大脚印。这只脚印有一尺多长,嵌进山壁三寸深。在这样硬、这样陡的悬崖峭壁上,怎么会踏上一只这样大、这样深的脚印呢?原来这是大禹治水时留下的脚印,当地群众称它为

"神脚掌"。

在古时候,中原大地洪水泛滥,到处是一片汪洋。老百姓没法种地,许多人都被淹死、饿死了。这时候,玉帝就派大禹下来治理洪水。大禹来到中原,看清了地势,决定用疏导的办法来治理洪水。他跑到西边的青海高原上,逢山开山,逢塬开壕,开出了一条长长的河道,这就是黄河。黄河水顺着地势往东流,流到三门峡的时候,有一座大山挡住了河水。大禹掂起他的神斧劈山开水路。但是山石很硬,他掂着神斧劈呀劈,劈了半天,只在山顶上劈开了一条裂缝。这时他的两条胳臂又酸又疼,再也抡不动斧子了。

这时,上游的水还不住地往这里流,水越涨越高,把附近的村庄房屋都淹没了,老百姓哭声震天。大禹看到这景象,心里很难受。他想:"如果这座山凿不开,那么,从青海到这里的河道就白开了,老百姓还要遭到更大的灾难。不过我的手已经掂不起斧子了,怎么办呢?"想到这里,大禹急得直跺脚,只跺得地动山摇。这倒提醒了大禹,他想:"我的胳膊没劲了,脚上的劲还不小,何不用脚来试一试?"

主意拿定后,大禹把右脚伸进劈开的裂缝里,蹬在南边的裂口上。他还想把左脚也伸进裂缝,蹬到北边的裂口上,但是裂缝太窄了,左脚怎么也伸不进去,只好蹬在北边的山峰上。大禹叉开两条腿,使出全身的力气,向南北用劲一蹬。只听得"轰隆隆隆"一声响,这座大山裂成两半,中间开出了一条河道。黄河水顺着这条河道向东奔流。大禹看到大功已经告成,返回天上交差去了。他那一只大脚印,就这样深深地留在南岸的山壁上了。

【点评】

本篇是流传在三门峡的关于大禹治水的神话名篇、珍品。它对研究大禹的神话传说,具有重要价值。

其中包括如下文化信息:①三门峡原来并无黄河河道。大禹劈三门以后,河道遂开。禹功盖世,于此可知。②开三门峡河道,工程浩大,艰险之至。大禹的疏河神工,巨人的形象,矗立人间,千秋万代,众所敬仰。③陕西风陵渡的黄河转弯处的南岸山崖上同样有巨灵神以手脚蹬开山峰的巨迹传流于此,两者极其相似(《巨灵神劈山》)。这是黄河上两大交相辉映的奇迹。神话传说中经常有类似遗迹却解释不同的故事。

556. 中流砥柱[三门峡市]

在三门峡下游,有一座小石岛,名叫"中流砥柱",黄河上的艄公又叫它"朝我来"。冬天水浅的时候,它露出水面两丈多;洪水季节,它只露出一个尖顶,看起来好像马上就要被洪水淹没。但是,千百年来,任凭洪水再大,风浪再高,它总是挺立在激流当中,毫不动摇。大家都说中流砥柱这种坚强的性格就是我们伟大的民族性格。自古以来,它吸引了许多帝王将相、文人游客到这里来游览观赏,并且留下了许多诗文。唐太宗李世民曾经在这里写下了这样一首诗:

"仰临砥柱,北望龙门;

茫茫禹迹,浩浩长春。"

柳公权也为它写了一首长诗,石岛上镌刻了前四句:

"禹凿锋芒后,巍峨直至今;

孤峰浮水面,一柱钉波心。"

其他的诗词歌赋还有许多许多。为什么中流砥柱这样吸引人呢?这里流传着这样一个故事。

三门峡有一句谚语:"古无门匠墓。"意思是说自古以来,门匠死后没有葬身之地。门匠就是艄公,他们熟悉当地的水情和地势。过往船只行到这里,就要雇他们掌舵领航,送过危险地带。干这一行的人,往往葬身在洪水中,连尸骨也捞不到,更说不上坟墓了。这里的老百姓,在黄河两岸建了禹王庙,求大禹保佑过往船只和船工的平安。

三门峡北岸山上的禹王庙,与别的庙不同,庙里有两只铁鹅,和尚说这对铁鹅能预报行船的凶吉。怎样预报呢?原来铁鹅背上有一个小洞,船工们要问当天行船过三门的凶吉,就把钱投进小洞里。钱落进鹅肚后,如果它不叫唤,这天船过三门就平安无事;如果它"嘎嘎嘎"叫几声,这天就不能行船,硬要行船,一定会遇到凶险。船工们对和尚的话信以为真,每条船驶过三门峡的时候,船工们就带着香烛酒肉,成群结队地到禹王庙烧香叩头,向铁鹅肚里扔钱。其实这是和尚们骗人的鬼话。铁鹅是和尚们定做的,铁鹅肚子里有一个机关,想叫它叫唤,拽一下鹅腿,牵动了鹅肚里的机关,它就叫了起来。和尚们是看天色行事,如果气候不好,就叫铁鹅叫唤几声;如果风平浪静,就不让它叫唤。这种办法碰巧了也灵验。船工们没有别的门儿,只好相信它。

有一天,几条货船从三门峡上游往下放行。一个老艄公带着船工们抬着供品,到禹王庙烧香许愿,祈求禹王保佑他们平安过三门。烧香叩头以后,船工们就把钱扔进铁鹅背上的小洞里,和尚看当时天气很好,就没让铁鹅叫唤,假意在鹅身上摸了一番,然后对船工们说:"平安无事。"

老艄公听了这话很高兴,带着船工离开了禹王庙。下了山,老艄公把船驾到河中,看准了水势,决定从神门河放船。但是,天有不测风云,当船刚到神门河门,突然刮起了一阵狂风,紧接着就下起了瓢泼大雨。刹那间,峡谷里白浪滔天,雾气腾腾,看不清水势,辨不明方向。老艄公驾的那只船像箭一样穿过了神门河,下面有许多明岛暗礁。这只船被风浪推着,眼看就要遭难。正在危急的时候,只听得老艄公向一个船工大喝一声道:"掌好舵,朝我来!"老艄公"扑通"一声,跳进了惊涛骇浪之中。船工们还弄不清是怎么回事,只听到前面有人高呼:"朝我来! 朝我来!"船工们没有时间多想,驾着船,朝着发出喊声的地方冲过去。当船驶到那个地方时,大家才看清,原来是老艄公像擎天柱似地屹立在激流当中。船工们想拉他上船,但是激流推着这只船飞快地向下游驶去了。

当船行到安全地带的时候,船工们把船停到岸边。大家上了岸,就返回上游找老艄公。走到老艄公呼喊的地方,见他已经变成了一座石岛,昂着头,挺立在激流当中。这个地方,正好是一条没有暗礁的河道,老艄公献出了自己的身体,永远屹立在这里,为过往船只指引航向。以后人们把这座石岛叫"中流砥柱",也叫"朝我来"。

从此以后,中流砥柱就成了峡谷中的航标,船只驶过三门以后,就要朝着中流砥柱直冲过去,眼看就要与砥柱相撞时,砥柱前面波涛的回水正好把船推向旁边的安全航道。这样,船只就避开了明岛暗礁,顺利地驶出峡谷。

由于老艄公战胜了洪水,所以他总是高出水面,水涨岛也涨,永远淹不没,冲不垮。

【点评】

本篇是流传在三门峡的神话遗存之一。它不属于大禹神话本体,而是由禹神话派生的民俗风情传说;大禹既开三门,死后成神祇后,仍保护船工航行的安全。

其中涉及一个重要问题:即人生前有了功业建树,便可死后成为神祇。这是古代普遍存在的看法问题。老艄公忘我以身体跳水中为船工引航,成了万人永远敬祀的神灵。

本篇的写法,近乎风物表述。可作辅助研究资料。

557. 驯服黄河 [洛阳市]

混沌初开,大地上还是一潭洪水,只有那高山和陡岭上,能住些人。一天,天神看到这情况,心里非常难过,就没日没夜地用金瓢舀水。他舀呀舀呀,眼看快要把水舀完,天神想,要把水舀完,天下百姓咋活呢? 他灵机一动,打定主意,把水舀完后放下两条龙来,叫龙在人间耕云播雨。当天神把水舀完时,两条龙就下来啦。南方的一条叫青龙,就是长江;北方的一条叫黄龙,就是黄河。南方的青龙性情温和,非常驯服,在南方养育着两岸百姓。而黄龙就不然,自从天上降下后,气势凶猛,一声吼叫,便张牙舞爪地跑呀抓呀,碰到高原给抓个深沟,遇到平地就抓个深潭。山上迁下来的人被它冲走了,人住的穴洞、草棚被它淹没了,逼得人们没法生活。天神知道后,大怒,说道:"怎么能让它横行霸道,把它锁起来!"当黄龙跑到龙门时,不知不觉,它的脖子上就套了一把锁。千里咆哮行凶的黄龙,便低头摆尾,乖乖听令。过了龙门,它又不守规矩啦,照旧横冲直撞起来。这时,人们又向天神禀报,天神说:"一锁二堵,黄龙必降。"黄龙正向下游跑着,南邙北邙就堵在它的两侧,使黄龙北走不动,南跑不成,只得低头驯服。过了一段,它又恶习复发,又闹腾开了,天神又规定它走九弯十八曲,故意消耗它的精力,让它老老实实地养育两岸的人们。

讲述人:张清朝
采录整理:张治国

【点评】

本篇是大禹治水的异文资料。其中虽无涉及大禹的行为,但从决龙门口,平定水患的情形来看,也应是大禹的功绩。

把长江和黄河比喻为中国南北两条龙,南龙温顺,北龙野性。最后,天神锁住黄龙,使之就范。

此篇可间接作为大禹治水行踪的参考资料。

558. 通天柱与巡河大王[三门峡市]

很古很古的时候,三门峡是一片汪洋大湖,北至山西的清凉山,南至河南的魏德岭,全都是水。那时,水里的妖怪很多,常常兴风作浪,闹得大水四溢,百川横流。沿岸村庄田地,大片大片被淹没,来往船只,也常被妖精推翻水中。也不知妖精吞噬了多少人的生命。

一天,有条渡船行到湖中心,突然刮起大风,把船刮翻了,一船人翻到大水里再没有上来。有个老船工,有钻水逐浪的本事,从湖心游上了南岸,到岸上扭头一看,看见湖心里漂个黑黝黝的大鳖子,足有两顷地那么大。仔细一看,不禁大吃一惊,原来是一只大乌龟浮在水面上晒盖哩。他慌忙转告了众乡邻,人们吓得惶惶不安,就祷告起大禹来。

大禹知道了这件事,就很快来到三门峡。举起大斧,在三门峡山上砍了三下,劈开了三道门,就是鬼门、神门、人门,一大湖水被分成三股,顺着三道门放走了。湖水慢慢落下运河,那只大乌龟可受不了,在湖里翻腾起来,有时也爬到岸上伤害人畜,百姓们四处逃难。大禹一见,怒不可遏,抽出宝剑向大乌龟砍去。乌龟对这些并不惧怕,可是一见大禹手中的宝剑原来是条虬龙,它害怕了,战不到三合就被大禹刺伤。伤口的血溅到两岸的石崖上。至今,三门峡河谷两边的峭壁上,还残留着一片片红土石块的痕迹。

大乌龟被刺伤后,企图挟大水南逃,便顺着水的流势,一头向南山上撞去。眼看那奔腾而下的大水就要随着大乌龟向南边漫去,河南边当时还躲着成群逃难的老百姓,不是又要第二次遇害吗!在这紧要关头,大禹当机立断,举起宝剑向空中一挥,大喝道:"哪里逃!"一道白光就向大乌龟逃窜的前方飞去。那宝剑一出手,刹那之间,剑柄化作一头雄狮,怒吼一声,从天而降,张着大口蹲在鬼门河口的一边;那个虬龙的剑体,化成了一根巨大的苍柱,在天上转了几圈,轰隆一声,倒插在鬼门河下口。大乌龟这一下可吓呆了。往前去,闪闪发光、隆隆作响的通天柱挡住了去路;欲横行,一头雄狮在身旁张着大嘴;想后退,身后大禹抡起大斧向自己砍来,吓得它魂不附体,马上现了原形。原是一个六臂黑面的大汉。他扑通一声跪倒地下,向大禹求饶:"禹王呀,别杀我,我愿意听从你的调遣,叫干什么都行!"大禹看他一片诚意,便封他为"巡河大王",令他监督河上的其他妖怪,不得再兴乱作怪。从此以后,洪水流走了,河妖平息了,人们才得到了安居乐业。所以后人在三门峡的禹王庙下角处,专门另盖了一座七尺高的小庙,群众叫它"大王庙",祭罢禹王的时候,也给它烧点香火,龛里的六臂黑面塑像就是那位巡河大王。

千百年来,人们一直把屹立中流的通天柱——砥柱峰和那鬼门河口上的狮子头石岛,奉为镇慑黄水淫威的大禹留下的神物。

讲述人:薛子奇　王新章
采录整理:戴征贤

【点评】

本篇是流传在三门峡一带,关于大禹治水的传闻。它实际是道教化神幻故事。它对研究中国古代神话"人为宗教化"的流变规律有参考价值。

其中涉及如下问题:①龟、蛇、龙都是水患的象征。大禹的主要敌人洪水,就成了这些兽类,从而把水患形象化为异类猛兽。这在神话中是普遍存在的。②本篇讲述者情况不明显,有作者的文学创作成分,距民间口承神话有一定距离,原始形态似被淹没了。

值得注意的是:大禹治黄河,水怪被降服后,又被封为巡河大王,专管水上妖怪,凡为害者,均由它统管。将害一下转变为利,一举两得。这才是人民的意愿。

559. 邙山的传说 [洛阳市]

相传禹王没有治水以前,洛阳一带是汪洋一片,成为浩瀚的中州大海。这个海里还有些巨龙怪兽,时常兴风作浪,使洪水毁坏良田,毁灭人畜,为害很大。

舜帝即位后,让禹王治水,禹王历尽艰险,走遍四海九州,察看地形。利用山川形势,洪水流向,采取疏导的办法,使洪水东流入海。

禹王来洛治理这片浩瀚的洪水,当他发现洪水之中有条长达数百里、身厚百丈的巨龙时,认为如不先除此怪物,即使水道开通,它也会把它毁成废墟,功劳白搭。因此,他非常发愁。

一天夜里,他在太行之巅,刚入睡,梦见一个金盔金甲金面银须的大将军来到他的跟前,向他拍了一下,他猛然惊醒。醒来确有一个金人站在面前,他心里害怕起来,忙向金人叩头。金人笑着说:"禹呀,你不要害怕。我是西天长庚星神,奉天皇之命,来给你传授治水之术、降妖之法的。天皇看你治水,上合天意,下顺民情,特派我来相助。"禹王听了非常感动,又跪下称谢。长庚星扶起禹王说:"要治水,先除妖,天皇赐你平妖斧一把,破洪船一只,我已给你带来,你可以乘船执斧,斩妖劈山。"说着从耳孔里抽出一把小斧,从口袋里取出小船一只。禹王看见又惊奇又好笑。长庚星看透了禹王的心事,就严厉地说:"禹呀,你别笑,别轻看它。这两件宝能大能小,携带方便,运用得当。告诉你,这洪水中的巨龙,是条已修炼千年的黄蟒,肉是黄色,骨为红色,是水怪之王。把它除了,你治水才能成功。你若有难,用斧向西一指,我即来助你。"说罢没等禹王答话,便腾空而去。

禹王获得了这两件宝,高兴得一夜未睡,第二天一早就下山入海。他把小船放入水面,忽然变大了。他站在船上稳如泰山,从耳孔中拔出小斧,一捋,有一丈多长,当作篙竿,划着宝船向峰高浪险处游去。见水中怪物,他举斧就砍,霎时,砍死不少,没砍住的跑了,砍死的顺水漂去。禹王砍死怪物不少,就是不见黄蟒下落。他找呀找,找了七七四十九天,才在一处百丈以下的大水潭中遇见了黄蟒。

禹王怎么会到深潭处发现黄蟒呢?也是黄蟒命该受诛,它在这深潭五十多天,实在困得不耐烦了,把头伸出水面看看动静,恰好禹王船到,看见了它,黄蟒急忙钻入水底。禹王不管三七二十一,举斧就砍,黄蟒急躲,尾被砍伤。黄蟒急了,也施展法术,一会儿喷水,白浪滔天;一会儿喷火,海水灼热;一会儿又喷黑雾,笼罩水面如夜;一会儿飞沙走石,海面砂石滚滚,遮天盖地。可是,禹王驾有宝船,拥有宝斧,一连与黄蟒战了三天三夜,擒它不住,正在为难之时,猛然想起长庚星神所指点的话,就用斧向西方一指说了声:"请!"霎时,长庚星神就从西天而来。长庚星手拿镇妖塔,往水中一放,一道金光骤起,黄蟒的巨头仰起乱摆,身子再也动弹不得。禹王举起大斧,用尽全力,朝黄蟒的脖颈砍了三斧,黄蟒的巨头被砍掉,顺水漂去,长庚星神见黄蟒被诛,收了宝塔,飘然而去。黄蟒的巨大身躯,一曲蜷,滚了百丈远倒在浅滩死了,就变成了今日的邙山。

禹王诛蟒以后,邙山以北的洪水流入了东海。但伊洛水仍不能入黄东流,禹王又劈龙门,凿黑石,并在巩县北面,在死蟒身上砍了三斧,砍断了蟒尾,才打开了伊洛水的去路。今巩县北邙山有断口,伊洛水从那里流入黄河。洛阳一带成了一个土地肥沃、风景优美的小平原。禹王很欣赏这里,因此即位以后,就建都于洛阳。

采录整理:白眉

【点评】

本篇是流传在洛阳地区的关于大禹治黄河、伊水、洛河水患,开发河洛平原的重大功业的神话遗存珍品。它对研究中原河洛文化的形成有重要史料价值。

其中透露如下信息:①洛阳、孟津以下黄河南岸邙山的形成乃一巨蛇所化,历来有许多神话传说。本篇追溯到大禹斗黄河巨蟒及众多妖怪,直接可使黄河中下游畅通无阻,大大有利于中原的文化开发。②大禹治黄后,又打通龙关山,使洛河从洛汭汇入黄河,从此豫西伊洛平原成了肥沃的粮仓宝地,河洛文化也有了长足发展。这就把河南西部大禹的治水成效展示出来,意义重大。③尤其邙山北邻黄河,一道屏障上下千余里,就使黄河南岸大片农田没有了洪水侵害之灾,自然农业就有了飞跃发展的优越客观条件。这也正是古代夏、商、周以后中华华夏文化迅速发展和形成的原因。

560. 河伯授图［新乡市］

传说大禹治水以前,黄河流到中原,没有固定的河道,经常泛滥成灾。

那时候有个叫冯夷的人,被黄河水淹死,一肚子怨恨,就到天帝那里去告黄河的状。天帝听说黄河危害百姓,就封冯夷为黄河水神,称为河伯,治理黄河。

河伯掏尽了气力,治了许多年,也没把黄河治住。他已年迈体弱,想着世上总有一天会有人能治理黄河的。为着叫后人治水少费点劲,他天天奔东走西,跋山涉水,察看水情,画了一幅黄河水情图,准备把它授给能够治理黄河的能人。

到大禹治水的时候,河伯决定把黄河水情图授给他。

这时,世上有个射箭百发百中的年轻人,叫后羿。他见河伯身为黄河水神,治理不了黄河,只是东奔西跑,不知道在干什么,便想把河伯射死。

这一天,河伯听说大禹来到了黄河边,就带着那幅水情图去找大禹。河伯和大禹没见过面,谁也不认识谁。河伯跑来跑去,见河对面有个英武雄壮的年轻人,就喊着问:"喂!你是谁?"

图 24.560.1 宋·马麟绘夏禹（程健君供稿）

原来站在对岸的是后羿。他抬头一看,喊话的老头道骨仙风,就问:"你是谁?"

河伯高声说:"我是河伯。你是大禹么?"

后羿一听是河伯,冷笑一声说:"我就是大禹。"说着张弓搭箭,不问青红皂白,"嗖"的一箭,射中河伯左眼。

河伯捂着眼,疼得直冒虚汗,心想:大禹呀,你好不讲道理。想着生气,就去撕那幅水情图。正在这时,猛地传来一声大喊:"河伯!不要撕图!"河伯用右眼一看,对岸一个戴斗笠的年轻人,拦住了后羿,不让他再向自己射箭。这个人就是大禹。原来,大禹知道河伯绘了黄河水情图,正要找河伯求教呢。

大禹过河来,跑到河伯面前,说:"我是大禹,刚来到这里。听说你有一幅黄河水情图,特来找你求教。"

河伯说:"我用了几年心血,画了这图,现在就授给你吧。"大禹展开一看,图上密密麻麻,圈圈点点,把黄河上上下下、左左右右画得一清二楚。大禹高兴极啦。他正要谢谢河伯,一抬头,河伯早没影了。

后来，大禹根据河伯授给他的黄河水情图，疏通水道，终于治住了黄河。

采录整理：申法海

【文献选录】

禹尽力沟洫，导川夷岳。黄龙曳尾于前，玄龟负青泥于后。玄龟，河精之使者也。龟颔下有印，文皆古篆字，作九州山川之字。禹所穿凿之处，皆以青泥封记其所，使玄龟印其上。今人聚土为界，此之遗像也。

（东晋·王嘉《拾遗记》卷二）

【点评】

本篇是流传在河南新乡地区的关于大禹治黄河的神话遗存珍品。它接近民间口承形态，对研究大禹治水的演变，有重要价值。

其中透露如下文化信息：①大禹治水是时间长度很大的水利工程。在他之前，就有先行者。一般都认为是其父鲧。这里却说是河伯。他主要是给禹绘了中原黄河水情图。这个资料比变堵水为疏导，价值并不低，可能更科学（堵水也可适当运用）。②河伯的形象本身也存在二元对立的问题。此处河伯是功臣，而以往文献却认为他是暴君和荒淫的河神。③后羿射河伯，原为他抢宓妃；此处却说河伯光跑路，治水不力。似乎理由不足。④后羿跨越时间很长，上可到伏羲、女娲时代，下可到夏禹。这是神话意识的特点。

561. 禹王导黄河［济源市］

当初，禹王想引黄河东流。他拿鞭"哧"一划，要让水打这儿（紫微宫峡谷）走哩。他划罢头里走，就下开棋了。

大禹在棋盘山正下棋哩，说："让我看看水到哪儿了。"他来到天坛山三叉洞上一看，见河水一下都从王屋山西南的山谷里滚到东边去了。

大禹一急，拿起鞭一个筋斗追上野水，举起鞭就打："好一个野水呀。"于是，黄河水就跑了，从西边一下跑到南边去了。

讲述人：黄习瑞，60岁，农民，不识字
采录人：张振犁　程健君　胡佳作

【点评】

本篇是流传在河南济源市王屋山一带的关于禹导黄河的神话遗存珍品。它属原始民间口承神话资料，对研究黄河形成、变迁有极重要的价值。

其中包含的重要信息有：①禹导黄河从陕西、山西之间的壶口向南，原来要从王屋山峡谷直下河南。后因与人下棋，误了时间，河水从王屋山西南流向潼关，转向东奔去。大禹赶上打一鞭，把河水打在野水镇，出现了夹河滩。②禹的神功决定了黄河的走向，其势宏伟，确是神话意识典型。

值得注意的是：此神话曾被道教化为《老君铁鞭打黄河》，属伪造品，应加以识别。

562. 大禹导沇水［济源市］

一天，大禹治水来到王屋山天坛峰下。这里有一条蟒精在太乙池内兴妖作怪。

大禹一见，就挥舞大斧，除蟒治水。蟒神吓得吸了一肚子水以后，就一直往西窜，一头钻到西山（山西阳城）山洞里，肚子里的水便喷泻而出，成了一条大河，这就是蟒河。蟒河穿过太行山，绕过王屋山，流到济源县，归入九曲黄河。

当时，大禹在太乙池内还砍了两斧，就出现了两条暗道。池水马上从地下伏流了一百二十里，分成两股水：一股水从龙潭寺泉眼流出，一股水从济渎庙泉眼流出。这伏流的暗水就是沇水。这两股水又合成济水，一直向东流入渤海。从此，济水南岸就有了济源、济南、济宁、济阳一溜儿城镇。

采录人：胡佳作，55岁，新乡地区群艺馆职工

图 24.562.1 济渎庙一角（2009年程健君摄）

【文献选录】

导沇水，东流为济，入于河，溢为荥。东出于陶丘北，又东至于菏，又东北会于汶，又北东入于海。

（《尚书·夏书》）

济水出河东垣县东王屋山为沇水，又东至温县西北为济水。

（《水经注·济水》）

《山海经》曰：王屋之山联水出焉，西北流注于秦泽。郭景纯云：联、沇声相近，即沇水也。潜行地下，至共山南，复出于东丘，今原城东北有东丘城。孔安国曰：泉源为沇，流去为济。

（《水经注·济水》）

渎有祠，以祀大济之神。其殿北复有北海神殿，北海之前有池，周七百步。其西一池，周与之等，而中通焉，即济水所聚。盖其源自王屋山天坛之巅，伏流百里，至此复见。东南合流至温县，历虢公台入于河。

（明代都穆撰《金薤琳琅》卷十七，《游济渎记》）

图 24.562.2　王屋山传说中的禹王床(2012年程健君摄)

图 24.562.3　济渎庙内的济神像(2009年程健君摄)

【点评】

本篇是流传在河南济源市王屋山一带,关于大禹导沇水神话遗存。对研究江、河、济、淮四渎的历史有重要价值。

其中仍突出大禹治水与异兽、怪蟒搏斗。其艺术构思,直接来自沇水的发源伏流、复出的现象。

科学与神话意识达到完美的统一。

563. 船 城 [武陟县]

很早很早以前,邙山东头北侧有座笔架山,阻滞黄河水流不出去,因此,从太行山到邙山之间全是一片泽国。大禹凿通了笔架山,黄河向东流了。但是从太行山到邙山之间还有不少河汊,到夏秋汛期,这儿又是一片汪洋。

为了开辟这一片土地,大禹带着数万民工,坐着大船来进行治理。他把船停在这一带腹地——也就是武陟县旧县城老城,分派一部分人筑黄河北堤,叫黄河靠邙山根流;分派另一部分人疏通沁河道,筑沁河堤,让它向东南流入黄河。

完工后,黄河两岸露出了一大片肥沃的土地,谁知那只大船竟与土地连在一起,扒不动,撬不起。大禹无法只好留下了。后来,禹的子孙就在这条大船上建立了城。以后,黄河和沁河决口了无数次,城周围多次成为泽国,但城里没进过一次水。老百姓说:"因为它是个船城,水涨船高嘛!"

解放前,这里还是县衙门所在地。老年人都见过衙门里有个高高的铁桅杆和铁锚。老百姓说,那还是大禹治水留下的大船的标记哩!

讲述人:王北贞,男,70岁,武陟县阳城乡南关农民
采录整理:王光先
采录时间:1985年7月

图 24.563.1 武陟嘉应观内禹王阁(2013年程健君摄)

图 24.563.2 武陟嘉应观内禹王阁(2006年程健君摄)

【点评】

　　本篇流传在河南武陟县,是关于大禹治理黄河北岸,使大片土地免受水患的形象记录。

　　其中透露大禹如何利用地形,既修黄河北堤,防止黄河北浸,又疏通沁河使洪水流入黄河。这样,豫北孟津以下出现了大片沃土,从而开发了河南北部的农耕文化。

　　船城演变带有传奇色彩,给后人留下了先民沐风栉雨、创业维艰的丰功伟绩的实证。

564. 滚 土 堆 [山东鱼台县]

　　古时候的禹王最会治水,他的法力大,所以一路上的妖魔鬼怪都降服了。最后驾着神龙,把黄河一直打通到东海。

　　禹王的爹叫鲧,鲧在玉皇大帝驾下当天官。一天,玉皇大帝在王母娘娘那儿多喝了几杯,就在蟠桃园里偷洒了泡尿。这下地上可遭了灾,发了大水。人都没法过了,到处都是水。

　　鲧就向玉皇大帝进言,要治住下面的水,不然就没有人了,谁还向天庭上贡?玉皇大帝就问用什么法子。鲧说必须用国库里的息壤,这是一种宝土,见风就长,能把水挡住。玉皇大帝一听要用他的宝贝,就不答应了。鲧不愿看到黎民百姓就这样都淹死,就偷了息壤,下凡来治水。

　　看看把洪水平息了,玉皇大帝发觉了这事,派天兵天将来拿鲧。鲧正好来到咱这里。咱这里地洼,淹的最厉害。鲧正要用块息壤把这里填平,天兵天将来了。鲧就把那块息壤向他们砸去没砸着,一会儿就长成了一个土堌堆。但没扔在最洼的地方,那儿就成了湖,也就是今天的南阳湖。鲧没砸着天兵天将,就跑了。天兵天将一直把他撵到天边上,把他杀了。鲧现出原身,是只大黄龙。

　　鲧虽然死了,身体却还好好的,跟活的一样。过了三年,突然大吼一声,从黄龙肚里飞出一条小龙,这就是禹王。

　　禹王有他爹鲧的神力,继续治水,挖通了黄河,洪水也就平了。禹王治水有功,当了皇帝。为了让人们记住他爹鲧,就把这个土堌堆叫鲧土。鲧字认识的少,也就念成了"滚"。

　　年代久了,刮风下雨,土不停地往下滚,滚土堆也就越来越小了。

讲述人：张林相，男，77岁，农民
采录整理：张运武
采录时间：1989年7月25日
采录地点：山东省鱼台县罗屯乡后张村
流传地区：山东省鱼台县一带

【点评】

　　本篇是流传在河南东部和山东西部鱼台县的关于禹父鲧的神话遗存珍品。它虽有道教化痕迹，但原来鲧的神话本体文化信息仍保留完整。

　　其中涉及如下的问题：①鲧的传说早已见于《楚辞》等文献记载，但民间的口承原始形态却很少见到。②本篇的遗迹和神话传说保留完好。这是一个珍贵的发现。它说明：远古中原神话在中原蕴藏的可贵信息。③本篇告诉我们：文献记载来自中原神话的土壤。④值得注意的一个问题是：原形神话被道教化后，天帝被置换成了玉皇大帝。天下发洪水被说成了是由玉皇大帝尿尿造成的。基本情节虽有保留（如鲧窃息壤治水），但性质已发生了变化。这个问题在中国神话学中相当普遍。但是原形神话与人为宗教（道、佛）改造后的状态应该有所区别，不能混为一谈。

565. 大禹锁蛟〔浚县〕

　　大禹治水时，疏导黄河来到浚县大伾山下。他把船拴在大伾山南头石桩上，带领助手上大伾山顶，居高临下察看水情。只见洪水横溢，无边无沿完全淹没了黎民百姓的田园。大禹根据地势疏通引导，清除泥沙，排放洪水，筑堤修坝保护田园。大伙儿在大禹的带领指挥下，干呀，干呀，每天工程都有很大进展。但不知什么原因，第二天就又变得泥沙堵塞原样一般。大禹非常纳闷。他为了查清原因，夜里不睡，躲在山洞里，偷偷观察动静。三更以后，忽然听到"呼隆隆隆，呼隆隆隆"像暴风雨般的响声，又看到小山一样的大浪一个接一个向堤坝扑来，仔细察看，还有一个黑乎乎的影子像一条大蟒，在浪头上翻腾，惊涛骇浪紧跟它翻滚。这个黑色怪物把尾巴一拧，一头朝堤坝撞去，"轰隆"一声，堤坝倒塌啦，洪水又到处横溢，工程全被它毁了。大禹气愤极啦，原来是这个怪物在捣乱。

　　第二天，大禹向大伙儿讲了在夜间看到的情形，并部署了数百名身强力壮的男子汉，各备弓箭，夜里分头隐蔽在大伾山东侧。到了三更，那个怪物又来了，还是那样猖獗。大禹等待那怪物接近时,发令"放箭!"数百张弓,万箭齐发射向怪物。只听"哞"的一声长吼,那个怪物疼得蹿出水面一丈多高,"扑通"一声又跌落下来。大伙儿齐声呐喊向怪物扑去。大禹冲锋在前,挥动宝剑刺向怪物。大怪物浑身是箭,活像个大刺猬,又被大禹戳了两剑,再没力气逃跑了。大伙儿动手,把怪物拖上山坡,锁在一个石桩上。天亮了,男女老幼都去观看,原来锁住的是一个大蛟。至今大伾山上还有一个锁蛟石呢。

后来大禹怕蛟跑了,又把蛟转移到新镇西枋城一眼深不见底的井里,井口上盖了一块青石板,永不让它出来为患。至今西枋城还有锁蛟井的遗迹。

讲述人:越永昌,男,58岁,浚县地名办干部
采录整理:邢清玉,男,49岁,浚县博物馆干部
采录时间:1989年10月
流传地区:浚县新镇一带

图 24.565.1　浚县大禹庙(1995年程健君摄)

图 24.565.2　浚县大禹庙前的怀禹桥（1995年程健君摄）

图 24.565.3　浚县乾隆年间的大禹导河碑记（1995年程健君摄）

图 24.565.4　浚县大伾山摩崖石刻(2009 年程健君摄)

【点评】

本篇是流传在河南北部浚县大伾山一带的关于大禹治水降服水怪巨蟒的神话遗存珍品。它接近原始民间口承神话形态,对研究中原大禹治水神话总体面貌,有重要科学价值。

其中涉及如下原始文化信息:①《山海经》及其他文献上均有关于大禹在浚县大伾山治水的记载,但都比较简略。但是,这里治黄直接与大禹治黄整体关系极大。大禹引导黄河出孟津、过洛口,经成皋,北上浚县,直抵渤海。从此地北转,关系重大:既导黄,又筑堤开良田,二者并举,立下了重大功业。②本篇是从民间采录的神话遗存,极为珍贵。它仍是以战胜巨蟒、异兽来象征洪水灾害的活动为主体建构基础。大禹身先士卒,察水情,斩巨蟒,筑洪堤,开良田,锁水怪。自然要比文献丰富、生动得多。文献亦是由民间神话抽象而来。③本篇像武陟县的《船城》一样,突出大禹疏导黄河与筑堤防洪并举的方略,制服了水患。这应该是对旧说大禹治水只疏导、不筑堤的认识的修正。因此,也比较科学,不至于失之片面。相反,鲧治水也非只堵不导。其关键性问题在于从实际出发,实事求是,即在山区、丘陵地带采用开渠、疏导之法;而在平原地带则采用开渠与堵堤造田、息洪水的办法。这才是大禹(也是一切水利工程家)必须遵守的按科学规律办事的成功要诀。

566. 大禹治水［滑县］

很早很早以前，地下的人与天上的龙相处得很好，人啥时要雨龙就给雨，龙要啥东西人也给。

后来人多了，意见不一致，有的今天要雨，有的明天要雨，把龙忙得没法；人呢，谁也不给龙东西。这样，龙生气啦，忘了关门，睡觉去了。雨成天下，遍地是水，成了灾难，淹死了许多人。

有个叫大禹的，特别有本事，谁也没他能。大禹乐意给大家办事，就先到天上关了下雨的门。雨停了，可地上的水很深，没处流。大禹就从西到东挖个大沟，就是有名的大黄河。水进到沟里一些，地上的水还是很多。那时，地很平，东西南北一般高，水不往外流。大禹一看挖了沟还不中，就到东边把地往下压压，到西边把地往上抬抬，成了西高东低，水才慢慢向东流走了。

地上的水没了，可龙却养成了睡大觉的坏毛病，一两个人想叫下雨，也叫不醒。没法，大禹就把人们叫在一起，嫌力量小，又把庙里的神也抬到太阳下，大伙烧香磕头，打鼓敲锣，照着天上一齐大声喊叫："龙啊，龙啊，可怜可怜人，下点雨吧！"有时把龙喊醒了，就下点雨，把下雨的门一关，又去睡觉了。

大禹向龙求雨的办法，直到快解放的时候，人们还不断地使用。

采录整理：阎泉峰，男，51岁，中专毕业，滑县上官镇人

【点评】

本篇系流传在河南滑县一带的大禹治水神话传说，属一般资料。

其中地方特色不鲜明。主要说明：①洪水来源是人与天上龙的关系变化，有人不愿敬龙，龙生气，未关雨门。雨下不停，地上成灾。②大禹治水开黄河，但沟水流不出，他把地面，东边压压，西边抬抬，水东流归海。③龙下雨不正常，它常睡觉。天旱了，人们敲锣打鼓，还愿，求雨，把龙惊醒。祈雨习俗即由此而来。

值得注意的是：大禹可把地压低、抬高，似乎又成了创世的英雄。历来无此传说，恐系随意虚构。

567. 皇帝和龙 [温县]

传说大禹治水时，请来东海龙王帮忙。龙王说："开山引水入海对我来说不算难事，不过事成之后你得好好谢我。"大禹点头："好说，好说。"

龙王来到地上，正要开山，不想却触怒了山中的虎大王，龙王坚持开山引水为民造福，老虎却只想保护自己领地的完整，于是龙虎打斗起来，从地上到水里，又从水里打到地上，几经苦战，龙王终于取得了胜利。它使出全身功夫，"轰隆！轰隆！"几下子，就把大山劈开了。水随着通道流进海里，大禹治水成功了，百姓一致拥护他做了皇帝。

龙王跑来对大禹说："如今大功告成，你做了皇帝，当初答应我的事你就看着办吧。"大禹说："你要哪方面的好处呢？金钱还是美女？"龙王说："我才不稀罕那些呢？我别无所求，只求图个名声。"大禹为难了："你是龙，我是人，咱们不同类。由龙来做人间之主，百姓恐怕不答应。"龙王想了想说："我并不想夺你的皇位，你就封我一些虚名。只要我能和你的名声一样大，能同样受到老百姓的尊重就行了。"

大禹想了一会说："我把你的名字封遍整个皇宫，凡是与我有关的一切事物，统统加上一个龙字，比如：我穿的衣服叫龙袍，我睡的床叫龙床，我戴的帽子叫龙冠，我写字的桌子叫龙案……此外金銮殿上绘龙，地下雕龙，柱子盘龙，墙壁画龙……让人们时时刻刻看见你，永永远远记住你，你看这样可好？"

龙王听了，哈哈大笑："嗯，不错。不过……禹王，若你百年之后，你的子孙恐怕就会忘了我了。"大禹一笑说："这好办，只要我立个规矩，自我之后，每传一个皇帝，就把龙王的名字传下去，不就行了吗。"龙王一听，这才满意地回海里去了。

就这样，历代的皇帝均按大禹传下来的习惯，把龙看作皇帝的象征，皇帝把自己看作是龙的化身。

讲述人：张连德，82岁
采录人：丁亚宏，河南大学中文系86级5班学生
采录时间：1989年8月12日
采录地点：河南省温县黄庄乡

【点评】

本篇流传在河南温县，是关于禹与龙的风物传说，与大禹治水关系不直接，它

只是关于龙与后世帝王关系产生的神幻传闻,也是我国独有的对龙文化的阐释。

其中涉及:①大禹治水得龙的帮助。②龙虎相争,历来为我国传统文化的观念之一。龙占优势,虎居下风。在古代丧葬习俗中,龙虎仍并列东西方位。可见,一般观念里龙虎并无高下之分。

值得注意的是,本篇中大禹治水并不起主导作用,而是由龙越俎代庖了。这也可说是一则风趣的动物神话。

568. 禹王锁蛟(一)[禹州市]

在河南省禹州市北关有一名胜叫"禹王锁蛟处"。

相传,当年大禹在禹州市附近治水的时候,触怒了颍河里的一条蛟龙,它专门与大禹作对,它飞多高水就涨多高,把大禹率领人们辛辛苦苦垒起的河堤冲毁殆尽。后来,大禹想尽办法捉住了这条蛟龙,但是,因为它是天上的神物,大禹不能把它杀死,怎么办呢?于是,大禹就用一条又粗又长的铁链子把蛟龙锁了起来,然后把它投进了禹州市北关的一口八角井里,又用一块大石头把井盖封了起来,使它永不能再兴风作浪。

据说,参观的人们现时可从井口的石缝里还能看见蛟龙在井底隐约可现呢。

讲述人:朱玉洁之祖母,83岁,已故
采录整理:朱玉洁,河南大学中文系86级5班学生
采录时间:1989年12月
采录地点:禹州市火龙乡

图 24.568.1 禹州城内的禹王锁蛟井（2007年程健君摄）

图 24.568.2 禹州城内的禹王锁蛟井井亭（2007年程健君摄）

图 24.568.3 禹州城内的禹王锁蛟井井亭内的大禹像（2007年程健君摄）

图 24.568.4　禹州城内的禹王锁蛟井井亭内的治水壁画(2007年程健君摄)

【点评】

　　本篇是流传在河南禹州市的关于"大禹治水"神话遗存珍品。它简明、古朴,口语流畅,接近原始形态。

　　其中透露如下神话信息：①恶龙乃水患的象征,与同类传说相近。②禹不能杀恶龙,是因为龙乃天上神物,不能杀害,只能用铁链锁井中。这一情节遍传中原各地,其含意无非是治住水患而已。这是大禹神话的总体模式。③各地的锁蛟井同出这一母题。

　　本篇是主要原初形体,其他皆衍化的结果。

569. 禹王锁蛟(二)[禹州市]

　　大禹治水的时候,禹州城北关住着一对老夫妇,膝下无子,收留了一个被水冲来的孤儿做干儿。这孩子聪明伶俐,老两口爱如掌上明珠。但他一不学文,二不习武,啥事也不干,整天泡在颍河里戏耍。老两口心里不安,生怕儿子有个三长两短。他们无论怎样劝阻都不济事,那孩子死活不改,非下河玩水不可。老两口没办法,只好任他去玩。

十冬腊月,寒风刺骨。大禹治水从颍河边经过,突然见河里有一顽童在玩水,浑身冒着热气,一点儿也不觉得冷。大禹定睛一看,发觉这顽童是蛟龙所变,不由得暗自惊奇,立即派人盯住这孩子,暗地察看他家在哪里。

原来这只蛟龙晓得大禹的厉害,生怕被大禹捉住,因此变化成小孩,躲在这一老汉家里暂时藏身。

第二天,大禹扮作一个老汉来到顽童家里,以喝水为名,和老人攀谈起来,问道:"老哥,你家有几口人,膝下有几个孩子?"

老汉长叹一声:"唉!命中无子,收了个干儿生性顽皮,每天啥事不干,只知道去河里洗澡,俺老两口多次劝说,他都当耳旁风。哎!把人快气死了。"

大禹说:"大冷天我见个孩子在河里玩水,想必就是他吧?"

老汉说:"正是。"

说话间,天已响午,老人便留大禹在家吃饭,大禹满口答应,老汉让老伴做了面条招待大禹。饭刚端上桌,只见那孩子从河里回来了。他进门看见大禹,二话不说,转身就走。说时迟,那时快,大禹顺手从碗中捏起一根面条,叫声"变",面条立即变成一根又粗又长的铁索。他手拿铁索,只听"哗啦"一声,套在那孩子的脖子上。大禹喝道:"畜生,还不快现原形!"话音没落,那顽童变成一条几丈长、口如血盆、眼像灯笼、张牙舞爪的蛟龙。老人一见吓得浑身哆嗦。

大禹说:"老人家,不必惊慌,我实话告诉你,他本不是人,原是一条蛟龙,怕我捉拿它,才变成人形,暂时到你家躲藏。"大禹说罢,把锁住的蛟龙压在一口八角井内。那蛟龙苦苦求告说:"我啥时候能出来?"

大禹说:"除非石头开花那天!"

不知过了多少年月,有一个新上任的州官来到"禹王锁蛟井",他想看看井里被锁的蛟龙到底是啥样子,但又怕头上的纱帽掉进井里。所以随手摘掉纱帽,戴在井旁的石桩子上。井内蛟龙看见石柱上花花绿绿的帽花,以为是石头开了花,它挣扎着想出来。转眼间,井里呼呼声响,井水一个劲儿往上涨,州官吓得魂不附体,掉头就跑,衙役取下纱帽赶紧给州官送去。蛟龙看不见石柱上头的花,才又老老实实躺在井里。

讲述人:朱超凡,66岁,离休教师
采录人:王同全

【点评】

本篇是流传在禹州市的大禹治水捉恶龙的神话遗存之一。

它的文化信息有：①大禹捉龙的方式乃渗入巫术行为——用面条锁住恶龙。恶龙逃避的方法是兽变人形。这种"变形"观念，正是原始人普遍存在的。②大禹施以巫术，让中原饭食的面条产生超自然的神奇力量捉住蛟龙，消除水患。这也正是那个时代的人所能想象得出来的。③本篇产生在夏禹建都的阳翟，具有典型意义。他平定水患，建立王朝的中心在这里。其文化史和华夏文明的大业，也从这里平定水患开始。

570. 禹王锁蛟（三）[禹州市]

上古帝舜时，有段时间，天连降大雨，一时沟满河平，江河横溢，洪水泛滥，好好的庄稼都淹没在水中，老百姓都把家搬到附近的高处，一时生活极为困苦。同时，各种猛兽也乘机而出，骚扰百姓，严重地威胁到人们的生活。为了帮助解救遭受不幸的人们，帝命鲧、禹父子治水并驱除各种害人的猛兽。在广大群众的帮助下，经过多年的努力，大禹终于治住了洪水，并杀死了一些伺机出没侵食人畜的猛兽。天下渐渐太平了下来。

可是在现在的豫中颍河的两岸，常常发生人畜丢失的现象，有的人傍晚还好好的，可是到天明就不见了，连一点血迹都没留下。次数多了，人们就发现，哪天晚上有大风大雨出现，哪天晚上就必定有人畜丢失，可都不知是怎么回事。人们惊恐万分，生怕哪天晚上不幸会临到自己的头上。人们还发现颍河中的水本是风平浪静的，有时却突然会恶云滚滚，涛声震天，河水涌出河床，流向两岸，冲坏两岸的田地和村舍。人们还发现，过河的人常常在河心忽然沉入水底，再也不会出来。种种迹象表明：这里有逆龙。不错，这水中确有一条龙——蛟龙。大禹治水时，它还小，也没做什么坏事，所以人们并不知道它，当然禹在剿除猛兽时，也没杀死它，现在它长大了，遂得以在这一带作恶。

图 24.570.1　钧瓷禹王锁蛟（孟宪明摄）

不久大禹听说了，便带人来捉蛟。经过一段时间的观察慢慢就摸清了它的活动规律。有天晚上，它刚出来，就中了箭，它知道不妙，连忙撤身往水中钻，说时迟那时快,大禹一抖手,扔出一扇渔网,这网见风就长,银光闪闪,霎时间布满水面。蛟龙一看不妙连忙撤身向西山逃去。大禹带人在附近搜索,在西山发现一个山洞,洞口有一溜血迹。一定在这儿!大禹命人包围洞口。一面命人运干柴堵住洞口,准备点火,把它熏出来;一面又在洞口张开了一面大网,同时命手下人一见它出来就开弓放箭。一切布置停当,"点火!"一声令下,只见火光冲天,浓烟滚滚,恰巧当时正有北风,北风把烟全都刮进洞了,一会儿工夫,就听一声巨响,蛟龙从洞中钻了出来,它太猛了,把整个网挣得紧紧的,再想走已来不及。"收网!"一声令下,网口扎住了。又用几根绳把它捆得紧紧的。然后命人打制了一条铁链,把它锁住,投到了附近城中的一口井中,用石板封口,贴上封印,它再世也不能出来了。大禹说:"你要想出来,除非石头开花。"就再也不理它了。这座城就是现在的禹州城。

一年又一年,也不知过了多少年,有一年,一个州官慕名游玩,来到这里,休息时,把帽子摘下放在了石板上。可了不得了,就听下面的水像沸腾一般,血红血红的水翻滚着涌了上来,离井口越来越近。这州官可吓坏了,闹不清是怎么回事,一名侍从忙上前,把帽子拿了下来,一会儿,声音渐渐平息下来,水也落了下去。原来那位州官的帽子上恰巧有一朵花,正应了大禹说的那句话。

这个井就是现在禹州城内的八角琉璃中井。

讲述人:刘刚,已故
采录人:刘增杰,河南大学中文系学生
流传地区:禹州市

【点评】

本篇是流传在禹州市的关于"大禹治水"神话遗存珍品。它涉及大禹在此治水的丰富的内容,对研究大禹治水神话具有重要意义。

其中透露如下的原始神话信息:①大禹在禹州颍河捉的蛟龙是被大禹遗漏未杀死的小龙长大后才兴风作浪、为害一方百姓的。②大禹捉蛟是用有超常神力的巨网从颍河水面上捕捉的。恶龙逃入山洞,大禹用烟熏出后用绳索捆住,锁在井中。这样的神话中,基本用的是现实方法。③后人(州官、知府)观看锁蛟井时的安排,其戏剧性变化多由"石头开花,蛟龙出井"语所引发。井的存在其意义是对禹功的怀念和对大禹开发中原创华夏文明业绩的铭记。

值得注意的是,本篇描述详细,略有"文学化"痕迹。

571. 大禹捉蛟［禹州市］

大禹治好了黄河的水患，想到家看看老婆孩子。回家的路上，他向南一望，发现颍河一带天连水，水连天，雾气腾腾。大禹想：莫不是从黄河溜走的那条蛟龙，窜到颍河作恶去了？他决定到颍水边看看，家也不回了，直朝颍河走去。

大禹来到颍河，那里的风浪便停息了。他断定这是蛟龙知道他来了，隐藏了起来。大禹下决心把这条蛟龙捉住。

蛟龙藏哪儿去了呢？它摇身一变，变成了人形，钻到禹州城去了。大禹便追到城里去找。他一天到晚在大街小巷里转悠，直找了六天六夜，没有发现蛟龙。怎么办呢？大禹想：这畜生食量很大，它不能不吃东西。想到这里，他心里的计谋就来了。

大禹也不到处找了，他扮成一个厨师，在西门里路北边开了个饭铺，卖起饭来。

一天，擦黑的时候，一个一脸横肉的汉子闯进了大禹的饭铺。大禹搭眼一看，就知道这家伙是蛟龙变的，心中暗暗高兴，他迎上去笑着问："客人想吃饭吗？"蛟龙变的汉子说："不吃饭我来这里干啥？"大禹又赔笑说："对不起，别的东西卖完了，还有面条。"那汉子说："面条也好，做一大锅来。"大禹忙把面条下好，端了出来。

那汉子接过面条，头也不抬，大口就吃。大禹看那汉子快把面条吃完时，喊一声："变！"面条变成了铁链子，那汉子吐不出来，又咽不下去，马上现出了原形。大禹牵着铁链子，把蛟龙压到了井里。

讲述人：张西坦，农民，62岁，文盲
采录人：张康民
流传地区：禹州城关

【点评】

本篇是流传在禹州市的关于大禹捉蛟神话遗存之一，比较接近民间口承形态。

其中透露的神话信息：①大禹捉的这条龙，是从黄河被大禹战败后，逃往登封、禹县之间的颍河来的。②蛟龙为逃避禹的捉拿，变形为壮汉藏匿在市内。这一离奇情节，给大禹想出用巫术方式（开饭铺，用面条捆住恶龙）。其原始巫术和变形观念存在其中。③"锁蛟"的形式似成了唯一可行的方法，并为后人留下了纪念大禹神功的实证。以此证明：在禹州市大禹捉龙的可信性和真实性。它是原始社会生活和历史的形象记录之一。

572. 禹王锁蛟井［禹州市］

据说古代的洪水灾害,主要是由于蛟龙作怪,它有呼风唤雨的本领,行走带着洪水,走多高就能把水带多高。人们所受其害久矣,多亏大禹在治水时,大施法力,捉住了这条蛟龙,水害才得以平息。后来大禹就用大型铁锁把蛟牢牢锁在自己都城之内的深井中,使它永远不得再出来兴风作浪为害人类。因此自夏代至今的数千年来,我国没有再发生那种"洪水横流,泛滥于天下"的骇人水灾,主要全赖禹王锁蛟之功。

【点评】

这是禹州市北关存在的大禹神话遗迹。它可以作为印证此神话存在的实体资料,也是弘扬大禹功业的有力佐证之一。

573. 启母石的传说［禹州市］

传说,古代那个治洪水的大禹是我们的老乡——禹州市人,他曾因势利导治水救灾,给百姓做了一件大好事。

大禹是个大公无私的人,人们相传,他为治理泛滥的洪水,曾"三过家门而不入"。可他妻子却是一个自私自利的人,她见大禹整日不回家,心中十分不满。有一次送饭时,还见大禹变成丑陋的狗熊去拱石头,她更是恼羞成怒。一气之下,铁了心肠,变成了一块坚硬的顽石。大禹回来,见妻子变成了石头,心想自己日后死了,没有儿子来继承事业怎行?于是愤怒地对着顽石大喊一声:"启!"果然,顽石砉然中开,从石头里蹦出一个天真活泼的小孩来,这便是禹的儿子——启。这块石头也被人称作"启母石"。后来又过了许多时间,世间历尽沧桑,那块"启母石"也不知流落到了何方。

讲述人:徐红娟之祖母,78 岁,已故
采录人:徐红娟,河南大学中文系 1986 级 5 班学生
采录时间:1989 年 12 月

采录地点：禹州市褚河乡徐庄

【点评】

　　本篇是流传在河南禹州市的关于"大禹治水"神话遗存的异文。它朴实、古老，对研究大禹神话，有重要参考价值。

　　其中透露出相当重要的原始神话信息：①与登封采录的《启母石》神话遗存相比较，题旨有差异。②大禹治水变熊，不止一次。这次禹妻涂山氏品德不高，对禹不回家很恼火，自私自利。③此次禹修渠治水地点不在轩辕山，地址不明。因为禹是禹州人，所以也可能在禹州。④禹妻变石，是因恼怒而产生的悲剧。石开生子是禹喊叫："启！"命令石开的，而不是祈求石开。这些差异可能与不同地区的民间传承有关。

　　值得注意的是：①本篇异文对研究禹与妻子的关系有重大意义。②从中原神话多元体系建构方面看，具有典型的特殊含意。③登封市嵩山南麓的启母石遗址尚在，旧本《淮南子》和《随巢子》都有记载。《汉武内传》也有明确描述。"启母阙"、"太室阙"等古迹遗存，都可作实物印证。因此，此篇异文只能是另一种传闻，对登封"启母石"无法驳倒。④本篇说："后来……那块'启母石'也不知流落到了何方。"这显然是民间口头传承经常遇到的情况。这里，可备一说。

574. 打开龙门口 [禹州市]

　　为治理洪水，大禹带领部下常年出入于洪水之中。几年过去了，他虽然累得筋疲力尽，可是洪水仍有增无减。他眼睁睁看着良田被淹没，房屋被冲垮，成千上万的百姓淹死在洪水里。看着这凄惨的景象，他心里像刀割一样难过。他日夜思考着治理洪水的办法，可是一直没有头绪。为此他愁得吃饭不香，睡觉不甜。

　　正在发愁，部下又来报告，说是洪水仍在上涨，又淹没了很多土地和村庄。大禹来到水势凶猛的龙门查看，他对着脚下的一片汪洋叹息，落泪。此刻，忽然听到不远的地方一个樵夫高声唱道："打开龙门口啊，旱坏那吕梁江哪……"他听到樵夫这样唱，心头不觉一震，觉得樵夫这两句山歌很有道理，很受启发。于是他便迫不及待地来到樵夫跟前，深施一礼，问道："请问老伯，您唱的这两句山歌是什么意思？"

　　樵夫摘下草帽扇着风说："我是笑大禹太无能了，他治水已好几年，可是治来治去还不见有个眉目。"大禹见他话里有话，急忙追问道："请问老伯，依您说这洪水该如何治理才好?"老人一抹胡须说:"依我看要彻底治住水患,不能光靠堵截,只有疏通才行。要是把这座山打开,一切问题都迎刃而解了。可惜老汉我年事已高,无能为力呀!"老汉说罢,化作一阵清风不见了。

老汉走后,地下留下一柄砍柴的斧子。大禹看着那座山,心里顿时来了气:"要不是你挡住水路,百姓怎么会受那么大灾难,我恨不得一下把你劈成两半!"说罢他抡起大斧狠狠地朝大山劈去。只听得山崩地裂一声巨响,大山一下被劈成了两截,洪水顺着山口向外涌去。没多久,大地上的洪水消退了,从此百姓们有了安居乐业的生活。

讲述人:贾德林,农民,48岁,识字
采录人:贾国中
流传地区:禹州鸿畅乡

【文献选录】

禹通三江五湖,决伊阙,沟回陆,注之东海,因水之力也。

(《吕氏春秋·慎大览·贵因》)

舜之时,共工振滔洪水,以薄空桑。龙门未开,吕梁未发,江淮通流,四海溟涬,民皆上丘陵,赴树木。舜乃使禹疏三江五湖,辟伊阙,导廛涧,平通沟陆,流注东海。鸿水漏,九州干,万民皆宁其性。

(《淮南子·本经训》)

伊水又北入伊阙。昔大禹疏以通水,两山相对,望之若阙,伊水历其间北流,故谓之伊阙矣。

(《水经注·伊水》)

禹凿龙关之山,亦谓之龙门,至一空岩,深数十里,幽暗不可复行。禹乃负火而进。有兽状如豕,衔夜明之珠,其光如烛。又有青犬,行吠于前。禹计可十里,迷于昼夜,既觉渐明。见向来豕犬,变为人形,皆著玄衣。又见一神,蛇身人面,禹因与语。神即示禹八卦之图,列于金版之上,又有八神侍侧。禹曰:"华胥生圣子,是汝耶?"答曰:"华胥是九河神女,以生余也。"乃探玉简授禹,长一尺二寸,以合十二时之数,使量度天地。禹即执持此简,以平定水土。蛇身之神,即羲皇也。

(《拾遗记》卷二)

图 24.574.1　禹州大禹山禹王庙(2007年程健君摄)

图 24.574.2　禹王庙山门(2007年程健君摄)

图 24.574.3　禹州大禹山禹王庙内的禹王塑像(2007年程健君摄)

【点评】

本篇是流传在禹州市的"大禹治水"神话遗存的珍品。它清晰、明白、古朴，比较接近民间口承形态，对研究大禹开发中原农耕文化，有重要参考价值。

其中蕴含如下原始神话信息：①尧至禹时，中原洪水为患甚烈。他接受父亲治水失败的教训，以疏导代堵截之法，收到成效。②大禹对中原洪水分区域治理。在洛阳、颍河一带，洪水一时不易排出。③禹治水，一靠熊兽变化神力，二靠神人派龙划地为沟渠，三靠异人给以指点和传授异物的神奇力量。本篇大禹由樵夫唱歌指引，打开龙门口，排出吕梁江（应为汝阳江），泄洪水入黄河，并借助樵夫留下一把神斧，完成伊洛流域开发工程，即是一特殊事例。

值得注意的是：龙门口被打开，历来传说有三：一是伏羲、女娲洪水时期，由龙的传人祖先黄龙，为二人结婚议婚条件之一，把龙门山劈为两截。二是大禹在樵夫指点下用斧劈开。三是放羊儿听山肚有"开不开"问话声，答应一声"开"，就自然开了。本篇结合有关文献看有一定合理性和神秘性，是科学思维与神话思维的统一。

575. 诸侯山治水［禹州市］

相传在远古的时候,洪水泛滥成灾,阳翟一带到处是一片汪洋。土地被淹没,房屋被冲倒,成千上万的百姓在洪水里死去。当时有一位治水英雄名叫大禹,一心要治服水害,为百姓除难。这天,大禹召集各诸侯在阳翟北部的蜘蛛山顶聚会,一起商量治服水害的办法。聚会时,众位诸侯七嘴八舌,意见很不一致。有的诸侯不住摇头,唉声叹气,认为这是天意、劫数,人力根本无法反抗;有的诸侯倒觉得,事情是人干出来的,动手治水,总比坐着等死强。大禹根据大家的意见,制订出一套治水办法。他觉得只要详查水情,疏通河道,洪水是一定能够制服的。大禹的主张和办法,得到了大多数诸侯的支持。

大禹带领众诸侯,看地势,查水情,日夜奔波在洪水中间。由于大禹和众诸侯齐心协力,终于查清了阳翟发生洪水灾害的原因。原来蜘蛛山和东面的灵山中间的一段山冈挡住了水路,要想排除阳翟的洪水,必须疏通这条河道。于是大禹领着诸侯和广大百姓,开凿河道,疏通水流。不管刮风下雨,日日夜夜,他们从来没有停止过一会儿干活。在开凿河道期间,大禹常和治水中的诸侯们登上蜘蛛山顶,坐在一块大石头上商量治水中遇到的多种困难。天长日久,在大禹坐过的大石头上,磨出了深深的屁股痕迹。就在这痕迹坑儿的前面,还有一条深沟,这是大禹在开通河道时,因浑身是汗坐在石头上歇息,天长日久,汗水把石头冲出了一条深沟。后人就把这条石沟叫作汗沟。

大禹领着诸侯和广大百姓,不知经历了多少个日日夜夜的苦干,终于把蜘蛛山和灵山之间约有三里多长的河道打通了,洪水沿着河道飞泻而下,没多久,阳翟地面的洪水就全部排除了。

后来,人们为了纪念大禹和诸侯们治水的功绩,把原来的蜘蛛山改为诸侯山。

讲述人:王全胜,60岁,农民,文盲
采录人:王根林
流传地区:禹州西北部

图 24.575.1 禹州城内仅存的禹王庙大殿(2007年程健君摄)

图 24.575.2 禹州城内古钧台(2007年程健君摄)

【点评】

　　本篇流传在河南禹州市一带,是关于"大禹治水"神话遗存的珍品。它接近民间口承形态,对研究大禹在中原分区域治水功业有重要价值。

　　其中透露出如下原始文化信息:①在古阳翟治服洪水,对夏代建都,开发夏文化意义重大。②大禹在蜘蛛山与各地诸侯商定打通在灵山与蜘蛛山之间的河道,排除洪水取得了效果,使这一地区得以开发,功业显赫。③大禹治水辛苦,在蜘蛛山上留下屁股坐的石印和汗沟,正是最好的证据。足见大禹治水的忘我精神,也使后人怀念先贤的业绩和崇高品德。

　　值得注意的是:人们把蜘蛛山更名,便是这种崇敬先贤的心情和愿望的物化。

576. 石砭降妖[洛阳市]

　　凡到龙门的人,都可以看见一根簪子模样的大石杵,插在西山脚下北头,石杵旁边长年累月冒着清泉,这便是蛤蟆嘴。

　　相传古时候,禹王治水,用神奇的石砭凿开龙门山,消除了水患,然后云游四海去了。这时,不知从哪儿来了个蛤蟆精,霸占了这一阙口。蛤蟆精兴风作浪,无恶不作,害得百姓叫苦连天,无法度日。

　　禹王重新回到中原后,得知这一消息十分气愤,就带着石砭前来。那蛤蟆精听说禹王来到,率领虾兵蟹将走出洞府,摆开阵势。蛤蟆精嚣张地说:"龙门已经归我所有,禹王休得来此过问!"话落地,血盆大口一张,吐出一股黑气。一刹那狂风大作,电闪雷鸣,瓢泼大雨从天而降,伊河水暴涨,波浪翻滚,朝禹王扑将过来。禹王早有准备,驾上云头,口中念念有词,祭起石砭。这石砭不光是劈山凿崖的好工具,还是威力无比的降妖杵呢。只见一道金光凌空,"呼啦啦"一阵巨响,震得蛤蟆精和虾兵蟹将目瞪口呆;顿时乌云驱散,浪涛平息。蛤蟆精见法术被禹王破了,转身就想借土遁逃跑。禹王急忙用手中石砭扎下去,一下子戳穿了蛤蟆精的脊背,钉在龙门西山下。由于用力过猛,那石砭也拔不出来了。

　　从此,石砭下清泉涌起,人们都说,这泉水是从蛤蟆嘴里流出来的呢。

　　讲述人:邓沛云,女,76岁
　　采录整理:姜弘

【点评】

　　本篇是流传在河南洛阳龙门一带关于大禹制服蛤蟆精怪的神话遗存珍品。它对研究大禹在洛阳龙门治水神话,有参考价值。

　　其中包含如下内容:①大禹在龙门开山治水后的继续。②大禹降蛤蟆精靠石砭(杵),具有开山的神功(一说为斧)。③蛤蟆精怪已不全是神话意识,同时,还具有鬼狐精怪一类神幻故事的特点,如可念咒语,及虾兵蟹将兴风作浪。④带有后世传奇色彩的故事,已不同于原始神话意识为主体的神话遗存。

577. 石　门［栾川县］

　　栾川县北川潭头盆地,土沃人旺,村庄密布。潭头东三里处,有一散散落落的大村,它背靠山岭,南临伊水。那岭叫石门岭,村子就叫石门村。

　　说起石门村的由来,有这样一个传说。

　　在上古时期,潭头盆地原是一个茫茫湖泊。每逢大雨,山水涌入,湖浪翻腾,吞没渔船,祸及四周。先民们只好散居坡岭高地,伐林垦荒,水落时则驾舟下湖,捕鱼糊口,生活极其艰难。如此日月,已不知过了多少个春秋。

　　一天雨后,湖面上突然出现一只小舟,上面一位身着长衫,面庞清癯,白须飘胸的长者,轻松橹桨,时而四下张望,时而凝目深思,满脸焦急的样子。据后人说,他就是为治水"三过其门而不入"的大禹。大禹来到这里,白天驾舟湖上,查看地形水情,晚上则上岸同周围山民共商治水大计,为民解除水患疾苦。不知经过多少时日,他终于发现湖水东部深,西部则逐渐变浅,便断定湖底东低西高。而湖泊东部恰有一岭横卧南北,与东西走向的伏牛支脉相接,挡住湖水退路,造成积水,酿为灾患。于是,他就决心带领山民,劈山凿岭,开通水道,让湖水东泻,献出沃野良田。

　　不知经过多少人和多少个日月的辛勤劳动,终于在东岭与南山的接壤处,开出了一道状似巨型石门的豁口,湖水便倾泻而出,渐渐露出湖底一片沃野。从此,散居湖泊四岭的先民们,便陆续下山开发良田,造屋定居,形成了不少村落。而居住在玉皇山凤凰台一带的先民,因定居在开凿石门的东岭之下,就把村名定为"石门",一直延续到今天。

　　采录整理:姜晋京

【点评】

本篇是流传在河南栾川一带关于大禹治水的神话遗存。它比较接近民间口头传承形式,对研究大禹在中原治理伊、洛流域、开发生存基地,有参考价值。

其中主要反映大禹亲身实地考察北川潭头盆地湖底地势,开掘东山口疏通河道治水的情景。它以科学研究为主体,有重要水利工程价值。

值得注意的是:此类作品的幻想色彩淡薄,与靠神幻超自然力治水迥然不同。它也是多元体系中的一元,很有研究价值。

578. 水 牛 沟 [偃师县]

偃师县高龙乡境内,有个村子叫水牛沟。说起这个村名的来历,它与大禹治水还有联系呢!

相传大禹在洛阳一带治水时,喂有一头神牛。这神牛身高力大,既可负重,又可坐骑。陆上能疾驰,水上能奔腾,遇到急事,它还会腾云驾雾,"日行千里,夜走八百"。这神牛能通人性,懂人语,是大禹的得力助手。

一天,大禹和神牛一起,沿着崎岖的山路,从龙门向大谷关走去。几天来,他与神牛风里来,雨里去,历尽千辛万苦,战胜恶魔与洪水,已是人困牛乏。但为了造福人类,大禹与神牛仍在四处奔走,治理水患。刚才,大禹听说大谷关南边的颍阳江洪水暴涨,就急忙赶去察看。

大谷关是万安山的一个豁口,南边颍阳江水常经此豁口溅到山北,所以人们又称大谷关为"水溅口"或"水泉口"。大禹和神牛来到大谷关西侧,只见颍阳江水浊浪排天,呼啸怒吼,向北方奔腾而来。这洪水如不及时治服,不仅大谷关内的庄稼将被淹没,而且人畜也要受到大的伤害。但这突如其来的洪水如何去治,大禹一时想不出办法来。神牛见滔滔洪水向北滚动,不等大禹发号施令,便腾空而起,冲向洪水,张开大口喝起来。它喝了九九八十一口,把洪水全部喝进肚里。水灾消除了,神牛也筋疲力尽了。它稍一松劲,喝进肚内的洪水从屁股后排泄出来,把地上冲了一条沟,流进伊河。尽管神牛排出的洪水汹涌澎湃,但它是顺着壕沟流进伊河的,所以为害不大。大禹见神牛又树新功,非常感激,他来到神牛前慰劳,只见神牛喘了一口粗气,便卧下不动了。大禹心里一酸,泪如雨下。泪水冲掉了牛毛,神牛变成了石牛。

再说,自从这里有了这条沟,遇洪能排,遇旱能灌,使方圆左近的土地更加肥沃,旱涝保收。人们见这里风水好,便沿沟而居。形成的村子叫什么名字呢?有人就想起神牛的恩德,叫"神牛沟",后来慢慢讹传为"水牛沟"了。时至今日,逢年过节仍有不少人到这里焚香烧纸,以表示对神牛的怀念、敬仰和感激。

采录人:杨聚全

采录整理:康仙舟

【点评】

本篇是流传在河南偃师县一带,关于大禹治水神话遗存的珍品。它近于口承原始形态,对研究大禹在洛阳南面的伊、洛流域治理水患、开发华夏文明有参考价值。

其中主要反映:①大禹在治理颍阳江与伊河之间排洪除涝工程中的重大作用。②大禹的助手神牛像应龙等一样,运用超自然的神力,抗御自然灾害。③豫西许多地名都与大禹治水的功业传留后世有关。④本篇是神话思维与科学思维辩证统一的典型。

值得注意的是:神话中蕴含科学因素,具有科技史起源的重大意义。

579. 仙 人 石 [汝阳县]

汝阳县城以北约二十里与伊川葛寨乡的交界处,有个三四百户人家的村庄,叫作"仙人石村"。村西有块一间屋子大小的石头,上面密密麻麻地印着三寸来长的脚印。当地人说,那是给大禹送饭的仙女留下的。

相传很久以前,洛阳南边的龙门山上还没有龙门口。龙门山以南的山泉河流没有出路,水越聚越多,时间一久,就成了一片汪洋,人称"五羊江"。江水淹没了良田,冲毁了村庄,逼得人们流离失所,远走他乡。大禹受命到这里治理洪水,住没住的,吃没吃的,可艰难了。

玉皇大帝的七个女儿久慕人间男婚女爱的生活,经常背着父亲,到南天门外观赏人间美景。一日,她们看见龙门山南江水苍茫,巨浪滔滔,想到人们的生死存亡,就劝父皇派出神兵天将,前往治理洪水。谁知这玉皇大帝只知享受人间香火,却不愿替人民办事。当七仙女得知人间舜帝已派大禹在治理洪水时,就商量着要帮大禹的忙。帮什么忙?送饭。

汝阳县城东南八里有座云梦山，终年云雾缭绕，紫气升腾，是天上神仙下界时的立脚之地。众仙女商量，为了不被父皇发现，她们轮流到这里做饭，再到五羊江边送给大禹。第一个下界的是大仙女，她在云梦山的石洞里做好饭，又腾云驾雾飞到江边，站在一块大石头上左右张望，等待大禹的到来。也怨她们太粗心，没有把自己的打算告诉大禹，所以大仙女在石头上急得团团转，三寸金莲把石头上踏成了坑，也没有见到大禹。就在这时，天鼓响起，玉皇大帝发现大女儿私自下凡，派一神兵天将把她抓了回去。也就在这个时候，龙门山上一声巨响，山崩地裂，大禹劈开了龙门口，五羊江水慢慢泄了下去。

大仙女给大禹送饭时站过的那块石头，因为上边留有仙女的脚印，人们就叫它"仙人石"。它原来在五羊江边，洪水退去后，这里成了良田，有了村庄，就叫"仙人石村"。

采录整理：郭引强

【点评】

本篇是流传在河南汝阳县的关于大禹治水神话的珍品。它反映了神界与人间在治水救民问题上的不同态度产生的纠葛，有参考价值。

其中主要反映：①玉帝置民水患于不顾的凶相和神女偷着下界为大禹做饭、等候大禹、立石成坑的动人情景。②神女抗议天帝的行为说明神界"天规"并非铁板一块。神女与民心相连，玉帝的不得人心在"仙人石"留下不可磨灭的印记。

总之，助禹治水的神女像一切异物一样，都是人民意志的象征。

580. 夏　宝［伊川县］

伊川县白元乡有个夏宝村。说起这个村名的来历，得从夏禹治水说起。

相传远古时期，黄河流域水患严重，百姓流离失所，处处一片哀号。尧体恤民情，特派鲧到黄河流域去治水。但鲧只知道"水来土掩"的办法，把所有通往黄河的河流，都用大坝堵死。鲧治水九年，不仅没有把水患治理，反而使到处的河水越聚越多，受害的面积越来越大。就拿龙门南来说，由于鲧把龙门山的一个豁口堵上了，山南便成了一片汪洋，人称五羊江。人们的土地被淹了，房屋被冲了，只好到高山上去避难。

舜接任尧的位置之后，发现鲧治水无能，就把他杀了。鲧的儿子夏禹继承父业，决心治理洪水。他接受父亲治水失败的教训，采取掩堵与疏导相结合的办法，解决了不少地方的水患。当他来到龙门南察看水情时，正遇天降暴雨，洪水猛涨，他所到之处，刚才还是陆地，转眼间就被洪水淹没。他一连转了好几个地方，都因找不到立足之地，辛苦了好几天仍然一事无成。

一天，夏禹举目远望，见龙门山西南方向有一座高山，花木葱茏，祥云环绕，就向那座山奔去。来到山前，他测量了山的高度，兴奋地说："这座高山，洪水难以淹没。"谁知夏禹这句话，竟使这座本来就比较高的山变成了活山。水涨它也长，水落它不落。夏禹在这座山上扎下大营，开采五色巨石，运用五昧真火，炼成一只石船。夏禹乘坐这只石船，遍游龙门山南这一处汪洋的每一个角落，最后发现龙门山上原来被他父亲鲧堵住的那个豁口，认为这里是开山排洪最好的地方，就使出全身力气，抡起开山大斧，向龙门山砍去。只听"轰隆"一声巨响，山摇地动，火光飞溅。放眼望去，只见龙门山被砍开一个大缺口，洪水汹涌澎湃，通过这个缺口，向北流去。夏禹采石炼船的那座山，因夏禹曾称它为"高山"，后人就沿用此名。高山北麓的一个村子，也以"高山"命名。至今，高山上还有夏禹炼船剩下的石料。

"打开龙门口，撒干五羊江；打开黑石关，闪出夹河滩。"夏禹打开龙门口之后，接着又劈开了黑石关。五羊江水通过夹河滩流入黄河，而后流入东海。原来被洪水淹没的地方，慢慢变成了肥沃的良田。老百姓从山上迁移下来，男耕女织，开始了安居乐业的新生活。

且说原来被洪水逼到虎头山上去避难的百姓，现在耕种着肥沃的土地，望着长势喜人的庄稼，无不感念夏禹的恩德。在给他们聚居的村落命名时，人们七嘴八舌，众说纷纭，但都不能尽如人意。一个德高望重的老者说："肥沃的土地是我们老百姓的宝贝，有了它我们才能生存，而这个宝贝是夏禹治理了洪水后赐给我们的。为使子孙后代永远不忘夏禹的功德，咱村的名称就叫'夏宝'吧。"众百姓都认为这个村名贴切恰当，就定了下来，一直沿用至今。

采录整理：诸书智

【点评】

本篇是流传在河南伊川县的关于大禹凿龙门治水的神话遗存珍品。它接近口承原始形态，对研究大禹在中原治理伊洛流域和开发华夏文明，具有重要文化史料价值。

其中透露如下原始文化信息：①大禹治黄河后，来治洛阳龙门山南的洪水。这里是鲧治水时，堵住龙门山豁口造成的。②大禹治水采用堵与疏导相结合的方法，取得成功。③本篇大禹借在嵩山用五色石造石船的方法，察看水情地势，然后用具有超自然神力的开山斧劈开龙门山口，再劈开黑石关，让五羊江（汝阳江）的洪水通过伊水流入黄河。这就开发了洛阳龙门山以南伊洛流域大片平原沃野，为后来的洛阳文化古都的辉煌奠定了基础。

总之，本篇神话遗存是华夏文明兴起和弘扬的形象记录。它对印证华夏古代历史，像考古、习俗、文献记载一样具有权威的印证作用。这里流传的大禹系列治水神话，是中原神话极重要的组成部分。同样，本篇村名的来历像其他神话一样，都与纪念大禹治水的功绩有关。

581. 鲧禹父子与龟驮碑［南阳县］

一说起龟驮碑，人们只当那是一般的乌龟哩。其实不知道它原是天上的神，名叫鲧。大禹就是它的儿子。

很早很早以前，洪水泛滥，为害人类。鲧看见了于心不忍，就从天上偷来了"长土"治水。谁知道这长土是宝物，见水就长。后来治来治去不但没把水治下去，反而越来越大，水都快漫到南天门上了。这一来，惊动了天帝。天帝大怒，把鲧杀了。鲧死后尸首三年不化，后来自己开膛生出个大禹来。

大禹发誓要把水治下去，完成父亲没完成的事业。他三年不登家门。有一次他的妻子来看大禹，不防大禹正变作一只熊在那拱河泥哩，当时可吓死了。

他这把水没处引，大水仍然漫延。大禹的父亲看儿子作难，阴魂不散又变成一只大乌龟，把天下的河港沟汊的水路画成"河洛图"刻在石头板上。然驮在自己身上，给大禹指路。大禹有了向导，很快地就把大水治下去了。

讲述人：徐清法
采录整理：党铁九

【点评】

本篇是流传在河南南阳县的关于大禹治水神话遗存的珍品。它表述了鲧禹父子消除水患的来龙去脉，在解释龟驮碑风物源起上，有说服力。

其中透露如下神话信息：①鲧是天神，窃息壤堵洪水，失败后被天帝杀死。②鲧尸体三年不腐，裂胸生禹，与文献吻合（如《楚辞》）。③大禹治水虽有成绩，但仍治服不了水患。鲧变大龟驮着他为禹绘制的天下水情图，助其治服了水患。此与新乡的《河伯授图》相近似，但又有区别。河神成了鲧。④其中禹妻因禹变熊挖土掘山，被吓死了，而非化石生子。可见此情节是多次出现。

582. 龙头桥的来历［新野县］

新甸铺镇北，有座石头桥，因为桥中间有个石头刻的龙头，人们都叫它为"龙头桥"。提起这座桥，还有点来历呐。

早在上古时候，夏禹王带着众神治水，经常派一条青龙运石头。这条青龙很卖力，把石头从高山运到平地，后来累出了病，还是不停地干。一天，它顺着白河把石头往南运，运到新甸铺这个地方，走不动了，累死在白河边上。再说禹王等了几天，不见青龙返回，非常恼怒，就派巨翅鸟去抓青龙回来。巨翅鸟就顺着白河一路找来了，它看到青龙身上压着石头，累死在半路上，心里很难过，急忙汇报大禹王。

大禹王感到自己错怪了青龙，就亲自来到新甸铺给它安排后事。他见青龙背上还驮着石头哩，就赶忙让众神把那些石头卸下来，把青龙的尸体冲洗干净，埋在白河岸上。

当地人民为了纪念这条青龙，就用它驮的石头修了座桥，并在桥头上雕了个龙头，取名"龙头桥"。

讲述人：聂守道，男，60岁，汉族，文盲，新甸铺镇白湾村农民
采录整理：翟建豪
采录时间：1936年3月
采录地点：白湾村，流传于新甸铺镇

【点评】

本篇是流传在河南新野县白河一带关于大禹治水神话遗存的珍品。它近于民间口承神话形态，对了解大禹在南阳地区治水情况和民心所向，很有价值。其中说明：①禹治水顺乎天意、民心，因此，异物（禽、兽、龙蛇等）都来协助。这是中原汉族地区普遍流传的神话特点。②本篇青龙帮禹驮山上石头治水、修桥，因

劳累过度,死于白河岸上。人格化的青龙令人敬佩。③龙头桥的遗迹表示人民怀念禹和青龙的功业。神话意识与生活联系紧密。这是原始社会艺术功能性的体现。

583. 星星草[社旗县]

人们都知道,古代的王位不是世袭的,是一代一代选贤任能的禅让制。尧把王位让给了舜,舜把王位让给了治洪水有功的禹。

大禹得了王位后,常领着人们狩猎种田,和他的臣民一起过着康乐的生活。后来,禹的年纪大了,身体也不行了,想挑选一个继承人。他的臣民们在他的带领下,过着安宁无灾、太平盛世的生活,没有显露贤能的机会,不像他在与洪水搏斗的风浪中出类拔萃能一眼看出。为了挑选一个贤能的人继承王位,他愁得白了头。后来,他终于想出了一个测试王位继承人的法子。

那天,禹把他的臣民召集在地坛(祭地的土台子)周围,他在地坛上照着北斗星辰的模样栽了七墩草,上面放了一把勺子,又把自己的领子和袖子撕下放上,然后意味深长地问众人说:"尧把王位传给了舜,舜把王位传给了我。如今,我老了,不行了,也到了让位的时候。今天,我把大伙召集来,也就是要选贤任能把王位让出。咱们由东向西,一个一个地走过地坛,说出地坛所放物件的意思,倘若众人赞成谁说得好,我就把王位让给谁。"

禹王说罢,就让众人由东向西穿坛而过。众人望着地坛上的物件,谁也猜不出是啥意思,都摇着头走下坛去。最后一个上来的人是禹王的儿子启。启望着地坛上的东西略思片刻,指着唱道:"星星草,比北斗,一把勺子有稀稠。领出头,袖出手,打虎走前头,翻土先伸手。"他唱罢走下地坛,众人领悟,拍手叫好。

禹王脸上的愁云没有了,笑眯眯地说:"启说对了,启说对了。我在这地坛上种的七墩草正是比着北斗星座所种。斗转一周,为之一年。北斗星辰好比一把勺子,一把勺子有稀稠啊!身在王位的人,也就是掌勺把的人。掌勺把的人应该夜夜晚晚仰望北斗扪心自问:'猎物上有没有我的箭?耕出的地上有没有我的汗?这一年中我领着大伙是不是都吃饱了肚子?'"

启虽然猜透了禹王的心思,但是禹王对儿子还不放心,就给儿子一部分人,让他带着那部分人去开辟一个荒地方。启去到那个荒地方先种了七墩星星草以铭父训,然后领着人开荒翻土,种禾植桑,年年都是五谷丰登。禹王去那地方视察过几次,对儿子的作为非常满意,就把王位让给了儿子。后人有说禹王自私,把王位传给了他的儿子。其实不然,有星星草为证,至今人们还称北斗星为勺星。要说自私吗,那是启,启后来不加选择的把王位传给了他的子孙。

采录整理:陶一农

【点评】

本篇是流传在河南社旗县的关于大禹选贤任能、传授王位的神话遗存珍品。它对了解我国上古由禅让制向家天下私有制奴隶社会过渡的重大历史事件,有重要科学史料价值。它近于口承原始形态。

其中透露如下的上古文化史信息:①大禹传王位,仍是本着德才标准,在对臣子、儿子启的考核中确定传位给谁的。而家天下则是从启开始放弃选贤原则和做法,一变而有家天下的历史事实。②禹在地坛(也叫社稷坛)摆星星草的北斗图案,正是选贤传位的重大活动。社稷乃国家代称,北斗七星象征时间运转一年。作帝王的必须带领百姓打猎、开荒种田,使人民的生活好起来。③大禹经过思想、品德、智慧的测验后,还要对继王位的启的实际才能和业绩进行考验。让启带部分人去开发一个荒凉地区。最后成功了,禹才将王位传于儿子启。这并没违背上古禅让政治的原则。至于启后来即王位后,传给儿子,就有了本质的区别。同时,也由于私有制出现是历史的进步,启顺应了这个历史潮流,私有家天下制才得以发展。因此,不能以是否传位给儿子为标准来评判一个帝王的功过。

值得注意的是,本篇以神话传说形式反映这一重大历史事件,其价值是很高的。

584. 鲧禹治水[登封市]

尧的时候,有个恶神共工,他的部下相柳,也很凶恶,有九个头,人面蛇身,青灰色,盘踞九土,作恶多端。他喷一口气,地上就变成大湖,洪水泛滥,滔天横流。地上除了露在水面的一些山头,平原丘陵都被水淹了,房屋沉到水底,人们被逼上山顶、大树,在山洞铺草为炕,在树杈搭巢当家。就这还挡不住禽兽伤人,龙蛇作祸,人民叫苦连天。

当时尧为天帝,知道了民间疾苦,他说:"喂,四大山神,汤汤洪水,正在为害,浩浩荡荡,包围山陵,广大人民在怨恨。谁能治理洪水?"四大山神想了想,异口同声说:"啊,鲧可以吧!"天帝说:"好,叫他去吧。他要违命,我便罚他!"四大山神皱皱眉头说:"试试看吧。"天帝说:"告诉他,小心做吧!"

四大山神马上传达天帝的命令,叫鲧治水。

鲧望着滔天的洪水,怎么治呢?一只猫头鹰飞来,叫道:"高地垫低地,洪水流不去。哈哈哈……"一只乌龟游过来,叫道:"屯土填百川,把水堵成潭。哼哼哼……"鲧听了,目送它们而去:"对,就这么办!"

鲧领着人们到处壅塞百川,铲平高地,筑起堤坝,挡住洪水。可是水很大,挡住这里,又冲开那里。辛辛苦苦治了九年,洪水还是到处泛滥。有的人便失去了信心,也就不愿再帮助他。

鲧以为是地上的土不好,听说天上的"息壤"能随着水涨堤高,不经天帝的同意,就偷了来筑堤挡水。果然,真灵,水涨堤高,高高的堤坝挡住了洪水。但这事却被天帝知道了,他派了人面兽身的火神祝融,乘驾两条火龙,飞到羽山上空,见鲧正用天土筑堤,大吼一声,一个炸雷,尾巴一甩,一道火闪,把鲧殛死在羽山之下。

鲧死了,洪水更加泛滥。"哗哗——,哗哗——!"浪涛不断地卷来,拍打着岸边的岩石,冲刷着他的尸体。鲧死了,眼却不闭,尸体三年也不腐烂。有人用吴刀剖开他的肚子,肚子里却生出一个壮壮实实的禹来。鲧变成了一条黄龙(一说是黄熊,一说是三脚鳖),随着浪涛跃入洪水,潜沉到深深的水底。

禹一站起来,就是个魁梧的大汉,身高八九尺,虎鼻,熊腰,齿并齿,鸟嘴,耳有三洞,人称大禹。

大禹目送父亲变龙顺水而去,很为他治水的失败而痛心。他决心继承父业,但要改变治水的方法。他沿着山崖水岸到处察看地势水情,研究开河凿渠疏导洪水的办法。他把这办法向人们一说,大家都说:"好!"便都主动地和他一起来干。

大禹拿着橐耜耒耟,领着人们劈山凿石,决心疏通天下河川,使洪水流入江河,使江河流入大海。他干哪干哪,使尽了浑身的力气,他铲哪挖呀,疏通这里,又到那里。

一天,他治水到了涂山,遇到一个美貌的女子。因为忙着治水,他没有停留,便匆匆巡行南上。涂山女见禹一心治水的忙碌样子,认定他是个英雄,对他投去仰慕的目光,并派人到涂山的南坡去等禹,自己作歌唱道:

"滔滔的洪水呀,快流入千河万渠。治水的英雄啊,我在等你盼你!啊……"

禹三十岁了,还没娶妻。他正弯着腰掘土,听到歌声,知是涂山女唱的。看看天色已晚,又要在涂山风餐露宿,心里高兴,应道:

"滔滔的洪水呀,要归千江万河。我要娶妻子呵,可有人愿意嫁给我?啊……"

于是,有九尾白狐来找禹说亲,说涂山女叫女娇,很仰慕禹的品质,愿意嫁给禹。大禹、女娇便来到山洞,举行了简单的婚礼。

他们结婚的第四天,大禹又拿起橐耜耒耟治水去了。临行,女娇送出门外,含着眼泪说:"在外要注意身体,有空多回来看我。"大禹笑笑说:"那当然,等我治平了洪水,一定回来看你。"女娇的眼泪在眼眶里滚了几滚,但她没有让它流出来,她扬手送丈夫奔上征途。很远了,大禹又转过身来,摆手要女娇回去,并说:"你如果想给我送饭,一定听到鼓声。"女娇"嗯嗯"地应着,久久地目送着远去的丈夫,直到不见。

大禹出外治水,重活脏活抢着干,哪里艰苦哪里去。他铲土凿石,手上磨掉了指甲,脚底打满了血泡,腿上磨去了毫毛,肩背生成了老茧。他不肯休息,忘我劳动,成了大家的表率。但是,他积劳成疾,生了偏枯之病,脸上又黑又瘦,嘴尖颈细。走路时,左脚迈不过右脚,右脚越不过左脚,只能前腿拖着后腿一步步地走,人称为"禹步"。但他仍旧带领人们战斗在风雨里、山水间。人们说:"他真是人民的好公仆,他为人民受尽了劳苦。"

一晃,十年过去了。十年,三千六百个日日夜夜,禹没有见着自己的妻子。他不想念吗?想,但一心为治理洪水,这种思想压过了对妻子的想念。他一次都没有回家吗?没有。十年中,他三次路过家门口,都顾不得拐进去看看。

妻子女娇不想念他吗?想。她无时无刻不在想念着自己的丈夫,为他的工作分心,为他的衣食操劳。她没明没夜地赶做冬衣夏衫,储备食品,等他回来,盼他到家。可是这三千六百天呵,天天她都落空。她想起丈夫说的"送饭",就到处打听他的下落。一天,她听说丈夫正领着人们在嵩山劈凿轘辕关,便备了饭菜,提起篮子去送饭,她走呵走呵,踏过河水,浪涛打湿她的衣裙;她跨过高山,荆棘刺破她的双脚。她不哭,也不退缩。走一程,盼一程,来到嵩山南坡,来到轩辕山上。果然看见好多人都在劈山,工具在挥舞,土石在翻飞。"咕咚咚咚"鼓声响了,她想起丈夫离别时的话,提着饭篮就向人群走去。她找不到丈夫,却见一只力大无比的黑熊正在使出全身的力气凿石推土,开挖河道。"咕咚咚咚",又一阵鼓响,原来是"黑熊"躬腰登腿伸掌挖土时,把山石推翻,石头顺着山坡往下滚,掉在鼓上把鼓砸响了。听人说,那就是大禹。女娇大吃一惊,一时不知如何是好,又羞惭又气恼,撇下饭篮急忙往回跑。"黑熊"回头一看,是女娇,自己的妻子,拔腿去撵。当撵到嵩山万岁峰下将要伸手拉住她的时候,女娇一阵眩晕,站住了。她变成一块巨石。大禹忽然想到自己不该瞒着妻子变成熊,而且又来撵她,他赶紧变成原来的样子,拍着石头说:"我是禹呀,女娇!"可是他再也喊不应了。他前后左右地细看,还是一块伟岸的巨石,他只得求告:"把儿子还给我吧。"巨石真的从北方破裂,生出一个启来。后人称这巨石叫启母石。

大禹把儿子送回家,交给女娇的妹妹女姚养着,他还是照样去治水。听到启儿哇哇的哭声,他也没有工夫回家去抱抱自己的儿子。他一心一意地领大伙开山造河,治理洪水。他的行动感动了天地,有个有翅能飞的应龙便来帮他治水。应龙飞起来,用尾巴划地,地上便出现了深沟,洪水流入沟里,形成了条条江河。禹在治水时遇见了九头蛇身的相柳,知道他是洪水的祸首,便发动大伙杀死了他,把他流在地上腥臭的血土挖掉,地上便出现了湖泊,湖河的岸边都长满了庄稼。

又三年过去了,洪水治服了,地上的洪水入江河,江河的洪水入大海,使鸟兽龙蛇不能为害,人民都到陆地上来生活。大禹受到人民的拥护,受到天帝的赏赐。

(根据《淮南子》、《山海经》、《孟子》、《尚书》、《登封县志》整理)

【点评】

本篇是作者根据部分文献和登封的大禹传说,综合编写的关于大禹治水的通俗文本。它概括了鲧禹家世及治理洪水的功业,可作一般了解大禹神话的资料。

其中涉及:①尧时洪水来自共工作恶。②尧时除洪水,舜协助尧访鲧、禹而得贤人治水。③鲧治水失败,禹挺身而出继承父业,茹苦含辛,跋山涉水,历尽艰辛。在人民的支持和努力下,在应龙的神力协助下,终完成大业。④重点放在禹与涂山氏的夫妻感情的表达上,而这种表达又集中在治水为民的大德大业上。

直接资料较少,是本篇唯一不足之处,缺乏民间口承风格的特点。

585. 淮汝交流[淮滨县]

"淮汝交流"是淮河中游的一大景观。至今还流传着一个耐人寻味的故事。

相传,很早很早以前,中原洪水泛滥成灾,淮河、汝河沿岸,一片汪洋。这一带黎民百姓,焚烧树叶、枯草,磕头拜天,苦苦哀求老天搭救。黎民的苦诉,惊动了玉皇大帝,他顺着哭声搭眼向下一看,只见山连水,水连山,天水相连,凡间的人和牲畜都挤在山头上,树杈上。玉皇大帝看了以后,非常生气,托梦给虞舜说:"你是凡间的人主,要为黎民百姓除害灭灾。在你东南方有一个地方,洪水泛滥,老百姓叫苦连天,你快去搭救他们吧!"虞舜醒来,细心一想,这是老天爷的安排,一定是真有这事。于是,他亲自带领一百多个壮士,直往东南方向察看。一连走了四四一十六天,来到一个低洼的地方,果然是天水相连,汪洋一片。虞舜急忙命部族壮士到山顶上、树杈上救人。虞舜怜悯百姓,百姓感激虞舜。可是,眼前只有这一百多个壮士,也无法治服洪水呀!他想来想去,还是赶了回去,商量治水的办法。

商量的结果是:让部族的一个首领——鲧,带领三千壮士前去治水,解救黎民百姓。鲧治水不甚得法,东堵西挡,南拦北截,不仅没能把洪水治服,反而洪水越治越大。虞舜知道以后,把鲧召了回来,又派另一个部族首领——禹去治水。虞舜把自己随身带的宝剑赐给禹,说:"谁要是不听你的话,你可以把他当即杀了!"这样一来,部族壮士上下一心,要救中原百姓。

禹来到中原以后,首先搭救被洪水困着的黎民百姓。他们纷纷向禹诉说:"在这以前,万物都生长得很好。忽然有两条巨龙相斗,一时波涛翻滚,遍地洪水一丈多深。被淹死的人不知有多少;没有被淹死的,都爬到树权上、山顶上……"禹听了以后,站在山头上往下仔细一瞅,只见洪水深处有一龙一蛟,正在玩耍戏斗,忽上忽下,掀起连天波涛。禹气恼不过,亲自带领一百多个壮士,驾着木排下水,去降服蛟龙。那一龙一蛟看见有人下水,立即喷水数尺,来斗壮士。禹在翻滚的洪水中虽然多处受伤,仍然坚持着与壮士一起奋力拼杀。一连斗了三天三夜,壮士死伤不少。可是,那恶龙也已经筋疲力尽了,慢慢地荡在水边。禹斥道:"你这孽畜,为啥要兴风作浪,苦害黎民?"恶龙磕头求饶,说出了一片心酸的话。事情是这样的——

淮河、汝河原为母子河。淮河有龙,为母;汝河有蛟,为子。淮河龙对它的儿子汝河蛟,特别的娇生惯养,使汝河蛟从小就养成放荡不羁的性格。等到汝河蛟长大以后,就胡作非为,任意苦害黎民百姓,一发脾气,就翻上岸来,喷云吐雾,造成灾害。淮河龙再想管也管不了啦!淮河龙对它管教一严,汝河蛟就撒娇撒赖,与母亲拼斗。可是汝河蛟遇到困难,淮河龙就又拼命地护着儿子。这次洪水泛滥成灾,就是汝河蛟恶性发作的结果。

禹听了这前前后后,严厉地斥责淮河龙:"你身为龙母,教子不严,不觉得惭愧吗?"淮河龙羞愧得低头不语,眼中流泪。

再说那汝河蛟,一时斗不过一百多个壮士,便躲藏在深水里不敢露头。听到母亲求饶,它心里也很害怕,一个鹞子翻身,向远处游去。禹一见汝河蛟逃走,率领壮士跟踪追迹。有人说汝河蛟顺水溜走了,禹就命壮士们疏水紧追不放;有人说汝河蛟入土逃跑了,禹就命壮士破土开挖。就这样疏疏通通,挖挖排排,经过九九八十一天,大部分洪水已东去归入大海。汝河蛟被困在一个低洼的水池中,筋疲力尽,浅卧在泥潭里。禹拔出斩龙剑高高举起……就在这时,他转念一想:天底下生存的东西还不是很多,杀,不如管。如果严加管教,使它改恶从善,为人间办点好事,不是更合适吗?想到这,他手软了。于是,命壮士抬过一把千钧大锁,奋力单臂举起,往汝河蛟猛地掷去,只听"咔嚓"一声,不偏不斜正锁在汝河蛟的脖颈上,任它无论怎样翻滚、撕拽,也不能挣脱。

禹把汝河蛟锁在百丈深渊,并在它和淮河龙之间搭起一堵墙,不许相见。淮河龙知道自己理亏,也只能是心中悲伤,暗地流泪。为了能使儿子改恶从善,它到东海龙宫请来老龙王劝蛟儿痛改前非。

一年一年地过去了,不知过了多少年,汝河蛟终于认识到了自己的过错,决心改恶从善。禹见汝河蛟心有悔改的诚意,就亲自打开锁蛟的神锁,又以神功天力,挖掉了它们母子之间的一堵墙。汝河蛟痛心地扑到母亲怀抱中。从此,淮河龙和汝河蛟又重逢相见了,它们欢快无比,改恶从善,拖运船只,稳载客舟,为淮、汝沿岸人们造福谋利。百姓称赞道:"排决久思神禹功,今看淮汝共朝同。哪知清浊分明处,即在波流交汇中。"

息县县志上亦有记载:息县南带淮河,北枕汝水,两河交汇于县东北谷堆河口集(现归属于淮滨县)。两河争流,船帆碧影。南与白鹭洲遥遥相望,极称胜地。历代名人学士,争相称颂"淮汝交流",有诗为证:

"神功排决古今头,
带砺同盟到此收。
两路舰船归一处,
千家巨镇枕双流。
顿开三面黄沙岸,
争绕十湾白鹭洲。
固是朝宗仍汇海,
洪涛已撼地天浮。"

讲述人:易志,男,69岁,市民
采录整理:曹金铸
采录时间:1990年
流传地区:息县、淮滨一带

【点评】

本篇是流传在河南东南部淮滨县的关于大禹治服淮汝河患的神话遗存。它比较接近民间口承形态,对研究中原大地东南一带水患的布局,有重要意义。

其特点:①大禹治水多与蛟龙兴风作浪有关。淮汝两河从西来,未合流前,水患互相为害。此处形象化为母子蛟龙之争,这正是神话幻想的特点。②汝河蛟被锁之后的悔改,与母淮河龙的和好,象征二水合流后,共成有益于人民的河流。这是禹在中原不同地区治水的又一大功绩。

586. 禹王锁蛟龙[方城县]

很早很早以前,蛟龙常来大地作怪,闹腾得天昏地暗。它只要稍一抖身,河水就四处漫溢,淹没村庄和庄稼。老百姓经不住河水的袭击,死的死,伤的伤。禹王看在眼里,疼在心里,决心为民排忧解难,白天黑夜想制服蛟龙的法儿。他百思不得其解,只好下令张贴皇榜,同蛟龙当面论理。一天、二天过去了,可连蛟龙的影子也没有见,老百姓有点失望,禹王也有点焦急。

这天晚上,天刚擦黑儿,门官报知禹王说,有位七十多岁的老太太有要事求见。禹王听报,说了声"有请",马上出门迎接,请入上座。禹王说:"大娘,您还没吃晚饭吧?这些年土地被蛟龙毁坏,没有好吃的来孝敬您老人家,还是喝碗面片儿吧!"接着转身对内侍说:"给老人家做碗上等面片儿。"老太太也应和着:"知道,知道,这几年蛟龙作怪,庄稼被淹,房屋被冲,喝碗面片儿就不错了。"少时,内侍把面片送上,老太太接过饭碗,就大口大口地喝起来。刚喝一半,禹王突然大笑起来。笑得老太太直打寒战,忙问:"你笑什么?""我今天可要会蛟龙了。""它在哪儿?""远在天边,近在眼前。""啊!您别开玩笑了,俺是有要事从远路而来,大王您怕是思蛟龙成疯了吧!"禹王将桌子一拍说:"大胆蛟龙,竟敢戏弄于俺。"说罢,用手指轻轻挑了根面片儿,只听得哗啦啦一阵铁链响声,一条铁链从老太太口中拉出来,轻轻一抖,老太太霎时抛掉饭碗,大声喊叫,现了原形。原来,这老太太就是蛟龙所变,老蛟龙本想仗着自己的本事,会会禹王,和禹王较量一番,谁知禹王一眼就看出来了。那蛟龙变的老太太喝的面片是禹王使动法术做的,面片儿就是铁链子。它一喝下去,就紧紧锁着了它的心。怪不得禹王轻轻一拌面片儿,老蛟龙疼痛难忍,现了原形,在地上乱翻乱滚,苦苦哀求:"大王饶命!大王饶命!俺再也不敢使性糟蹋百姓了。"禹王说:"今天念你有心悔改,免你一死,锁禹州井内,等到锁你的铁锁开花再出井。"说完,吩咐武士把蛟龙压在禹州井底。从此,再没有大水灾降临,百姓们才安居乐业。

讲述人:杜炳先,男,56岁,职工,方城县城关镇人
采录整理:胡兴华,男,55岁,干部
采录时间:1983年11月2日
采录地点:方城县柳河村

【点评】

本篇是流传在河南方城县的关于大禹捉蛟的神话遗存,接近民间口承形态。值得注意的是,本篇与在禹州市流传的《禹王锁蛟》几乎完全相同,可能是异地传播同一篇故事的不同记录。可供研究神话流变的资料之用。

587. 大禹王［栾川县］

　　大禹王治水三年，一直往西边扒。三过家门而不入，但是也没有成功。这一天，他又从门口过，他媳妇一把拉住他，拉到家里。准备哩有茶，他也累了，就趴桌上休息。忽听"叭嗒"一声响，茶碗倒了。一看，茶水打碗里流出来，正往低里那一头流哩。他这才明白：水是往低处流哩。茶也不喝就去挖河了。

　　这一回不往西边扒了，而是往东边扒，一扒就成了。由打那儿，才把水治下去了。

　　伊河、洛河、瀍河、涧河也都是他治哩。他一治下，水一流，土都露出来，这才开始种地了。

　　讲述人：赵某某，医生，74岁，上7年私塾，会讲"瞎话"
　　采录人：陈连山，河南大学教师
　　采录时间：1987年2月27日
　　采录地点：栾川县漫寺头

【点评】

　　本篇是流传在河南西部栾川县的关于大禹治水神话的遗存珍品，系民间口承原始形态。

　　大禹在治水的过程中，从生活实践得到启发，解决了重大问题。其中说明：①禹虽接受父亲鲧的教训以疏导代堵水的办法，但地形差异对导水的关系和方向问题，尚不明白。②禹在回家时，从茶碗倒后，水向低处流，悟出要将水东引的道理并取得成功。③禹在本篇并未借助异人、宝物、禽兽等的帮助，而是纯粹从实践中得出真知的，科学思维占主导地位。

　　值得注意的是：本篇是大禹治水多元体系之一。

588. 太室山与少室山［登封市］

　　中岳嵩山有"太室"、"少室"二山，为什么叫"太室"、"少室"呢？
　　相传很早很早以前，唐尧为君时，登封县叫崇地，嵩山叫崇山。那时，普天下洪水泛滥,人们无法生存,纷纷逃往崇地。因为这里地势高,又有个酋长崇伯鲧领着堵水,就留下一大片土地,可供居住。因此鲧也有了名声。

名声传到唐尧耳朵里,他就派鲧专门去治水。鲧只知道堵,一连治水九年不成,便被唐尧杀了。

虞舜为君后,鲧的儿子大禹要求继承父亲治水。舜看禹有决心有才能,就答应了。禹的朋友伯益,劝禹用疏浚的办法去治水,一连治了十三年,开出九条河道,终于治水成功。

大禹治水到了涂山,人们看大禹三十多岁还没有娶媳妇,就把一个最好的姑娘涂山娇嫁给了他。婚后,禹把涂山娇带回崇地,涂山娇的妹妹涂山姚不愿离开姐姐,也一起到崇地安家。大禹把涂山娇安排在崇山脚下居住,把涂山姚安排在季山脚下居住。安排停当后就又治水去了。一次路过家门,同伴劝禹进家看看,禹却说:"治水时间要紧,不能因顾自己耽误大事。"就这样大禹一连三过家门口,都没进门看上一眼。后来,要开凿龙门口必先打开轘辕关,工程就在家门前,禹这才见到了涂山娇。由于涂山娇发现了丈夫的化身是黑熊,一气变成了石头。大禹从石头中唤出了儿子启,可是抱着孩子怎去开山呢?无奈只好找妹妹涂山姚了。当涂山姚知道姐姐的事情后,便从大禹怀中把启接了过来。涂山姚见大禹为民治水的一片心坚如铁石,十分爱慕,便继她姐姐嫁给了大禹。从此,她不仅代姐姐照料孩子,还代姐姐一天三顿为大禹准备饭菜。从此,大禹就把涂山娇住的崇山叫"太室",把涂山姚住的季山叫"少室","太室山"与"少室山"也就从此得名了。

不久,轩辕山被凿通,治水的人又开到了龙门山。用了五年功夫,凿开了龙门口,撒干了汝阳江,露出了大片沃土。

后来,人们为了纪念涂山娇、涂山姚姐妹,在太室山下建了太室殿和太室祠,在少室山下建了少室殿和少姨庙,还在启母石前建了启母殿和启母庙。

采录整理:甄秉洁

【点评】

本篇是介绍夏禹家世及其在中岳嵩山治理开发的历史。它清楚地讲述了嵩山地名的沿革,大禹治水及家庭变故,涂山姚帮姐夫禹育儿子,抚育成人,继承父业,建立夏王朝。此资料对解释嵩山的太室山、少室山名称由来和理解华夏文明基业的源起,有重要价值。

589. 崇伯鲧上任 [登封市]

　　天上的下雨王一时不慎,掌管的雨簿被蛟龙偷去闯下大祸,心中恼怒将蛟龙踢到凡间的时候,世上正是尧王当政的晚年,终日大雨倾盆,洪水泛滥,老百姓遭到了劫难。
　　尧王愁得坐卧不安,他为了尽快治服洪水,召集大臣们商讨领导治水的贤人。尧王说:"如今洪水为害,你们看让哪一位来领导治水?"西岳大臣推荐说:"汶山石纽村有个名字叫鲧的人,很善于修堤筑坝,让他来领导治水就行。"尧王摇了摇头说:"鲧这个人我听说过,本领是有,但他刚愎自用,骄傲得很,恐怕不行吧。"大臣们都说眼下还没有比鲧更合适的人选,不妨让他来试一试,如果实在不行,再另选别人。尧王接受了大臣们的意见,封鲧为崇伯,命令他火速到中原上任,领导治水。
　　崇伯鲧接到尧王的任命二话没说,同他的爱妻辛嬉女一道,带着他的独生儿子文命,从汶山石纽村出发,日夜兼程,来到崇高山下水纽屯,选择了一个山洞住了下来。崇伯鲧嘱咐妻子说:"您娘儿两个在这里安心住下,时间紧迫,我不能在家久留,等我把洪水治服以后,我回来咱再团圆。"辛嬉女两眼含泪,说:"你出门在外,任重道远,我放心不下,你自己爱护自己身体吧。"崇伯鲧说:"你在家担子也不轻,一切事情都要有你自己去操办,但事情千头万绪,你要记住一条,无论如何要把咱的儿子抚养成人。我拜托了。"辛嬉女说:"困难再大我也不怕,只是刚到这里过不习惯啊!"崇伯鲧说:"是啊!刚从石纽来到水纽,人生地不熟,气候不适,水土不服,过不惯是真的。不过你要明白,咱到这里来是为了治水除害,不是来做官享福啊!"说罢出门就走。"鲧,你拐回来。"辛嬉女忽然有一事涌上心头,赶紧叫唤夫回转。"你还有什么事情呢?"崇伯鲧去而复转。辛嬉女说:"我有个想法不知当讲不当讲?"崇伯鲧说:"你有事就快说。"辛嬉女说:"你到外边是去治水,现在咱家乡也是洪水滔滔,倒不如先把咱家门口的洪水治……"崇伯鲧不等妻子把话说完,犟脾气就来了,两眼瞪得跟铜铃一样,哼了一声,怒气冲冲出门而去。
　　光阴似箭,日月如梭。崇伯鲧出外治水已经九年,他的夫人辛嬉女成了满头白发的老婆儿,孩子文命也已经长大成人。这年秋天,母子二人风言风语听到人们传说,崇伯鲧在外治水失败被舜王判罪发配羽山,死在冰天雪地里。文命跟他的父亲一样性如烈火,听到不幸后气绝身亡。这时候,辛嬉女夫死子亡,感到绝望,也要悬梁自尽。夜深人静,当她手拿麻绳要上吊的时候,门忽啦开了,进来一个披头散发、满身污血的老头儿,手中拿着一个小黄布袋,走得越近看得越清,正是自己天天想夜夜盼的丈夫崇伯鲧回来了。当她正要起身相迎的时候,老崇伯亦不说话,把手中的小黄布袋往地上一放,用手指指,隐身不见踪影。辛嬉女拾起来小黄布袋一看,里面装的是五色杂土。她哭了,心里明白这是老崇伯魂归故里,留下的一袋五色杂土是丈夫鲧的遗愿,预示着让妻子和儿子继续自己的遗志。这时候她想到儿子死了,唯有自己是能使崇伯遗愿得以实现的人。于是又振作精神,用野草裹了儿子文命的尸体,背到一个大石头堆上,然后又孤苦伶仃地回到家里,思想着以后的事情。

【点评】

本篇及以下的传说,均属作者根据部分文献和当地传说编写的关于大禹父子家世、治水及有关事迹的通俗文本,与民间口承形态有一定距离。它可作为研究有关大禹神话系列的参考。

本篇尧王任命的崇伯鲧,长期居住崇地(即今嵩山,也叫崇山)。此可证明大禹祖族在中原开发业绩的艰辛。

590. 盗土治水 [登封市]

中岳庙前太室阙上有一幅三足熊(古代一种水陆两栖动物)图案,它形象地记载着夏禹王的父亲崇伯鲧盗土治水的故事。

相传,崇伯鲧的原神是天上壬癸宫中的白龙神马。有一次,壬癸宫主神黑灵真君骑着白龙神马出游,走到南天门外,想看看花花世界。拨开云头往下一瞧,只见尘世上洪水泛滥,情形十分可怕,但他对凡间的大灾大难视而不见漠不关心,可是白龙神马掉下了同情的眼泪,当即请求黑灵真君,说:"上神,你是天上管水的大神,赶快把洪水收回天宫,搭救受苦受难的黎民百姓吧!"黑灵真君说:"我虽然是管水的主神,但雨是各路龙王下的,造成灾害不是我的责任。"白龙神马一看请求收回洪水不成,就另提要求,说:"雨虽然不是你下的,但是龙王们下的雨水是你发的,今后你不要再给龙王们发雨水了。"黑灵真君仍然不答应,说:"各路龙王是奉命下雨,我怎敢抗旨扣水不发!"白龙神马怒火升起,说:"照你这样说,洪水不收,雨水照发,无辜百姓只有死路一条!"黑灵真君脸一黑丧,说:"老百姓的死活我管不着,我只管奉命发放雨水。"

白龙神马越听越恼,说:"你若不收回洪水,还照发雨水,我就不再驮你!"黑灵真君责问:"你要干什么?"白龙神马说:"我要下凡治水,搭救百姓。"说着尥个蹶子,把黑灵真君掀翻在地,挣断缰绳下凡走了。黑灵真君无可奈何地步行走回壬癸宫。

白龙神马到凡间转世成人,姓姒名鲧。尧王封他做崇伯,领导治理洪水。

崇伯鲧离家别亲出外治水，走到戊己宫（太室祠前身）外，守门的神龟开口说话了："请崇伯大人留步。""我有急事！"崇伯鲧走着说，"没有时间跟你闲聊。""我知道你治水心切，"神龟说："但是你知道治水的方法吗？"崇伯鲧漫不经心地说："那有何难，水来土填嘛！"神龟一听哈哈大笑，说："你能得不轻，洪水是从天上下来的，你用凡间的黄土能填得了吗？"崇伯鲧觉得神龟说得有道理，赶紧停步向神龟请教："你说我应该怎么办？"神龟为了搭救人民，泄露天机说："天上下来的洪水，只有用神土息壤才能堵住。"崇伯鲧说："神土息壤在天上，我一个凡人怎能得到！"神龟说："你真是聪明一世，糊涂一时，连天地相通、人神一理的道理都不知道！神土息壤并不在天上，在戊己宫填台下的地仓中。但是地仓门上的钥匙黄元真君亲自掌管，只有先拿到地仓门上的钥匙，才能取得神土息壤。"崇伯鲧问："怎样拿到钥匙？"神龟说："不难，就看你有没有胆量。"崇伯鲧说："头割了不过碗大个疤！你说怎样取得。"神龟说："偷。"二人计议一定，夜里，崇伯鲧在神龟的帮助下，钻入戊己宫偷出钥匙，打开地仓门，窃得神土息壤，又把钥匙放在原处，神不知鬼不觉地治水走了。

崇伯鲧用神土息壤治理洪水刚见成效，戊己宫神黄元真君发现填台下地仓门被打开过，神土息壤被盗，而且得知是守门的神龟和白龙神马内外勾结作案，就到玉皇大帝那里去告状。玉皇大帝不讲使用神土治水有功，单说盗窃息壤有罪，传下圣旨，砍掉神龟的一只足，由龟变熊，以示惩罚。对于白龙神马，鉴于他已经在凡间转世成人，就由当代天子虞舜代天严惩了。

再说崇伯鲧治理洪水只堵不疏，开始也有成效，但是后来雨越下越大，地上的洪水越积越多，结果堤崩坝溃，造成更大灾害。舜王判他死罪，发配羽山，死在冰天雪地。崇伯鲧治水失败，死而无怨，遗憾的是治水事业中断，因此他死后三年死尸不腐。玉皇大帝怕他再犯上作乱，就派祝融下凡察看。祝融是个既无知又高傲的神，要剖尸看看崇伯鲧的胆到底有多大。当他手执利刀刚刚划破尸体的时候，尸体肚子里便跳出一条黄龙，跃进羽山脚下的大河中。祝融吓得目瞪口呆，回到天宫以后，闭口不敢谈自己在凡间的作为。

【点评】

本篇是根据文献《鲧窃息壤》的记载或参考道教神谱编写的文本。其中的文字多所渲染，已非神话形态。

591. 下雨王下凡［登封市］

夏禹王的原神是天上管行云布雨的下雨王。有一天，下雨王下了一场清风细雨以后,回天宫去给玉皇大帝交旨,走到南天门外,感到很疲乏,坐下来休息时昏昏沉沉睡着了,手中的雨簿掉在地上,被蛟龙偷去下起恶风暴雨。下雨王被雷鸣闪电惊醒,睁眼一看,只见蛟龙正在作怪,心中恼怒,首先夺回雨簿,然后一脚把蛟龙踢下凡间。拨开云头一看,蛟龙还在凡间兴风作浪,尘世上洪水滔滔汪洋一片,已经造成了严重灾害,心中懊恼,只得去向玉皇大帝请罪,请求下凡治理洪水捉拿蛟龙。玉皇大帝说:"你的错误严重,造成的灾害太大,本应从严惩处,但念你已经知罪,给你一个立功赎罪的机会。从今日起,限你用十三年时间,下到凡间治服洪水,锁住蛟龙。"下雨王知道此次下凡是自己罪有应得,毫无怨言,但对限定十三年时间感到为难,请求说:"圣上限定的期限太短了,能不能再延……"玉皇大帝没等下雨王把话说完,就怒气冲冲地说:"你嫌十三年期限太短,我还嫌长呢!难道能让百姓们长期在洪水中泡着吗!"下雨王看请求延期无望,只好向玉皇大帝另提要求:"请求圣上允许我把雨簿带下凡去。"玉皇大帝问:"干什么?"下雨王说:"我在凡间治洪水,雨簿在天上下雨,我怎能按期治服洪水呢!"玉皇大帝仍然不同意,说:"你把雨簿带走了,天旱了咋再下雨?"下雨王说:"雨簿在凡间,大地总是湿漉漉的,用不着再下雨。"玉皇大帝觉得下雨王说得有理,也就同意了。

下雨王把雨簿往怀里一揣,下了灵霄宝殿,没有走多远,忽然又想起了一件大事,又拐回去见玉皇大帝。玉皇大帝问:"你咋又拐回来了?"下雨王说:"请圣上允许我治服洪水、锁住蛟龙以后,再教百姓们学会变水害成水利,五谷丰登有吃有穿的时候再回来。"玉皇大帝看透了下雨王的心思,觉得他也是一番好意,说:"中,只要你按期治服洪水,我就叫你在凡间做一朝开国帝王。"下雨王一听圣上同意了自己的请求,赶快谢恩:"谢圣上恩典,既是一朝开国帝王,总得有个国号呀,请圣上赐下。"玉皇大帝心不在焉,说:"什么国号不国号哩!你不已经是下(夏)雨(禹)王了吗!"说罢就起驾回吉祥宫去了。下雨王的要求得到满足,高高兴兴地下凡走了。

下雨王下到凡间以后历尽艰难,用十三年时间治服洪水,锁住了蛟龙。这时候舜王年纪大了,他看到自己的儿子不成器,就把天下让给了下雨王,下雨王成为夏朝的开国帝王,谐音改意,名称:夏禹王。

【点评】

本篇是将夏禹神化为道教神国天宫的"下雨王",他丢失雨簿,为蛟龙拿去造成水灾,然后受玉帝之命,下凡治水。

道教徒把原始社会流传下来的神话,按他们设计、构想的神谱改造。从而达到"一切诸神,咸所统摄"的目的,建立为封建统治者服务的神国统治体系,以维护其阳世的统治秩序。

592. 下雨王借尸转世 [登封市]

嵩山南面有一道山清水秀的山沟名叫水纽屯。传说,夏禹王的原神下雨王就是在这里借尸转世的。

下雨王下凡来治水,到尘世上一看,老蛟龙正在作怪,洪水冲毁了田地,淹没了房屋,人们都逃到山岭上去住了。要等再投胎出生长大成人开始治水已经来不及了。想来想去只有一个法:借尸转世。

他东找西找最后在崇高山下水纽屯的一个大石头堆上找到了一个半大死孩子。就要附尸转世哩,来了一个白发苍苍的老婆儿,手提瓦罐哭哭啼啼也上了石头堆。下雨王暂时闪到一边,看看老婆儿到底是干什么的。

只见老婆走到死尸跟前放下瓦罐,哭着喊着:"文命!我的儿啊,娘给你送饭来了!"说着用筷子撬开死尸的嘴,把米汤一勺一勺灌进死尸的嘴哩,哭诉道:"你是崇伯鲧爷的单根独苗,我没有把你抚养成人,对不起您爹,也对不起你啊!"下雨王听得清清楚楚,自己将是崇伯鲧的儿子文命,眼前的白头发老婆儿就是自己的生身亲娘,再也没有犹豫就附尸转世了。只见死尸长出了一口气,揉了揉眼忽然坐了起来。老婆儿一看吓得撒腿就跑,慌慌张张把饭罐也踢烂了。老婆儿在前头跑,文命在后边撵着喊:"娘,你甭怕,我是你的儿子文命又复活了!"老婆儿只顾在前头跑哩,后头儿子说的啥也没有听见,她紧跑几步回到家里咕咕咚咚把门上了栓。文命赶到门外再三解说,老婆儿就是不开门,自己就无可奈何地坐在门外等。老婆儿心神稍定,顺着门缝往外一看,看见儿子还在门外坐着,吓得浑身哆哆嗦嗦说:"儿啊!娘知道你,你已经死,死了,你快走吧,走吧,你前头走,我,我随后也跟你去。"文命一听娘要寻短见,慌忙解释:"娘,我真是你的儿子文命又复活了,你若不信,我把手伸进门去,你用针扎扎,看出不出血。"说着把手伸进去。老婆儿半信半疑,从头上拔下针来就往儿子手上刺,血随针出,老婆儿心疼得哭了,问道:"儿啊!你疼吗?"文命说:"娘,十指连心,怎能不疼呢!"儿子手上流出来的血老婆儿看得明明白白,才相信真是儿子又复活了。站起身来把门开开,紧把儿子搂在怀里,说:"孩子你又活了,娘也就不死了,但你可要继承父业治服洪水,为咱家乡争口气啊!"文命问:"娘,我爹为治水操劳一生为什么劳而无功,反而有罪被杀?"老婆儿说:"你爹他人已经死了,就甭再提这伤心事了。"文命说:"弄清楚俺爹死因,对我以后大有用处。"老婆儿说:"他一去多年,连个信也没有往家捎过,我怎能知道呢?"

文命为了弄清父亲死的原因,以便从中接受教训,天天背着干粮到处打听。

【点评】

本篇所说大禹出世的经过,是佛教徒宣扬的"生死轮回"、"投胎转世"和"借尸还魂"一类观念的流露,也是佛教神化需要的手段。嵩山是我国佛教、道教的策源地。因此,佛道思想泛滥,影响极大。其中用佛道"生死轮回"、来世投胎的观念改造民间口承的神话传说便是重要方面。这就把后世的宗教观念移植进民间神话、传说人物身上。大禹的借尸还魂、奉玉帝旨意下凡治水的衍化传闻,从而失去原神话的主体意识。

593. 玉 溪 村 [登封市]

嵩山南麓,古石羊关外,有个依山傍水风景秀丽的村庄——玉翠。据老辈子传说,玉翠原来的真实名字叫玉溪村,是后来天长日久,像拼音一样,传为玉翠。说起玉溪村的来历,还是个故事呢。

相传,帝尧时代,普天下洪水滔滔,黎民百姓遭难。尧王爷传下旨意,命崇伯鲧治理洪水,但是,崇伯鲧刚愎自用,自负才高,听不进任何不同意见。治水开始头几年,用神土"息壤"修筑堤坝,把洪水圈起来,减轻了灾害,尧王爷晋封他为大司空,老百姓赞扬他是有功之臣。在一片歌颂声中,他陶醉了。就在这个时候,老蛟龙率领他的三个儿子窜下凡来,专与崇伯鲧为敌,残害百姓。老蛟龙命大儿子赤龙雷鸣电闪,又命二儿子黑龙喷云吐雾,再命三儿子黄龙呼风唤雨。霎时间天色突变风雨交加,天昏地暗。尘世上水连天天连水,成了一片汪洋。洪水涨的速度超过了神土"息壤"增长的速度,各处堤坝都出现了险情。崇伯鲧率领治水大军昼夜大战,忙得饭不顾吃,觉不能睡,加固了东堤,冲溃了西坝,使黎民百姓陷入更深的洪水之中。

当时,在崇伯鲧部下有两个大将,是同胞弟兄,哥哥玉溪是足智多谋的文人,弟弟叠溪是能征善战的武士。在治理洪水的过程中,玉溪曾经三次向崇伯鲧建议改变治水方法。头一次,玉溪向崇伯鲧建议说:"崇伯大人,我们修筑堤坝把洪水圈起来,只进不出,恐怕以后水多坝内容纳不了会出问题。"崇伯鲧毫不在乎,漫不经心地说:"你一个小小庶民百姓知道个啥? 我们的神土息壤能无限生息,堤坝会随着洪水的猛涨而增高。"一个极为重要的问题被忽略过去了。又过了些天,玉溪看到许多堤坝里头,满满的洪水被风吹动,时有溢出堤坝的危险,第二次向崇伯鲧建议说:"司空大人,我认为堤坝应当有个出口,以防……"崇伯鲧一听冲冲大怒,不让玉溪把话讲完,就责怪道:"这是谁的主意?"玉溪回答说:"是我的主张。"崇伯鲧骂道:

"蠢货！与其现在扒口子，放走洪水，又何必当初修筑堤坝挡洪水呢？"说罢气势汹汹地去了。

又隔了不多天，天空浓云密布，炸雷隆隆，倾盆大雨像瓢泼一样。玉溪十分焦急，他担心堤坝崩溃给下游居民带来更大灾害，决心冒死再向崇伯鲧建议，他声泪俱下地跪在崇伯鲧的面前陈述自己的主张。他说："司空大人，照这样的治水办法不中，一定要改变，应当有堵有疏，有时候，还要以疏为主，让溪水入河，河水归海。要不，我们会前功尽弃，成为千古罪人啊！"崇伯鲧这时心中烦躁，越听越恼，斥责道："你大胆！在危难之时，你不同心协力，竟敢扰乱军心，要你何用，拉下去重打八十大棍贬出治水大军。"一声令下，几个武士把玉溪绳捆索绑推出帐外就要动手。叠溪一看崇伯鲧要打他的哥哥，赶快跪下求情，说："司空大人，玉溪犯罪虽应惩处，但应念他前期有功，免于惩罚。况且眼前正是用人的时候，重惩建议大将恐怕于军不利！"崇伯鲧又怪罪叠溪："你不顾大局，只讲私情，也应受罚。拉下去重打四十大棍，连同玉溪一起贬出大营，永不准再来为伍！"令出必行，玉溪和叠溪兄弟二人被打得皮开肉烂，被贬走了。

二人离开治水大军以后，来到了崇伯鲧初封地高山之阳。当时嵩山以南，从轩辕关到晏月岭，方圆数十里以内是一湖洪水，只有山尖岭背露出水面，老百姓无处存身，都逃到高山居住了，缺吃少穿生活苦极了。人人都盼望着早日有个贤人站出来，把洪水治服下去，过上太平日子。

玉溪、叠溪到嵩山在一个山洞中住下。玉溪因为棍伤重，躺在一堆杂草上养伤，叠溪守护在哥哥的身边，悲愤地叹息道："嗨！辛勤数年，落了一身棍伤！"玉溪看到弟弟在伤心，劝解道："我们的下场是不好的。但据我看，以后恐怕有人的下场会更加可悲！"叠溪不解地问："你说的是司空大人吗？你怎见得他的下场可悲？"玉溪说："他堵塞言路，有错不改，由过错铸成大祸，终究难免要吃舜爷的一刀！"叠溪摇摇头，还不相信。

后来，人们知道了玉溪、叠溪是跟随过崇伯鲧治水的人，纷纷来请求他们两个率领人们治服洪水。玉溪主张接受众人的请求，叠溪坚决不同意。玉溪无奈，说服大家暂时回去，以后慢慢商议。众人走后，弟兄二人争论得面红耳赤。叠溪说："一次治水，挨了一顿大棍，再要去治水恐怕连老命也得葬送了。"玉溪解劝道："天降洪水人遭大难。咱能袖手旁观吗？"叠溪争辩道："天塌砸大家，洪水来也不只是淹死咱们兄弟俩。"玉溪说："天塌应该有大汉子顶住。""你能顶天吗？！""昔日盘古氏能开天辟地，女娲氏能炼石补天，我们生在今世，就一定能治服洪水。何况，天高朝廷远，管不了咱们。被贬之人，司空大人不能管咱。这正是大显身手的时候，加上众人的同心同德，何愁洪水治不了？"玉溪的一席话说得叠溪口服心服，无言可对。只是碍于面子，推辞道："你要治水，我不阻挡，但我可不再跟你去了。"玉溪看到弟弟已经被说服,就进一步鼓励说:"我要去治理洪水,怎能离开你这个猛将呢?过去有难,是兄弟俩同当,今后有功还是兄弟俩同请嘛!"

后来玉溪和叠溪共同领着大众,先察地形,看水势,确定施工方案,凿开石羊关,晾出嵩阳川。然后与民同甘共苦,吃住在工地,每天起五更,摸黄昏,开山凿石,挖土掘口,而且采用破淤水冲的办法,使积存的一湖洪水,渐渐顺流而下,溢泄一空。嵩阳川被晾出来了。

洪水被治服了,百姓们高高兴兴地从嵩山上又搬到平地居住了。从此又过上了安居乐业的生活。玉溪和叠溪当然也乐在其中,他们就在凿开的石关口外安了家,娶妻生子,繁衍后代。后世人们为了纪念他们兄弟治水有功,就把他们居住的村命名为玉溪村了。

【点评】

本篇是流传在河南登封市的关于鲧治水失败及倡导疏水贤人的传说遗存珍品。它比较接近民间口承形态,对研究禹治水的成功有重要参考作用。

其中对发现鲧治水失败早有远见的贤人玉溪兄弟,从实践中总结经验,在受到打击和拒绝时,他们率领人民用自己的方法取得成功的事例,可见当时确有好的科技人才的出现。这为禹的治水成功,提供了好的条件和经验。

玉溪村名字的来历,便是人民的评价和怀念。

594. 文命聆教[登封市]

下雨王奉玉皇大帝的旨意,下凡治理洪水。他为了早日完成使命,节省了投胎出生成长过程,在崇高山下借崇伯鲧的儿子文命的尸体转世。当天夜里,已经换了灵魂的文命和他的生身母亲辛嬉氏睡卧在水纽石室中。文命很快进入梦乡,而辛嬉氏却思绪万千,不能入睡。当她想到丈夫惨死羽山,洪水还在继续泛滥的时候,不由得大放悲声痛哭起来。哭声惊醒了儿子,文命劝解道:"娘,孩儿我已经死而复生,你就不必再哭了。"辛嬉氏哽哽咽咽地说:"你爹死了,洪水仍在危害社稷,怎不叫我伤心忧愁呢!"文命安慰母亲,说:"请娘放心,孩儿我一定治服洪水,为民除害,为父平愤。"辛嬉氏长叹一声,说:"说得容易做着难,你爹为治理洪水操劳一生,到最后落了个惨死外乡的下场。看来只有一腔热血,没有一定成功的本领是不行的。"文命问:"我爹满怀壮志,为什么失败获罪?"辛嬉氏说:"你问这些我不知道,你要想得知这些可到玉溪村去向玉溪老人聆教。"文命忧疑说:"玉溪老人是爹贬黜的人,恐怕他不肯施教!"辛嬉氏说:"贤不避仇,他若嫌弃你是崇伯鲧的儿子不肯施教,那他就不足称贤,你也就不必再求教于他。但人家贤不贤,咱不知道,不妨你去试试看。"文命说:"孩儿遵命,我明日一早就去。"

　　再说玉溪老人。玉溪和他弟弟叠溪接受人们的请求,领导群众凿开阳城关,疏导洪水顺流而下,嵩阳箕阴颍河两岸成了一片乐土,人们过上了安居乐业的生活,外地许多灾民也都纷纷前来逃避水荒。普天下都称道玉溪、叠溪二大贤人。但是,玉溪、叠溪兄弟两个清楚地知道,自己治理的只是局部洪水,而普天下仍有许多地方和人们遭受着洪水的危害。当他们刚刚萌发再到外地治水的念头时,叠溪因长期同洪水搏斗积劳成疾,过早地与世长辞。叠溪的死使玉溪失去了一位有力助手,感到十分痛心。同时,又传来了崇伯鲧在孟门治水失败,被判罪处死的消息。在他看来,崇伯鲧虽然错误严重,应当受到处罚,但被处死是太重了些。再看看自己已经须发如霜,再去从事治水大业,是力不从心了。要想治服洪水,只有等待新的贤人出现,而且还必须有明君的支持。眼前,还看不到新的贤人和明君的影子。因此,他越想越愁,愁出病来了。玉溪老人的病,虽有贤妻许姬和孝子颍龙的精心护理,但病情日益沉重卧床不起。

　　文命鸡叫头遍起身,行程一天,日压挡阳山的时候,来到玉溪村,正好碰上玉溪的儿子颍龙。颍龙领文命回家见到了玉溪老人。文命自我介绍了身份表明来意,说:"我是崇伯鲧的儿子,名叫文命,今日特来向老人家聆教。"玉溪老人说:"不知你要问何事,不妨当面提出来,老夫如若知道,一定如实奉告。"文命说:"老人家当初曾在我父麾下为将,对我父的情况一定会知道,请老人家告诉我,他为什么治水失败,获罪被杀?我还想请老人家教我治理洪水方法,使我继承父志治服洪水。"玉溪老人看到面前这位青年人像崇伯鲧那样意志坚强,但在与人相处上,态度却不像父亲那样盛气凌人,感到是个品行兼优的人才,于是决定对其施教,说:"治服洪水并不难,方法无非是由高到低,疏疏堵堵,疏堵并用,以疏为主。切记只能顺依水性,不可与水争势。"文命问道:"老人家就是用这个方法治服咱这里的洪水吗?"玉溪老人点头回答:"是。"文命紧问不舍:"老人家既有这样的好方法,当年为什么不献给我父亲采用,反而让他失败获罪被杀?"玉溪老人对文命的责问不仅不感到烦恼,反而看到这位青年人很有心计。于是向文命讲述了他曾三次向老崇伯建议,最后遭到指责被贬出治水大军的经过。文命听后长叹一声,说:"我父亲被杀从现象上看是因为他治理洪水的方法不当,实际上是他不善从谏,一意孤行。""对,他吃亏在于过分自信!"玉溪老人说:"来日方长,不知你怎样继承父志,从事治水大业?"文命没有重复玉溪老人的教导,只是回答说:"严遵老师指教,力避先父过错。"玉溪老人问:"你何时开始治水?"文命回答说:"我心急似火,明日回家,告别母亲,立即行动。"玉溪老人摇摇头说:"不可,治理洪水是要万众一心啊。眼前你孤掌难鸣,单凭个人勇气,断然不会成功。"文命再次向老人聆教,说:"请老人家再次施教。"玉溪老人说:"治水大业前无古人,要想治水成功,得有两个条件:一是要唤起大众齐心投入,二是还要有明君的大力支持。"文命不知所措,忧愁地问道:"这要等到何时呢?"玉溪老人说:"治服洪水已是众心所望,我看时机不久即会到来,你要耐心等待。"

文命和玉溪老人畅谈一夜,东方发亮,文命起身告别而去。玉溪老人的病也好大半,从此天天去到颍河岸边钓鱼,等着明君的出现。

【点评】

本篇流传在登封市,是关于禹受命治水的经过和向玉溪老人请教的传说系列之一。玉溪在治水问题上告诉文命(禹投胎转生为鲧的儿子):只有经验还不行,还要有大众同心协力;又要有贤明的君主。

总之,禹成功也在此。

595. 舜王访贤 [登封市]

尧王到了晚年,朝政由虞舜代理,他杀了在治理洪水中犯有严重错误的崇伯鲧,一时又找不来能领导治服洪水的人,倒使洪水灾害更加严重。

一日,尧和舜在京城平阳正同大臣们议事,忽听西北方向,由远而近像刮风一样的响声,接着又有一人慌慌张张前来报告,说从西北面窜过来一股洪水,直向京城冲来。尧和舜闻听此报,急忙率领大臣登上西城观察水情,只见洪水来势凶猛。大臣们一见个个吓得面如土色,对于洪水到来是一筹莫展。虞舜命令赶紧囤住了京城西门,先挡住洪水漫来,然后组织京城中的人们往东南浮丘山上撤离。当他最后一个出来平阳南门的时候,洪水已经冲破北城,脚跟脚地赶来了。从京城逃上浮丘山的人,不分君臣和官民,都集聚在山顶上往下看,京城里头洪水滚滚,横冲直撞,情境十分可怕。年老多病的尧王仰天长叹道:"都怨我修德不成,误用庸人,没有治服洪水,让无辜的百姓遭此大难!罪过啊!"尧王的自责,四岳大臣们坐不住了,都说:"这哪能是圣上的罪过呢,要说有罪,只能是我们,我们向圣上错荐了崇伯鲧,误了大事。"大司理皋陶说:"崇伯鲧虽然有罪,但早已被杀,这次洪水与他有啥相干?"虞舜说:"这几年朝政由我代理,是我无能,责任在我。"君臣们你一言我一语,都是自我责备,却没有一人提出治服洪水的办法。这时候,尧王提出来他要让位,他说:"我年迈多病,不能治理天下,请大家允许我把王位让给年轻有为的虞舜吧!"尧王的提议,众大臣们也都拥护,就在浮丘山上举行了禅让大礼,从此舜就正式称王于天下。

舜王继承王位以后,最关紧的仍是尽快地治服洪水,他对大臣们说:"治水救民迫不及待,哪一位大臣能胜任大司空,请自荐。"大司徒殷契说:"臣为司徒,只能教民以礼,对于洪水,我是无能为力。"大司农周弃说:"臣只会耕种五谷,饲养六畜,改做司空,我胜任不了。"大司理皋陶说:"明辨是非,秉公以律,是臣的本分,要治洪水,请圣上另选贤人!"舜王说:"另用贤人也可以,请大家给我举荐一个来。"大司理皋陶说:"我听说从前负黍地也是洪水泛滥,后来有两个贤人玉溪和叠溪,领导百姓们治服了那里的洪水,从此负黍地成了一片乐土,人们安居乐业,四面八方的人都迁到那里去住了。请圣上快传旨意,速调玉溪、叠溪前来效命。"舜王听到皋陶提及负黍地,使他想起了一件往事,他说:"当年我还是老百姓的时候,曾经去负黍地贸易经商一次,那里依嵩带颍,确实是个好地方,常有贤能高士隐居。古往今来,选用贤人都是以礼相请。今日我已继位称王,我也要暂迁负黍,礼请贤人出山。"大臣们都赞成舜王的意见。于是,舜王就命四岳大臣保护尧王迁都太原,又命六司大臣在浮丘山上设坛祭祀已罢,带着一班大臣到负黍地访贤来了。

舜王率领大臣们正往前走哩,碰到一条小河,河虽不宽,但洪水汹涌,君臣们携手而过。走到河中,洪水陡涨,君臣们几乎被波涛卷走!无奈,只得又返回对岸。舜王说:"一条小河算得什么,走,咱从河源头上绕过去。"那时候还没有船只,只有绕着走。一条小河,整整绕着走了二七一十四天,一路上绕过多少小河,谁也记不清。

又正往前走哩,又见了一座高山,山上林木茂密,猛兽出没无常,又没有道路。舜王说:"山高林深野兽多,过不去,走,咱从山脚下转过去。"一座山整整转了七七四十九天,一路上转多少山,数也数不清。这样绕绕转转,走了两个春秋了,还不见负黍地在哪里。

又正往前走哩,又有一条大河拦路,河宽水深,雾气腾腾,望不见对岸。往上绕,源头在哪里?从下转,越转河越宽。无奈,君臣就坐在地上纳闷,这一坐舜王开始想过河的办法。大司徒周弃叹道:"千山万水都过来了,今日遇到这样大的河怎么过呢?"大司理皋陶说:"绕也绕不通,转也转不过,我看咱还是返回去吧,难道天下这样大的地面,只有负黍地有贤人吗?"大司徒殷契不同意皋陶的意见,说:"我们好不容易走过了千山万水,来到这里,要返回去,不是还要再走千山万水吗?我们不能舍近求远。"舜王说:"都别争吵了,前走不通,后退不能,咱就坐这里等,我看咱一定能等出一个过河办法来。"大家不解其意,自己又都想不出过河的办法,只好跟着舜王坐下来等。

君臣们等呀等,整整等了九九八十一天,冬天到了,河水越来越少,水位后退,人往前走,水退一尺,人走一步,到这时候,众大臣还不知舜王最终过大河的办法。

严冬之夜,北风呼啸,夜半子时,河水冰冻,舜王才说:"众卿,我们过大河的办法等来了。"说着自己前头带路,大家随后紧跟,前边踩一脚,后边走一步,一脚一步,整整走了一夜,直到天明,登上了大河的对岸,踏上新途。到这时候,大臣们才完全明白舜王等过来过河办法的意思了。

舜王和他的大臣们,跋山涉水,历尽艰险,受尽苦难,在一个阳春三月的一天,终于来到负黍地,在负黍城负黍厅内住下。一打听,当地人都齐声称赞玉溪、叠溪治水有功。舜王和他的大臣们,在负黍厅内渡过了三年来最舒适的一个夜晚,尽管他们都十分疲劳,但因兴奋赶走了睡意。单等金鸡报晓,整装出发到玉溪村前去访贤。

【点评】

本篇流传在登封市,是大禹受命治水前后的传说系列之一。
由于鲧治水失败,舜访贤者治水。
本篇叙述尧舜禅让历史清楚,可供研究当时的历史参考。
舜访玉溪是授命禹的前奏。这对禹族在登封活动和开发华夏文明基业意义重大。

596. 玉溪垂钓［登封市］

玉溪老人在颍河岸钓鱼,不是为了养家糊口,而是等待明君到来,推荐崇伯鲧的儿子文命出山治水。

玉溪老人自从见过崇伯鲧的儿子文命以后,心中常想,有了文命这样的贤人,还得有个道明君,只有明君和贤臣的配合,才能治服洪水。但是,他知道文命的父亲是当今天子虞舜所杀,虞舜能启用犯臣之子吗？因此,他常常闷坐在颍河岸执竿垂钓,期待着有朝一日有明君来到,实现自己的理想。

再说舜王访贤到负黍城的第二天,一不骑马,二不乘车,不让大臣伴驾,只带一个随从到玉溪村访请玉溪出山治水。走到一问,得知玉溪天一明,就到颍河边上钓鱼去了。舜王不顾劳苦,又直奔颍河岸,走到阳城关,看见一个白发苍苍的老翁坐在一个背靠崖石、面向颍水的青石平台上执竿钓鱼。

随从上前施礼相问:"请问玉溪在什么地方钓鱼？"

玉溪老人正在聚精会神垂钓,没有发觉有人问话。随从以为是玉溪嫌他职小位低,不答理自己,羞愧地退了下来。

舜王见此情景,亲自上前施礼询问:"请问贤人玉溪在哪里钓鱼?"

玉溪老人仍然没有抬头,反问道:"你们找玉溪有什么事?"

随从慌忙上前说明:"这是当今天子舜爷,圣上今日特来访请玉溪出山治水。"玉溪老人一听说是当今天子舜王驾到,赶快放下钓竿站起身来,深深给舜王施礼,说:"草夫玉溪不知是圣上驾到,有失礼节,请圣上恕罪。"

舜王搀起玉溪老人,上下打量了一番,说:"你就是贤人玉溪吗?"

"老朽不敢称贤",玉溪老人说:"我就是草夫玉溪。"

舜王紧紧握着玉溪老人的手,激动地说:"贤人啊!我可见到你了,眼下洪水泛滥,我是特来请你出山领导治水,为民除害的哟!"

玉溪老人一听说是让自己出山领导治水,面带难色说:"圣上,你看我已经年过七旬,体弱多病,怎能担当得了这样的重任呢?请圣上另选年轻有为的人吧!"

舜王从京城平阳出发,千里迢迢前来访贤,实指望访到玉溪,付以重任,很快治服洪水。今日一见,玉溪已经是白发苍苍的老人,很感失望,长叹道:"天哪!玉溪老了,不能再领导治水了,这可怎么办呢?"

玉溪老人说:"圣上不必烦恼,普天下贤人很多,请你再选择一个年轻人就是了。"

"天下贤人虽多,但我只知你玉溪是治水的大贤。"舜王诚恳地说:"还有谁能领导治水,请你给我推荐一个来。"

玉溪老人对舜王要他给推荐新贤,心中十分高兴,有心把文命推荐出来,又怕舜王不能容忍,反而害了文命,但若不推荐文命出山又无别人可荐。于是用语言试探,如果舜王不计前嫌,唯贤是用,就把文命推荐出来,他若用人有亲有疏,就顺水推舟,有贤不荐。说道:"我有心为圣上荐贤,但不知圣上要用什么样的人?"

舜王随口说道:"我要用的是像你一样能够领导治水的贤人。"

"我给圣上推荐一个能力比我强的。"

"那正是我求之不得的。"

"此人虽贤可是圣上的仇人。"

"我没有仇人。"

"他同你有杀父之仇。"

"我从没有同任何人结过私仇。"

"不论因公因私,他的父亲是圣上你杀死的。"

"请你说明此人的姓名。"

"我若讲出此人姓名,臣怕圣上不能容忍。"

这时候,舜王意识到玉溪老人迟迟不肯讲出他要推荐的人的姓名,说明自己的行为还不足以取得百姓们的充分信任,无奈跪在地上对天盟誓:"上有苍天,下有黄土,我若因私而嫉妒贤能,让我久后死无葬身之地!"

玉溪老人看见舜王盟誓,而且从言行举止上看,舜王不像个心胸狭窄的人,才下决心推荐文命给他,说:"圣上若能真的用人不避前嫌,我就把贤人推荐给你。"

舜王问道:"他是何人?姓甚名谁?"

玉溪老人说:"崇伯鲧的儿子,姓姒,名文命!"

"此人比你怎样?"

"年龄比我小,能力比我强,品德在崇伯鲧之上。"

舜王问道:"他家住哪里?请他速来见我。"

玉溪老人说:"他家就在崇高山下水纽屯。请圣上在负黍城等候,三日以后我就带他去朝见圣驾。"

"一言为定。"

"臣决不食言。"

舜王既访到老贤人玉溪,又得到了新贤人文命,高高兴兴地赶回负黍城去了。

玉溪老人把崇伯鲧的儿子推荐给舜王以后,再也不到这里来钓鱼了。但是玉溪垂钓,荐禹于天的故事却流传下来了。

【点评】

本篇是大禹在受命治水前后的经过情况系列传闻之一。

其中透露信息:①舜为让玉溪出山治水,不计险阻来负黍寻访玉溪。②玉溪有顾虑,怕文命(禹)是鲧的儿子,舜又杀了鲧,怕计前嫌,曾有犹疑。后见舜不因私废公,确是明君,才举荐禹受舜命出山治水,完成大业。

597. 负黍厅对[登封市]

舜王告别玉溪老人,回到负黍城的时候,已经是星斗满天了。初春之夜,天气还是寒冷的,但舜王满怀喜悦,走得浑身汗水。当他走到负黍城东门外的时候,城楼上的二更梆声正在敲响。大司徒殷契、大司农周弁和大司理皋陶等,都在颍桥上等候多时了。君臣回到负黍厅,舜王把玉溪已经年老,不能再从事治水,但玉溪举荐崇伯鲧的儿子文命的情况说了一遍。大臣们对这件事都想不通,引起了一场争论。

大司理皋陶首先反对,说:"犯臣之子,断然不可重用!"

舜王问道:"为什么?"

"杀父之仇，不共戴天。崇伯鲧是圣上所杀，他的儿子怎会忠于圣上呢！"皋陶争辩说。

舜王说："当年杀鲧是他自己罪有应得，今日用文命治水是他有领导治服洪水的能力。我虞舜是堂堂一代君王，怎能在用人上计较前嫌呢！"

舜王的话完全在理，皋陶心服口服不再争辩了。

大司农周弁说："常言'老子英雄儿好汉'，我不相信一个见识不多、阅历不广的毛孩子比他老子的能力大。"

舜王说："我想，玉溪为人诚实，贤人荐贤，是不会误事的。大家如果有怀疑，明日玉溪带领文命来，我们可以面对面地提出关于治水的任何问题，让文命当场答对，是贤是愚，到那时候，就知道了。"

大臣们都无话可说，单等玉溪带领文命到来。

再说玉溪在钓鱼台送走了舜王，收起钓竿，背起鱼篓，在回家的路上边走边想：舜王为治水千里迢迢来访贤，而且能够用人不计前嫌，是个有道明君。但是，舜王虽然有道，文命哪会知道呢！如果文命顾虑舜王不容，不去应召，我用什么道理说服他呢？他想呀想的，快走到家了，还没有想出什么办法来。抬头一看，儿子颍龙前来迎接。他灵机一动，心里说，有了。明日我带着颍龙去找文命，一来颍龙已经成人长大，让他跟随文命去治水，也好为国家出把力；而且，也借此说明舜王是有道明君，应召没有什么风险。

第二天一早，玉溪带着颍龙整整走了一天，日落西山的时候，才走到文命的家乡水纽屯。这天，辛嬉女身受风寒，文命守护在家，当他看见玉溪领着一个青年走来，赶紧起身相迎，并且把玉溪介绍给母亲。

玉溪说："从前，我们是不相往来，自从文命去过以后，我就有心前来拜访，今日带着我小儿颍龙特地来看望你们。"辛嬉女说："贤人，你们父子远道赶来，肯定是有什么紧要的大事。"

玉溪说："夫人不知，当今天子舜王到负黍地访贤来了。"

辛嬉女一听是虞舜来访，脸色一沉道："他是一君，咱是一民，他访他的贤，与咱黎民百姓有什么相干！"

玉溪说："舜王为治水千里访贤，只有明君才会这样做啊！"

辛嬉女问道："虞舜是明是昏咱且不管，但不知他要访的贤人是谁？"

"就是老夫玉溪。"

"那你就应当立即前去应召，为国家建功立业。"

"夫人不要取笑了，哪有古稀老人担当这样的重任呢！"

"那你就应该去向圣上当面说明。"

"我又怎能面对洪水袖手旁观！"

文命说:"你既不能应召,又不忍撒手不管,你打算怎么办呢?"

玉溪说:"我已经给舜王举荐了新贤。"

辛嬉女说:"你给圣上举荐的是谁?"

"不是别人,就是你的好儿子文命,"玉溪说:"实话对您说吧,今日我来,就是禀告夫人,并请夫人允许文命前去应召。"

辛嬉女虽然盼着儿子有朝一日治服洪水,但突然听到玉溪已经把文命举荐给舜王的时候,又想起了自己的丈夫崇伯鲧,两眼含泪,沉默不语了。

玉溪理解辛嬉女的心情,进一步开导说:"夫人不必担忧,起初,我对舜王也是怀疑的。后来,我看他真是为治水思贤若渴,用人不计前嫌,才把文命举荐给他的。为了使文命治水成功,我也决定让儿子颖龙跟文命去,以助贤侄一臂之力。"

辛嬉女一听玉溪也让他自己的儿子去治水,心里说:"中,只要你玉溪敢把儿子交给虞舜,我就敢让我的儿子前去应召。"说道:"文命啊!你为国尽忠,为民除害,为父雪耻的时候到了,你就去应召吧。"

文命是个孝子,眼下去应召,对于病中的母亲放心不下,说:"儿去应召是中,能不能等娘的病好以后再去?"

玉溪见文命愿去应召,只是对病中的老娘不放心,忙说:"贤侄只管放心前去,你的娘由我来照管。"

辛嬉女心情高兴,病轻七分,说道:"好了,我儿你放心去吧,你知道娘的病大半是因忧愤成疾的,只要你有了为国尽忠、为父雪耻的机会,我的病就会慢慢好的。"

这时候玉溪才告诉辛嬉女和文命,舜王在负黍城等候,一定要在明日一早前去晋见。事已谈妥,一夜无话。

第二天清晨,舜王率领一班大臣,早在接贤亭迎候玉溪和文命。不大一会儿,玉溪领着两个年轻人来了。舜王没有多问,恭恭敬敬地把三人迎进负黍城,在负黍厅上落座。

舜王问玉溪:"老贤人,这二位哪个是新贤文命?"

没有等玉溪介绍,文命连忙起身施礼,说道:"晚生就是文命。"

舜王让文命坐下,又指着颖龙问道:"这一位是……?"

"他是我的儿子,名叫颖龙,"玉溪说:"他虽然没有多大能耐,但身强力壮,我想让他给文命当个帮手,也为治服洪水出把力。请圣上允许。"

舜王对玉溪既举荐贤才,又把儿子献出来为国出力,十分高兴,就应允了。

舜王问文命:"普天下到处都是洪水,你用什么办法治理呢?"

文命从容回答:"依水性,顺地势,由高到低,堵疏兼用,以疏为主,入河归海。"

"使用这个办法能成功吗?"

"纵观古今治水史实,只有采取这种方法才能有效。"

"你是怎样得到这个办法,而且肯定采用这种方法能够成功?"

"这个方法是先贤们用血汗换来的。"

舜王不解地问:"此话怎讲?"

文命回答:"先贤玉溪早年曾经向我父崇伯鲧建议,用这种方法,可惜我父固执己见不肯采纳,结果导致他后来治水失败,身遭残杀,百姓们也深受其害。后来,还是先贤玉溪归隐负黍地以后,采用这种方法治服这里的洪水的。"

舜王又问玉溪道:"老贤人,是这样的吗?"

玉溪点头答:"是。"

大司农周弁问道:"文命,你让洪水入河归海,水害倒是没有了。但是农桑作物都离不开水,陆地上缺水,五谷不收,六畜不旺,人又怎能生存?"

文命答道:"我所说的疏堵兼用,就是既除水害又兴水利。旱时水浇农田,涝时水归大海。"

周弁听了文命的答辩,高兴地说:"好,好,好,你若把洪水治理的旱灌农田涝归大海,普天之下五谷丰登,六畜兴旺,是一大功劳啊!"

大司徒殷契问道:"文命,人生在世既要尽忠,又要行孝。你为治水远离家乡,忠倒是尽了,但你家有老娘,无人奉养,怎能做到忠孝双全呢?"

文命回答说:"我治服了洪水,既是尽忠又是行孝,而且是大忠大孝。"

"怎叫大忠大孝?"

"治服了洪水,为国除了害,兴了利,国泰民安,这是为国尽了忠。同时,治服了洪水,洗雪了我父的耻辱,他老人家九泉之下瞑目,我娘也永远过上安居乐业的日子,这又是行了孝。"文命反问殷契道:"司徒大人,你说这算不算忠孝双全呢?"

"是,算是忠孝双全,"殷契说:"你说的大道理我赞成,但是,眼前你的娘年纪这样大,你远离家乡,她怎么生活呢?"

"我已经把她老人家拜托给老贤人玉溪照管了。"

殷契点头称赞。

大司理皋陶问道:"文命,你知道你父是为什么被杀的?"

文命答辩道:"是治水失败,给百姓们造成了更大灾害。"

"现在你又来治水,成功则可,如果再失败了呢?"皋陶又进一步地问道。

文命悲愤地答道:"司理大人,这些我都想到过,但是,为了子孙后代,我们应当前赴后继。我自信有了先辈的经验教训,治水是一定能够成功的。当然,话也不能说得太绝,如果我最后真是失败了,大不了也被你们司理衙门判罪杀头。如果我们后人都贪生怕死,不敢再去同洪水搏斗,难道能让洪水永永远远泛滥下去吗!"

文命的答辩,说得皋陶无言以对,舜王再三询问大臣们谁还有话说,负黍厅上鸦雀无声,再也没有人提出什么了。

舜王说:"文命,你的答辩完全在理,只要你能按照你所说的去做,一定能够成功。现在我就封你为夏伯禹,统领天下治水大军。等你大功告成,我再加封赏。"

文命赶紧给舜王叩头谢恩。

舜王问道:"你还有什么要求?"

文命说:"眼下我感到太孤单了,请圣上给我两个帮手!"

舜王说:"已经有了一个颖龙,只缺一人,负黍厅上所有的人任你挑选。"

"治理洪水是一场空前绝后的艰苦事业,年老体弱的人,是难以坚持到底的,"文命请求说:"请圣上批准大司理皋陶的儿子伯益同我一道去治水。"

伯益一听文命指名要他,赶紧站起身来给舜王深施一礼,说:"我情愿前往。"

舜王满足了文命的要求,同意伯益也去治水。最后说道:"文命、伯益、颖龙,普天下的人们都盼望你们早日成功,你们可要共同努力啊!你们立即行动吧。你们走了,我也要赶回太原,以后要有什么事情,可到太原去见。"

文命、伯益和颖龙三人先送舜王起驾走,自己也立即起程出了负黍城。

【点评】

本篇是流传在河南登封市嵩山一带的关于大禹受舜命治水前后的系列文本之一。它对研究禹祖族在嵩山周围开发华夏宏大业绩,有重大意义。

舜与大禹的问对表明中国上古治水历史转折的科学信息:以往都认为鲧治水只堵,禹治水只疏。其实这是误解。大禹从其老师玉溪老人的经验总结中,得出"堵导兼用,以疏为主,因势利导"的成功方略。从开封的《大禹魂》及商丘的《大禹治水斗水怪》等神话中,得到了实践的检验。

598. 大禹治洪水过家门[登封市]

崇伯鲧的儿子文命,在负黍厅就治理洪水问题,同舜王进行了详细的提对,舜王封文命为夏伯禹,派他带领伯益、颖龙治理洪水。大禹面对茫茫洪水,深感肩上的担子沉重。他虽然知道必须采取疏堵并举,以疏为主的方针,但真的具体去操作,又觉得心里空虚。

当他出来负黍城,正往前走的时候,他的外甥庚辰迎面走来。大禹问道:"庚辰,几年来不知你的下落,这时候你咋突然出来了?"庚辰回答:"听说舅舅奉舜王旨意去治理洪水,我来要求跟你去为国效命。"大禹说:"我刚刚受命,你怎么就知道了。""舜王到负黍地访贤,在负黍厅召见你,封你为夏伯禹,命你领导治理洪水是惊天动地的大事,普天下谁不知道。我在来的路上,就碰到许多来自四面八方的英雄要来投奔你。当他们得知我是您的外甥以后,纷纷要求我先来向你报到,请你允许他们参加治水。"大禹听庚辰一说,心中十分高兴,想到,只要有人,何愁洪水治服不了! 又问道:"众英雄现在哪里?"庚辰说:"都在颖河北岸等候。"大禹说:"走,快领我去会见他们。"说罢,由庚辰带路,大步向颖河北岸走去。

　　大禹同来自四面八方的英雄们,就如何治理洪水的问题,展开了热烈的讨论。大禹说:"众位要求参加治理洪水,很好,我欢迎。但是咱们可是有言在先,治理洪水是个吃苦受累的事,成功了,舜王定会封赏,但失败了,可是有生命危险啊! 我请各位再认真想想,真是决心要参加,留下;不愿留的,我不强求。"有一个名叫狂章的作歌唱道:"我家居住狂河边,蛟龙作恶洪水淹。参加治水我情愿,为了子孙得平安。"英雄们异口同声说:自古至今都是吃苦在前(辈),享乐在后(代)。为了造福后世,眼前吃点苦算得了什么。

　　大禹说:"众位既然决心要参加治理洪水,就请大家都说说,对洪水是怎么个治法。"英雄们反而要求大禹先讲讲自己治水计划,大禹也不推辞,把自己要采用有疏有堵,疏堵并用,既除水害,又兴水利的计划讲了一遍。最后,恳切要求大家都谈谈个人的想法。颖龙首先说道:"纵观天下地势是西北高东南低,我们应当先从西北入手。每到一地,先察清流向,绘成图样,画出路线,然后动手,使得洪水入河归海。"大禹点头称赞:"这正是先贤玉溪的成功之道。颖龙弟不愧为治水世家。"伯益建议:"欲要兴修水利,就应该开挖渠道,做到涝能排洪,旱能浇地,促使农桑发展。"众英雄你一言、我一语提出了许多好的办法。大禹都一一认真听取后,说:"各位提了很多好的办法,以后在治理洪水的过程中,我将择优采纳,还请大家再多提些意见。"伯益建议说:"洪水泛滥,处处受害,治服洪水,人人有责。我看保证治理洪水成功,要靠人心齐;要想人心齐,还应当有一个共同执行的刑律。"大禹说:"你父皋陶身为大司理,你当然是刑律世家了,就请你提出一个刑律来。"伯益说:"我父亲一生执法严正,但只有'封功杀过',太简单了,也太残酷了,它虽然能激励人们奋发进取,但又使人们望而生畏。我看应该改为'赏功罚过'。"伯益的建议,使大禹深有感触,想到早先若是"赏功罚过"也不至于使我的父亲一犯过错就被杀头。正当大禹思前想后的时候,童律又建议:"我看只有'赏功罚过'还不够,应当再加一条'将功折罪'。"最后大家同意把治水大军的刑律定为:赏功罚过,将功折罪。

　　就这样,大禹领导治理洪水既有了人,又有了办法,还制定了行动中共同执行的刑律,于是满怀信心地誓师出发了。当治水大军快要走到大禹的家门口时,他的外甥庚辰提醒说:"舅舅,咱们这次出外治水,不知道啥时候才会回来哩,你不趁机拐回家看看我年老多病的外婆吗?"大禹不同意,责备说:"刚刚定了刑律,难道你忘了吗? 路过我的家门,我拐回家看看,路过别人的家门,也都回家看看,岂不误了大事!"庚辰坚持说:"要不,人家会说你不孝啊。"大禹说:"一寸光阴一寸金,寸金难买寸光阴。珍惜时光,尽快治服洪水,让你外婆和普天下的人都过上好日子,才真正是忠孝双全呐!"庚辰被说服了。

当治水大军走到大禹家门口时,又有人劝说:"走到家门口了,应当回去给母亲告别一声,免得老人家挂念。"大禹只是苦笑了一下,继续领着治水大军往前走。这时候,他清清楚楚地听到病中老娘的呻吟声,只是放慢了脚步,面对家门深施一礼,毅然离去。

大禹领着治水大军走过去了,他的母亲辛嬉女听说了,手扶拐杖出了家门。但是已经晚了,只能看见儿子的背影。老人伤心地哭了!但她哭的不是儿子今日不辞而别,而是想起了十多年前,在这里送走了丈夫,至今也没看到丈夫回家团聚。

正因为大禹身体力行,严以治军,从而保证了他领导的治水大业最终告成。

【文献选录】

当尧之时,水逆行,泛滥于中国,蛇龙居之,民无所定。下者为巢,上者为营窟。《书》曰:"洚水警余。"洚水者,洪水也。使禹治之。禹掘地而注之海,驱蛇龙而放之菹。水由地中行,江、淮、河、汉是也。险阻既远,鸟兽之害人者消,然后人得平土而居之。

(《孟子·滕文公下》)

当尧之时,天下犹未平。洪水横流,泛滥于天下。草木畅茂,禽兽繁殖,五谷不登,禽兽偪人。……禹疏九河,瀹济漯而注诸海,决汝汉,排淮泗,而注之江,然后中国可得而食也。当是时也,禹八年于外,三过其门而不入……

(《孟子·滕文公上》)

尧之水河之患为甚,沛(音 jì,同济)次之,淮次之,江汉次之。……故治水之急先于河。于是发迹壶口,治梁及岐,南至于华阴,东至砥柱,凿孟津,梳三门,以奠西河。

(宋·罗泌《路史》卷二十二)

【点评】

本篇是大禹受命后,组织治水大军,制定治水刑律:"赏功罚过,将功折罪。"议定由西北向东南,因势利导,疏堵兼用,以疏为主的治水方略。他自己以身作则,众人心服,过门而不入,传为古今美谈。

这里有个不同说法。以往所说大禹治水,妻子涂山氏在家,禹曾三过家门而不入。这里的说法是禹刚开始治水,过家门,母亲辛嬉女在家,他也过门行礼而不进家门。可能二者并存,也可以认为只是一次。

599. 照爷石[登封市]

嵩山浮丘峰下有个大石头,石头上面有人踩的脚印和许多斑斑黑点儿,当地人叫它照爷石。为什么叫照爷石?因为它像万岁峰下的启母石一样,流传着一个大禹治水的神话故事。

大禹奉命到外地治水,颍河蛟龙受黄河老龙的调唆,乘机在嵩山南面发起洪水,妄想淹没大禹的家乡。大禹为了解除后顾之忧,回乡根治水害。因为情况紧急,路过自己家大门口没有回家。他的妻子涂山娇知道后很不高兴,在婆婆的面前埋怨说:"娘,你的儿子连你都没有放在心上,从咱大门外过去,都不回家看看!"大禹的母亲辛嬉女理解媳妇的心情,劝导说:"事情有大有小,理也有曲有直。治水是关系到千家万户的大事,至于回不回家看我,只是区区小事。如果因小失大,理由再多也没有理。你要是想他,蛟河离咱这也不远,你去跟他见见面也是一样。"

涂山娇来到蛟河岸上,看到滔滔洪水风吹浪起,响声如雷,情况十分险恶,又看到大禹正忙着同其他人一道,走走停停,指指画画,说说笑笑,在研究治水办法,心里窝的一肚子怨气也就云消雾散了。大禹发现涂山娇在河岸上站着,来到妻子跟前,说:"你来得真好,我正愁着人手不够呢!"说着从怀中抽出一束蜡烛交给涂山娇,嘱咐说:"夜间,天黑不能施工,你白天在家侍候咱娘,晚上,你去东岭上点燃一支蜡烛,给我照个明,早日治服洪水,功劳也有你的一份。"涂山娇接过蜡烛,嘴上没说啥,可心里想道:你可真行,夫妻们难得一见,见了连一句知情话也不说,可又分派叫我帮你的忙!但又想起了婆婆的教导,二话没说转身回家走了。从此以后,涂山娇白天在家孝敬婆婆,夜晚去到东岭站在一个大石头上面,高举点燃的蜡烛,蛟河上下两岸被照得如同白昼。

大禹有了妻子的秉烛夜照,连明彻夜施工,火烧蛟河成焦河,很快治服了嵩山南面的洪水。这时候大禹仍然惦记着普天下还有许多地方的人们在受到洪水的危害,于是又毅然率领治水大军到外地治水去了。

涂山娇本来想着丈夫治服家乡的洪水后,在到外地治水前,一定会回家看看。谁知道这等那等不见大禹的面,她心里着急,就跑到东岭站到大石头上面往东面瞧望。一看大禹又不吭声走了,她又气又恼,跺着脚大放悲声哭起来,哭得泪如雨下,泪珠洒在石头上成了斑斑黑点儿,而且由于她顿足时使劲过大,石头上还留下了许许多多的凹陷脚印。

大禹公而忘私一心治水,引起了他们夫妻之间不和睦。但是,大禹治水、涂山娇秉烛夜照却成了千古佳话。

【点评】

本篇是流传在登封市嵩山一带的关于大禹治水、涂山氏秉烛夜照的神话遗存珍品。它属民间口承神话形态,对研究大禹神话具有很高的思想价值和艺术价值。

其中大禹的公而忘私,禹母的深明大义,涂山娇的夫妻痴情和对丈夫功业的支持,令人感动下泪。可称为古今第一个治水模范家庭。

值得重视的,"照爷石"("照夜石")的遗迹存在,可为此神话作证。

600. 火烧蛟河[登封市]

相传,嵩山南麓的焦河,古时候是条波涛汹涌的蛟河。蛟河怎么变成了干涸的焦河呢?这要从夏禹王治水说起。

大禹治水正在撒息壤筑邙山,疏导黄河向东流,眼看要进入东海的时候,老黄龙气急败坏,它想到一进入东海哪还显起我这一道(黄)呢?恶狠狠地骂道:"大禹呀!大禹,你不叫我好过,我也不叫你安生!"于是策动它的小舅子颍河蛟龙在大禹的家乡发起洪水。当洪水快要淹住大禹家的大门台的时候,大禹的母亲给儿子送去了急信。

大禹接到家信后,兵分两路,留下一部分人继续治理黄河,自己带一部分人连明彻夜往家乡赶。站在峻极峰上往下一看,土地冲毁,房屋倒塌,只有树梢露出水面,灾情十分严重。经过仔细察看,得知这次洪水再起是颍河蛟龙作怪,洪源就在离自己家不远的蛟河。时间紧任务急,路过家门口,也顾不得回家。

颍河蛟龙听说大禹回来了,为了拖住大禹不能走,躲在蛟龙宫中不出来跟大禹照面。大禹召集部下研究对策,决定用火烧。先让狂章深入龙潭切断蛟河水源,又叫庚辰把守蛟河入颍(河)口,防止蛟龙顺水逃走,然后点燃熊熊烈火,霎时间颍河上下成了一片火海。开始颍河蛟龙躺在龙床上安然自得地睡大觉。正睡哩,水变热了,慌忙走出龙宫去外察看。哎哟!浑身烫得起燎泡,说时迟那时快,身上的鳞甲开始着火,知道大事不好,想要腾空逃走,晚了,身上无鳞驾不起云,无奈变成了浑身生疮的老头儿,由它的儿子颍河小蛟搀扶着顺水而逃。

再说大禹的老师玉溪老人听说大禹正在蛟河斗蛟治水,不顾年老体弱,同妻子一道,赶到蛟河参战,同时也想跟儿子颍龙见上一面。当他(她)们赶到五渡湾的时候,同颍河蛟龙父子相遇。颍河蛟龙舍子保己,指示颍河小蛟龙说:"对面来的是大禹的老师玉溪老人,趁他不防,去把他吞了!"颍河小蛟龙张开血盆大口"哧溜"一口把玉溪老人吞进肚里。玉溪老人在小蛟龙肚里拼命挣扎,小蛟疼痛难忍,走不了啦。颍河蛟龙趁机顺水逃走。玉溪夫人一看丈夫被蛟龙吞进肚里,伸手拔下头上的玉簪,"哧啦"剥开了颍河小蛟龙的肚皮。玉溪老人得救,但是一只胳膊被腐化,伤势严重,生命危险。

大禹点燃大火以后,满以为颍河蛟龙要被烧死,即使烧不死,下游由庚辰把守也逃不了。当他下到被烧焦的河滩上察看的时候,只见鱼鳖虾蟹烧死的不计其数,唯独查找不到颍河蛟龙的尸体,就赶紧顺河到下游去寻,走到五渡湾,遇到了伤势严重的玉溪老人。玉溪夫人告诉大禹颍河蛟龙已经逃走。大禹留下玉溪老人的儿子颍龙抢救父亲,就追赶颍河蛟龙走了。

玉溪老人伤势严重,大禹走后不久就死了。后世为了纪念玉溪老人,就在他死的地方盖起了玉溪庙,庙里塑起玉溪老爷爷和玉溪奶奶两尊神像,世世代代受到人们祭祀。

【点评】

本篇是流传在登封市嵩山一带的关于大禹治水神话遗存的珍品。它接近民间口承神话形态,对研究大禹在家族聚居地治水降龙的功业,有重要作用:嵩山周围确属大禹治水的核心地区之一。华夏文明的源起,在神话中得到了有力的印证。

其中:①地域特色鲜明;②夏禹祖族居地的先民品格高尚,公而忘私。为除蛟龙,生死在所不顾:禹师玉溪夫妇与其子颍龙等,可谓英雄家庭,光彩照人。

601. 焦山斩甥[登封市]

嵩山脚下颍河岸边有个小山包叫焦山,这里流传着大禹治水、火烧蛟河、焦山斩甥、增修刑律的神话故事。

大禹治水一向是劈山岭、开河道、撒息壤、筑堤坝、疏导洪水入河归海。但只有一次治理嵩山南面洪水的时候,破例采取火烧的方法。他在点火以前,先派自己的外甥庚辰去把守蛟河下游的口子,嘱咐说:"你的职责是把好蛟河口子,严防颍河蛟龙顺水逃走。"庚辰不解其意问道:"舅舅,采取火烧,会杀死许多无辜生灵啊!为什么不使用以往行之有效的办法呢?"大禹解释说:"这次跟以往情况不同,若用疏导方法,会给蛟龙留下空子。它一旦逃走,我们到外地治水走后,它还会卷土重来,后患无穷啊!"庚辰知道了大禹用意,二话没说,立下令状,来到蛟河口的一个山头上,手执大戟,二目圆睁,密切注视着蛟河方向的动静。不多时候,看见蛟河上下火光冲天,浓烟滚滚。心想这一回颍河蛟龙一定葬身火海无疑,产生了麻痹情绪,思想一松懈,坐在地上就昏昏入睡了,直到大火烧毁了身边的树木杂草,绿山变成了红山都不知道。恰恰就在这个时候,被烧得遍体鳞伤的颍河蛟龙,从这里逃走了。

再说大禹点火以后随着火势往下察看,看着烧焦的河滩上,有许多鱼鳖虾蟹被烧死,但是始终没有发现颍河蛟龙的尸体,引起了惊觉,率领部下加速追赶。当他追到蛟河进入颍河后的第一个山头的时候,看见庚辰正在睡觉,心中恼怒,狠狠踢了庚辰一脚,骂道:"畜生,山都烧焦了你还在睡!"庚辰睁眼一看,只见大禹怒气冲冲地在面前站着,再看绿山烧成了焦山,知道因为自己贪睡,使颍河蛟龙从这里逃走了,便跪在地上等着杀头。大禹要斩杀庚辰,满营将士没有一个人敢于出来讲情,只有伯益提出了不同意见,说:"庚辰错误严重,按照刑律应当从严处治,但是,我们再也不能像舜爷对待老崇伯那样,犯了错误就杀!"大禹本来对斩杀庚辰于心不忍,听到伯益提出了不同意见,问道:"你说怎么办?"伯益说:"颍河蛟龙是庚辰贪睡放走的,应该再让庚辰去把它捉回来。"大禹又问:"庚辰把蛟龙捉回来,又该怎么办?"伯益说:"将功折罪。"大禹说:"从古到今,可没有这种先例呀!"伯益说:"现在我们这样做,以后就有先例了。"大禹说:"这样做没有法律依据啊!"伯益说:"以前的刑律只有'赏功杀过',现在增加一条'将功折罪',不是更完善了嘛!"大禹觉得伯益的建议很好,又联想到从前刑律要有这一条,自己的父亲也许不会被杀。于是决定给庚辰一个立功赎罪的机会,说:"庚辰听着,你的错误严重,本来应该斩首,但给你一个立功的机会,你快去把颍河蛟龙捉回来,将功折罪。"庚辰得了活命,不敢怠慢,站起身来,提起大戟顺着颍河追赶蛟龙去了,捉住了颍河蛟龙,立了新功。大禹先赦免了庚辰,然后把颍河蛟龙锁在勺河西岸的一个枯井中。从此,颍河蛟龙再也不能出来起洪作乱了。

【点评】

本篇流传在登封嵩山一带,是关于大禹治水、执行治水刑律并完善刑律的神话遗存珍品。它对研究禹王治水圣功的经过,有重要价值。

其中突出特点:①大禹治水,火烧蛟河,艰难险阻;②庚辰大意,因睡觉让蛟龙逃走,罪本当诛。伯益补充治水应"赏功罚过,将功折罪"的律法,使刑律更完善,对事业更有利。

值得注意的是,禹斩庚辰有两次:此次,庚辰捉住颍河蛟龙,将功折罪;另一次是庚辰贪图享乐,住太白顶不治水,终被禹杀掉。

第一次，庚辰之罪尚可将功折回，免死。第二次在桐柏，当大禹率领治水大军东去导淮入海时，庚辰却不去军营报到，自恃自己是大禹的外甥和太阳神的后代，留在桐柏山太白顶，贪图享受山光水色之美。直到大禹亲身来找他时，仍执迷不悟。禹只好大义灭亲，亲手杀掉庚辰。大禹的神圣业绩和光辉的形象，长留人间！

602. 大禹斗水怪［商丘市］

商丘城四十里的地方，有个大潭坑，那潭坑有多深？谁也不知道，只知历年来无论天有多旱，即使河水、井水都干了，那潭坑里的水也不会干。传说，那潭坑是大禹在那里斗水怪而形成的。

舜的时候，地上发大水。那水势多大呀！遍地都是，一眼望不到边，自西向东一个劲地流。舜看到这大水危害得人们无法生存，就派禹来治水。

当时危害人的不仅是水，还有水怪。那水怪多得很，有水象、水猪、水牛，还有像鲸鱼那么大的怪物。那水象有多大？不知道，只知道一个象牙就有六尺长。那大怪物说是像鲸鱼，其实可跟鲸不一样。它有鳃，鳃里边往外喷水，一喷就是十几里地远；它一呼气，漫天都是雾；它一吸气，人离好远都能被它吸进肚里。水象、水猪之类的东西虽然也敢吃人，倒还好斗；最难斗的就是那大怪物。

那大怪物从黄河里出来以后，就在商丘城西北四十里老黄河口那地方，整天兴妖作怪。大禹跟它斗了好长时间，就是收拾不了它。后来，大禹想了个办法，让民工齐心协力，打造了一种武器。这武器的形状就像一把"大伞"，"伞"把有石滚那么粗，"伞"的一头安上几十个丈把长的钢刀，能张能合；"伞"把坠着一根几十里长的大铁索链。那时的人笨，打造这一件武器作了不少难。最后终于打造成了。

大禹聚集起好多人，叫大家抬着安有钢刀的那一头，对准那大怪物往前扔。那怪物平常吃人吃惯了，这时一点也不害怕，一见人们冲着它来了，便张大嘴向人们示威。人们一齐把安有机关的武器扔过去。水怪一见，不知道是什么东西，一伸头便吞进了肚里。大禹命令一声："快拉！"人们一齐用劲，将铁索链子狠猛地拉！被怪物吞进去的钢刀那头，原来像合着的"伞"；这一拉，猛地一下，钢刀全开了，陡然间在那怪物的肚子里向四面刺去，一下子卡在它的胸口。那怪物顿时觉得撕心烂肺的疼痛，一时吐又吐不出，咽又咽不下，真是难受死了。它猛地一蹦蹦到空中，掀起了滔天巨浪，溅出的水花形成了一阵倾盆大雨。大禹怕那怪物飞了，命令人们赶紧拽住铁索链子，死也不放。那怪物飞也飞不远，一下子又从空中落了下来。它疼得一个劲翻腾，它的鳍朝下狠命地乱扒。就这样一直翻腾了三四天，地上被它翻腾成一个几十里大的无底深潭。它被沉到潭底，大水也很快从深潭里下去了。

大禹望着被那怪物扒成的大深潭,对大家说:"那怪物万一不死,以后或许还会再出来兴灾作祸,我们填了它。"于是,众人从四面八方往这里抬石、运土,深潭填平了。

那怪物临死的时候又出了一口气。这一口气又把填平的土冲了个窟窿,所以现在仍然留着一个小潭。因为当年灌进去的水太多了,所以才长久不干。

讲述人:陈舜肃,女,74岁,退休教师
采录整理:刘秀森
流传地区:商丘地区

【点评】

本篇是流传在河南东部商丘地带的关于大禹治水神话的珍品。它比较接近民间口承神话形态,对研究大禹在中原治水神话总格局有重要意义。

其中反映的文化史信息有:①上古黄河下游地区水患猛烈,泛滥成灾。特别是由于靠近东海及鲁西豫东大片沼泽地带,水中猛兽、水怪不可胜数。本篇所描述的水怪即是代表。②大禹斗此怪物罕见,制服特难。他在斗争实践中研究的巨型"伞刀"终于杀死水怪。它具有幻想性和现实性相结合的特殊艺术力量。

值得注意的是,本篇所说的怪物和武器均属罕见,具有科技创造发明的史料价值。

603. 大禹骨链锁恶龙 [商丘市]

过去商丘城地势低洼,每逢下大雨,洪水便从四面八方往城里流。据说,这是古时候一条恶龙留下的危害。

传说,尧在位的时候,有一条恶龙出了海。这恶龙身长数十丈,躺在那里也有一两人高;张口能吞下房屋,摆尾能扫平村庄;行走势如山倒,声似巨雷。它携带九江洪水,率领虾兵蟹将,走到哪里,哪里顷刻就是一片汪洋,田园、房屋、树木、牲畜……霎时都被吞没。中原大地,转眼便成了水的世界。

当时有一个人叫鲧,他和人们一道逃到一个小山包上,眼看着无数男女老少被洪水卷去,心中非常难受。他想:这遍地洪水害得人一不能种地,二不能打猎,何时是了?时候长了,人不都得被折腾死吗?于是,他对大伙说:"咱们与其被淹死、饿死,倒不如同心协力,拼上一死和这恶龙搏斗!"大家都说:"说得对。你就当个头儿,领着俺们跟它斗吧!"说着,大家捋胳膊,挽袖子,搓拳头的搓拳头,掂家伙的掂家伙,恨不得立时就去跟那恶龙拼命。尧知道了,也来给鲧打气说:"大家一心推举你,你就带领大家干吧!"出发时,尧来为鲧饯行。鲧当众说:"我鲧如果三年不能把恶龙治服,甘当死罪。"

从此,鲧带领大家跟恶龙搏斗起来。

一年过去了,两年过去了,三年也过去了,恶龙没被制服。尧念他忠心耿耿,又给他三年,但他仍没把恶龙治服。于是尧又给了他三年。

与恶龙斗了九年,结果洪水不但没被治下去,反而越来越凶猛了。尧见他如此无能,一怒把他判成了死罪。

临刑前,鲧把儿子禹叫到跟前说:"你爹无能,未把洪水治下,辜负了大家的信赖和尧王的期望。我要离开人世了,你准备怎么办?"禹说:"我要继承父业,不把蛟龙治服,誓不为人!"鲧高兴地称赞他说:"好样的!"说着,从腰里掏出一样东西交给了儿子。禹接过来一看,见是一条骨链。禹一时不知道父亲的意思。鲧指着骨链说:"恶龙出海,祸从天降。洪水过处,百姓尸骨成堆。为父每次望见,都要下泪。九年里,我治水行走天下,每见有百姓的骨骸,都要拣起一个骨节,从不忘洪水之仇。我把这些骨节串成了骨链,现在交付于你。你把它带在腰间,不忘民众的冤仇,它会给你无穷的力量。"

父子二人永别了。禹殡了父亲,想想父亲的嘱托和这些年百姓遭受的灾难,不禁气愤填膺、咬牙切齿,恨不能伸手把恶龙攥住,握它个嘎巴碎。望着面前的滔滔洪水,他终于抑制不住内心的激愤,用手拍着面前的一块大石,仰天怒吼起来:"恶龙啊恶龙!你吞食了成千上万的百姓,害得我父亲也丧了命,我与你誓不两立。我要报仇!我要报仇!……"这时,只听得"喀嚓"一声,面前磨盘大的一块石头被他拍碎了。随着大石的粉碎,他左手掂着的骨链"哗啦"一声巨响,现出万道金光。禹定睛一看,那骨链已变成环环相扣的长索,伸开有数丈长,顿时,他觉得身上有无穷的力量。

从此,禹带领数万人众,日夜与恶龙搏斗。禹想:父亲一生用堵截的办法对付恶龙,结果土堤都被恶龙撞得粉碎,使它越来越凶了。我不能再用父亲的老办法,我要开成大渠,挖成大河,把恶龙牵到里边,叫它听我的摆布!

再说那恶龙见终日与它为敌的鲧被杀了,心中非常高兴,觉得世上已无它的对手,想永远在陆地上称王称霸。这天,它正在平原上横冲直撞,忽见面前人们站立两排,中间闪出一条大汉,个子高大无比,怒发冲冠,横眉圆眼,紫红脸膛,赤着钢铁一般的臂膀,腰间一条锁链寒光闪闪,这就是禹。恶龙不觉心里一震,肝胆发凉,有心抖抖精神冲过去,又见那大汉两腿一叉,站在那里如铁塔一般,把手往河里一指,鄙视地说："请吧！"恶龙看这阵势，心里早怯了三分，心想：我如果不听他的命令，说不定会被他就地按倒，掐住脖子，腰断三截。眼下，它昔日那威风不知跑到哪里去了。它怯怯地望着禹，把脖子扭了扭，"呜呜"叫了两声，夹着尾巴绕道逃窜了。禹带着人们拼命地追赶。

那恶龙逃了数百里，见禹带着队伍仍然穷追不放，便想找个地方躲起来。来到商丘城南，就想逃进城去。它冲到城边，见城墙高筑，城门紧闭，用头朝城门撞了几下也没撞开，于是绕城寻找缺口，以求进城。这恶龙从城外一绕，洪水便把城团团围住，水面离城墙顶只有尺把高，守城的人坐在城墙顶上都可以洗脚。

眼看城墙要被洪水漫灌，城里的人都要被淹死。就在这时，禹追赶到了。

禹追到商丘城南，站在一座土岭上向北一看，见恶龙围住城急得团团转。这时，禹听见腰间的锁链哗哗作响，他立刻把锁链解下来，望定那恶龙猛力掷去，锁链正好套住蛟龙的脖子。禹一见，连忙紧收锁链。恶龙也使尽全力，妄想挣脱。禹忽然望见旁边有一口土井，便把锁链全部收在手里，双手把恶龙举在空中，就势往井里一摔，恶龙一下子被摔到地底下去了。立时，洪水随着恶龙向井底钻去。不到半响，商丘城周围的洪水就全部钻到井里去了。再看城周围的地面，已被洪水冲得低下去好多。

别处的洪水见没了头儿，便乖乖地顺着禹开挖的河道流入了大海。从此，水分两路，一路地上，一路地下，都往东南大海里流。

禹傲然屹立在井上，右手紧紧攥住锁链的一端，心中的仇恨仍然没消。他左手托起一块大石，压在井上。锁链被石头死死地压住，恶龙再想挣脱锁链跑出来就万难了。后来，这块石头被人誉为"镇蛟石"。

相传，自此洪水平息，百姓见禹治水成功，便推禹为王。

讲述人：崔玉德，农民，已故
采录整理：刘秀森
流传地区：河南省商丘地区

图 24.603.1　商丘城内的大禹锁蛟井(2013 年程健君摄)　　图 24.603.2　民间剪叶"禹王锁蛟"
（王玉僧作，程健君供稿）

【点评】

本篇是流传在商丘地区的大禹治水神话遗存。它对了解当时大禹在黄河下游治服海水倒流引起的灾害有参考价值。

其中主要说明：①大禹在治水过程中，如何用开挖沟渠，使洪水流向东海的业绩。②此处恶龙实际是洪水如龙的象征。③骨链不过是幻想功能——人心齐、泰山移的形象化而已。

值得注意的一个问题是：本篇特色不太鲜明，描述多是一般的语言，多与其他资料重复。从语言来看属编写的通俗文本。

604. 禹［桐柏县］

据老辈儿们说，帝尧的治水官叫个文命。他治水有功，尧就尊称他为"大禹"。为啥呢？

传说，世上刚有人烟的时候，龙妖魔怪很多，到处兴风作浪、祸害百姓。最厉害的是天上的雨神，动不动就下大雨。人们连个安生的地方也没有，都是到处流浪。

有一天，老天爷领着天宫星将到昆仑山游玩。脚尖刚落地儿，听见老百姓哭爹叫娘，埋天怨地。老天爷觉得很奇怪，忙派天将去打听。原来是天上的雨神捣鬼，淹死了好多好多人。老天爷很火儿,下旨把雨神叫来,狠狠地收拾①一顿,命令他到凡间把洪水消下去,搭救老百姓。雨神不敢违抗老天爷的令,就变成一个砍柴人,扛着一把开山大斧,向正在哭叫的老百姓走去。有个老汉问他:"小伙子,你扛个斧子干啥?"雨神说:"我这个斧子可是个宝贝呀!能劈柴,能砍树,还能上深山降妖魔,还能下大海斩蛟龙。"大家一听,半信半疑。那个老汉就问他:"你这斧子是个宝贝为啥你不去和妖魔、蛟龙斗一斗?光说大话有啥用呢!"雨神说:"要是不信,你们就跟我一起去看看。"正说哩,一条妖龙带着大浪向他们扑来。百姓们哭叫着就要逃命。雨神大喝一声:"妖龙!别动!"说罢举起利斧,把妖龙一砍两段。洪水"哗啦"一声退了好几里远。人们相信了这把斧子是个宝贝。

　　百姓把雨神围了起来,七嘴八舌地夸他,那老汉又问他:"小伙子,你那么神,叫啥名呀?"雨神想了半天,不敢实说,可又不能不说,就支支吾吾地说:"大伯,我叫雨。"老汉说:"雨?!那你是天上的神龙吧?"雨神想起自己的罪过,就说:"不,我不是天上的龙,我是地上的虫啊!"老汉说:"这些年洪水把我们害苦了。我看你是个少见的英雄,干脆领着俺们降妖治水吧。"雨神想:我过去干了那么多伤害百姓的事,老百姓还看得起我,我要立功赎罪,好好治水。想到这儿,雨神就答应了老汉。

　　从这儿,雨神带领人们疏通河道,垒修堤岸,斩妖杀魔,用了七七四十九年的工夫,把天下的洪水治理好,妖魔也杀绝迹了,人们都过上了安宁的生活。老天爷见雨神改恶行善了,就又把他召上了天。为了纪念这个雨的功德,人们在许多名山古城修建了雨庙,常年烟火不断。因为雨神说他名叫雨,是地上的一条虫,人们就把他的名字写成"禹"②。

　　到了尧的时候,天下洪水又泛滥了。治水英雄文命,把水治住了。他的功劳比禹还大,人们就尊称他为"大禹"。

　　　　讲述人:释海良
　　　　采录整理:柳丹

【点评】

　　本篇是流传在桐柏县的道教传闻。其中说明禹的神话属于道教神祇雨神为害,玉帝把他贬下凡治洪水,把"雨"作为"禹",治服了洪水。尧时洪水再次泛滥,治

---

① 收拾:方言,责怪的意思。
② 禹:虫名。

水官文命治住了洪水,成了治天下洪水的英雄,被人们尊称为大禹。

值得注意的是,此说与登封"雨神下凡"似出一源。可见宗教传说影响地域之广。但就其性质来讲,均不能作原型看待和使用。

605. 桐柏山、淮河、大禹 [桐柏县]

传说,淮河发源地到入海这一千多里中,有一座大湖。

不知多少年前的一天,东海龙王设宴,请各海龙王和天宫的神仙。西海龙王带着三女儿路过这个大湖。三公主见这里景色美,要在这里多留几天。西海龙王没办法,只好自己往东海去了。三公主在这里游山玩水,碰见了去东海的天马。他俩一见就爱上了,成了夫妻。不几天,玉皇大帝见天马还没回来,就派喂马童子把天马押回天宫,锁在御马圈里。

三公主怀了孕,害怕父母怪罪,不敢回去,只好在湖里住了下来。

三千年后,三公主生了一个奇怪的蛋。这天,夜叉奉龙王命令召三公主回西海。公主在蛋上写了"怀姣"二字,意思是怀念她的娇宝宝,藏在一个石缝里。

一年春天,一声雷响,天也崩开了,地也裂开了,石缝里的那个蛋也破了。从里头窜出一个怪物:三棱头,蝎子尾巴,四个龙爪,两个翅膀。它能钻山入地,能腾云驾雾,还能在水里游。这怪物啥肉都吃,出壳不几天,身高九丈九尺九寸九,肩宽六丈六尺六寸六,胸厚三丈三尺三寸三。它常和一些蜈蚣精、蜘蛛精、蝎子精、长虫精玩玩闹闹,弄得飞沙走石,洪水乱流,方圆几千里的百姓不得安宁。

一天,玉皇大帝正坐灵霄宝殿养神,听到下面哭哭闹闹,就派二郎神下去察看。二郎神领着天兵天将到了太白顶北五十里安营扎寨。他睁眼一看,黑洞洞的啥也看不见,猛听一阵喊杀声,天兵天将被杀得死的死、伤的伤,血把河水也染红了(现二郎山到郑老庄七十里称红颜河)。二郎神提着兵器拼杀,一个红红的怪物,前后左右都是兵器,朝他飞来。一照面,就被那怪物一角把刀闯掉了。二郎神一看斗不过怪物,就回天宫了。

玉帝又点了三十万天兵,驻扎在太白顶东南六十里,又请孙悟空在离太白顶二十里把守,军师太白金星在太白顶观战(太白顶的名字就是从这来的)。玉帝带十万兵在太白顶东六十里处扎寨(以后叫玉皇顶),派哪吒领兵十万打头阵,托塔李天王领兵十万压阵,到主峰北二十里的地方骂阵。"怀姣"领着众妖精冲出洞,又是用角抵,又是用牙咬,又是用爪抓,一会儿,把天兵天将杀得死尸成山、血流成河(后人把堆尸的山叫横尸崖或红石崖,称当时血河叫"红泥河"或红仪河)。托塔天王一看大事不好,赶紧弃寨(田王寨)往东逃跑,找到了玉帝。"怀娇"撵到太白顶东六十里的地方,和天兵天将交上了手,把天兵天将打败。再说齐天大圣来到守地一看,这地方很像自己的老家,就动手造了一个水帘洞府。他正坐在那儿玩得高兴,猛听东边乱杀乱叫,睁眼看一怪物正在和天兵天将厮杀。他一个跟头赶去,举起金箍棒和那怪物打了起来,大战三百回合,不分胜败。悟空正急得没办法,那怪物一头朝他闯去,闯得悟空屁股上的毛也光了一大片,疼得他嗷嗷直叫。玉帝见斗不过怪物,就收兵回天宫去了。

玉帝召来各路神仙商量降服怪物的办法。裴曾老祖打开万物造化记事簿,上面写着:怪物是天马和西海三公主交配私生的。裴曾老祖对玉帝说:"要想降服那怪物,得天马下凡。不过怪物是天马的儿子,怕他舍不得,南海底有一石罴,已修行五十万年了,能上天入地、又不怕水,要是他去降那怪物再让天马帮忙,保准中。"玉帝听了,就请石罴和天马一块下凡降服怪物。临走时,裴曾老祖送给石罴三件宝:铜锤一把,金针一根,铁链一条。

从"怀姣"那次得胜后,又做了好多坏事。乱搅河水,冲倒人们的房子和田地。人们不叫它"怀姣"就叫"坏蛟",称这河叫"坏河"。

天马投胎到一个姓尹的人家,他下凡的名字叫尹凡。每次"坏河"发大水,尹凡总是对人们说:"我总有一天捉住'坏蛟',把'坏河'变成'好河'。"

石罴降生在安徽蚌埠,父亲叫石滚,他叫石禹。他是长子,人们叫他大禹。舜帝派他父亲治洪水,大禹也跟着去了。他父亲用堵截的办法治水,二十年也没治住洪水,还越来越大。舜帝一气,让他父亲死在黄河边。

父亲死后,大禹慢慢长成了人,他就去干父亲没干完的事。他找了三万民工,顺河向上走,用疏通河道的办法,遇山挖山,遇石砸石。尹凡听到这事,就去找大禹。大禹命尹凡带一万民工打头阵,又把铜锤和金针交给了尹凡。他们来到"坏河"口上,为了杀死"坏蛟",就朝堵在洞口的大石砸去。砸呀,砸呀,不把大石砸开,就没法降服"坏蛟"。他用了一千四百七十天才把大石砸烂。这里成了个大洞,尹凡也累死了。人们在这里为他立了牌坊(后人叫牌坊洞),把他埋在山上,还栽了一棵桐树、一棵柏树。

大禹领着人们来到"坏河"口上,用铁链一头拴着"坏蛟"的脖子,把"坏蛟"投到井里去,一头缠在井边的石柱上。

大禹把"坏蛟"锁到井里后回到了尹凡墓前和人们一起祭奠尹凡,看见一棵桐树包着一棵柏树。原来栽树的人把两棵树栽在同一个地方,桐树长得快,柏树长得慢,桐树把柏树包了一圈,后来有桐包柏的奇树。

人们为了纪念尹凡,在离他坟不远的地方,修了个尹凡庙(后人叫淮渎庙),塑尹凡神像,手拿铜锤、金针,永远压着"坏蛟"不准它再出来;把"坏河"改成"淮河",把埋尹凡的山叫"桐柏山"。

讲述人:袁相如,男,53岁,桐柏县埠江镇财管所工作人员
采录人:谢明超
采录整理:陈胜

图 24.605.1 桐柏淮源,大禹治水多次到此(2008年程健君摄)

图 24.605.2 淮源灵渎安澜殿(2008年程健君摄)

【点评】

本篇对认识和阐述当地的社会历史与生态环境的基本情况有重要作用。但其中的道教色彩很浓。

淮河就在桐柏县的桐柏山。大禹在这一带治水的全貌,可以看出其功业的伟大。中国古代的"四渎","淮渎"便是其中之一。大禹治水虽以治黄河为主,但淮河确实是中原南部的重要地区,它直接影响长江楚地的经济和文化的发展。

606. 淮河的来历[桐柏县]

桐柏山下,有一个地方叫固庙,固庙的附近,住着一户人家,这家人只有母亲和儿子两个人。儿子叫吴忌,是个孝子。

他们没有土地,家里很穷。吴忌是个老实人,不会干别的事,只会砍柴。他天天上山砍柴,用卖柴的钱买点米,母子两个吃。固庙西南的山腰里,有一个沁水荡,水清溜溜的,甜丝丝的。砍柴的路过这儿,总要歇一会儿,喝点水。这一天,吴忌到这儿来喝水,拾到两个大蛋,他不知是啥蛋,就拿回去给他妈了。有的人认得,说是龙蛋。

吴忌让他妈煮了它吃,他妈说让他吃,两个人让来让去,都不吃,龙蛋都放那了。过了几天,吴忌也忘了龙蛋的事。

吴忌上山,每次都要带顿晌饭。这一天,天晌午了,吴忌的肚子也饿了,他就拿出饭来吃。谁知不是饭粑而是两个龙蛋。他饿急了,就吃了一个。吃倒觉得好吃,不觉得把剩下的一个也吃了,只是觉得有些渴得慌。

路过沁水荡,他喝了一大气水,还觉着不解渴。回到家里,"咕咚咕咚"把一缸水都喝光了,觉着还不解渴,他又跑到山涧里去喝。他妈看到不对劲,跟了出来。见他拼命地喝,他妈怕他喝坏了,就喊他让他少喝点。说着说着,他变成了一条龙,大水涨了起来。

他想着他不能是人了,不能再养活他妈了,再也看不见他妈了,他就回过头来叫一声"娘",他叫得十分惨。他不走,堵着水下不去。看着看着,水淹到庄稼了,他妈流着泪,挥着手让他走了。他听话地顺着水走了。他舍不得他妈,他妈也舍不得他,他在水里落泪,他妈在岸上撑着哭。他不由得立起来,回头叫一声"娘",水一下子又涨了起来,要淹住庄稼。他妈又挥着手说:"儿呀,你走吧,别淹了人家的庄稼。"他又顺着水走了,他妈累得上气接不上下气,跟不上了,才站在岸上望着他走去。他走一截,回头叫一声,就这样,回了十八个头,叫了十八声"娘"。他每次回头,都把沙堵了一些,出现一个沙滩,这十八个沙滩,人们就叫它作"望娘滩"。吴忌走后出现了一条河,人们就给起了一个名字叫淮河。淮河就是这样,由孝子成龙得来的。

每年,吴忌过生的时候,就跑回来看他妈一眼,桐柏不绝粮,就是因为吴忌带来了风调雨顺。桐柏山区流传着这样的谚语:

"跑到天边,
不胜太白顶圆圈儿。
吃的是大米白面,
烧的是松枝槲叶。"

讲述人:郑昌录,60岁,干部
采录人:郑大芝
采录时间:1984年3月31日

图 24.606.1 桐柏淮源碑,康熙丁丑年刻立(2008年程健君摄)

图 24.606.2 桐柏淮源禹王庙旧址(1983年11月程健君摄)

【文献选录】

导淮自桐柏,东会于泗、沂,东入于海。

(《尚书·禹贡》)

【点评】

本篇是流传在河南桐柏县的关于淮河起源的神话遗存。它近于民间口承形态,对研究大禹治淮水有重要价值。

其中主要属于神幻故事,产生时间比较早。它反映了原人"异物变形"的神话意识。人兽易形,往往借助异物(果、蛋等),人的功能为兽(龙、蛇、熊、鸟等)所取代,从而做出惊人的举动,影响社会人类的生存。这就要求神性英雄制服灾难,给人以安定生活。本篇也叫《孝子望娘》,至于其他同类传说,仅可供参考,其产生时间较晚,也往往受到了宗教影响。

607. 禹舟铁环[1][桐柏县]

夏朝,天下洪水大得很,桐柏山也淹个差不多了。水最大时,主峰太白顶上挂纮草啊!

大禹从桐柏山西边儿进山,到了唐河东边的山里。水浪大,船进不了山,禹就把赶龙轻舟停了下来。大禹的船一停下,风就停了,浪也息了。大禹命随行的人安歇,自己独坐船头,两眼也眯缝起来。

大禹一觉醒来,就往背后的石柱山上查看。看后,"哦"了一声,把船系在石柱的铁环子上。随行人忙问大禹:"禹王,船不走了?"禹答:"刚才船头梦见老翁指点,说这里是安身的地方,不可盲目开船了。你们看!"大禹说着,手指石柱上的铁环让随行人看。大家一齐念:"大禹系舟处。"都觉奇怪,铁环里边儿,谁能写上这几个字呢!大禹手拿支大笔往有字地方试了试,都没法下笔,泄劲了。他说:"看来,咱的船不能再往前开了,这'大禹系舟处'五个字就是天意!"

大禹说停船歇息三天,到石柱山安营立伙。手下人正准备上岸,大禹又下令让

---

[1] 禹舟铁环:桐柏八景之一。桐柏山西部石柱山,海拔九百八十公尺,山顶石柱直立而得名。至今桐柏山区流传着大禹系舟的故事。

停下了。前边漂来一只小船，载有一老两少，老者是个胡子老汉儿，两个小的是十来岁的一男一女。浪子冲打得厉害，小船一歪一晃，怕人。一妮儿一小儿还喊着："救命！救命！"大禹说："快救小船！"

大船和小船一靠拢，大禹就说："小船太危险，快请老伯和孩子往船上来吧！"

老汉对大禹说："孩子呀！你们治水是个辛苦事儿，老汉专门来这里钓上几条红鱼，给你们鼓劲，祝你们治水成功啊！"

大禹一看老汉不是一般的人，一请再让叫他到岸上喝茶。老汉推辞不过，只好撇下小舟，上了大船，又登上山崖。

老汉接过大禹递给的一碗茶，不小心，茶碗掉在石座上，摔碎了。碗掉得巧，石座上正好一个凹坑，水一点儿也没流走。

大禹手下人有的说这老汉不喝就不喝，让大王亲自费事干啥？有的说，水也不稀罕，弄个碗多费事呀！有的还生气地眼瞪着老汉，有的还想开骂，大禹叫过老汉坐下，呱嗒起来。老汉在大禹拍话儿时，用手指在积水的石凹边儿上，划来划去，划了些道道子，那坑里的茶顺着老汉划的那小水沟儿流了出来。

一会儿的工夫，水干了。老汉对大禹说："孩子呀！我走了。你一定能治好水！"说罢，老汉上船没影儿了。

停了一会儿，大水的远处有一对大红鱼浮在上面，鱼背上骑着一个男孩儿，一个女孩儿。水面上还飘着好听的山歌儿：

"好好的大地洪水淹，

人们盼望治水的仙。

谁能解开仙人意，

赏他九州十八县。"

大禹听着山歌，看着石凹坑，想着老汉用手指划的水道道。他手猛拍，说声："好！这不是仙人专门来指点我咋治水嘛！"

大禹在石柱山的"大禹系舟处"和治水大将们商讨了治水的方法，决定在石柱山以北先开三道沟，让深山积水都疏通，流向山外。现在的三家河①经唐河入长江。这就是大禹进桐柏山的第一个治水工程。

以后，大禹就用疏通河道这个方法，沿淮直下，再导长江，直至天下太平。

讲述人：顾光荣，男，38岁

采录人：顾天才

采录整理：马奔欣

---

① 三家河：发源于桐柏山的三道西流的河，合一起称三家河。

【点评】

本篇是流传在河南西南部唐河与桐柏县交界处的关于大禹治水的神话珍品。它比较接近民间口承形态,对研究大禹在中原治水总的格局有重要意义。

其中蕴含如下神话信息:①石柱山是大禹进入桐柏山区治水的西口,水势大,任务重,办法少。②大禹治水,许多机会都是由于受了神仙的指点,才得以完成任务的,本篇亦然。石柱山铁环里的字和老翁为他暗示疏导(也是因茶水倒在石坑里,又划出道道水痕,使水流了出去)的治水方法,从而确定了在桐柏山区挖三道沟排出石柱山的洪水,奠定了治水成功的基础。

值得注意的是:本篇的神话思维融进了科学思维的因素,是神话重要特点之一。

608. 桐柏禹王[桐柏县]

远古的时候,洪水泛滥,淹没了良田、庄园和人口。大禹王被上帝派来治水。大禹王来到淮河的发源地桐柏山。

那时,淮河连年灾祸。其中便有一水妖叫水精的,制造洪水,有时甚至将整个桐柏山淹没,地上有性命的东西没有一样幸免。

大禹王到桐柏山后,制订方案,捉拿水精。水精有一习,每逢天气暖和或炎热时候,便走出水精洞,出来猖狂暴虐。大禹王请来太阳神帮助,太阳神将目光对准水精洞长达七七四十九天,洞里炎热异常,水精伸伸懒腰,心里思忖该出洞走走了。

水精刚一出洞,正看见大禹王手握神铲站在洞口,不禁大惊。只听大禹大喊:"水精,我奉玉皇大帝的旨意,前来捉拿于你,还不快快受死!"水精听后大怒,我在桐柏山舒舒服服地过生活,关你大禹何事,便手持鼓浪鞭,直奔大禹王。

大禹王和水精大战了七十七天,直杀得天昏地暗,日月无光。大禹王终于擒着水精,将它镇在桐柏山下,淮源的地方。

如今去淮源,便可见有一石碑,上书"大禹镇妖之地"几个隶书字迹。

讲述人:李屏堂,男,58岁
采录人:赵赋
采录时间:1987年
流传地区:桐柏山区

【点评】

本篇是流传在河南桐柏地区的关于大禹治淮河的神话遗存。它接近民间口承形态,对研究神话演变有参考价值。

其中说明:①禹治水多与恶龙斗争有关。②本篇无靠神力、异物协助,却以实际的智慧和力量捉住恶龙,镇在山下。③故事情节单纯,无多余枝节性的描述和渲染性的拉杂内容,与其他大禹捉蛟龙不同。④其中无靠巫术手段战胜水精恶龙,现实性较强,形成大禹治水神话的多元体系的基础。⑤解释"淮源"的来历,有研究价值。

609. 大禹治水［桐柏县］

大禹是个治水能手。有一年,淮河里来了一条恶龙,霸占了淮河。早先,淮河水从桐柏山上安安静静地流下来,一直到海,河两岸的人们吃着河里香甜清溜的水,太太平平地过日子,不知啥子叫水灾。恶龙来了,把河拱得这哈儿宽,那哈儿窄,水也搅浑了。它高兴了,就拼命地打滚,把河水赶出河道,淹老百姓的田舍。老百姓没法活了,叫苦连天。大禹知道了,就放下别的活,跑来治淮河的水。

大禹也不要帮手,一个人泗入水底,和恶龙对打。几天后,大禹出来了,手里提着恶龙。他怕恶龙跑了,就用铁柱子把恶龙钉在淮井里。恶龙问啥时候再放它出来,大禹说:"啥时候铁树开花了,你再出来。"

后来有一年,有一个官从这哈儿路过,把帽子扣到铁柱子上,在井边喝水。恶龙看到上面花花绿绿的,以为铁树开花了,就要出来。那人看见井里往上翻花,吓哩不得过,他把帽子取了,井水下去了,又扣上,井里又往上翻花。那人吓得取了帽子就跑了。

大禹治水到桐柏,桐柏是块宝地。一路来的还有淮渎、祖师。他们三个,都相中了这块地方,分不公。淮渎说:"你们不在这儿,我一个要在这儿了,叫我雨淋头。"说好了,要定咧,淮渎说自己肚子疼,"哎哟、哎哟"地叫唤开了。

大禹走了一截,还不见淮渎,回头一看,淮渎留了下来,人们正在给他建庙咧。后来,禹王落到了东禹王顶,祖师落到了祖师顶。

淮渎庙修好了,淮渎的头咋修也修不好。修好了,雨给淋坏了;修好了,雨给淋坏了。末了,人们只好在淮渎的头上,扣了一个大锅。

东边的玉皇顶上,只要有云彩,咱这边都下雨。"玉皇顶戴帽,大雨来到。"

现在,淮井上锁龙的石环还在,淮渎庙改成了县一中。玉皇顶上的庙还在,祖师顶上有一个石条屋。

讲述人:郑普如,教师,已故
采录人:郑大芝
采录时间:1984 年 3 月 25 日

【点评】

本篇是流传在河南桐柏县的关于大禹治水神话遗存的珍品。它接近民间口头神话形态,对研究大禹神话演变有重要价值。

其中的地域特色是:①禹治淮河斗恶龙,采取的是亲身跳入水底与恶龙战斗,捉住了恶龙,锁于淮井中。这是比较原始的形态,与道教色彩浓厚的传说截然不同。②淮渎神是古代"四渎神"之一。人们为了纪念禹的功劳,修禹庙。③一官员看淮井只是后人衍化的插曲,无非说明禹治水在这里有实证。④禹、淮渎神、祖师评分淮地,意义不大,只是为了从侧面说明淮源桐柏山是宝地。

610. 金茶叶[桐柏县]

桐柏山主峰太白顶下有座大坝一样的山,拦住了出山的水,成了一个大湖。湖边住了些打鱼为生的百姓。

不知是哪一年的事了,一只大蛟喝干了湖水,连沟沟洼洼的水也被它吸光了,太白顶下连一口水也找不到了。这只大蛟站在大坝上对着天喊了起来:"水——雨水——快下大雨发大水吧!"它一连喊了三天,太白顶起云了,天上拽闪,雷从远处儿来了,雷鸣电闪打了一个炸雷。炸雷后,像坝一样的那座山垮了。这只蛟也不见了。

这只蛟不见以后,天下起大雨,下得沟满河平。

事儿怪得很,隔了一夜,沟、堰、河、井都又干了,干得蚂虾鱼娃儿乱蹦。

这是咋回事呢?原来是那声炸雷只炸开了大坝,把这座坝一样的山劈成了两截子。站在大坝上的蛟见事不好,变成一个小伙子,躲在了一块大石头缝儿里。

这小伙子取名叫香朗,它怕忘记自己取的啥名儿,就在躲过的大石板外边刻了两个大字"香朗"。至今这两字还在料板沟①下边大石头上。

香朗白天在村里混在人们中,晚上四下②喝水。不论老天爷下雨再大,它都不让山里的水过夜。

这一带旱透了,人们洗菜没水,喝茶做饭没水,就连想吐口唾沫,嘴里也没水。人们没法子了,就对天高喊:"老天爷——我们要水呀!"喊的声音再大,老天爷还是听不见。

太白顶上住有一个白胡子老头儿,听到喊声,下山来了。

这个白胡子老头,听了人们的叙说以后,也没吭气儿回山顶去了。

一场暴雨后的夜里,白胡子老头走遍各个山村,知道了一个叫香朗的年轻人,又在暴雨后不见了。白胡子老头趁着月亮走过道道沟沟,在一个潭涡边儿见他趴在那儿喝水,喝得"稀溜、稀溜"的响。老头没惹他,悄悄儿地回山顶去了。

第二天,白胡子老头来到村子里,对人们说:"我这里有一把嫩油油的金茶叶,刚从仙树上采下来。一人吃一片,就不渴了。来,谁渴得最很,谁先吃。"大伙儿你推我让,都不先吃,香朗从人群里挤了过来,说:"你们都不吃,我就先吃这金茶叶吧!"

香朗吃了一片叶,满嘴清凉;又吃了一片叶,满嘴发甜;他连着吃了四五片叶,越吃越觉得浑身轻松。就一口气儿把白胡子老头手捧的金茶叶吃了个精光。

金茶叶到了香朗肚里,老头的手拍了两下,香朗就满地滚了起来,连声喊叫:"疼啊!疼啊!"

老头说:"嫌疼啊!你就把金茶叶吐出来吧!"

香朗吐了起来。吐啊!吐啊!脸前吐了一堆铁链子。

老头说:"香朗!莫做坏事了,这铁链子一头儿我抓着,一头儿拽着你心!"说着说着,老头在路边拔了一根蒿子棍儿当鞭子,照香朗身上刷了三下。香朗扭了几扭,他的人身子又扭成了蛟龙原样儿。

白胡子老头说:"你这只怪蛟,贪占老天洒给太白顶一带的雨水,苦害百姓,还假装好人,取名香朗。今儿个落在我手,你非得把水再吐出来不可。要不啊,我把你的心肝拽出来!"

怪蛟不吭气儿。白胡子老头打一鞭,怪蛟往山下扭一下,打了二十四下,它扭了二十四扭。后人就把这一段山路称为"二十四扭③"。

怪蛟吸的水太多了,要是一下子都吐在这山里边,人们就得受淹。白胡子老头牵着怪蛟往山外走,打一鞭,怪蛟吐一点水,走一段路。打啊,走啊!打啊,走啊!

---

① 料板沟:村名,位于桐柏山太白顶下的出山口处。
② 四下:方言,到处的意思。
③ 二十四扭:地名。太白顶下,一段山路的名字。

一气儿走到东洋大海,蛟肚里水才吐完。

走到海边儿,白胡子老头对蛟说:"你要再到太白顶去,我剁了你的尾巴!"

老头牵蛟龙走过的地方,成了一条大河,后人称"淮河"。

这个白胡子老头是谁呢?有人说是禹王爷,有人说是太白金星。到底是谁呢,谁也说不清。人们想了个顾全双方的法儿,把最高的山起名太白顶,表示对太白金星的纪念。在蛟龙出山的地方修座禹王庙,表示对禹王爷的纪念。从这儿往后,淮河发源地一带,一直是风调雨顺。

讲述人:周登付,男,21岁,文盲
采录整理:蔡长敏
采录时间:1986年6月9日
采录地点:登牌坊洞淮河发源口的路上

【点评】

本篇是《禹王锁蛟》(大禹用茶叶制服恶蛟,锁在龙宫)的异文,内容基本相同,情节、人物稍有差异。此篇白胡子老头未把蛟锁起来,只说:"你要再到太白顶去,我剁了你的尾巴!"至于老者是禹,还是太白金星,不肯定。另篇《禹王锁蛟》里的是大禹。人们把桐柏主峰叫太白顶,又在淮河边修禹庙,就是为了纪念二人的。

611. 禹王锁蛟[桐柏县]

很久很久以前,桐柏山里水很足,不知道从哪里跑来一条蛟,桐柏山大小河流里的水,一下子让它喝得干干净净。喝干后,蛟还恨声恨气地哼哼着:"哎呀,我渴呀!"

蛟渴了,就变作一个穿红兜肚的小孩,去村里到处找水喝,看见水井,几口就喝干了。

老天爷下了大雨,发了洪水,蛟一下子就喝得光光的,哼哼着:"不解渴呀!不解渴呀!"

土地干旱,庄稼不长,五谷杂粮颗粒不收,老百姓家家又没水吃,他们只好祷告老天爷下大雨。

老百姓的祷告,惊动了治水的大禹。一天,大禹驾起一片祥云,飘呀飘,落在桐柏山主峰上，变成一位慈眉善目的白胡子老汉，手摇一柄拂尘，来到村子里，笑眯眯地对老百姓们说："你们不是天旱没水喝吗？我这里有绿茶叶，吃一片不渴不饿，吃两片心清神爽，吃三片可以长生不老！"

老百姓想吃绿茶叶解渴，都纷纷去接。忽然，从人群里钻出一个穿红兜肚的小孩，跑上去伸出手儿对白胡子老汉央求道："老头儿，给我一片绿茶叶吃吧，我口渴得很呢。"

白胡子老汉给穿红兜肚小孩一片嫩油油的绿茶叶，穿红兜肚的小孩吃了，嘴里又凉又甜，一直凉到个底，觉得十分舒坦。穿红兜肚的小孩怕老百姓分吃完绿茶叶，上去一把抢过白胡子老汉手里的绿茶叶，大口大口吞了下去。这个穿红兜肚的小孩原是蛟变的，它笑眯眯地想："嘀嘀！我把这绿茶叶都夺来吃了，从此再也不怕渴啦！"

那晓得，穿红兜肚的小孩吞下绿茶叶后，五脏六腑疼得刀搅一般，在地上直打滚儿，现出是个蛟的原形：威风凛凛的长角，飘飘冉冉的长须，亮亮堂堂的眼睛，嘴里向外吐出明晃晃一串金链子，疼得满地打滚儿，豆青、深紫色的龙鳞甲粘了一地。那绿茶叶是大禹降服蛟的法宝，蛟一吞下绿茶叶，每一片绿茶叶都变成了一节金链子。

白胡子老头掂起地上的金链子，朝蛟大喝一声："起来！"

金链子已勒紧了蛟的心脏，它越想挣脱，心脏就疼得越厉害。

白胡子老汉也摇身一变，变成了大禹。他牵着金链子说："蛟啊，你跟我走吧！"

大禹头前走，蛟乖乖地跟在后边，一步步走下山来。蛟怕疼，捂着心窝，几步疼得一扭，几步疼得一扭，下山扭了二十四个弯儿，扭到一个小村庄，蛟疼得冒冷汗，央求大禹让它歇一会儿，大禹答应歇了。老百姓就把大禹和蛟走过的弯了二十四个弯儿的山路，称为二十四扭；蛟歇息的小村庄，称为扭庄。

大禹牵起蛟刚下山，天上霹雳闪电，一场倾盆大雨，山沟里呼呼呼涨起了滔天洪水。蛟得了水，忽一下子变得长达千丈，头昂得有几十丈高。大禹手提金链，驾起云，乘着波涛，穿山越岭，呼啸着奔向大海。从此，大禹驾云走过的地方，就变成了现在的淮河。桐柏山就成了淮河的源头。人们传说，淮河弯的每一道湾儿，就是当时蛟心脏疼得身子来回扭曲的地方。

到了东海，大禹就把蛟锁在龙宫里，拔剑剁掉蛟的一截尾巴，警告蛟说："蛟啊！今后好好在海洋生活，不准你再回桐柏山坑害百姓了！"

采录整理：甘思志

图 24.611.1　1983年11月中原神话调查组考察桐柏禹王锁蛟井和淮源碑（程健君摄）

图 24.611.2　桐柏禹王锁蛟井井亭所绘蛟龙（2008年程健君摄）

【点评】

　　本篇是流传在河南桐柏县的关于大禹治水和淮河起源的神话遗存。其中虽将大禹仙话化了，但从整体看，仍属比较接近原始神话中征服自然灾害的本体特性。

　　其中指出：①淮河本无大的水系，是后来在长期治淮中形成的。②蛟龙为害，实际是山区洪水的象征。③将大禹仙话化后，俨然以道长神人形象出现，而脱离了人间治水英雄的性质。从其使用的茶叶（金链）异物的效能来看，已近于魏晋南北朝以后的道教用符箓咒语来除灾灭祸的特点。

　　值得注意的是，在桐柏县此类神话佛道化已比较明显地渗入民间神话之中。这是中原神话流变中突出的问题。

612. 铁链锁蛟 [桐柏县]

　　河南省桐柏县西三十里有个淮源镇，淮源镇西头有座"禹王庙"。"禹王庙"往北走百步来远，有一座六根红木柱子撑起来的小亭子。亭子底下有一口四方口的深井，靠着井的旁边立着一根三四把粗的大理石柱子。柱子上头，有个鸭蛋粗的眼儿，眼儿里穿着一条几十斤重的铁锁链，锁链的另一头耷拉在井里，石柱上边刻着五个巴掌大的字："禹王锁蛟处"。这个"禹王锁蛟"的故事，千百年来，一直在桐柏山区民间广泛流传着。

　　在很早很早以前，淮河水没有一定的轨道。年年泛滥成灾，两岸人民吃不饱、穿不暖，生命也没有保障。后来，夏禹王治水来到桐柏山，他决心要疏通淮河的河道，把淮水一直引到东洋大海里去，为百姓解除苦难。谁知来到桐柏淮河的发源地以后，发现有水妖作怪，使治水工程无法进行下去。他只得领着治水的兵将，驻扎在桐柏山的最高山峰太白顶，进行调查研究，向附近的山神了解水妖的根底。据说，他曾三次进出桐柏山，经过了三年的时间，才了解清楚：这个水妖原来是一条大蛟龙变的，名字叫无支祁，自称淮涡水神，就住在淮源水中。

　　禹王把情况弄清以后，就下定决心，要降服水妖，为民除害。他派他的外甥庚辰，手拿他治水用的"定海神针"，去和水妖交战。战了三天三夜，终于把水妖拿住。禹王把这水妖用铁锁链锁起来，丢到井里，拴在石柱上，井上盖了亭子，石柱上刻上"禹王锁蛟处"五个字。从此，千里淮河有了河道，畅通无阻地流进东洋大海。两岸人民安居乐业，丰衣足食。

后辈人感激禹王的恩德,在井边修建起"禹王庙",敬他为神。敬捉拿水妖的大将庚辰为"淮涡水神",修"淮渎庙"于淮河边上(今桐柏县城)。

禹王把无支祁锁进井去时,无支祁问禹王说:"你今日把我锁起来,啥时候我才能出来?"禹王指着桐柏山上的映山红说:"啥时候拴你这个石柱子上开出了红花,你才能出来。"时间一年一年过去了,石柱上没有开花,无支祁一直没有出来。一直到清朝末年,两个解差,押着一个犯人,从信阳州往南阳府送。走到桐柏山下淮井旁边,又累又热,坐在井边,靠着石柱子休息。一个解差将帽子摘下来,挂在石柱尖上。井中的无支祁,看见解差帽子上的红缨,误以为是石柱子开了花。"轰隆"一声,挣断铁索,腾空而去。

从此,淮河又年年泛滥成灾,两岸人民灾难重重,更加怀念圣禹。

讲述人:熊自谦,男,50岁,太阳城茶场职工
采录整理:孙建英

【点评】

本篇是流传在桐柏县的关于大禹治水神话的珍品。它是我国古代著名无支祁神话的源起。

其中说明:①禹捉的水妖无支祁是水害蛟龙。②此故事在《太平广记》的《李汤》篇中有记载:无支祁从淮井中逃走后,到了武汉。这基本与文献相符。③桐柏的这个神话异文也不少。一说蛟龙看见了小孩放在井石上的映山红,飞腾而去,后大禹追上,重新捉住,把它压在武昌龟山下;一说水妖自己在井下脱去金箍飞到龟山,后被大禹锁在龟山井下。本篇说是清朝解差把红缨帽挂石栏上,水妖无支祁见帽缨逃去。

值得注意的是:①尽管说法不一,但总的结局是无支祁等水怪最后还是逃出淮源,因此,淮河水患一直未被根除。直到今天,淮河经过治理,逐渐由害河为利河。②作为"四渎"之一的淮渎水神、淮涡水神的庚辰、大禹的功劳不可没。③每年春天在禹庙举行庙会纪念禹功。此俗的长期传承下来,正是民心所向。

613. 金镯锁蛟 [桐柏县]

古时候,淮源附近有个叫刘自起的小伙子,靠挖药卖,养活老母。一天,刘自起

挖出一个蛟蛋,他不知这是啥东西,就放在水缸边儿。

几天以后,刘自起还在山上挖药,一阵风朝山上刮来。原来是蛟蛋出蛟了,顺河道而上,在一个山洼里被刘自起碰见。刘自起举起挖药的锄头就去打,一下也没打着蛟。搏斗中,蛟身越来越大,一直大到箩筐恁么粗。刘自起连累带吓死了。

蛟龙得了刘自起的元气,化身为刘自起回家了。刘自起到家门口,水也跟着涨到家门口。母亲不知道咋啦,忙问:"自起儿呀!水咋跟着你呀?"刘自起回答说:"母啊!儿孝敬母有功,现在变成龙了。"刘母说:"真的?"刘自起说:"你这个瞎老婆,想看看我的本事是吧!想看看我是龙不是龙吧!"说罢,他顺河往上跑,水也往上跑。刘自起跑到最高的山峰——太白顶上,水也涨到太白顶上(至今还有"太白顶上挂紘草"的说法)。

玉皇大帝在天上猛觉得身上发麻,心里发痒。他掐指一算,知道桐柏山一小蛟得了人的元气,成妖作怪,携水闹事儿,百姓淹死的没数儿。他派禹王、淮渎和祖师爷下凡捉妖治水。

禹王、淮渎和祖师驾祥云来到桐柏山,经过几个回合,拿住了刘自起。给这个水妖戴上金铐和铁链子,压在了一口井里,还专门在井上盖一间小屋。这口井就叫玉井龙渊,小房子叫淮井亭。

固庙街西八里的地方,有一个外号叫"水老鸹"的小伙子。一次,他在固庙街边河上摸鱼,顺着一个套崖子洞摸到水井里去了。他见到一个戴金手镯的大汉在睡觉,井上还有座小房子罩着。他看了看井上没有人,这个大汉又睡得熟,就去掉了一只金镯。那个大汉的手镯取走一只后,翻个身儿,又伸着另一只让取。水老鸹害怕了,转身顺原地方往外摸。

第二天,水老鸹在固庙街卖金镯,正巧被禹王看见。禹王一问,知道了这金镯是哪来的,就说:"你要多少钱,我给你多少钱,你还给那个大汉戴上去!"水老鸹说:"我要十犋牛!"

禹王一答应,水老鸹去了,谁知水老鸹去晚了,刘自起用没戴铐的手取掉了另一只,挣断了锁链,窜出井,把淮井亭也窜忽隆了。一出井口,就驾云跑了。

禹王追得也快,一气撵到长江边儿,到了龟山脚下,追上了刘自起。大禹说:"你要是不听话,我就斩了你,把你剁成肉泥。"蛟龙刘自起害怕禹王的降龙宝剑,乖乖地被压在龟山下一口井里了。

大禹锁了蛟,又拐回桐柏山,斩了那个盗金镯放跑水妖的水老鸹。

从那时起,淮河发源地一带就没闹过水灾。

讲述人:刘中林,男,56岁,桐柏县鸿仪河乡仓房村农民
采录整理:周君立

采录时间:1985 年 8 月 10 日
流传地区:桐柏山区

【点评】

本篇是流传在桐柏县的关于大禹治水神话遗存的珍品。它对研究大禹治淮神话演变有重要价值。

其中透露如下文化信息:①无支祁型的神话源自桐柏山的采药青年刘自起(异文为吴忌、水精)。②大禹与祖师、淮渎神奉玉帝命捉住刘自起(蛟吸刘自起元气变成刘自起),用金铐铁链锁住囚在淮井中。③渔民水老鸹得到水妖一只金镯时,大禹令其放回,结果水妖飞去。④大禹追至长江边龟山下,把它锁井中,回来杀了水老鸹。⑤此篇与《太平广记》中《李汤》篇基本相同。而这篇神话却更完整地表述了无支祁型神话人物的来龙去脉。它是无支祁神话的异文、源起。

值得注意的是:鲁迅在《古小说钩沉》中所载的无支祁更接近民间口头传承的形态。无支祁脱离淮井的原因还有如下不同说法:一是官员的红缨帽子引起蛟龙翻动,二是解差的帽子引怒蛟怪,三是小孩放映山红花,四是逃走不知去向。

614. 玉井龙渊[桐柏县]

桐柏山的主峰叫太白顶,太白顶还叫过大腹山。大腹山有钻进一条龙的传说,还有从大洞流出两个龙蛋的说法。

据说,一个叫吴儿的孝子吃了一个龙蛋,变成了一条好龙,冲出了一条淮河,为人造了福。还有一个龙蛋,吴儿的老母不敢吃了,放在水缸里,成了气候。一时变人,一时变龙。变人时,对老母不孝,把老母气死了;变龙时,常常携水闹灾,把老百姓坑苦了。

不知过了多少年,有个叫大禹的人,带领兵将来平妖治水。这一天,他来到桐柏山察看水情,见河堤又垮了,洪水还是到处乱滚。他下船走到太白顶山腰,四方的山神马上前来拜见。大禹问:"河道刚刚修好,为啥又被冲垮了呢?"众山神回答说:"这里有一个五丈长的水蛟,成精作怪,自称大腹山就是它的家,它自由出入大洞①,它还给一个老鳖精一起携水乱滚。它滚几天,大洞就往外冒几天水,淹田园,

---

① 大洞:太白顶下峡谷中的一穴石洞。

毁村庄,连大禹修的水堤也被它滚成乱七八糟的了。我们想除掉这条孽龙吧,都不是它的对手。"

大禹听了这番话,就命身边的大将童律去到大洞,堵上石土,以免大水随便外流。

童律刚到大洞,一只大蛟从远处走来,一到山口,就变成猿猴模样的怪物。它恶狠狠地走到大禹跟前。一个山神指着说:"禹王,这就是刚才说的那个水怪。"

水怪说:"胡说!我叫无支祁,是淮涡水神。"

大禹说:"你是水神,为啥还毁坏河堤,坑害百姓呢?"

"小小水沟,咋会是我的玩场儿,别说你是大禹,就是老天爷来了,我也改不了闹水的习性!"无支祁说罢,眼睛一睁,闪出两道蓝光;大嘴一咧,露出三尺钢牙。大禹一点也不怕。无支祁又把五尺长带刺的舌,伸向大禹。大禹一见这怪无礼,就拔出降龙宝剑,迎风一挥,金光万道。无支祁一见降龙宝剑,急忙逃走。大禹派大将童律前去追赶捉拿。童律不是它的对手,大败回来。大禹又差大将乌木久。

乌木久从太白顶往东,一直追到玉皇顶山下。他抖开捆仙绳,把无支祁紧紧捆住,往太白顶押送。谁知无支祁会使"缩身法",脱掉绳套,又跑了。乌木久没有办法,只好转回向大禹交令。

大禹想,对付水中怪物,还是让外甥庚辰出战。他把庚辰叫来,交代了一番。庚辰说:"舅王放心,不擒无支祁,决不见您!"

庚辰四处寻找无支祁的踪迹,发现在离玉皇顶东北处的淮河三里深潭岸上有妖怪脚印,就大声喊:"无支祁!快出来受擒!"

无支祁正在潭中和鳖精商量,想点子对付大禹。他一听岸上叫骂,就拨水出潭,问:"你是谁?咋恁大胆,冒犯淮涡水神?!"庚辰回答:"我是太阳神的后代,随禹王降妖治水的大将庚辰!"无支祁见这人来势太猛,恐怕对付不了,就掀起浪子,挡住庚辰,自己又钻入潭底拐回洞中。

庚辰对准潭涡吹了两口热气。一口气,潭水变温;两口气,潭水发热。无支祁害怕了,心想:要让他再吹热气,我这龙潭不就滚开锅了吗!我要把他轰走,免得出了大祸。它想到这儿,急忙起身,纠集鱼鳖虾蟹一齐叽喳着朝庚辰拥来。庚辰一见,哈哈大笑,说:"一百个老鼠不咬猫!让你们端老窝来,也是白送死!"他不慌不忙,双手掐腰,"呼"一声,把第三口热气吹进潭里。这一下呀!三里深潭,水浪翻得咕咕嘟嘟响。鱼鳖虾蟹受不了啦!烫得蹦的蹦,窜的窜,死的死,亡的亡。烧熟的,脱皮的,蜷腿的,伸腰的,水上漂满了死鱼烂虾。老鳖精没烧死,鳖壳也成了黄土色。"金甲潭"也就为这得名。

大禹在岸等候。无支祁经不住水烫,现了原形,一窜上岸,大禹一把抓住,用剑砍掉了它的尾巴。"秃尾巴老苍"的说法,就是这样来的。

无支祁被大禹压在太白顶下,众兵将挖了一口千丈深的井,童律又从盘古山南边儿的花山运来玉石,砌成井壁。大禹亲手把无支祁锁上铁链,囚入井下,系在定海神针上。

无支祁问:"我哪天才能出井啊?"

大禹指着井口的那根定海神针说:"铁树开花的时候!"

千年以后,一个砍柴娃儿把一把儿映山红放在铁柱上,又往井里打水喝。这一放呀,井里"呼噜噜"地往上翻黑浪,砍柴娃儿拔腿就跑。蛟龙挣断铁链,驾云脱逃。

至今,玉井还在,龙已无影。

讲述人:郑昌寿
采录人:马卉欣
采录时间:1979 年 10 月
采录地点:桐柏县文化馆

【文献选录】

"禹理水,三至桐柏山。惊风走雷,石号木鸣。五伯拥川,天老肃兵,不能兴。禹怒,召集百灵,搜命夔龙。桐柏千君长稽首请命。禹因囚鸿蒙氏、章商氏、兜卢氏、犁娄氏。乃获淮涡水神,名无支祁,善应对言语,辨江淮之浅深,原隰之远近。形若猿猴,缩鼻高额,青躯白首,金目雪牙,颈伸百尺,力逾九象,搏击腾踔疾奔,轻利倏忽,闻视不可久。禹授之章律,不能制;授之鸟木由,不能制;授之庚辰,能制。鸱脾桓木魅水灵山妖石怪,奔号聚绕以数千载。庚辰以战逐去,颈锁大索,鼻穿金铃,徙淮阴之龟山之足下,俾淮水永安流注海也。庚辰之后,皆图此形者,免淮涛风雨之难。"即李汤之见与杨衡之说,与《岳渎经》符矣。

(《太平广记》卷四百六十七)

【点评】

本篇是流传在桐柏县的关于大禹捉水怪无支祁的神话遗存。它是作者根据部分文献和传说整理的比较完整的通俗文本,对研究神话的演变有重要参考作用。

其中的特点和问题主要为:①无支祁是两个龙蛋中的一个变成的恶龙。它又会变成猿猴一样的水怪,自称"淮涡水神"。与《太平广记·李汤》所记的无支祁形象相近。②禹带大臣童律、乌木久战无支祁不过,庚辰作为大禹的外甥和太阳神的后代,在金甲潭,用热气烧滚潭水。恶龙无支祁和鳖精被战败。无支祁现出原形,被锁在淮井中。此类情节在同题神话记录中,大致相同。③无支祁逃出淮井,是因为一个砍柴的小孩来喝水,把一束映山红放井柱上,无支祁见井上花开,挣断铁链飞去(大禹曾答应铁树开花,可以出井)。④无支祁的下场有两种:一是逃走不知去向;二是被大禹追至长江边龟山下,把无支祁锁在龟山下井中。此说在桐柏也有两篇类似记录,与《李汤》的传闻相同。

值得注意的是:①本篇的道教色彩较浓。②本篇的语言"文学化"倾向较为明显,描述也近于通俗文学的笔法,距离民间口承形态较远,可作研究采录神话的教训接受。③综合整理法可以适当采用,可作为一般读物,不宜作科学研究对象。

615. 大禹斩将[桐柏县]

太阳神的后代庚辰,在桐柏山水帘洞前的一座山上练习散热发光的本领。这座山,后人称"太阳城",也有人叫"太阳池"。天下洪水成灾时,庚辰受命跟舅父大禹去各地治水,离开了这里。

大禹率治水大军来太白顶降伏无支祁后,就率大军沿淮河出桐柏山了。

治水大军到了大别山,见庚辰没有跟上大队。

大禹料定,庚辰是到太阳城去了。他差一传令兵,去催庚辰离开太阳城,还跟着大军治水。

传令兵没把庚辰叫回军营。大禹又差一将去催,庚辰还是不答应离开桐柏山。

第三次,大禹差童律和乌木久去催。

童律说:"禹王,庚辰是你的外甥,平时他就没把我们放在眼里。这次,我们没有办法他呀!"大禹说:"为啥让乌木久你俩都去呢?该动手就动手,该捆就捆嘛!"

童律和乌木久去到太阳城,庚辰正在加修石寨。南天门和北天门已立在前山和后山。

走进北天门,三人闲聊了几句,庚辰就说:"我到南天门外捉点麻扣鱼①款待款待你俩。"庚辰动身就要走出南天门。二人急忙拦住说:"别去了!"庚辰说:"去!水帘洞里尽是小鱼,麻扣鱼,好逮得很,吃着香着哩!"二人又说:"庚辰兄长,禹王命我们请你回营。要不,咱们都要吃罪呀!"

"我是太阳神的后代,我是禹王的外甥,我是捉拿无支祁的功臣。要拿我问罪呀,打量天下没那个人!"

---

① 麻扣鱼:山河沟里的小鱼儿。

正说哩,大禹手执宝剑也转来了。他站在山下大喊:"庚辰下山!"

庚辰听到是舅王大禹的声音,急忙下山。来到河边,向舅王施了一个礼,说了一声:"舅王!你也是转来叫我吗?"

禹王没有答话。

庚辰说:"舅王,除妖治水我已出过不少力,等有了大水妖,我再回营吧!"

禹王还是没吭气儿。

童律说:"庚辰兄,太阳城这地方是好。现在也停一下了,待治了洪水,我也来陪你住这里。"

乌木久说:"庚辰兄,禹王为治水,三过家门就不回呀!"

禹王说:"洪水中百姓还在哭叫,你玩得进去吗!"

"舅王!我能在桐柏山这块宝地安上家,等舅王治理了天下洪水,也好来这里游玩。"

"你留下,中。天下太平了再说。治水中都抢占名山大川,天下洪水还治不治,百姓还救不救?"

"舅王!"庚辰听罢禹王一席话,又说:"舅王,我还是舍不得这里的好景啊!"

大禹皱了皱眉头,咬了咬牙,头动了一下没说话。

庚辰说:"舅王!你狠狠心,留下我吧!"

"再三劝你,你不听;好言说尽你不从。要你这样的人真是我的包袱!"禹王说到这里,庚辰高兴地跪下,说:"谢舅王开恩允口!"

禹王又看了看庚辰,压着心里的火儿,轻声说:"外甥,再不回营治水,我就要问罪了!"

庚辰一听,禹王的话不是开恩的话,像是吓唬自己的话,就"唰"地站了起来:"舅王,你真不留情,算了!看你把太阳神的后代咋发落!反正我不走了!"

禹王抽剑,冲着庚辰说:"那你永远住这里当淮神吧!"庚辰把脸一扭,禹王把剑刺向了庚辰。禹王利剑一拔,一股金黄色的光气向太白顶方向飘去。

禹王斩了外甥,血染了水帘洞河。满河的麻扣鱼都来喝血,喝成了红嘴、红脊、红尾巴。麻扣鱼个子也长不大了,千年百代都是这个样儿。

现在,人们一看到河里这种麻扣鱼,就想起大禹斩将的故事。

讲述人:吴生相,男71岁,桐柏县鸿仪河乡固庙村农民
采录整理:马奔欣

【点评】

本篇是流传在桐柏山一带的大禹治水神话的珍品。它接近民间口承神话形态,对研究大禹品德、功业,有十分重要的作用。特别是它浓郁、鲜明的地方特色,尤为可贵。

其中所蕴含的文化史价值有:①大禹治水之艰辛,世所罕见。在桐柏刚除了无支祁,就率治水大军东出山口,沿淮河治水患去了,可谓"不舍昼夜"的操劳。②大禹对外甥庚辰的居功自傲、贪图安逸、违犯治水大军军纪,乃至抗命不遵,十分恼火。终于在不可救药的情况下,斩杀庚辰,可谓大义灭亲。功业盖天下,品德照日月,为万世之圣者。③地方风物寓意深远。水帘洞河里的麻扣鱼喝了庚辰的血,虽然都成了红的,却总长不大,正是对作为太阳神后代和大禹外甥庚辰的蔑视和嘲弄。④本篇的地理自然环境具体、鲜明、高大、明丽,特为此神话增色。大禹的形象矗立在太阳城山上,更使人敬仰,万古流芳。

616. 大禹治水和淮河水怪[桐柏县]

大禹治水的时候,疏通九州河流,把大地上滔天的洪水引向东洋大海,又造了很多陆地,使万物复苏,人民才得以安居乐业。

可是淮河并不听话,经常泛滥成灾,淹没两岸田地村庄,人民深受其害。

原来,淮河源头有个水怪,人不人,猴不猴,经常乘下雨的时候出来为非作歹。这水怪站在淮河源头,张开血盆大口,吐出滔滔水柱,搅得天昏地暗,淮河就泛滥成灾,它乘机吞食落水的人们。大禹知道后非常恼怒,就把这水怪捉住,在淮河源边挖了一眼深井,下通海眼,取名淮井;又用神铁造了一条锁链,把水怪锁牢,放入井内,一头拴在井边竖立的铁柱上。大禹指着井边铁柱对水怪说:"要想出井,必得井边这铁柱开花。"当然,铁柱永远不会开花。数千年来,这水怪也一直没能出井。

据说有一年,淮河源头起了一次会,戏台就搭在离井不远的地方。有一个人肩上驮着小孩看戏,靠在井边的铁柱子上。小孩生贱①把头上的花帽子抹下来,无意戴在铁柱子顶上。这一来可不得了了,只见淮井内一声响,井里水咕咕嘟嘟直往上冒,霎时间天昏地暗,看戏的人们吓哩乱邪呼②,不知道到底咋回事了。有一个老

---

① 生贱:确山方言,指调皮好动、不老实、好别出心裁。
② 邪呼:确山方言,指大声喊叫。

教书先生忽然看见井边铁柱子上的花帽子,恍然大悟,连忙找人冒死把花帽子取了下来。帽子一取下,井水马上不冒了,天也转晴了,一切又都恢复了正常。原来,井里的水怪把小孩的花帽子当成铁柱开花了,急着从井里出来。

从此以后,再也没有人敢往井边铁柱子上挂东西了。

讲述人:杨永兴
采录人:杨建军
采录时间:1987年3月
采录地点:盘龙镇

【点评】

此篇是关于桐柏县大禹治水神话风物遗迹的传说。

其特点与同类记录基本相同,但比较简明、扼要,叙述清楚。其不同之处是,在淮井里被锁的水怪无支祁,在禹王庙庙会期间,看戏的人抱的小孩子把花帽子戴井边铁柱上了,就翻动井水,要出来。一教书先生知道其中来历,让人把小孩的帽子摘下后,井里才平静了。可见民间神话传说的变异性情况了。各人都可以自己的理解演义出一种说法。

617. 禹王分水 [桐柏县]

大禹到桐柏山,擒住了孽龙无支祁,把它锁在淮井里,又凿山挖道把水向东海引。

太白顶的土地爷和山神又喜又忧,喜的是禹王把水治好了,再也不怕大水了;忧的是水都流到东边去了,山西边百十里地没有水,老百姓咋过日子!他俩一商量,就找禹王去了。

禹王率领众神将劈山导水,已到了东边的祖师顶下。这里是三路洪水汇集的地方,水大浪急,拦住了去路。禹王命童律和乌木久造桥,搬来多少石头都被大水冲走了,再搬,又被冲走了。一直架了三天三夜也没有把桥架起来。禹王一气,从腰里抽出金剑,轻轻一拍,金剑变得又宽又长。禹王把剑往洪水上一放,变成了大桥,这就是现在的"金桥"。

禹王架好了桥,命大军火速向东进发,导水入海。土地爷和山神这个时候也赶来了。他俩向禹王说,要给西山也分一点水。禹王一听,连着摇头说:"不行不行!我的治水大策是向东流,入东海,不能随意改呀!"

土地爷和山神一听这话,大哭了起来:"哎呀禹王,您光让水往东流,不胜把俺俩杀了吧!"

禹王听不懂他俩说的啥,瞪着眼"哼"了一声。土地爷和山神慌忙解释说:"您想吧,西山百十里没有水,要不了两年,山秃了,田干了,地裂了,百姓收不到粮食非出去要饭不可,谁还在家守穷等死?谁还给我们烧香上贡品?那我俩只有蹲在庙里饿死!禹王爷,您不念百姓也得念我们呀!"

"嘟!"禹王把脚一跺,说:"我费了千辛万苦,疏导百川洪水,全是为了天下百姓的生存!你俩信口开河,贪图私利。快走开!"

大禹说着指挥疏水队伍一直向东走,一边走一边挖,经安徽到江苏,修呀劈呀费了很大力气,把淮水引到了东海。

两年后,禹王率领众神顺汉水往上,去开挖济河。路上碰见两个用破帽遮着脸的要饭花子。他俩一见禹王扭头就走。

禹王喊:"喂!过来过来,我问个路!"

俩要饭花子一听这话拔脚就跑。

禹王命童律去把他俩拿来。童律紧走几步,一手抓了一个,丢在禹王面前。禹王一看,是太白顶的土地爷和山神。禹王问:"你俩咋是这身打扮呀?"

土地爷和山神说:"我们是出来逃荒的,混到这个地步没脸见人呀!"

禹王一问,才知道太白顶两边没河,老百姓只好靠天吃饭,下雨三天淹,无雨三天干,多下几天雨,山洪下来,遍地都是水,把山西边的田园庄稼冲了个精光。人们携儿带女讨饭去了。人一走,庙里香火也断了。

禹王不信,亲自带童律来太白顶西看了一下,洪水乱滚。禹王连说:"这里开一条河还是有道理的呀!不过这一开河,水就往西流了,不是自己坏了'导水东流'的治水大策么!唉!"

童律见禹王为难,就踏上云头,登高远望了一番。他对禹王说:"要是从这里往西开条河,让水流入汉江,再由汉江入扬子江,从那里再入东海不也是导水东海吗?"

"有理有理!"禹王高兴地命童律和乌木久带领众山神立即查看水路,疏通河道。自己到太白顶把泉水分了一股儿,向西山流去。

大禹开这条河开得有理,这一带的人们称这条河为理河。后人在写《水经注》一书时,把"理河"写为"澧河"。

讲述人:释海良

采录人:刘剑
采录时间:1981年
采录地点:桐柏县西十里村

【点评】

本篇是流传在桐柏山一带的关于大禹治水神话遗存的珍品。它接近口承原形,对了解和认识大禹导洪水的整体规划和顺山河地势定方案有重大意义。其中说明:①大禹治水的导洪东流的大方案、大局与局部调整,都必须以维护人民的利益为出发点。山神、土地虽代表本地区的利益向大禹提建议,但与整体也并不矛盾。②向太白顶两面开河导入汉江再入长江入海的方案,大禹一开始虽认识不清,但实践使他接受了局部与全局的辩证关系。这是一个好的教材。

618. 大禹导长江[唐河县]

相传大禹治水的时候,南阳盆地是一片汪洋。

据说大禹是从冀州过来的,坐着麒麟舟,带着治水大军。他在南阳盆地巡察三天三夜,累了,想抛锚定舟歇歇;一抛,咕咚水太深,锚抓不着底。麒麟舟在水里漂,一直漂到唐河南边祁仪镇一带。

大禹手下的大力士童律对大禹说:"伏牛山有对石柱,顶天高,我去搬来当个定锚桩。"这一说,大禹手下人都笑他瞎吹。童律脚点着水,真的搬来一对大石柱,立到祁仪镇东南的石柱山上。大禹在石柱上揽了舟,在祁仪镇扎下大本营。

大禹带着治水大军在南阳盆地掘了两条排水沟,一条叫白沟,一条叫唐沟(就是现在的白河和唐河)。现在湖北境内有个双沟镇,正好在白沟和唐沟交界处,据说就是从那时得名。

排水沟一挖成,南阳盆地的水消了,大禹喜得不得了,心里只顾喜欢哩,连挽在石柱上的缆绳都忘记解了。水消完了,一瞅,麒麟舟就淤在稀泥里。后来这里建个集镇,起名祁仪,就是"麒淤"的谐音。

讲述人:李明谦
采录人:张果夫
采录时间:1983年3月

采录地点：唐河县文化馆

【点评】

本篇流传在河南唐河县，是关于大禹治理南阳盆地水患，导洪入汉江的神话珍品。它接近民间口承形态，对研究大禹治理中原西南盆地水患，有重要价值。

其中透露如下信息：①大禹治水从冀州（河北）来（不可能跨越中原腹地）。②用伏牛山石柱让麒麟舟抛锚，安下营寨，指挥开挖白河、唐河（白沟、唐沟），把洪水排入湖北汉江，再入长江。这是中原西南部的重大治水工程，在治水史上意义重大。③童律有神力，可从伏牛山扛石柱，起关键作用。

值得注意的是：大禹治水主要靠人力排洪导河，但也靠神人（庚辰、应龙等），还靠异物（兽、禽等）的协助。禹是神，也是人。

619. 淮渎抢地［桐柏县］

传说，禹王奉玉皇爷的命到地上治水，安定天下百姓。四面水消了，八方也太平了，圣禹就回天上向玉皇爷交了旨。玉皇爷很高兴，要下凡亲自看看禹治水的功绩。他俩一商量，乘风驾云，下到了凡间。

圣禹陪玉皇爷来到桐柏山。太阳神的后代、圣禹的外甥庚辰迎了上来。

圣禹问庚辰："咦！我在太阳城斩了你，你的灵魂咋还没归天呀？"

玉皇爷也对庚辰怪了起来。说他身为太阳神的后代，不在人间做事，就该升天归位，咋还游荡天下呢？

庚辰回答说："我跟随禹王治水，立了功。后来，我居功违抗了命令，禹王拔剑时说，'你不服我治水，就留下当淮神吧！'，这话一落地，我丢下肉尸首，轻身往太白顶看管井里的妖龙无支祁去了。"说着，庚辰又指着玉井龙渊旁的那座淮渎庙说："你们看！人们早就修庙敬奉我为淮渎爷了。"

玉皇爷说："行啊！留下当好淮渎神吧。"

圣禹说了来意，庚辰就和玉皇爷、圣禹一块儿，沿淮河往下游玩去了。走到桐柏街犁铧尖的淮水映月处，玉皇爷说话了："桐柏山清水秀，是天下一美景呀！我要在这里修座庙，常来这里游玩，该多好啊！"

圣禹说："我也有这个想法，找个好歇脚的地方啊！"

庚辰说："淮渎庙修在太白顶下已经多年了，我早想换个地方哩。"

三位大神为这块宝地争了起来。玉皇爷说:"算了,莫争了! 宝地大家游玩,我不住这里了。"

圣禹说:"庚辰,你还住不住这块宝地呀?"

庚辰回答:"你们不住,我也不住了。"

玉皇爷不放心,怕庚辰再住这儿不走,他对庚辰说:"近水楼台先得月嘛! 你是这里的大神,可别偷偷儿住在这里哟!"

庚辰赌咒说:"我决不说谎! 我要说谎,独坐了这地方,就让我大雨淋头!"

玉皇爷和圣禹听到庚辰这话,放心地往东去了。

不知过了多长时间,玉皇和圣禹又从东边转回桐柏山来了。他俩站在桐柏山东大顶往西一看,二人都"呀"了一声。玉皇爷小声说:"庚辰的淮渎庙咋从淮源镇挪到桐柏城来了?"

大禹说:"我这个外甥呀,干也能干,就是私心太大,哪儿有好地方他都想占住,不过,这回他可是在玉皇爷面前犯了咒神啊!"

玉皇爷说:"没啥,犯咒神也不过是落个雨淋头嘛!"

禹说:"不行! 淮源那个庙址还在,让他回去吧! 还是给玉皇爷在宝地上留下歇脚的地方吧!"

玉皇爷拦住了圣禹。他说:"这东大顶也不错嘛! 我让各路山神动手,玉皇庙就建起来了。"

圣禹说:"哟! 这东大顶不就成了玉皇顶了!"

玉皇爷说:"你呢?"

"太白顶下锁一妖龙,我去镇守吧。"

玉皇爷点点头说:"那里建座禹王庙①,你常去看一看、住一住也好。"

就这样,桐柏山的东大顶变成了玉皇顶②,有玉后庙在;淮河源头又住上了大禹,有玉禹庙在;桐柏城呢,算让淮渎庙立住脚了。

淮渎庙和别的庙不一样,大殿的房脊上扣了一口大锅。那是庚辰犯了咒神,盖好庙后,总是大雨淋头,请了好多泥巴匠也修不好。只好在房脊上扣上一口大锅,让淮渎爷免遭雨淋头。

讲述人:彭新友,桐柏县城关镇人
采录人:彭云
采录整理:马卉欣

---

① 禹王庙:位于桐柏山太白顶山下,淮河发源地附近的阳口处。建于北宋大中祥符年间,现有旧庙遗址。除上述神话故事外,还有"大禹显圣与二月十九起会"的传说。

② 玉皇顶:山名,位于桐柏城东三十华里的豫鄂交界处。

【点评】

　　本篇是关于大禹治水神话的衍化风物传闻,不属于治水神话本体。淮渎神庚辰私心重,想占淮源太白顶的风景秀美的好地方,与玉皇大帝居玉皇顶,大禹居禹王庙,形成对淮源主要景观的解释性传闻。

　　它隐含着对神国至尊神祇,也为满足享乐欲望而斗心术的讽刺。可见,神界头领也不过如此。

　　本篇附录的《大禹显圣与二月十九起会》,是纪念禹治水及庇护一方治安的心态和习俗传闻。对大禹圣功的信仰衍化成后来保一方平安的信仰。这是中原乃至全国各地庙会功能衍化的普遍现象。

【附录】

大禹显圣与二月十九起会［桐柏县］

　　不知是哪一年的事了,太白顶下的淮源古镇——固庙街西边来了几百个土匪,驻在离街五里的地方,准备夜里进街抢牲口,抢猪抢羊。

　　固庙街古来就很平静,百姓一听说土匪要来,一时忙乱无计,只好一边到禹庙求祈禹王爷,保佑百姓平安无事;一边安装两门土炮,准备应战。

　　二月十九日晚,夜静时,土匪在月光下,开到西河外的吊桥跟前,准备攻城。一见城门上有大炮就停下。城内只有俩炮药,百姓不敢冒失地打炮,只是高喊着:"打炮!打炮!"还故意把炮身弄响,叮叮当当的。

　　土匪害怕,就分两路攻城。一路留一百多人候命打西门,另一路二百多人土匪头儿领着,绕北往东门去攻。

　　往东门去的土匪一走到河北边,土匪头喊了一声:"我的妈呀,快退!"

　　土匪们只是听见这一声喊,就乱作一团,往后跑起来了。守城百姓趁势往土匪群里打了两炮。炮一响,土匪五零四散,哭爹叫娘。城内的百姓们也冲出城门,追了起来,一直追到离街五里的土匪营地。土匪丢下不义之财,各自逃命了。第二天早晨,人们清点了土匪丢下的财物。光猪、牛、羊就有千把。还有几个吓瘫的土匪,也成了俘虏。

　　据俘虏讲,土匪二百多人绕北河边去东门时,在河边见了一个神奇的人在洗脚。这个人屁股坐在庙的房后坡,脚插在河里洗,身子足有三十丈长,两眼还盯着土匪头。

打这以后,禹王爷显圣保护淮源镇百姓的说法传开了。

淮源镇的百姓马上开了个大牲口行,把撵土匪得来的牲口和东西变价,加修了禹王庙,又定于每年的二月十九起会,给禹王爷请戏看。直到如今,还是这样。

讲述人:吴生相,男,71岁,桐柏县鸿化河乡固庙村农民

采录整理:马卉欣

二十五、商 汤

620. 盛 花 坪 [济源市]

当初,商帝治世,玉帝把雨簿交给他,让他掌管下雨,啥时候下雨,啥地方下雨,下多少,"雨簿"上都写得清清楚楚。

那时候,商汤王可不像后来的帝王,啥活不干。他是每天起早贪黑操劳,忙碌得很。有一次,他一不小心,把"雨簿"丢失了。这样一来,就再没法按"雨簿"下雨了。

有人为这件事发愁,就问商汤王咋办?他随口回答说:"不要紧。每天河水湮十里,露水潮三分。十二年不下雨,还是好收成。"果然,从这以后,十二年里,虽说天没有下雨,还是不旱,年年收成也不赖。

可是,十二年过去了,天上还是一直不下雨。普天下都旱得很厉害,河水干了,庄稼也旱死了,老百姓愁得揪心。商汤王想起十二年前丢失"雨簿"的过失,便请求玉帝说:"玉帝呀!快下雨救百姓吧。只要能下场透雨,我情愿焚身谢罪。"他的话音刚落,天空中马上乌云密布,霹雳闪电。一时三刻,普天下落了一场喜雨。

这时候,玉帝要商汤王还他许下的愿,来补他丢失"雨簿"的过失。商汤王说:"好吧,我射出去一支箭,箭落在哪里,我就在哪里自焚。"

商汤王说完以后,就站在京城朝歌(河南淇县)用尽平生气力,拉开了满月弓,"嗖"的一声,朝天上射出去一箭。这支箭飞过太行山,越过王屋山,到王屋山北面的一座坪台上空时,一头扎了下去。

商汤王把箭射出去以后,一直跟着箭走,箭在天空飞,他在地上赶。他翻山过河,走一路问一路,打听这支箭落下的地方。老百姓都说不知道。商汤王好容易追到阳城地面,才发现小析山上的那座坪台。只见上面绿树成林,他射的箭,正好落在坪台中间。

商汤王来到坪台上,砍伐树木,架好以后,点着火,对天祷告一阵,就躺在树枝上开始自焚。

坪上的大火越烧越旺。这时候,天空中突然飞来了数不清的鸟儿,一齐衔来山涧的泉水,赶来灭火。百鸟中数乌鸦蠢笨,噙不到水,竟噙来油浇在大火上,火见了油,烧得更厉害。商汤王见了,就对乌鸦说:"你不干好事,罚你每年五黄六月喝不到水。"不久,商汤就死了。

现在,乌鸦每到夏天干得张着嘴直喘气,也喝不进嘴里水,喝一点水,就从嘴巴下的小洞里漏走了。据说,就是因为乌鸦这次没干好事的缘故。

商汤王自焚以后,老百姓心里常常思念他,就在坪台上修了座汤王庙,有人也叫"圣王庙"。庙修好那天,坪上忽然开满了各色各样美丽的鲜花。后来,有人把坪上的花移走,可是这鲜花一离开坪台就死了。老百姓都说:这坪上的鲜花,都是专为商汤王开的。后来,老百姓就把这座山坪叫作"盛花坪"。

讲述人:韩龙韦　王怀修
采录人:胡凤琴　陈志海　张振犁

图 25.620.1　"圣王坪"也称"盛花坪"(孟宪明摄)

图 25.620.2 商汤像 宋·马麟画（程健君供稿）

图 25.620.3 明·张居正《帝鉴图说》 商林祈雨（孟宪明供稿）

图 25.620.4 明小说《列国前编十二朝》画（孟宪明供稿）

【点评】

本篇是"商汤祈雨"的民间神话重要异文之一。其中保持神话与历史人物同体的特点。商汤是天上管下雨的神,到人间为帝王,正是古帝王与巫师兼于一身的特点。

本篇与《白云山》中的商汤自焚谢罪的地点不同:一在巩义鲁庄镇,一在济源与山西交界的小析山。其中所反映的降雨比较接近原型:天帝接受汤王自焚请罪后降雨除旱情。这符合当时祈雨的真实。因此它产生的时间可能早于《白云山》。

本篇的重要情节:"商汤发誓得雨后自焚谢罪时,先射出一枝箭,在箭落的地方自焚。"此情节特殊意义在于"射箭"表示"从天意"(巫术)安排。因此,商汤必须随箭追赶,以实践他的誓言。不同于《白云山》的是此篇商汤死了之后,人民对汤王浓烈的怀念、敬仰之情;而《白云山》中主宰得雨的却是小白鼠,它降雨救了商汤的命。两者之间显然前者更接近原始神话的原型。它是原始先民的古帝王的帝位为天帝所授的神话意识的表现,比较珍贵。

同题《圣王坪》与《盛花坪》同样是流传在河南济源的异文。

商汤王射箭的出发地点当在河南偃师商都西亳。因为商代早期国都在此。商汤追箭直到小析山才落在"圣王坪"。因此,本篇所说的汤王从淇县(朝歌)射箭不准确。

621. 汤王祈雨[济源市]

玉帝传旨,让汤王下来做皇帝。汤王说:"我不下去。我下去你不下雨,叫老百姓没收成,怎么行呢?"

玉帝说:"你去吧,你把雨簿拿下去,你说啥时下就啥时下。"

汤王把雨簿拿来以后,一投胎便忘了。他坐朝廷十二年没下雨。他一直祈雨说:"玉帝,你要是下雨了,我就自焚。"

可是,天上多少积点云彩,还是不下雨。他一看就说:"不中了,天又黄了,黄了。"

后来,他一直跪着不起来,烧点香,又说:"今个你不下雨,我就跪死在这里。"他一跪,跪的时间长了,他瞌睡了,老天"忽啦"一声,下起雨来,他也没听见。等他醒来时,就说:"玉帝,你可下雨了。"

随后,汤王就射出一支箭,说:"箭落到哪里,我就去哪里死。"一下子,箭飞到待落岭北边山西、河南交界的角落地。他追到这里,问老百姓见他的箭了没有,百姓说:"见了,见箭待落了。"

他还撵,待落不待落,还得走四十五里才到圣王坪。当时,他弄了十二堆柴火,自己坐上去,烧死了。

天下的虫羽子①一听说朝廷舍身哩,到处噙水往火上泼。老鸦噙点油滴上了。打这以后,老鸦正伏天不能喝水。一喝水,下巴底下有窟窿。数九天,得洗澡。不洗澡,它身上发痒。现在,数九天老鸦都洗澡。据说,这是玉帝惩罚它的。

玉帝听说汤王要烧死,就让十二条老龙下来救汤王。老龙下来了,雨也下罢了,汤王也烧死了,没法了,十二条老龙也就没有上天。因此,在圣王坪上留下了十二条老龙坑。

讲述人:黄习瑞,58岁,农民,不识字
采录人:张振犁　程健君　胡佳作

【点评】

本篇为流传在河南济源"商汤祈雨"神话《盛花坪》的同题异文,情节基本相同。

本篇同样体现了远古"天人合一"和"君权神授"的"天人一体"的观念。此篇明确说明:商汤原为天神,因受玉帝之命,到人间做治国帝王的。玉帝的出现,是道教神谱的标志;商汤下凡投胎,忘了"雨簿",因而造成十二年大旱,犯失职之罪,又明显是受佛教"生死轮回"宗教观念影响。济源距佛教、道教的策源地洛阳很近。此神话在传播过程中受佛教、道教思想的渗透,势所必然。

商汤祈雨,请求天帝降雨后,自焚谢罪。玉帝不下雨,他长跪不起,直至睡着降雨后始射箭,在圣王坪自焚。其细节在文献中十分繁缛、隆重,在民间神话中却比较单纯。

"天人合一"观:从禽鸟自发噙水救火,到玉帝派十二条龙来救火,说明并不愿商汤自焚身亡。只是由于乌鸦笨拙噙油浇火,才使商汤死去,等十二条龙来时,已经晚了。结果乌鸦受惩罚,龙也不能升天。无论商汤死因如何都体现了人民的心愿。一切幻想的出现都表现出原始神话意识的特点。

本篇的商汤王既是古帝王,又身兼可通天的巫师职能,身份特殊。

本篇的历史化和宗教化的痕迹十分清晰,但民间神话的质朴特色也很鲜明。

---

① 虫羽子:中原方言。各种鸟的统称。

从"商汤祈雨"神话传说的传播情况看,《盛花坪》较早,本篇次之,《白云山》较晚,但都有科学研究价值。

622. 白云山[巩义市]

嵩山太室山脉北数第九个山峰,巍峨峻拔,山峰独秀。东、北、南三面群峰环绕,状如众星捧月,气势异常雄伟。《山海经》中记载它名叫"九山",但住在这一带的群众,却都叫它"白云山"。

为什么叫它白云山呢?

传说很古的时候,有一只小白鼠在九龙山上辛苦修炼,到了夏末商初,已有上千年道行,也练就了一些呼风唤雨的本领。小白鼠很想做些对百姓有益的事,但由于还没有得到上神的诰封,算不得"正果",终于什么事也没有做成。小白鼠盼啊,盼啊,更加刻苦地修炼,盼望着有一天能如愿以偿,得到诰封。

当时,成汤起兵讨伐了暴虐无道的夏桀,建立了商朝。商朝的国都就建在离九山不远的西亳(今偃师县),国君就是中国历史上有名的商汤王。

据说商汤原是天上掌管雨簿的神,而他自己却不知道。商汤登基以后,天公总是不下雨,庄稼只能靠地上的潮气生长。尽管年年收成不错,老百姓也能安居乐业,但商汤还是忧心忡忡。他常常站在王宫庭前,遥望着九山上空翻滚的黑云叹息道:"黑云,黑云,还不该下雨?"话音一落,黑云便上下浮动。原来那些黑云是在等待商汤颁布下雨的命令呢!可汤王下边又没话了,黑云以为他并不需要下雨,就四散开了。这样一直过了十八年,商汤也渐渐习以为常,下雨不下雨的事便置之脑后,不再关心了。

当时,商汤手下有个名叫伊尹的大臣,很有治理国家的才干,并且特别重视农业生产。他看到商汤即位以后年年不雨,年年收成倒不错,心中虽然暗暗称奇,但也认为这毕竟不是正常现象。果然,到了丙申年,也就是商汤即位后的第十八个年头,天不仅久旱不雨,连庄稼赖于生长的湿气也没有了。这样一直大旱了六载。太阳每天像火球一样炙烤着大地,满眼一片赤土,百姓的生活十分艰难。于是,伊尹对商汤进谏道:"大王建立商朝,前十八年虽然无雨,稷黍尚有收获,也称得上国泰民安,这种怪异现象只能说是下顺民心而未必上合天意。从丙申年开始,却酷旱至辛丑,整整六年,禾稼不收,民生凋敝,这样下去怎么得了?是不是大王的言行和制定的政策法令有违背上天和百姓意愿的地方呢?"

伊尹的话使商汤非常震惊。于是,他仔细检查了自己即位后的言行和制定的各项政策法令,最后还是找出了自己逐渐沉湎于酒色、脱离百姓、不注重农事等六款大罪。就在当年农历六月六日,商汤同大臣伊尹和孙子太甲,从都城西亳走到桑林——即如今巩县的鲁庄镇,先搭起一个高高的祭坛,又让百姓砍伐了许多干桑柴,堆积数丈高。远近百姓不知国君要干什么,都纷纷跑来观看。

商汤同伊尹及太甲在祭坛上摆好祭品,面向山川社稷跪拜,祈神求雨;然后独自跪地向天,自责六条大罪,言辞恳切;接着又坐在干柴堆上,向天发誓说:"商汤德薄才疏,虽然想富国强民,但不知为什么惹得天地不容。如今六载大旱,怎有脸面再坐于朝堂?如果天到正午还不下雨,愿与柴堆同为灰烬!"誓毕,端坐如塑像一般。

眼看天近正午还是万里无云,商汤命令:"点火!"早有宫廷侍从四人,用火把在柴堆四角点起火来。干柴遇火,马上燃起,一时火光冲天。前来观看的百姓不禁号啕大哭起来,连大臣伊尹和太甲也痛哭失声。

正当柴堆火势越烧越旺,只见朵朵白云,从九山脚下升起,慢慢向西浮动,霎时之间,九山云涌,白云满天。商汤王在柴垛上见突然间布起满天白云,急得口念声声:"黑云不下,白云可下。白云快下!"话落未久,只听霹雷连声,随着雷鸣电闪,白帐子大雨普天而降,片刻间浇灭了大火。商汤在柴堆上向天发问道:"哪个保驾?"只听云中答道:"太室九山小白鼠保驾!"汤王道:"白鼠怎能行雨?分明是九山小白龙嘛!"

再说九山小白鼠千年修炼,盼的正是这句话。商汤的话音刚落,云中"泼拉"一道闪光,小白鼠变成了鳞光闪闪的小白龙。小白龙落下云头,向汤王叩谢诰封之恩。汤王对小白龙说:"你既是九山小白龙,往后可及时行雨,不得有差!"白龙听罢,再叩头谢恩,腾云驾雾向九山飞去。此情此景,伊尹、太甲和众百姓看得真切,听得明白,一齐跪地向汤王叩头。此时,汤王在柴堆上遂赐太室九山为"白云山"。

事后,人们在桑林汤王祭天的地方,修造了一座壮丽的"汤王庙",又在白云山脚修建了一座"督白龙庙",意为汤王督促白龙及时行雨。以后每遇天旱,四乡百姓便到汤王庙烧香祈雨。另外,这一带的百姓为了纪念小白龙降雨的恩德,把每年农历六月六日定为祭祈大会,白云山前的五个村庄轮流为白龙做社,并有五台大戏助兴。久而久之,"六月六"便成了这一带颇具规模的古庙会。至于白云山名的来历,更是在群众中口口相传。白云山遂成为中岳北脉的一座名山。

采录整理:贺宝石

【文献选录】

汤曰:惟予小子履,敢用玄牡,告于上天后曰:"今天大旱,即当朕身履,未知得罪于上下。有善不敢蔽,有罪不敢赦,简在帝心。万方有罪,即当朕身。朕身有罪,无及万方。"

(《墨子·兼爱下》)

昔者汤克夏而正天下。天大旱,五年不收。汤乃以身祷于桑林,曰:"余一人有罪,无及万夫。万夫有罪,在余一人。无以一人之不敏,使上帝鬼神伤民之命。"于是,翦其发,栃其手,以身为牺牲,用祈福于上帝,民乃甚说,雨乃大至。

(《吕氏春秋·顺民》)

汤自伐桀后,大旱七年。……殷史卜曰:"当以人祷。"汤曰:"吾所为请雨者,民也。若必以人祷,吾请自当。"遂斋戒,剪发断爪,以己为牲,祷于桑林之社。……言未已,而大雨至,方数千里。

(《帝王世纪校集》第四)

【点评】

本篇明确说明,商汤祈雨的"桑林"在商汤初都西亳(偃师)不远的今巩义市鲁庄镇,从而弥补了文献地址不明的疑点空白,这是一新的信息。

从商汤得雨的来源看,并非是天帝接受商汤自焚谢罪的结果,而是由于中岳嵩山北脉九山的一个修炼千年得道却未成龙的小白鼠呼风唤雨相助的结果。这一方面说明商汤虽向天帝陈述己过,自焚谢罪(治国不力),可是商汤此举并未与天帝沟通;另一方面,却是小白鼠唤起白云下雨而小白鼠得以成仙,并从此担负本地区的施雨除旱之责。此神话传说明显产生较晚,其中已渗入道家修炼成仙因素。

从巩义遗留的鲁庄"汤王庙"和在白云山的"督白龙庙"遗迹以及每年六月六日兴起向小白龙祭祈大会和在汤王庙的古庙会的盛况看,汤王祈雨在这里举行,又是真实可信的。

至于商汤原是天上管雨的神圣而他又不自知,做了国王也不了解雨情,似与《盛花坪》不同。这里明显有神话人物历史化、宗教化的痕迹。

副

编

一、天文气象

1. 太阳和月亮(一)[清丰县]

很早很早以前,天上只生活着太阳和月亮。

月亮是个大姑娘,她长得很美丽,圆圆的脸儿像一面镜子,把大地照得亮亮堂堂。太阳是个大男子汉,他的脸像个金盘子,红光满面,把大地照得暖暖和和。

有一天,太阳对月亮说:"好大姐,我向你求爱。如果咱俩结合,有儿有女,快快乐乐,该多好呀!我恳求你,我们马上就结婚吧!"月亮喜欢太阳行为大方,性格耿直,心像一团火,当即同意了。

他们是一对好夫妻,日日夜夜形影不离。他们一起生活了一万年,生了十万八千个孩子。太阳和月亮有了这么多孩子,已记不清他们的名字,就干脆把他们全叫星星。

有一年夏天,大地上发了洪水,把花草和田苗全淹在水里。地上的人们烧香磕头,求天神保佑。月亮闻到香味,对太阳说:"太阳,地上遭了水涝,请你想法搭救搭救他们吧。"太阳傲慢地说:"这——我知道了,有本事你自己去搭救,用不着朝我穷叨叨。"

月亮放出全部光亮,想把地上的水晒干。但是不行,太阳看了好笑,又对星星说:"你们谁有本事谁就去搭救吧。"星星们施展出各种本领,但还是不行。地上的水越积越多,到处横流,泛滥成灾。

地上的香烟不断飘来,悲惨的呼救声不断传来。月亮再次请求太阳说:"太阳啊,我的丈夫,难道你就这么残酷无情,见死不救吗?"太阳说:"我想看看你们有多大本事。"月亮和星星齐声说:"我们没有办法,才来求你,你有本领解救众人,我们全给你跪下。"说着大家一起跪在太阳面前求情。

在大家的请求下,太阳面朝大地,放出了全身的光和热。不一会儿,大地就像点着了干柴,地面上的水像开了锅一样,蒸腾的水汽遮住了天空。过了三天三夜,地上的水全蒸发干了。花草田禾得救了,受苦的人们高兴极了。大家感谢太阳的恩德,太阳看见地上有无数的人给他叩头,就问月亮:"你看我是不是主宰一切的神?"月亮说:"你为众人做了件大好事,见义勇为,至于主宰一切的神,谁也不是。"太阳说:"岂有此理!我上能管天,下也能管地,我就是主宰天上人间的神,你们还不承认?"月亮说:"我的丈夫,天地这么大,你是管不了的。"

太阳气极了,脸盘涨得通红,全身烫的像刚从火海里跳出来,大家都不敢接近他。月亮知道他一发怒,地上就要遭灾。就赶快用好话劝慰:"啊,我的好丈夫,众人心中的太阳公公。我们承认你是神力无比的英雄,你千万别把怒火施向大地,让众人遭殃!"太阳不听,还是一个劲发怒,使大地变成了火海,刚从水里得救的受苦人,又像遭了火灾。大家又烧高香,向天上求救。香烟飘到天上,月亮闻到了,她连忙劝阻太阳的无理行为。太阳说:"我能救他们出深渊,我也能推他们进火坑。我要让大地上所有的人都知道我就是主宰一切的神,我有无边的神威。"

月亮说不服太阳,心里很难过,她看到刚刚逃离水灾的人们,又承受热的蒸烤,心里很痛苦,就离开太阳远去了。星星们也不愿跟着骄横无理的父亲过日子,都跟着善良的妈妈一起走了。

太阳见和自己相亲相爱生活了一万年的妻子走了,十万八千个儿女一个也没有留下,知道自己错了。他赶紧息怒,去追赶自己的亲人。但是他的妻子和儿女——月亮和星星都不愿再看到他那暴怒的面孔,当太阳露面的时候,月亮和星星都赶紧躲避起来。当太阳从东到西,寻找他们一整天,带着疲倦和悔恨下山以后,月亮才带着她的儿女们出来,为众人送来光明。

太阳也不亏是个聪明、勇于改过的男子汉,打那以后,他痛改前非,再也没给人间带来灾难,而是不断地给人间送温暖。但是,只因那一时的糊涂,竟造成了千古大恨,从那以后,就再也不能和自己的亲人见面,更谈不上和家人团聚了。

讲述人:李永轩,62岁,离休干部
采录人:李慧玲,女,22岁,高堡乡文化专职干部
采录整理:刘希功
采录时间:1987年5月6日
采录地点:清丰县文化馆
流传地区:清丰一带

副1.1.1 朱仙镇木版年画"月光菩萨"(程健君供稿)

2. 太阳和月亮(二)

传说太阳和月亮是姑嫂俩,太阳是个姑娘,月亮是嫂嫂,姑娘和嫂嫂都想当太阳。

姑娘说:"我当太阳,我年轻些。"

嫂嫂说:"我要当太阳,因为你是个姑娘,人们看见会笑话你,大姑娘家天天出头露面。"

姑娘说:"我拿把绣花针,他们看我时,我就扎他们的眼睛。"嫂嫂只好让妹妹做了太阳,自己做了月亮。

你看,每当我们想看太阳的容颜时,就会感到她是那样刺眼。其实,这就是太阳姑娘正在用绣花针扎我们眼睛哩!

讲述人:黄光荣
采录整理:张福阎

3. 太阳和月亮(三)[栾川县]

(1)

传说,太阳和月亮是父女俩,太阳是女儿,月亮是父亲。

想当初大地混沌的时候,世界上是一片黑暗,浑浊不清,人们无法生活和劳动。天上有一位老人,名叫月亮,向老天爷请示,自愿发出光辉,给人们照明。老天爷准许了他的请求。可是,他回到家里,对他的女儿太阳一说,太阳说他年纪老了,这样太劳累,就自愿替父亲去代劳。父亲嫌她是女孩儿家,身单力薄。女儿却说自己年轻,气力旺盛。父女争执不下,最后决定轮流值班。女儿年轻力壮,放出的光芒强,值白班;父亲年老力衰,放出的光芒弱,值夜班。从此,人们才分出了白天和黑夜,也分出了劳动和休息的时间。

可是,人们在白天劳动的时候,总爱看着太阳来测定时间,太阳是个女孩儿家,被看羞了,便回去告诉她父亲说:"人们光看我怎么办?一看我我就脸红。"父亲对她说:"你以后值班把你的绣花针带上,谁看你,你就用针刺谁的眼睛。"所以直到现在,谁也不敢瞪着眼看太阳,一看,她就射出像针一样的光芒,来刺你的眼睛。大多数的年轻姑娘,也都怕人看,人一看她就脸红。

讲述人:张云荣,女,53岁,初中毕业,陶湾乡张盘村农民
采录人:杜金娥,女,16岁,初中学生,住陶湾乡张盘村

（2）

有的说,太阳和月亮是夫妻俩,太阳是结实健壮的小伙子,月亮是一个善良美丽的姑娘,他俩小时候经常在一起玩耍,感情很好。日久天长,他们就请风伯伯为媒,九月五日举行隆重的婚礼。结婚后,他们生下了许多孩子,那就是星星。

一天,天空云雾迷蒙,雷电交加,下起了瓢泼大雨,整整两天两夜没有停,把地下的庄稼都淹坏了。善良的月亮,看到这种情况,非常难受。就请求她的丈夫——太阳,赶快想个办法。可太阳却故意和她开玩笑,硬说自己也没办法。

月亮见太阳那股消极的样子,生气了,一怒便带着孩子连夜回娘家去了。天亮后,太阳不见了妻子,就急忙在后面追赶,可是,已经晚了,月亮早已连夜走远了。太阳清早才起来追赶,所以一直追赶不上。

采录人:杜春晓,女,20岁,初中毕业,农民

（3）

传说,在很早很早以前,天上有一家人,家里有个泼辣洒脱的美貌姑娘,名叫太阳,还有一个漂亮淑静的嫂嫂,名叫月亮。

有一次,奉了父母之命,嫂嫂带上妹妹去相婆家。她们去相婆家,要经过人间的上空。嫂嫂由于怕人们看见害羞,便和妹妹商量,夜里就动身。谁知这个泼辣大胆的妹妹,却不在乎这一套。她说:"不,夜间太黑,我不走。"嫂嫂说:"没事,我用夜光圈照着亮,咱好走。"妹妹说:"不行,我非白天走不可!"嫂嫂又说:"死妮子,白天走不怕人们看你吗?"妹妹说:"我不怕,谁看我,我就用绣花针刺谁的眼。"

就这样,姑嫂俩商量不到一块,最后妹妹说:"嫂嫂,你想趁夜里走,你就先走一步,我明早起来赶你!"所以,直到现在,月亮老是夜间在天上走,太阳却在白天在后边追赶,谁要是看她,她就用绣花针刺谁的眼。

讲述人:李妮,女,25岁,大清沟乡新南村农民
采录人:陈新建,男,27岁,大清沟乡政府临时工作人员
采录整理:贾翰如

4. 太阳和月亮(四)

  传说在很久以前,天上没有太阳和月亮,大地一片混沌。人们在昏昏蒙蒙中过日子,东西南北看不清,五谷杂粮难生长。后来,玉皇大帝造了两个大火球,要找两个人到天上去举起来,为大地照明。
  那时,有一对老夫妻,老头子叫太阳,老婆子叫月亮。太阳听说玉皇大帝找人举火球的事,就和月亮商量,要去天上举火球。
  他们商量妥了,一起来到天庭,见着玉皇大帝,接受了举火球的重任。火球一个大,一个小。太阳举大的,月亮举小的。二人轮流举起火球照亮人间。因为大火球是太阳举的,人们就称它太阳;小火球是月亮举的,就称它月亮。
  自从太阳和月亮举火球照亮人间,分出了昼夜,万物生长,五谷丰登。因为太阳月亮都是老人,举火球照亮人间有功德,人们就称太阳为"老爷儿",称月亮为"月奶奶"。

讲述人:李孟荣
采录整理:申法海

5. 太阳和月亮(五)

  传说,太阳和月亮都是女人,各自都有一大群孩子。
  她们担心地上的人们受不了那么多的光和热,就约定各自吞下自己的孩子们。月亮舍不得她的亲生骨肉,就把孩子们藏在了太阳看不见的地方。太阳一看月亮的孩子都没有了,就忍痛吞下了所有的孩子。谁知道过了不久,月亮又带着她的孩子们在天空中出来了,这些孩子们就是星星。太阳一见大怒,就去追赶月亮,非要杀死她不可。从此,人们就看见太阳在永无休止地追月亮。太阳一升起,月亮就带着星星们藏起来。只有当太阳远远落在后边的时候,也就是晚上,月亮才敢把她的

孩子们带出来。据说太阳也有抓住月亮的时候,不过,月亮一挣扎就又逃走了。

讲述人:高桂兰,女,80岁,农民
采录整理:孙中华　崔玉庆
采录时间:1986年4月3日
采录地点:券桥乡券桥街

6. 太阳和月亮(六)[封丘县]

传说,太阳是个标致的小伙子,月亮是个漂亮的大姑娘。他俩住在一个村里,又是邻居,从小很要好。随着年龄的增长,你有情,我有意,暗暗定下了终身大事。村里有人看不惯,说些风言冷语,中伤他俩。

月亮的父亲知道了,以为女儿做了些丢脸的事,更主要的是他嫌太阳家里穷,便把月亮狠狠地教训一顿,不准再跟太阳来往,连平常的话也不许说。一个是二十来岁的小伙子,一个是十八九的大闺女,哪里忍得下这般相思苦？一天,夜深人静,两个情人悄悄会了面,不料,被月亮的父亲看见了,月亮挨了一顿打,还被锁在屋子里不让再出门。一天两天,一月两月,半年过去了,太阳饭吃不下,觉睡不好,说话没精神,干活没力气,一个壮壮实实的小伙子,变得像棵霜打的草。

他总想见到月亮,说说知心话。头一回,趁着天黑,去找月亮。月亮家墙院高、门紧闭,无法进去。第二回,他从墙外一棵大树上跳进院子,走到锁着月亮的屋子窗下,听见月亮在哭,嗓子都哑了。这哭声像一把尖刀,剜着他的心,他难受极了,恨不得一拳把门砸碎,救出月亮。他正打算扒着窗户跟月姑娘说句话,门响了,月亮的父亲出了屋,把他痛骂一顿,叫他死了那条邪心。太阳再也听不下去了,翻墙走了,到家就得了一场大病。

不知月亮怎么知道了,心里很焦急,便趁去厕所的时候,把自己写的情书包着一锭银子,扔到太阳家的院子。太阳捧着月亮的亲笔书信,一连看了几遍,心里像淌进了蜜汁一样,顿时,病好了大半;用姑娘的银子买来药,吃下不久,病全好了。

一天夜晚,太阳又来到月亮的窗下,只见屋内的蜡烛,吐着淡淡的灰黄的光,月姑娘面黄肌瘦,一脸愁云,两道泪痕,披头散发,独自坐在那儿。看到这里,太阳一阵心酸。他不愿让月亮看见自己的难受劲儿,怕她更伤心,便微笑着,轻轻叫了两声:"月妹妹,月妹妹!"月亮听见太阳在叫她,霎时来了精神,两眼像星星一样闪亮,上前抓住太阳的手,高兴了一阵,又哭起来,说:"无能的太阳,你就不能救救我!"一句话提醒了太阳,太阳回家掂来大斧,三下五除二,砍破了窗棂,救出了月亮。两人正商量逃到哪里,月亮父亲气势汹汹地赶来,举着大棍要打死他俩。太阳见势不妙,拉着月亮就跑,不大一会儿,月亮累得大口喘气,满脸都是汗珠。又过了一会儿,月亮两腿发软,眼冒金星,一头栽倒了。眼看月亮的父亲就要追上来,太阳急忙背起月亮,紧跑了一阵,太阳也没劲儿了,眨眼大棍就要落到头上了。

突然间,天空出现一个奇妙的彩环,彩环刷地展开,变成一个银光闪闪的梯子,从天上直垂下来,梯子的上头,坐着南海观音,在朝他俩招手。这时,月亮醒来了,二人匆匆上了天梯,只听耳边呼呼直响,一眨眼,到了天上。顽固的月亮父亲,气得干瞪眼,没办法。天上实在美好,他俩却没心观赏,忙谢观音,观音菩萨笑笑,踏着彩云,回南海去了。

这对获得自由幸福的情侣,这会儿心里格外甜蜜。太阳朝四下看看,没有一人,要跟月亮亲热。月亮脸上飞来层红云,她轻轻翻起眼皮儿,微笑着说:"人来了!"太阳忙扭身上去看,哪里有一个人影? 方知月亮姑娘害臊,故意哄骗他,羞得太阳满脸通红。当他再抬起头来的时候,月亮已经笑着跑出了老远,太阳抬腿就追,追呀追,追呀追,直到现在还没追上呢!

采录整理:师咸卿

7. 太阳和月亮(七)[中牟县]

日头和月明是姑嫂姊妹俩,月明是姑娘,日头是嫂子。

一回,她俩商量谁啥时候出门儿,日头和月明你说这,她说那,拿不定主意。还是嫂子年纪显大一点儿,能,她给月明说:"妹子呀,你姑娘家没出过门儿,脸皮儿薄,怕见人,你就黑里出门;我是媳妇家,没人看我,我白里出门,要有人看我,我就用绣花针扎他。"

你看,让晚儿①看看日头,怪扎眼的,那是她在用绣花针刺你呢。打这以后,日头就白里出来,月明就黑里出来,有时候月明还出得可晚,那是她老怕别人看见。

讲述人:冯冉氏,女,66 岁,文盲,农民

采录人:冯长顺

---

① 让晚儿:音记,方言,现在的意思。

采录时间:1989年6月15日
采录地点:中牟县冯堂乡蒿家村
流传地区:中牟县南一带

8. 太阳赶月亮

从前,天上有俩人,一个叫月亮,一个叫太阳。月亮是一个漂亮的女子,太阳是一个结实的小伙子。

有一天,太阳碰见了月亮,太阳说:"我喜欢你。"月亮说:"我也喜欢你。"他俩就结了婚。生了九万九千九百九十九个孩子,都起名叫星星。

有一年,地上发了水灾,人们种的田地都被水淹了。男女老少都在烧香磕头,想让水退去。

天上的月亮看见了,心里很难过,就对太阳说:"太阳,你就做件好事吧,把地下的水吸上来。"

太阳仗着自己有本事,对月亮说:"你有本事,你去吸。"

月亮费了很大的劲儿,没把水吸上来。因为她只会发光,没有热劲儿。她又去向太阳求情,让他把水吸上来。太阳同意了,把地上的水都吸上来。地上的人们高兴地喊着:"太阳真好!"

太阳听见了,就说:"你看我的本事多大。"

月亮说:"你还算不上世上最好的人。"

太阳一听,火冒三丈。月亮知道,太阳一发火,地上就要遭旱灾,慌忙说:"太阳你快熄熄火。你是世上最有本事的人。"

太阳一点也不听,火更大了。月亮和她的孩子们都跪下求情,太阳还像没有听见一样。

打这以后,月亮不愿和太阳一起过了,星星们也不愿和父亲在一起,都跟着月亮一起走了。

后来,太阳想想是自己做得不对,就去找星星和月亮。月亮和星星呢,一看见他就赶紧躲了起来。

直到现在,月亮和星星一看见太阳就躲,太阳一走,她们才出来。

讲述人:苏远林
采录人:赵俊杰

9. 太阳和月亮换位［桐柏县］

以前,太阳是个老婆儿,月亮是个小姑娘,她俩过着愉快的生活。

有一天,月亮姑娘对太阳婆婆说:"老奶奶,我请求你答应一件事,行吗?"

太阳婆婆说:"你不说啥事儿,我咋说答应不答应呢?"

月亮姑娘说:"你要能答应,我就说。要是我说出啥事后,你又不答应,那可难看呀!"

太阳婆婆说:"说吧!"

月亮姑娘说:"我不先说!"说着说着,姑娘哭了起来。

太阳婆婆看小姑娘哭了,就说:"好啊,小姑娘,你要我干什么,我就答应你!"

月亮姑娘笑了,她说:"咱们俩换换位儿吧!"

太阳婆婆说:"这不行!我在这里舒舒服服多好啊!换换干啥?"

月亮姑娘又流眼泪了。

太阳婆婆说:"看,这有啥可哭呢!换到白天有啥好呢?"

月亮姑娘说:"我还年幼,我想在白天多看看世间!"

"咦!那可不行啊,小姑娘!你那么年幼,世上的男人光看你咋办呢?"

"我才不怕哩!我有把金梳子,谁要一看我呀,金梳子放光,刺他们眼睛!"

太阳婆婆心很善,知道小姑娘不愿过夜晚寂寞生活,喜欢多见世面,就答应了小姑娘的要求,换了换位儿。

婆婆换到月亮的位儿上,人们叫月姥姥。月姥姥心善良,到了月宫后,经常在大树下捣药,撒向大地,治人们眼上的火气病。

现在,姑娘在太阳位儿上,成了太阳姑娘,她不让人们看她,经常让金梳子放光,刺人们的眼睛,人们也不敢抬头看太阳了。

讲述人:韩心信,男,桐柏县埠江镇栗楼团支书
采录人:韩立川

10. 太阳姑娘和月亮嫂嫂

据传说,月亮是太阳的嫂嫂,可为啥太阳在白天出来,而月亮却在夜晚出来呢?

相传,这是月亮出的主意。

很久很久以前,月亮和太阳是一块行走的。因为她们长得像红牡丹那样好看,所以每当她们出来行走时,人们总爱抬头仰望她们,直看得她们满脸通红。可是她们也没有办法,她们是不能违背上神的命令的,还得每天都给世上撒下光明和温暖。

一次,月亮嫂嫂对太阳姑娘说:"妹妹呀,我看这样下去不行,我们一块走,地上热得都要着火了。我们还是分分工吧,我夜里走,你白天走,好吗?"太阳哪里知道嫂嫂的用心,一口答应了。于是,月亮只在夜深人静,人们都睡熟的时候才出来行走,为了不让人们看清她,还在头上蒙上块轻纱。所以,你看月光总是柔和朦胧的,一点也不刺眼。这下,太阳姑娘可倒霉了,人们干活累了,想休息时要抬头看她;要下工了,也要抬头看她。太阳终于明白了嫂嫂的用意,可自己已经答应过嫂嫂了,也不好再改口,于是,她就抬手使袖子遮住脸。突然,她的手碰到了头发上插着的绣花针,她猛然有了主意:谁要再看我,就用绣花针刺他的眼睛。

从此,人们再也不敢看太阳了。谁要是看她,就会看到无数个红的、兰的、黄的、橙的绣花针,直向着他的眼球刺来,直刺得他眼花缭乱,不得不闭上眼睛。

讲述人:赵传山,男,汉族,高中毕业,邮电局职工
采录整理:赵红建,男,汉族,25岁,中专毕业,公安局干部

11. 月嫂和日妹

很久以前,大地没有白天和黑夜,太阳和月亮天天一块儿出来散步。

太阳是个大姑娘,长得丑,脾气泼辣,大家叫她日妹。月亮是个新媳妇,长得美丽,贤惠,发着柔弱的光,也是太阳的嫂嫂,所以人们爱称她月嫂。

人们生长在一个不分白天黑夜的世界上,常常吃不好,睡不好。日妹很气愤,就向父皇玉帝提出,让她白天单独出来行走,给人间以足够的温暖与光明。几次三番地请求,父王拗不过日妹,只好答应了她的要求。

这下可恼了月嫂,她再也不能像过去那样白天出来行走了,就向玉帝啼哭,请求白天出来行走。玉帝为难了,这事咋办哩!没办法,只好把这个难题交给了太白金星来处理。

太白金星找到了日妹和月嫂。让她们各自说出自己的长处,谁有理,就让谁白天出来。

月嫂说:"我白天出来,我长得美丽好看,能叫人见到高兴。"

日妹回击说:"我白天出来,可以发光发热,给人间以温暖。"

"可你长得丑,又是个大姑娘,白天出来,让人看见了你不害羞吗?"

"不怕!人丑心不丑,再说,我还有绣花针,谁偷看我,我用针刺他!"

经过一天的争辩,月嫂输了。

就这样,日妹每天听到地上鸡鸣就赶紧起床去履行自己的义务。而月嫂从那天起再也不能白天出来。她每次出来只能在夜晚,只有在十五、十六才敢露出整个面容,偷看人们静静地睡觉。

讲述人:王好美,女,41岁,汉族,文盲,高杨店村委安李庄农民
采录人:李雨顺,男,14岁,汉族,平舆高杨店联中学生
采录时间:1987年10月
采录地点:高杨店乡

12. 日头和月亮(一)[豫东一带]

自开天辟地以来,天上就有了日头和月亮。月亮是个媳妇,日头是个闺女。一天,日头和月亮碰到了一块,月亮想和日头换一下。月亮说:"日头姑娘,咱俩换换吧,我白天出来,你黑了①出来,省得人家都看你;我是个媳妇家,不怕人看。"日头说;"月婆婆,你不要担心,谁要看我,我就用绣花针扎谁的眼。"直到如今,日头的光线还像针一样刺眼呢!

讲述人:张赵氏,女,85岁,住曹河乡张新庄
采录人:张绘,男,28岁,农民
流传地区:豫东一带

13. 日头和月亮(二)[西峡县]

传说,开天辟地以前,日头和月亮是姑嫂俩,月亮问日头叫嫂子哩,她俩身上都

---

① 黑了:即夜里。

会发光。后来,地上有了人,人们整天摸黑干活。玉皇大帝看人们怪可怜,就叫日头跟月亮出来从天上往地下给人们照明。月亮和日头嫌整天立着照明不美气,她们俩都不干,后来,玉皇大帝想了个门儿①说:"你们不想给地上的人们照明也行,你们俩可得每天从东天到西天跑一趟,要是不跑了你们就立着给地照明。"日头和月亮想,每天跑一趟就跑一趟,总比整天立着活套些,她俩就答应每天从东往西跑一趟。

日头和月亮回去后,准备准备就要开始走,月亮说:"黑了再走。"日头说:"白天走。"月亮说:"白天走,人们、神仙都光看咱,黑了走,没人看,反正一天从东到西是一趟。"日头说:"黑了走,别处有啥好看的东西咱也看不见。白天走,地下的、天上的好看东西都能看见,谁要是看我了,我用针扎他眼。"月亮是个大闺女怕人,一个劲要黑了走,日头非要白天走。后来,日头就白天走了,月亮等到天黑才走。她俩算分开了,各走各的,她们一走完天又黑了,人们就按照天明、天黑干活,白天干,黑了歇。玉皇大帝知道了,就想这样才美哩! 就叫日头和月亮,每天必须跑一趟。

讲述人:周发茹,男,48岁,汉族,初小毕业,西峡县米坪乡子母村农民
采录人:赵明亮,男,25岁,汉族,高中毕业,西峡县米坪乡子母村农民
采录整理:杨平,女,28岁,汉族,高中毕业,西峡县文化馆职工
采录时间:1986年4月
采录地点:西峡县米坪乡子母村

14. 太阳和月亮的传说[延津县]

相传在很久很久以前,太阳和月亮一样亮,没有白天和黑夜之分。而太阳和月亮呢,是王母娘娘的两个女儿的名字。

在盘古开天地的时候,天上地下一片漆黑,白天和夜晚一个样,人们的日子苦极了。为给人间送去光明,王母娘娘给自己的两个女儿太阳和月亮每人发一根会发光的宝针,让她俩轮换着自东向西旋转,给人间带来光明,并命她们各尽其职,并且不许把两根针合用,以防光线太亮。从此,大地万物生长,人类生息繁衍,一片生机勃勃。

太阳妹妹长得非常漂亮,惹得凡间的小伙子不住地向她张望,都投以爱慕的眼

---

① 想了个门儿:中原方言。即想了个办法。

光。而太阳妹妹呢,总恨人们用眼看自己,下决心要报复一下。

一天,她们在碰头的时候,太阳妹妹对月亮姐姐说:"姐姐,你看地上的人们多无礼,光偷看我,让俺觉得怪不好意思的。让我用用你的宝针,惩治一下他们吧。""那怎么能行呢?"姐姐吃惊地说:"两根针合在一起要出事的,光热得那么厉害,地上的生灵怎么能受得了呢?"太阳妹妹见月亮姐姐不肯把宝针借给她,便撒娇地哭起来:"姐姐,我的好姐姐,你就可怜一下妹妹,让我用用吧?"月亮姐姐经不住妹妹的苦苦哀求,答应把宝针借给她,但再三嘱咐她两根宝针要两手分开拿,千万不要合在一起。

太阳妹妹手拿两根宝针,大地唰的一下亮多了,人们感到又干又热,但还能看到太阳妹妹,她一狠心,不顾姐姐的嘱咐,一下把两根针拿在一起。这两根针一融在一块,顿时生出了万道金光,使人们感到灼疼,再也不敢看太阳姑娘了。

从此,月亮姐姐没了宝针,不能给人间发光了,大地一片黑暗,怎么办呢?她只好用自己的绣花针给人间照明,而太阳妹妹的宝针却耀眼通明。这样,就形成了白天和黑夜。

采录整理:范胜举

15. 太阳姑娘[西峡县]

相传,很久很久以前,有一个勤劳的农民,整天不闲地操治着田地里的庄稼。一年夏天,他在田野里干活,被火热的太阳晒得头痛,皮肤起了血泡,加上舍不得休息,累倒了。

他生气地说:"不行,地上没有比人再神圣的东西,谁知天上的太阳比人恶。"(据说从前人说话是通神的)于是他拉起弓箭射掉了太阳,自己上天做了太阳公公做的事情。

一年,两年过去了,越干越起劲,每天都是起早摸黑地为大地万物贡献自己的暖和热。可是慢慢地他把这作为嘲笑下界的痛快事,放出大火,把大地晒得裂了缝,草木着了火,万物不收一粒,百姓无法生活。

一天,一个善良的姑娘不耐烦地从天西边一个角上,登上了天堂,把这个小伙子赶下天庭,一个人撑起太阳公公原先做的职务。

仙姑是一个年轻的少女,怕羞,每当早上值班放热的时候,就用一根银针插在自己头上,来掩护自己。所以现在人们说太阳是一个姑娘,当太阳出头就有几道尖锐刺眼的光芒,那是银针发出的亮光。人们看太阳时老用手遮着眼睛。

据说:现在地球上大大小小的石头,就是那个不善良的小伙子变的。人们为了使它挽回过去的损失,把它断成方块块,修桥补路,打房基,烧成石灰造福于人们。

采录人:乔思忠,男,40岁,汉族,初中毕业,西峡县蛇尾乡石槽村农民
采录整理:谢起超,男,40岁,汉族,高中毕业,西峡县文化馆干部
采录时间:1986年3月25日
采录地点:西峡县蛇尾乡石槽村

16. 月亮妹妹

传说太阳和月亮是姐妹俩,太阳为姐,月亮为妹。她俩商定为了照亮人间,决定轮流值班,白天姐姐,夜晚妹妹。姐姐较风流,她想白天出来可以向人们献媚,但妹妹较有心计,看出了姐姐的心思,为了不让姐姐发生什么风流韵事,就给了姐姐万根绣花针,并对她说:"你白天出去可能要有些人找你的难看,你就把这万根银针带在身边。如果有人看你,你就拿针刺他们的眼。"姐姐听后说:"如果你对姐不放心,那你就白天出去吧。"

妹妹听后心想,如果我白天出去,遇到一些痴心汉,老盯着我那不羞死我了?还是让姐姐去吧。

妹妹的主意一定,就在姐姐面前撒娇。姐姐见拗不过,就带着万根银针,白天出来给人们照明。

所以现在,你要是在晴天看太阳,就觉得非常刺眼,就看不真她的本来面目。

采录人:贺运营,男,31岁,汉族,高中毕业,民办教师
采录整理:谢起超,男,40岁,汉族,高中毕业,西峡县文化馆干部
采录时间:1986年
采录地点:西峡县桑坪乡东万沟村

17. 日月两兄弟分工[嵩县]

相传,老天爷有两个儿子:老大日神,红脸膛、脾气火爆;老二月神,白脸,生性

调皮,平日里结交了好多的小星神做朋友。

早先,老大和老二合不来,常在天庭里打闹,惹得老天爷整天不得安生。老天爷很生气,心里琢磨着要是把他们兄弟俩分开,不让他们见着面,看他们还咋闹腾!

老天爷想啊想啊,终于有了一个好主意。

一天,老天爷把兄弟俩叫在一块,对他们说:"这些日子凡间很不太平,我想派你们俩每天到那里去巡视,你们看咋样啊?"

看兄弟俩都点头答应,老天爷拿出了两个竹签,说:"这里有两个竹签,一长一短,你们俩来抽。抽到长的白天到地界巡视,抽住短的夜里到地面巡视,不得有误!"

于是兄弟俩就来抽签。结果,老大日神抽到了长签,老二月神就不一样,抽到了短签。从此以后,老大白天出巡,老二夜里出巡,从来没有误过。老大脾气暴躁,别的神都不敢和他来往,因此他出巡时总是独自一个。老二出巡时总带着他那帮数不出个儿的小星神,前呼后拥,很是威风。而且老二总要调皮,好做鬼脸,有时脸变得扁,有时又变得跟镜子一样圆。那些小星神呢,也都跟着挤眉弄眼的。

这下,老大老二天天见不着面儿,再也打闹不起来,老天爷可比以前清静得多了。

讲述人:史五友
采录人:郭红欣
采录时间:1989 年 8 月 23 日
采录地点:嵩县仔谷乡王庄

18. 太阳的传说

传说,很久以前,天上有九个太阳王子。为了不把人间晒过火了,玉帝叫它们轮流出来,一天只能出来一个。它们为了贪玩,谁也耐不住家中的寂寞,就一块全跑到天空。这下,老百姓可遭殃,庄稼几乎全晒死了,人也无法生活。这时,后羿受人们之托用箭射死了八个太阳王子,最小的一个吓得仓皇逃跑。

后羿紧追不放,小王子一心想找个藏身的地方。但地里庄稼枯死了,哪有藏身之处呢?

它跑呀跑,忽然看到河边有片青青的马齿菜,它急忙奔去。经马齿菜的同意,它缩小身体藏在马齿菜叶下,这时,热气下去了许多,天上阴凉了,马齿菜也有了生气,把太阳王子藏得更严了。

谁知,这个事全被蛐蟮看见了,它急忙对后羿大声喊:"在这里!在这里!"可后羿也筋疲力尽,再加上人们请求留一个照明,他便放了这个太阳王子。

太阳王子受了这般惊吓,从此再也不敢胡作非为了。于是,就天天清早出来,晚上回去,为人们照明取暖。为了报答马齿菜的救命之恩,对它格外温柔,无论如何也不伤害它,但一见到蛐蟮分外眼红,哪怕蛐蟮在水边,也非把它烤死不可。

讲述人:郭秀志,男,42岁,文城高中教师
采录人:赵新生,男,18岁,文城高中学生

19. 太阳和月亮的故事

传说太阳和月亮,是一对恋人。他们共同生活在天堂里,有着深厚的情义。太阳是个文静、善良而又怕羞的姑娘,而月亮是个老实、忠厚、坦率的小伙子。它们相亲相爱,经常在一起幽会,相互吐露着衷情。后来,他们相爱的事被星星知道了,星星们把月亮小伙围了起来,非让他讲讲和太阳姑娘的爱情故事不可。月亮见大家要求很迫切,就诚实地笑了笑,很坦率地把他和太阳姑娘的恋爱经过详详细细地讲了一遍。星星们听后,又羡慕,又敬佩,又感到有趣,就拉着月亮小伙子同它们去见识太阳姑娘的美貌。月亮无奈,只好同星星们去找太阳姑娘。太阳姑娘知道了月亮小伙把他们之间的秘密讲给星星们后,心里很生气,又听到月亮带着星星们来找她,更觉得没脸见人,就笑着跑开了。她一边跑,一边掏出银针,无论谁看她,她就刺谁一针,看得久了,她就刺得你的眼睛不开。星星们见太阳姑娘逃走了,就拉着月亮,一个劲儿地追赶。太阳姑娘也一个劲地跑,她跑到白天,就把月亮和星星甩到黑夜里。月亮和星星们出来找她,她就偷偷地藏了起来,一直不给他们面见。就这样整天追着跑着,跑着追着,月亮和星星们总是追不上,直到现在还是一直在追着呢!

讲述人:邢自文,男,57岁,汉族,初中毕业,东和店乡仙翁庙村农民
采录人:王继松,男,34岁,汉族,高中毕业,东和店乡仙翁庙村农民
采录时间:1987年10月
采录地点:平舆东和店乡

20. 太阳月亮的团圆节 [桐柏县]

很久以前,月亮和太阳是夫妻俩。乌龟是媒人。太阳白天出来,晚上睡觉;月亮和它相反,白天睡觉,晚上出来。它们结婚六年了,一回面儿也没见过,也没说一句话,月亮非常生气,就找乌龟大哥。乌龟大哥说:"月亮妹妹,什么事叫你愁成这么样?"月亮说:"乌龟大哥,你看我和太阳结婚六年,没有说过一句话,咋不难过呢!你看我们俩该咋办呢?"乌龟想了个主意,说:"月亮妹妹,你二八、二九、三十、初一这四天在屋里等着,我喊太阳到你住的地方,你俩好好拍一拍①。"月亮说:"谢谢乌龟大哥出的这个主意。"月亮高兴地回家了。这四天它没有上山,在家里做饭,等着和太阳见面。

太阳在二十八那天来找月亮。吃晚饭时,太阳说:"月亮,你做的饭和菜真是太好了!"它又说:"你这四天不上山,是谁的主意?"月亮说:"没有人出主意!""那你咋不上山?"月亮说:"是为了给你做晚饭呀!""为了给我做晚饭,你才没上山,是不是乌龟大哥的主意?"月亮低着头说:"是乌龟大哥!"太阳说:"乌龟出这主意是不对的。咱们犯了欺天罪,得给老天爷认罪。"月亮说:"我不去!""那好吧,我去找乌龟大哥。"

太阳一找乌龟去,月亮也跟去了。乌龟一见太阳,说:"哦!是太阳弟弟,你来有啥事儿呀?"太阳说:"是你给月亮出主意等我,不让她上山是吗?""是呀。"乌龟说:"这是为了你俩的幸福啊!"太阳说:"乌龟这样做不对,为了俺俩见面儿,就误了站班。大地上人们一叫喊,老天爷怪罪了咋办!咱们找老天爷认罪去!"乌龟说:"我不去,要去你俩去!我实在瞌睡了,要睡觉啊!"太阳发怒了,说:"乌龟你要尝尝我的厉害。"说着,月亮也没拦住,太阳就把乌龟打得粉碎。这一吵闹,惊动了老天爷。老天爷对手下说:"把太阳、月亮喊进天宫!"

太阳和月亮来到老天爷面前,太阳把事儿说了一遍。太阳又说:"小的不小心打碎了乌龟,我有罪,该死!您给我什么惩罚都可以。"老天爷说:"不要再说了,你用仙药把乌龟治成原来的模样儿。""是!"老天爷对太阳说:"乌龟是一片好心,是为你俩的幸福,就得照乌龟说的办。这四天,月亮不上山,在家做晚饭,你俩过个团圆节。"从此,月亮每个月就有四天不出来。人们称为"月黑头"②。

---

① 拍一拍:方言,即谈一谈。
② 月黑头:豫南称没有月亮的夜晚为月黑头。

讲述人：王广伟，桐柏吴城乡王宽店人
采录人：刘国路

21. 太阳公主

老早老早以前，天上的太阳不是一个，是十个，后来才变成一个了。这是为啥呢？这里面还有个故事呢。

玉皇大帝有十个闺女，一个比一个长得齐整，白生生的脸，长得可好看啦！两只大眼睛又明又亮，往哪儿看一眼，哪儿就一片明，那里的五谷就长得茂盛。玉皇大帝特别喜欢他的十个闺女，让她姊妹十个每天轮流着往人间看，好使五谷年年茂盛。

有一天，轮到玉皇大帝的小闺女往人间看了，她看见凡间有一个小伙子，长得浓眉大眼，膀大腰圆，他正在地里干活，浑身是汗。她心里想，这个小伙子多好，她喜欢这个小伙子，就很看，看不够。到了该回去的时候，她还不回去，在那里看啊看啊。她的九个姐姐左等右等也不见她回去，就去找她。看见她还伸着脖子往凡间看，就问："妹妹，你看啥哩？"她说："姐姐，我在看凡间的那个小伙子呢。你们看，他长得膀大腰圆多能干。"九个姐姐都笑她说："你喜欢他，就把你嫁给他吧？"她脸一红说："嫁给他就嫁给他，我看他怪好哩！"正说着，她"哎呀"一声说："他要走啦！"她的九个姐姐都伸头往下看，这一看不当紧，一下子给小伙子晒死了。你想啊，她姊妹十个都一块往下看，人间能受得了吗？

玉皇大帝的小闺女一看小伙子死了，就哭开了，边哭边埋怨九个姐姐："都怨恁，谁叫恁都一块往下看呢，恁赔，恁赔！"九个姐姐咋劝都劝不住，她一个劲地哭啊哭，她的眼泪流到了凡间，就变成了倾盆大雨，"哗啦哗啦"地下个没头。不一会儿，小伙子给浇醒了。玉皇大帝的小闺女一看，可高兴啦，她推着九个姐姐不让她们在那站，还说："往后你们都不兴再来看了，要是再把他看死了，我不依。"九个姐姐连声说："好好，我们都不看了，就让你一个人看他好啦。"

从那以后，其他九个姐姐都不再来了，每天都是玉皇大帝的小闺女来，她看饿了就回去吃饭，吃了饭再来。所以，天有黑有明，明的时候就是玉皇大帝的小闺女在天上往下看，黑了呢，就是她回去吃饭去啦。

讲述人：郭焕明，女，77岁，初中毕业，周口市文明路居民
采录人：郭岫岩，商水县文化馆干部
采录时间：1989年3月

采录地点：周口市文明路讲述人家里

22. 日 月 山 [西峡县]

古时候，山里住着夫妻俩，男的叫志气，女的叫耐心，夫妻俩靠打柴过日子。

有一天，夫妻俩正在山上打柴，突然轰隆一声巨响，大地震动了，太阳不见了。夫妻二人只好手拉手，高一脚，低一脚，慢慢摸黑回家。

到了晚上，月亮出来了，夫妻俩在院里谈论太阳不见了的事，又听得轰隆一声，月亮一闪不见了。院里漆黑一片，他俩只好试摸着回屋睡觉。

从这天起，天上没了太阳，也没有月亮。大地一片漆黑，日夜无光。

志气和耐心再也不能上山打柴了。眼看庄稼不长了，树叶变黄了，花不开了，鸟不叫了，人们唉声叹气，今后日子咋过呀？

志气对耐心说："太阳和月亮一定是掉到地上了，不是掉在大山上，就是掉在树林里，咱们去找它们。"

夫妻俩打起火把，就去找太阳、月亮了。

有一天，他们在路上看见一位姑娘在锄玉米，地边烧着堆火，姑娘懒洋洋地一锄一歇，耐心问她："姑娘你为啥一锄一歇呢？"姑娘说："没有太阳月亮，玉米不长呀！我有啥心思去锄它呀？"志气说："你在这里好好锄地，俺去把太阳、月亮找回来。"说罢夫妻二人打着火把又向前走去。

夫妻俩走过了一座座高山，一条条大河，走过了荒无人烟的大森林，火把也不知换了多少把，还是找不着太阳、月亮的影子。

一天，夫妻俩翻过一座高山，忽然见远远的地方亮一阵，黑一阵。他们高兴地说："太阳、月亮一定在那里。"于是便不顾一切地向亮处跑去。路上遇到一位老翁在唉声叹气，志气忙问道："老爹爹，前面那一黑一亮，是太阳、月亮掉的地方吧？"老翁忧愁地说："是呀孩子，前面不远，有座大山。山腰洞里有两条大蛇，一条白蛇，一条青蛇。白蛇把太阳吞下肚里，青蛇把月亮吞下肚里。那放光的地方就是太阳和月亮，你们去吧。"说完，老翁不见了。

夫妻俩按照老翁的指点来到半山腰，见两条大蛇在玩太阳和月亮俩，人没法夺回来。忽然他们背后洞里冒出烟来，看到一个老婆婆站在面前。老婆婆流着眼泪告诉他们："有一天，上山锄地，一阵狂风刮来，两条大蛇在空中用尾巴向我一卷，把我卷到这个深洞里，替它们做饭，一年年过去了，头发变白了。孩子，你们快出去吧！大蛇在外面玩够了，回来吃饭，见到你们，会吃你们的。"志气说："蛇吃了太阳和月亮,人们无法生活。我们是特地来杀死大蛇,夺回太阳、月亮的。"老婆婆说:"孩子,你们俩真要杀死大蛇,得弄到牛心垛山底里的炸药和黑药。然后把炸药和黑药扔进蛇洞,炸药能炸烂它们的心脏,黑药能轰断它们的喉咙。我给你们一把铁铲和一把锄头去挖炸药和黑药吧。"

夫妻俩听后拿起铁铲和锄头,扭身直奔牛心垛山。

到了牛心垛山脚下,志气挖,耐心铲。挖出一个又深又大的洞。忽然洞里轰隆一声巨响,炸药和黑药便出来了。志气拿了炸药,耐心拿了黑药,跑向蛇洞山。

到了半山腰,白蛇和青蛇还在玩太阳、月亮。夫妻俩跑到高处,志气把炸药扔过去,只听轰隆一声响,两条大蛇炸伤了,要向天空飞去。耐心急忙把黑药扔过去,又听得轰隆一声响,两条大蛇炸断了,死了。

太阳和月亮在地上滚来滚去,志气和耐心都很高兴。可是太阳和月亮咋上天呢?正在这时,老婆婆又出现在他们面前说:"你们吃了蛇的眼珠,身子会变高,就能把太阳、月亮送上天。"于是志气摘下白蛇眼珠吃了,耐心摘下青蛇眼珠吞下肚。一时三刻,二人像两座大山直插天空。

夫妻俩一人一个捧起太阳和月亮向空中送去,太阳和月亮又升上天了。

人们重见了光明,志气和耐心夫妇却变成了两座大山。为了纪念他们,人们把这两座山改名叫日月山。

讲述人:武振明,男,65岁,汉族,初中毕业,农民
采录人:武照侠,男,20岁,汉族,初中毕业,农民
采录整理:杨平,女,汉族,高中毕业,西峡县文化馆职工
采录时间:1986年5月
采录地点:西峡县米坪乡擀丈村

23. 月亮半缺的来历

月亮和太阳同住在一个山脚下。太阳姑娘聪明勤快,她对月亮说:"月亮哥,要想让天下的人们生活得更快活些,我们还是为他们好好照亮吧!"

月亮是个懒虫,闭着眼睛说:"我们为他们辛苦一天,他们会给我们点啥报酬呢?"

"哎,月亮哥,你为别人做好事就是为了让别人给你报酬吗?"

"得啦,得啦,我早听腻了,要照,你自个去吧。"说完,月亮就又大睡起来。

太阳没有办法,只好自己去了。

这时，月亮睡在床上，打起了太阳姑娘的主意。

劳累了一天的太阳回到家里，刚坐下，月亮就来了，提出要和太阳结婚，太阳不同意，他就死皮赖脸地不走。太阳去做饭，他就站在一边胡说八道。太阳心想：你这个懒汉，谁嫁给你！不一会儿，饭做好了。月亮急性去给太阳端饭，被太阳谢绝了，他还要端，太阳恼火了，和月亮扭打起来。太阳用又尖又利的指甲把月亮脸上划了一道又一道口子，月亮忍疼跑出来了。

从此，月亮无法见人，每次都是等太阳休息后才偷偷地出来一会儿。一天、两天……等到十五的那一天，人们欢天喜地的玩着，笑着。月亮为了看热闹，不顾脸上的疤伤，偷偷地跑了出来。所以每月的十五，月亮才会圆一次。

讲述人：张小格，女，38岁，汉族，小学毕业，平舆县后刘乡黑庄村农民
采录人：黑晓雪，女，14岁，后刘联中学生
采录时间：1987年12月
采录地点：平舆县后刘乡黑庄村

24. 皎阳与洁月

太阳和月亮原来是两个精气，太阳是西天边山上的公黄狼，月亮是东海岸边的母白兔。它俩都有三千年的道行，仍然闭门不出，日夜修行，盼望早日成为天神。如来佛祖见它俩心诚意坚，便招到天上收为弟子。经过一番点化，黄狼精被玉皇大帝封为皎阳大仙，白兔精被封为洁月大仙。起初他俩也都勤劳守规，为人间送去光明，玉帝大喜，一次在灵霄宝殿宴会上，让皎阳、洁月坐在自己身边，并当着众神认皎阳和洁月为干儿子和干女儿，还把二人结为夫妇。

皎阳和洁月成亲后可就变啦，整天守在一起，有时几天不给人间照明，人间连白天黑夜也不分了。人祖爷告到天宫，玉皇大帝非常生气，把他们狠狠地骂了一顿。从此不准他们在一起，日夜给人间照明，不得间断。

他们新婚离别，怎忍得了？赶忙搬来王母娘娘说情。洁月跪在玉帝面前哭着说："父皇啊！您就开开恩吧，俺夫妻一场，从此不让见面，可怎么活呀！以后再也不敢耽误给人间照明了！"王母娘娘也趁机为他们求情说："他们都年轻，念他们以前的功劳，就给他们个见面的时间吧！"玉帝正被闹得不可开交，经王母娘娘一说，就来个顺水推舟，准许他们每月的三十和初一住在一起。洁月还要说什么，玉帝站起来回后宫去了。

从那以后,每逢三十、初一夜里,人间就看不见洁月,是因为她和皎阳相会去了。到了初二晚上,洁月还恋恋不舍地在西北天边哭泣呢!

讲述人:于书章,男,43岁,汉族,初中毕业,官会乡于庄村农民
采录人:王金亮,男,38岁,汉族,初中毕业,官会乡文化站专职干部
采录整理:苏国安

25. 龙女献日月 [项城县]

盘古开天地以后,天上没有太阳和月亮,地上混混沌沌的,树哇,草哇,都是焦黄焦黄的,人又小又瘦,跟草扎的一样。

一天,东海龙王的三公主到人间看景,见是这个样子心里很不好受。她想,天上要是有个东西能把人间照亮,地上的花草哇,树木哇,就会长得快了,人会长得更漂亮,日子就好过了。可怎样才能造个照亮的东西呢?她想呀,想呀,猛然想起了自己的眼睛,要是把自己的眼珠挖下来挂在天上,人间不就明亮啦?想到这儿,她就赶快回到了龙宫。

三公主回到龙宫宝殿把自己的想法对老龙王一说,老龙王摇着头说:"不中!不中!人间的事由天宫来管,碍不着咱龙宫,你不要多管闲事!"三公主又哀求说:"你没见人间有多苦哇,谁见了谁不可怜呢,我挖掉一只眼睛还有一只呢,可人间再也没有黑暗,再也不受苦啦,再说……"话还没有说完,老龙王就截住话头,拍着桌子大声说:"说不中就不中,你不要在这儿软缠,我不能看着自己的女儿终身残废,你给我快回后宫去!"三公主没法,只得含着眼泪离了龙宫宝殿。老龙王又吩咐龙太子对妹妹严加看管,不准她再到人间去。

三公主回到后宫,饭不吃,茶不喝,三天三夜没睡着觉。龙母心疼女儿,就劝说道:"天宫的宝贝有的是,要想给人间照亮那还不容易?玉皇大帝还不管哩,咱是何苦呢?你太傻啦,把眼睛挖掉会痛苦一辈子的呀!"不管她怎么劝,三公主连理也不理。龙母没法,只得叹着气离去。

一天夜里,三公主趁龙王、龙母、龙太子熟睡的时候偷偷溜出龙宫,又来到人间。她站在泰山顶上,见人间一片漆黑,心一横,拔出宝剑忍痛挖掉自己的右眼,向东天边扔去。这颗眼珠在海上翻了几滚慢慢上升,越升越高,越来越亮,照得人间一片光明。人们高兴得又是欢呼,又是跳跃。就在这时,天上起了乌云,又刮起了大风,三公主知道是哥哥来撵自己回宫哩。她想,人间白天有亮了,黑夜怎么办呢,

干脆,把另只眼珠献出来吧。她决心一定,又拔出宝剑,挖出左眼珠向空中扔去。从此,天上有了太阳和月亮,人间有了光明,可三公主呢,从此成了双瞎。

讲述人:王宏玲
采录人:苏国安
采录整理:孔祥谦

26. 红仙丹和白仙丹[桐柏县]

从前,天上没有太阳,没有月亮,也没有星星,人们痛苦得很。

在受苦受难的人们中,有一对善良的姐妹,经常商量弄来光亮的办法。一天,姐姐说:"咱俩一个做太阳,在白天走,为人间放光散热;一个做月亮,在夜间走,给人们照明,那该多好呀!"妹妹说:"真好!"她俩说服了父母,到很远很远的地方,求神仙去了。她们到神仙老头儿那里,跪在神仙老头面前,说:"老爷爷,给我们想个办法吧!让我们变成太阳和月亮,为人间解脱一些痛苦吧!我们是诚心诚意的,我们决不后悔呀!"

老爷爷看了看两个孩子苦苦哀求的样子,抚摸着她们的头,说:"孩子呀!你们真好。我也舍不得你们呀!孩子,可千万不要后悔呀!""老爷爷,我们不会后悔,快快说出你的办法吧。"老爷爷取出两粒仙丹,递给两个姑娘说:"孩子,吃了红仙丹,就会变成太阳;吃了白仙丹,就会变成月亮。谁吃哪一粒呢?"姐姐问妹妹:"妹妹,你愿变啥呢?"妹妹说:"变月亮吧,夜里走路我害怕;我做太阳吧,又怕别人看我,我怕羞。"姐姐想了想,说:"好办。你身上别一些针,谁要瞅你,你就用针刺他的眼。"

就这样,妹妹吃了红仙丹,变成了太阳;姐姐吃了白仙丹,变成了月亮。

讲述人:石志信,男,72岁,住桐柏县二郎山乡
采录人:石大峰
采录时间:1986年4月4日

27. 太阳东出西落的由来

相传,很早很早以前,太阳整天骑在人们的头顶上,不分黑夜白天。

那时,太阳很年轻,总想娶个老婆。他传令飞禽走兽都来当他的媒红。那些善拍马屁的飞禽走兽,早就想巴结太阳,一看机会来了,就东奔西忙起来。

唯独大公鸡不听他的,不但不为太阳提媒,反而骑着一匹骏马,向大沙漠走去。飞禽走兽们知道马是啃青草的,怎能去那寸草不生的沙漠呢?大公鸡说:"现在咱们头上只有一个太阳,他动不动就给咱们点颜色看看。遇到旱天,风刮日晒,草死树亡,弄得咱们连生活都维持不下去。如果咱们再帮他娶个老婆,再生个小太阳,哪还有咱们过的光景?!"大公鸡一席话,说得众禽兽心眼活了,再也不给太阳提媒了。

太阳知道了这件事,非常恼火,发誓不再给世间光和热,一头钻进海洋睡大觉去了。

从此,世间万物不长了,有多少飞禽走兽饿死冻死。有些走兽来责备大公鸡。

大公鸡越想越别扭,忽然想起太阳爱听唱歌。第二天五更,它独自跑到东海边,面对大海"咯咯咯"地叫起鸣来。

太阳睡得正香,迷迷糊糊听到唱歌声,睡意顿消,自言自语道:"这里谁在唱歌,待我上去瞧瞧。"太阳出了海面,天又亮了。公鸡见太阳出来了,就一个劲儿往西走。太阳为了弄清谁在唱歌,一个劲儿地追。他越追,升得就越高,追到天顶上,还是没看见大公鸡。他后悔不该出海,折回去也划不来了,就横下心一个劲儿往西追。可公鸡呢,见目的达到,不再唱歌了。太阳追来追去,也没弄清歌是谁唱的,一怒之下,又落到了西山下,白天又成了黑夜。

可第二天五更,大公鸡又站在东海边唱歌,太阳又出来追,天天如此。久而久之,形成了太阳东出西落的规律。

采录人:王守谦
采录整理:黎玲

28. 阳光为啥会刺眼[淮阳县]

自开天辟地以来,天上就有了日头和月亮。月亮是个媳妇,日头是个闺女。一天,日头和月亮碰到了一块,月亮想和日头换一下。月亮说:"日头姑娘,咱俩换换吧,我白天出来,你黑了①出来,省得人家都看你。我是个媳妇家,不怕人看。"日头

---

① 黑了:方言,即夜里。

说:"月嫂嫂,你不要担心,谁要看我,我就用绣花针扎谁的眼。"直到如今,日头的光线还像针一样刺眼呢!

讲述人:张赵氏,女,85岁,文盲,淮阳县曹河乡张新庄农民
采录人:张绘,淮阳县曹河乡张新庄人,业余作者
采录时间:1987年4月
采录地点:淮阳县曹河乡张新庄讲述人家里

29. 日、月、星的由来[范县]

太阳和月亮本是兄妹俩。太阳是妹,月亮是哥。很早很早以前,兄妹俩一块行,后来要分开走,一个管白天,一个管夜间。

哥哥说:"妹妹,夜间清静,你夜间走。白天乱,我白天走。"妹妹说:"不行呀,夜里太黑,我害怕,还是在白天走吧。"哥哥说:"在白天人家都来看你咋办哪?"妹妹说:"我用万丈金针来刺他们的眼哪。"哥哥说:"你早晨贪睡起不来咋办哪?"妹妹说:"我叫公鸡打鸣儿来催着我呀。"哥哥听了还是不放心,还是结记①妹妹,常常不等天黑就往天边偷着来瞧着妹妹,于是,便有了初二初三的月亮芽儿。

月亮哥哥光顾着照顾妹妹了,却误了自己的时辰,结果行走的不是早了,就是晚了,有时不如意了,就连着几夜不露面儿,就有了二十七、八晚上的月黑头儿。它的脾气很不正常。

妹妹清早、傍黑来和哥哥替班的时候,常常见不到哥哥,气得脸发红了。有时,哥哥、妹妹走对了头,哥哥害羞,就让云彩遮住脸。妹妹担心哥哥夜里不专心,就把很多小灯笼挂在天上。月亮不出来的时候,这些小灯笼也能照得大地明闪闪的,这就是满天星斗。

讲述人:路广忠,男,80岁,汉族,不识字,范县农民
采录人:崔金钊,大专毕业,退休教师
采录时间:1990年2月20日
采录地点:范县王楼乡赵菜园村

---

① 结记:方言,挂念,惦记的意思。

30. 太阳、月亮和鸡冠［西峡县］

传说，太阳和月亮起根是天王地王从地下挖出来的，挖了很多很多。日月多了气候很热，天干地裂，寸草不生。后来有一位射日英雄，把太阳和月亮个个射了下来，只留下了一个太阳和月亮，吓得躲起来不敢露面了。人们就叫老犍牛去喊它们，老犍牛的声音太大，太阳、月亮不敢出来。叫老虎去喊，老虎的模样太凶，它们也不敢出来。最后叫老公鸡去喊，公鸡用它那清脆的叫声，把日月唤出来了。

老公鸡立了大功，人们赠给它一把红木梳，老公鸡高兴地把木梳顶在头上。直到现在老公鸡都顶着个大红冠子。

讲述人：刘庆斌，男，57岁，汉族，文盲，西峡县米坪乡石门村农民
采录人：刘春生，男，15岁，汉族，西峡县米坪乡石门村人，小学学生
采录整理：杨平，女，28岁，汉族，高中毕业，西峡县文化馆职工
采录时间：1986年4月
采录地点：西峡县米坪乡石门村

31. 太阳、月亮和星星

传说太阳和月亮是老天爷的两个女儿。大女儿太阳长得十分美丽，个头高高的，脸儿白里透红，为人厚道，乐于给万物光和热。不过她脸皮薄，动不动就羞得满脸通红。二女儿月亮个头比太阳低，脸蛋洁白，明媚，心地善良，助人为乐。因此，人们都很喜欢这两个姑娘，谁也不愿意离开她们。慈祥的老天爷就顺应着人们的心意，让他的两个女儿站在高处给人们做伴。

时间一长，她们有些吃不消了。月亮对老天爷说："这样日夜不停地站着，累得慌。不如叫俺姐姐黑夜陪伴人们，我白天陪伴人们，俺俩也有个歇息的时候。"太阳说："我怕羞，黑夜站到高处，人们那么多的眼睛看着我，多不好意思呀。""那好，你就白天去，可以离人们远一点，再用纱布蒙住脸，谁要是看你，你就用光芒刺他的眼。"老天爷抚摸着太阳说。

这时，月亮姑娘不高兴了，她噘着小嘴说："我胆子太小，夜里那么黑，走吧，我找不到路；摸吧，我摸不到物。我也不在黑夜里陪伴人们。"老天爷一看小女儿生气

了,慌忙说:"我叫星星伴着你总行了吧?你可以早点去高处,也可以晚点去高处,另外,只要你往高处一站,就让你姐姐端着灯往你身上送亮。这样行了吧,小鬼头?"月亮听了爹爹的话,脸上露出了笑容,并调皮地对着太阳做了个鬼脸。

直到现在,月亮只要出来,星星总是陪伴着她。她身上的光亮也是太阳用灯给照上去的。太阳有时用纱布蒙着脸显得红彤彤的,而当你仰头看她时,她就用强烈的光芒刺你的眼睛。

讲述人:刘伍,女,70岁,汉族,不识字,留庄乡韦庄村农民
采录人:王奎山
采录时间:1988年11月
采录地点:留庄乡

32. 日食月食 [濮阳市]

很早以前,天下的百姓全都是靠天吃饭的,遇到风调雨顺的年景,百姓们五谷丰登,还能吃顿饱饭。要是遇大旱年景,百姓们就会饿肚子。所以,一到过年过节,人们都忘不了把最好吃的东西供上,叫天上的神灵吃。

一天,玉皇大帝在收供品的时候,心里对百姓给他的供品感觉乏味了,全是馒头、肉,连一样山珍海味都没有。他生气了,就叫来雨神说:"天下百姓对我心不诚,我给他们风调雨顺的,连一样好东西都不给我上。你给他们停雨一百天,一百天内若要降雨,我拿你问罪。"雨神连口应诺。

玉皇这一命令,可苦坏天下的老百姓了,地里的庄稼苗眼看着旱得叶子都干了,百姓们天天烧香磕头,求老天爷下雨,可连个雨滴也没求下来。后来,他们便全家老小都一担一担地从河里那快耗干了的水坑里挑水,从井里打水,才算多少保住了点苗儿,人们勉强能糊糊口。

不知谁又把这事儿对玉皇说了,玉皇就又找来太阳神和月仙子说:"天下的百姓,不下雨他挑水浇地,今我命你们一百天之内不许露面,我看他们还有啥法?"太阳神和月仙子领旨下殿,走到路上就议论起来了。太阳神说:"玉皇的心太狠了,叫咱一百天不出来,不是想把百姓们都闷死呀?"月仙子说:"不叫下雨,又不叫咱出来,真是不想要老百姓活了。"太阳神说:"他不叫咱出来,咱也得出来,不能叫天下人都骂咱。"月仙子说:"对,咱抗旨不遵。"

太阳神和月仙子还是天天照样出来,给天下的百姓照明晒东西。不几天,太阳

神和月仙子抗旨不遵的事叫玉皇知道了,玉皇很恼太阳神和月仙子,就命天狗去把他们吃掉。黑天狗领了圣旨,找着太阳神和月仙子把他们吃了。天下的百姓一看黑天狗吃了太阳神和月仙子,赶紧从家里拿出来锅碗瓢盆儿敲起来,把天狗吓得赶紧又把太阳神和月仙子吐了出来。天下的百姓一个劲儿地敲打,终于把黑天狗吓跑了。

所以,人们只要看见日食、月食都敲东西,那是为了惊走天狗,救出太阳神和月仙子。

讲述人:张克善,男,63岁,汉族,户部寨乡高庄村农民
采录人:张富臣,男,20岁,汉族,户部寨乡高庄村农民
采录时间:1990年8月
采录地点:高庄村
流传地区:濮阳

33. 天狗吞月

神箭手后羿射死九个太阳有功,普天下老百姓都感谢他为民除害的大恩大德,为他的健康烧香祷告。

这件事感动了天堂里的王母娘娘,她要下凡看看是咋回事。一天晚上,后羿带着他的猎狗黑耳,在深山里围猎豹子。王母娘娘在仙女陪伴下,驾起万朵祥云,落在山头看了起来。王母娘娘把后羿喊到跟儿,令红衣仙女捧出一个光彩夺目的匣子,取出灵药两粒,人参精一根,嘱咐后羿:"回家用人参汤煮熟吞服,可以成仙。"

后羿接了灵药,谢过王母娘娘,带着他的猎狗,驮着一只射死的金钱豹,高高兴兴地回家了。

后羿为人忠厚善良。他暗想:妻子嫦娥和自己是结发夫妻,和她同吃了这仙药,一起升天多好啊!

他向嫦娥交代一番,又说:"乡亲父老们向来待俺好,我把这豹子送给他们去。"后羿捋捋猎狗黑耳的毛,说:"你在家歇歇脚儿,好好看门,我停一会儿就回来。"

嫦娥按后羿的嘱托,把仙药在人参汤里煮熟,等后羿回来好一起吃。嫦娥想:自己是个凡家女子,托丈夫洪福,要升天成仙了,得穿戴好点,得有仙女的样儿呀!她梳好一头五尺多长的黑发,找出柜子里的好衣裳穿上。一打扮好,闻到仙药煮熟了的味儿。

嫦娥嘴馋了。揭开锅,香气逗得她心尖儿乱颤。嫦娥忍不住馋劲儿,用勺儿舀吃一粒。一吃呀,心里格外舒服,劲儿也不一样了。品品味儿,咋还想吃!

她赶紧狠咬了一下自己的舌尖,自家责怪自家:真该打这馋嘴,剩下这粒是留给丈夫的,可别吃!

嫦娥是个心眼灵动的女子,她又想:后羿能从王母娘娘那里讨来两粒仙药,总还能讨个十粒百粒!我干脆把这一粒也吃了,落个痛快。

嫦娥吃了最后一粒仙丹,又把那人参精用指甲掐吃了,香得眯着眼笑。

天黑了,嫦娥见丈夫还没回来,就出来看。她刚一出门儿,身子随着凉风飘飘地飞了起来。

嫦娥落泪了,只恨自己嘴馋偷吃灵药,抛下了丈夫。

门外的猎狗黑耳,见嫦娥偷吃灵药,独自升天,就叫唤着扑进屋里。一闻到香味,一爪扒翻锅,舔了剩下的人参汤,朝天上的嫦娥追去。

嫦娥听到黑耳的叫声,又惊又怕,慌慌张张,一头闯入月亮中。

黑耳根根狗毛竖起来了,身子越长越大,一下子扑上去,连嫦娥带月亮吞了下去。

老天爷和王母正在天堂赏月,一见天色昏暗了,忙派一天神出来看看。夜游神跑来禀告:一条大黑狗吞吃了月亮。

老天爷命天兵天将去拿那条黑狗。拿来黑狗,王母娘娘一看,是后羿的猎狗黑耳,就发慈悲了,封它为天狗,让它守护南天门。

天狗黑耳得了王母娘娘的恩封,怒气消了点儿,吐出了肚中的月亮。

现在,人们说月亮变昏了是月食,以前就说天狗吞月呀!

讲述人:王王氏,94岁,桐柏毛集镇田木湾村人
采录整理:甘心田
采录时间:1986年12月
流传地区:豫南一带

34. 天狗吃太阳

据说在很久很久以前,太阳有弟兄九个。这九个太阳天天轮流在天上值班,只有白天没有黑夜。人们不能睡觉、不能休息,很多人渴死了,庄稼也都干死了。后来,这件事被天空中的一只天狗知道了。它想:如果这九个太阳再这样下去,人都

要全死了。怎么办？天狗决定去劝劝太阳九兄弟。于是，天狗到了太阳的宫殿，笑哈哈地说："太阳兄弟们，你们不能再这样干下去了，你们应该上一天的班歇一天，这样对你们和大家都益处。要是你们再这样干下去的话，很多人都得晒死。"太阳听后，却大笑着说："天狗！你少管闲事！我们只管在天上尽情地玩，谁管他们的死活呢？"天狗一听，火冒三丈说："既然你们不讲理，那我就无情。"说着就张开血盆大口一下就吞下一个太阳。众太阳一看，天狗有那么大的本事，吓得掉头就跑。天狗在后面紧紧追赶，直追得地动山摇，最后天狗吃掉了八个太阳，另一个太阳却怎么也找不着了。大地一片漆黑，天狗仍找啊找。它哪里知道，那个太阳藏在了一棵马齿菜的下面。这时，蚯蚓出洞来玩耍，看到了太阳，就大声叫道："太阳在这里！太阳在这里！"可是，天狗走远了，它没能听到蚯蚓的叫声。后来，这个太阳又回到了天空。天狗看到只有一个太阳了，心想：如果天上没有太阳，大地一片漆黑，万物不能生长，这也确实不行。于是，就命令太阳必须上一天班歇一天才行。太阳答应了。从那以后，就形成了现在的白天黑夜。

最后一个太阳保住了命，可它总忘不了马齿菜对它的恩德。所以一直到现在马齿菜有根没根也晒不死。可太阳最恨蚯蚓，只要蚯蚓爬出地面就会被晒死。所以，蚯蚓只有夜里或阴天才出来。

讲述人：陈爱芝，女，汉族，48岁，石滚河乡石头庄农民
采录人：李新华，男，34岁，高中毕业，石滚河乡石头庄农民
采录时间：1988年9月
采录地点：石头庄

35. 太阳神和黑煞神［舞阳市］

远古时候，神界中发生了这样一场战争。

太阳神和黑煞神轮流值班，一大早，太阳神便从东方起床，为勤劳的人们发光发热。人们很喜欢他。天快黑的时候，黑煞神就开始起床，让劳累了一天的人们安歇。他觉得自己不仅看不到人世间的欢乐，并且还时常受人们的厌恶和抱怨，渐渐地他嫉妒起太阳神来。

为了使自己超过太阳在人们中间的威信，他便决定吃掉太阳。

这天晚上，他就动身杀向熟睡的太阳。太阳仓促逃走，黑煞神紧追不舍，太阳实在累得没办法了就躲在马齿苋底下。当黑煞神找不到自己的仇人——太阳时，

就泄气地走了。

蚯蚓为了讨好黑煞神,指着躲在马齿苋下面的太阳说:"这儿!这儿!"黑煞神也没听见。

太阳有了喘息的机会,等黑煞神过去后,就猛地钻出来,奋起神威,一直将黑煞神晒死。所以,后来的夜晚就像僵了一样,死气沉沉的。

蚯蚓得罪了太阳,输了理,从此躲在地下不出来了。只有在太阳睡觉的时候,偷偷地爬出来,活动活动。而马齿苋呢?它救了太阳的性命,太阳就封它为"晒不死"。

36. 白天和黑夜

很早很早以前,大地一片黑暗。人们冻得浑身哆嗦,像瞎子一样摸索行走,常对着黑暗的天空叹息:"啥时有个光照照该多好!"

一天,天宫里的仙女太阳出宫散心,听见了人们的叹息,勾动了她的下凡之心。回宫,她就对妹妹月亮说:"咱们一直住在天宫里,枉度光阴。凡尘需要光,不如下凡去为人类造福!"

月亮也早有此心,听姐姐这么一说,二人就结伴下凡了。

大地上从此有了光明。谁知没过多长时间,人们又埋怨了起来:"当太阳当月亮也不会当,这样一直照着,我们不能休息,还不累死了嘛!"

这话又被太阳听见了。太阳是个好心肠的姑娘,她觉得自己下凡来是想给人类造福的,没想到没造成福,反而给人类带来了灾难,感到十分内疚和不安,脸羞赧得红滴滴的。

太阳对月亮叙述了人们的议论。月亮是个急性子,忙问:"那该咋办呢?"太阳说,她身体好,发光强烈;月亮身体弱,有时发不出光,有时发一会儿光。她打算和月亮分分工,一替一半时间值班。这样,轮到她值班时,光强,明亮,人们可以干活;轮到月亮值班时,光弱,人们可以睡觉、休息。

月亮觉得姐姐想的这个主意好,就点头同意了。

第二天开始,她俩一替半天值起了班。人们把太阳值班的时间称为白天,把月亮值班的时间称为黑夜。从此就有了白天和黑夜。

人们感激太阳和月亮二姊妹,就把她俩当神供奉起来。

讲述人:王泥秋,28岁,高中毕业,阳城乡郭下村农民
采录整理:王广先

37. 启 明 星 [洛阳市]

每天早晨,在东方天空上,最早出现的一颗又明又大的星星,名叫启明星。天上原来并没有这颗星星。据说,是古时候一位聪明的小姑娘变的。

很久以前,在洛阳邙山的一个偏僻山村里,住着一户姓金的老夫妇。他们没有生男育女,临老收养一个义女,名叫金花。小金花七八岁时,遇上了荒年。金花年纪幼小,爹妈又年迈多病,日子可真难熬。锅下没柴烧,锅里没米下,吃上顿断下顿,连老鼠都不来她家掏洞。金花姑娘虽说是小小年纪,却很懂事,知道孝敬老人,她天天到山坡上挖野菜,好让爹妈充饥。

有一天,饿得头晕眼花的金花又上山挖野菜。她挖着挖着,忽然在草丛里发现一颗闪闪发光的金豆豆。她捧在手里,叹口气说:"金豆呀金豆,你多好看!可惜不好吃。"金花望着金豆,想起秋天割黄豆时,爹爹点起一把火,把几棵结着饱腾腾豆角的黄豆架在火上,只听"噼噼啪啪"一阵响,被烧熟的黄豆籽儿滚在地上,捏起来一颗填到嘴里,牙一咬,"咯崩崩"响,黄澄澄、香喷喷的。现在想起来,金花还直流口水。

想到这里,天真的金花,在地上扒了个小坑,把金豆埋在土里,然后又端来一瓢清水浇了浇说:"金豆呀金豆,你变一颗黄豆苗吧!秧儿长大大的,角儿结多多的,让俺烧烧吃。"谁知她话音刚落,真的从埋金豆豆的地方长出来一棵黄豆苗苗,转眼就是好大好大的黄豆秧儿。金花眼睁睁见它开了花,结了角,一会儿就长熟了!金花高兴极了,忙把长熟了的豆秧拔了出来。

她拿着这棵豆秧正要走,只见地上金光一闪,那颗埋进土里的金豆滚了出来。金花想,金豆会变黄豆,也一定会变别的豆豆。黄豆烧熟,爹妈还是咬不动,这可咋办哩?让它变一茬绿豆吧,结了籽儿好给爹妈熬绿豆汤喝,又能去火,味道又好。

想到这里,金花又把金豆埋进土里,照样又端一瓢清水浇了浇,说道:"金豆呀,金豆,你变一棵绿豆苗吧!秧儿长大大的,角儿结多多的,让俺给爹妈熬绿豆汤喝。"金花的话音一落,埋金豆的地方真的又长出了一棵绿豆苗苗,转眼工夫又长成了好大好大的绿豆秧儿。金花看着它开了花,结了角儿,一会又长熟了。

金花把这棵绿豆秧一拔,那颗金豆又从土里滚了出来,这时,金花想起妈妈给她讲的,王小得了宝葫芦,要啥有啥的故事。她把金豆拣起来,心中暗暗高兴:哎呀,俺得宝啦!这金豆一定是个啥都会变的宝贝!

金花回到家里,爹妈见她拿回去两大棵豆子,豆秧上长着嘟嘟噜噜的角儿,把一棵豆秧上的籽儿剥出来,也能盛两大碗!爹娘问金花是从哪里弄来的,金花便把拣到金豆的事说了一遍。爹妈不相信,金花就走到院中,又把金豆埋到土里,又端了一瓢水浇了浇,说道:"金豆呀金豆,你变一棵玉米吧,杆子长粗粗的,棒子结大大的,让俺给爹妈做粥吃。"顿时,院里长出一棵玉米苗苗,像手提着一样"噌噌噌"地往上长,不大一会儿,杆子长粗了,顶上出缨了,腰里甩"花线"了,玉米棒子也出来了。玉米秆上一下长出了三个棒子,个个棒子都比棒槌还大呢!

  金花家得了宝贝,左邻右舍都争着来看。金花爹人和善,心肠好,对来看的人说:"金花得了这宝贝,这是天意,是让它救咱们全村的穷人的。谁家没吃的,拿去让它变粮食吧!"有了这颗金豆日日夜夜地变这变那,家家清水锅里,都煮上了豆豆或玉米糁子,虽然数量不多,也算都能保住性命了。

  消息像阵风一样传到财主孙敬仁的耳朵里,他硬说金豆是从他家的山坡上拣的,立逼金花交出来。金花生怕金豆被财主抢走,就把金豆噙在口中。财主让人用耙齿撬开金花的嘴,金花没有办法,就把金豆咽到了肚里。

  金花咽下金豆以后,通身立刻闪闪发光,这光刺得孙敬仁和他的狗腿子们连眼都睁不开了。孙敬仁一伙睁开眼时,什么也看不见了,吓得只是像筛糠一样打战战。这时,金花突然腾空而起,飞到天上去了。

  金花升天以后,就变成一颗星星。这颗星星每天早晨又明又亮地出现在东方,人们叫它启明星。看见这颗星星,人们都说金花舍不了她的家乡,舍不了她的爹妈,天天一大早便一眨一眨地睁大眼睛在张望呢!

  (选自《洛阳的传说》,此文曾获河南省首届民间文学二等奖)

采录整理:盛长柱

【附录】

启明星[西峡县]

  古时候,在一座大山脚上,有一对老夫妻,年过半百,无儿无女,后来收养了一个义女叫金花。金花十岁这年,遇上大旱,庄稼颗粒不收,很多人都饿死了。金花每天挎着篮子,到荒山野地挖野菜充饥。金花对父母十分孝敬,挖来的野菜总是让父母吃。父母不忍心看着金花一天天消瘦,就把野菜让给金花吃。

  这天,金花饿得头晕眼花,又挎着篮子去挖野菜。她一边走,一边想:如今天大旱,野菜挖光了,咋办呢?走着,她忽然看见地上有一颗金豆,金花说:"金豆呀金豆,救救我们吧!我们都快饿死了。"说完舀了水,浇在金豆上。过了一会儿,出了一颗豆苗,一会儿开了花结了果。金花高兴极了,把豆籽拿回家里,对父母说了,父母不信,要亲眼看看金豆。见果然如此,父母高兴极了,把父老乡亲们都叫来,把金豆分给他们。人们把金豆放在锅里煮,一个金豆能煮一碗饭。有了金豆,这一带的人们都过上了好日子。

这事被一个叫张扒皮的财主知道了,便带领一群家丁来到金花家,说要看看金豆。金花知道来者不善,就死不承认拾金豆的事。狠毒的财主命家丁抢,金花连忙把金豆含在嘴里。财主又命家丁撬开金花的嘴,金花又把金豆咽到肚里去了。

金花咽了金豆以后,通身立刻闪闪发光。金光把财主和家丁们的眼睛照瞎了。金花也飞到天上去了,变成一颗星星。

金花升天以后,很惦记父母乡亲,每天一大早便来到天的东边看着她家乡,人们都叫她启明星。

讲述人:曹春林,男,50岁,汉族,文盲,西峡县太平镇乡松树村农民
采录者:李文艳,女,13岁,汉族,西峡县太平镇乡中学初中学生
采录整理:谢起超,男,40岁,汉族,高中毕业,西峡县文化馆干部
采录时间:1986年3月
采录地点:西峡县太平镇乡松树村

38. 启明星的来历 [郸城县]

古时候,天上有弟兄三个,大的叫黄老大,二的叫黄老二,三的叫黄老三。他仨都是卖菜的,天天挑着菜担去赶集。

有一回天快黑时,他仨挑着菜担碰面了,黄老大说:"明儿个逢节气,集上的菜该卖得快啦,咱仨谁先起来,谁就叫叫。"老二老三都说:"中!"

等天黑以后,老大不守信用,他怕两个弟弟起早赶他头里抢他的生意,干脆现在就走吧!他主意拿定,挑起菜担就走了。都说现在天一黑,就出现在西南角那颗大星星就是黄老大。

黄老二睡到半夜醒了,他穿好衣服就去叫大哥,听说大哥走了,他赶忙挑上菜担上路了。他就是半夜时分出现在偏南边那颗大星星。

剩下老三,他年轻贪睡,一下子睡到鸡叫,被鸡叫声惊醒,这才懒洋洋地穿衣下床。他去叫大哥、二哥,结果俩哥哥都走了。他着了慌,赶忙挑着菜担撵两个哥哥,

走不多远,天就亮了。他就是每天早上出现在东天边那颗大星星。因为它在天启明的时候才出来,人们都叫它启明星,因为它走得慌忙,又叫它慌忙星。不信你看看,这颗星星的两边有俩小星星,那就是黄老三的两个菜筐。你仔细看看,启明星好像在不停地跳动,那是它正在慌慌张张地赶着去下集卖菜呢。

讲述人:赵翠兰,女,52岁,文盲,郸城县吴台集农民
采录人:罗希良,郸城县吴台乡干部
采录时间:1987年9月
采录地点:郸城县吴台集讲述人家里

39. 镰刀星座

天上数不清的星星中,有很多星座。星座中有十六个星星在一起,像一把镰刀样的星座,叫镰刀星座。为啥叫镰刀星座呢?

有一年,麦子长得非常好,好得比任何一年都好。人们再用竹劈儿割麦不行了。麦秆太粗哇,人们商量割麦的办法。一位老人说:"我听说天宫中有一把金镰,要能拿下用用,再比着做一些,割麦就不发愁了。可有一点呀,天神要知道我们偷镰刀,会惩罚呀!"一个美丽、善良、胆大、机灵的姑娘知道了这话,就对这个老人说:"老伯,我去吧,惩罚我不怕。我只要把金镰偷到手,扔到地下,天神惩罚时,我闭上眼睛,愿咋惩罚都行!"

姑娘悄悄地爬上天梯,盗出了金镰刀。盗镰的时候,神不知,鬼不觉。她把镰刀往地上一扔,天神知道了。这姑娘被剁成了十六块,扔向天空。

十六块姑娘的尸体,化成了十六颗明星,闪闪发光。十六颗星组在一起,像把镰刀,人们称为镰刀星座。

讲述人:赵训华

40. 担子星的故事

从前有个年轻人,从小死了母亲,父亲又娶了个老婆。不久,后娘生了个弟弟。

兄弟俩平时在一起还算和睦,只是后娘一心向着弟弟。哥哥每天起五更下地干活,回来还得喂牛、磨面、打柴、挑水。哥哥脾气好,聪明能干。日久天长,不仅练成了一个好把式,还是个身强力壮的好汉。老二呢,因为身单力薄,啥也不会干。村里人都夸奖老大,骂后娘不公平。后娘听到这些风声,又气又恨,就千方百计地用脏活累活来折磨老大。老大呢,每天只是干活,也不放在心上。

有一年夏天,一连下几场大雨,山洪冲下来,村里成了一湖水,人们纷纷外出逃难。这个后娘让老大和弟弟挑着担子,蹚水到对面高地上去避难。狠心的后娘恐怕累着亲生骨肉,就让他挑一担子灯芯草,叫老大挑了一担子石头。弟兄二人挑着就走了。老大挑的石头沉,扁都压弯了,脸上累得通红。但他还是甩开步子,脚踏实地到了对岸。他回头一看,老二的灯芯草挑子被水浮着,在原地直打转,就是蹚不过来。

天上的玉帝见了,就把两兄弟接到天上去了。如今,每逢夏天夜间,星星满天的时候,那明晃晃的银河就是当年的洪水。银河的西南岸有颗发着橘红色的亮星,就是老大。他那通红的脸庞发出的光,因为离我们太远,就成了橘红色。在他两旁各有一颗稍微暗蓝的星星向下坠着,这就是担子上的两个竹筐。

在银河东岸偏北也有三颗连成一条线的星星,这就是老二,比起老大的担子轻多了。后来人们就把这两组星星叫"担子星"了。

老大在二十八宿古星图上叫"心宿二"(也就是大火星),老二叫"河鼓二"。他俩都是夏夜星空最引人瞩目的一等亮星。

采录人:罗兆夫

41. 虹的传说

很久很久以前,在一座山脚下,有个百来户人家的村庄。庄东南角的一棵老桑树下,有两间草房,住着娘儿俩。娘五十来岁,采桑养蚕做家务;女儿红妮十五六岁,织得一手好绸,是方圆左右出名的巧女。

这年,红妮整整十六岁了。按照当地规矩,闺女年长二八,理当出嫁。娘对红妮说:"红呀,有钱人打发闺女,陪送八箱四柜,全套嫁妆。咱家你爹去世早,家底薄,娘没啥陪送你,你用心织匹绸,到时候娘给你做几件嫁妆衣。"

红妮红着脸对娘说:"娘,吃喝穿戴论家当。好男不争分家饭,好女不争嫁妆衣。女儿织绸,娘做衣,穿在身上,暖在心里。"从此红妮用心用意地织匹红、橙、黄、绿、青、蓝、紫七种颜色的七色绸。七色绸好看极了！轰动方圆十里八村的大姑娘、小媳妇拧成股子来看稀奇，红妮家门前，被人们踏出条明晃晃的路。

这庄有个财主，姓杜名舍，心毒手辣，庄上人叫他毒蛇。毒蛇有个独生女，模样天下少有：前背锅，后罗锅，眼里长个橙棣花儿；秤锤鼻子，窝窝嘴，长着两条罗圈腿，看一眼能使人恶心半年，人们背地里叫她丑女。毒蛇为了讨得亲家欢心，陪送的各样嫁妆应有尽有。

这天，丑女听丫环说，七色绸咋好咋好，"噔噔噔"跑到毒蛇跟前闹着要七色绸。毒蛇派人到红妮家买七色绸，红妮娘对来人说："这匹绸说啥也不卖，红妮六月初八去婆家，咱小户人家没啥陪送，用这给她做几件嫁妆衣，也是当娘的一点心意。"

来人回去如此这般一说，毒蛇听了一蹦八丈高，吼道："老乞婆，敬酒不吃吃罚酒，嘿嘿，骑驴看唱本——走着瞧！"

送走来人，红妮娘眉头挽个大疙瘩，想到毒蛇平日欺压乡邻的一桩桩往事，心里一阵阵发紧，觉得马上要大祸临头。娘儿俩合计：娘打杂供下作①，红妮连明彻夜织绸，天晓得毒蛇会想出啥鬼点子。

六月六日那一天，天上像下了火一样，红妮中午饭都没顾得吃，汗珠"啪啪"直掉，刚把七色绸从机子上卸下、叠好，一眼瞅见门外小路尽头有几个黑点。红妮整日织绸，眼特别亮，细看这几个黑点是几个人，朝着这里走来。不好，为头的是毒蛇！

红妮急急地对娘说："娘，毒蛇带着人朝咱家来了。"娘大惊失色地说："啊呀，怕是来抢七色绸的。"红妮银牙咬得"咯崩崩"响，一字一顿地说："想抢七色绸，没那么容易。"话音刚落，雷声隆隆，电光闪闪，乌云滚滚，狂风阵阵，倾盆大雨，沟满河平。毒蛇一帮人，落汤鸡似地闯进红妮家。

一进门，毒蛇就横眉竖眼地索要七色绸。娘背转身向女儿递个眼色，遂转身缓缓地对毒蛇说："七色绸在里间放着，我去给你们拿。"等这帮人随娘向里间时，红妮把七色绸紧紧地搂在怀里，冒着电闪雷鸣，箭一样射向门外波涛滚滚的大河。

等毒蛇醒过劲儿，带人追到河边，只见小山似的浪头向岸上压来，"哗"的一声，一个浪头打来，只听毒蛇"妈呀"一声，到阎罗殿报名注册去了。

村里人听见红妮娘的哭声，从村里赶来时，雨过天晴，河的上空出现一条弧形彩练，红、橙、黄、绿、青、蓝、紫，十分好看。红妮娘看见彩练，想起扑河自尽的女儿，她抬头向着彩练，"红啊！红啊！"不住声地喊着。人们恍然大悟：红妮没死，上天成神了。看，天上的彩练就是红妮织的七色绸。她把绸抖着，让娘和乡亲们放心——七色绸没被毒蛇抢去，在天上挂着呢！

---

① 供下作：中原方言。即当助手。

从那以后,夏天雨过天晴都要出虹。人们说,那是红妮的七色绸哩!每当这时,老奶奶就向小孙孙娓娓动听地讲起这个传说。

讲述人:马宗芳,女,69岁,家庭妇女
采录人:刘筱芬
采录时间:1987年3月

42. 朝霞为什么是红色的[范县]

传说,以前有个叫泰山的小伙子,忠厚,勇敢,常到山上打狼猎虎。

有天中午,天忽然变黑。泰山不知咋回事,正巧在山口碰到了一个白胡子的老汉,童颜鹤发很像个仙翁,就施礼打躬问道:"老人家,天为什么突然变黑?"那老汉笑答:"太行山有个大湖,湖里住了黑龙,是它把太阳摘了下来,往湖里玩哩,所以天才变黑了。"

泰山听后,要上山和黑龙打一场,老汉说:"黑龙怕人血,涂在太阳上,黑龙就害怕。"

泰山提剑往山上爬。他翻过九十九道岭,走过九十九条沟,饿了吃果子,渴了喝山水,爬了七七四十九天,终于到了山顶。天又黑起来,原来黑龙又摘下太阳,正要往湖水里放呢!泰山大喝一声,一个箭步冲上去,趁黑龙一愣时,把太阳夺在怀里。黑龙拿出剑,扑过来夺太阳。

泰山力气抵不过,忽然想起白胡子老汉的话,把利剑插入自己的胸膛。立刻,鲜血四溅,黑龙潜入湖底,泰山流尽鲜血倒下。

这时,正是黎明时候,沾了鲜血的太阳缓缓升上东方,那霞光也像血一样的红了。

泰山死了,落在海边,他的骨头变成了石头,人们叫它"泰山"。

讲述人:崔金甲,男,85岁,汉族,初小毕业,农民,范县人
采录人:崔金钊,男,60岁,大专毕业,范县王楼乡教育组干部
采录时间:1990年1月
采录地点:范县王楼乡

43. 雪花的由来［洛河流域］

远古时候，世上出现人类。上帝为了解决人类的暖饱，命令掌管财粮的大臣下界播撒雪白的面粉。

人们看见，都来争着收藏，播撒的白面粉很快就被抢收一空。

上帝为了满足人们的需求，命令掌管财粮的大臣不断往下界播撒一次比一次多的面粉，并告诉人们要百倍珍惜，小心贮藏，精打细算，节约用粮，以防荒年。可是，有些人就是不自觉，将上帝的忠告当成耳旁风。他们认为面粉遍地皆是，吃完了还有下回，没啥稀罕，不需要珍惜。就抛上面一层，舍下层，只拣中层。有的人竟用白面烙厚厚一叠薄饼，串到一起当凳子坐，当垫子铺。

一天，上帝到下界视察民情，来到黄河流域的河南，发现一个年轻妇女，摇车纺线时，屁股下坐的就是一叠厚厚的烙饼。他又走到长江、淮河一带看到有人用白面打墙、做坯，浪费极大。上帝大发脾气，急急忙忙回到天庭召集掌管财粮的大臣，带领天兵天将，收回播撒到下界的面粉。

上帝下令收回面粉的消息传开，人们可慌了手脚，抓紧时间抢收，利用一切东西贮藏。人们这边收，那边面粉化；人们外边收，屋里面粉化。传说，从此面粉也就变成现在的雪花了。

讲述人：刘位波，男，48岁，汉族，高中毕业，县公安局干部
采录整理：赵红建，男，25岁，中专毕业，县公安局干部
流传地区：洛河沿岸

44. 雪花姑娘

一个小村庄里，住着老两口。他们岁数都很大了，可是没有儿女，就俩人过，家里很冷清。老两口因为自己没孩子，特别喜欢村里的小孩，对别人的孩子很亲。可人家的孩子毕竟不是自己的骨肉，老头儿、老太太常叹气，想要一个孩子。

这年冬天的一个夜晚，刮起了大风，下起了大雪。第二天清早风停了，雪也住了，地上、房顶上都铺了厚厚一层白雪，树上也像开满了白花。一群孩子在雪地里堆雪人，打雪仗。天快黑的时候，孩子们要回家了，就用干净的白雪塑了一个雪人，

塑成一个小闺女,还画上了鼻子、眼睛、嘴巴,用胭脂抹了红嘴唇。孩子们说:"老爷爷老奶奶,我们回家了,让这个小闺女和你们做伴儿吧。"他们就都回家了。

天已经黑了,老头儿老太太相搀着回屋,还说着:"真有这么个闺女该多好!"老两口刚进屋坐下,屋门自己开了,门口站着一个小闺女,俊眉俊眼的,说:"老爷爷老奶奶,我迷路了,让我在您家住一夜吧!"老两口很欢喜,忙拉她进来,说:"好闺女,快进来暖和暖和,外头多冷。"老太太又赶忙去做了热腾腾的饭让小闺女吃。

从这以后,小闺女就在老两口家里住下了,她很勤快,洗衣服、扫地、做饭,啥活都干。可就有一样叫人不明白,她越是天冷越高兴,越是天热越伤心。天气好的时候别人都去晒太阳,她却在屋里不出来,说是见了太阳头晕,眼睛受不了。老两口最疼小闺女,什么都依着她。

小闺女跟别人的闺女不一样,她长得很快,刚过两三个月,她就长了有好几岁那么大,看起来像个大姑娘了。她还是不爱见太阳。而且自从一立春,天气慢慢暖和起来,她变得越来越瘦,脸色也白得像害了病。

转眼到了春三月。一天,太阳特别暖和,邻居家的闺女们都出来,在太阳底下做游戏,她们叫小闺女一起玩儿。老头儿老太太见闺女身体不好,也着急,就说:"闺女去吧,晒晒太阳身体就好啦。"小闺女眼里噙着泪,说:"老人家,我走了。"

一群闺女就出来在太阳底下做游戏玩儿,玩儿了很长时间,她们想回家了,却找不着小闺女。她们以为小闺女自己先走了,就去她家找,她也不在家。老两口和她们一起出来找、叫,也找不着,最后只在她们游戏的地方发现地上有一摊清水。

原来,小姑娘就是雪人变的,所以她怕太阳光。天太暖和了,她受不了,就化成了清水。

讲述人:王军芳
采录时间:1991年2月

45. 为啥先闪电后响雷[淇县]

响雷据听说是老天爷在惩罚人间的作恶人哩,谁要在世上作了恶,老天爷就叫响雷击他。

原先,都是先打雷后闪电。有一回,天黑了,天底下有个人看天上黑云滚滚,快要下雨了,就慌慌张张吃罢饭,把锅刷了刷,把锅里的刷锅水泼到了院地上。可老天爷没有看着这个人刷锅,就看着这个人端锅泼了,认为这个人把饭泼了,是在作恶,就响了个雷把这个人给击了。随后就是一个闪电,老天爷借着闪电仔细一看,这个人泼的不是饭而是刷了锅的脏水,可人已经击死了。老天爷后悔自己断了冤案,为避免类似的事再发生,老天爷把先响雷后闪电改为先闪电后响雷。先看清是不是恶人,如果看清了是恶人,再击。

讲述人:何桂花,女,57岁,汉族,淇县桥盟乡农民
采录人:郭灿星,男,29岁,汉族,淇县桥盟乡文化站专干
采录整理:郭灿星
采录时间:1987年3月
流传地区:淇县

46. 雨水为什么不均[内黄县]

不知哪年哪月哪日,老天爷去西天拜访如来佛。临走时,给老天奶奶说:"我这次去,得一段才能回来,你看着该下赇下啦。"谁知老天奶奶错听为"该嫁赇嫁啦"。老天爷走后不久,她就嫁人走了。

老天爷在西天得知天下大旱,就急忙赶回天宫安排下雨。谁知,老天奶奶改嫁时把雨谱带走了。老天爷听了很发急,不管三七二十一就命令下起雨来。下了几天以后,老天爷派孙悟空去看人间雨下得咋样。孙悟空出了南天门,一个筋斗下来,偏巧撞到一座山顶上,碰得他头昏眼花,也没来得及细看,就返回天宫说:"不够,不够,地上的土还硬得像石头一样。"老天爷又命令下了几天雨,结果好多地方都遭了水灾。

过了一段时间,听说好多地方又出现了旱情,老天爷又派孙悟空下去查看旱情。这一回,孙悟空一个筋斗下去正好落到井里,冷不防喝了几口冷水。他带怒返回天宫,嚷道:"下边水还多着咧,不能再下啦!"

从此以后天下总是旱旱涝涝。

讲述人:刘静轩,男,70岁,中专毕业,干部,濮阳市人
采录人:高双春,男,高中毕业
采录时间:1984年
采录地点:内黄文化馆

47. 天明为啥一阵黑［淇县］

不论春夏秋冬哪个季节，天明之前总要黑一阵。这是啥原因呢？有传，这是东海龙王的儿子——小白龙留下的规矩。

相传，小白龙为救天下的众多生灵，私自降雨，触犯了天条，玉皇大帝一怒之下，把他贬下了天庭。小白龙来到人间后，仍不断为百姓办好事。

一天，太阳已经落山了，小白龙看到一个放牛小孩仍然在山坡放牛，小白龙正想上前问问，可那小孩突然倒在山坡上，往山下滚落，小白龙急忙上前一把抱住。小白龙问："小孩，天已经黑了，你为啥还不回家？"小孩哭着说："我是给东家放牛的，回去得早了要挨皮鞭。东家是个大财主，嫌我吃得多，一顿只给我喝一碗稀饭。刚才，饿得我头晕眼花，不小心摔了下来。若不是叔叔搭救，我的小命也难保，多谢叔叔救命之恩。"放牛小孩子连忙给小白龙磕了个头，表示感谢。回过头来准备牵牛回家，小白龙飞起一脚把那牛给踢死了。小孩一见牛死了，越发哭成了泪人，小白龙对小孩说："不用怕，我自有办法。"

小孩按小白龙说的蹑手蹑脚地摸进财主家，偷偷地拿了一把柴刀，背起一口大铁锅，一溜烟跑回山坡。他俩一起动手，剥下牛皮，剁下牛尾巴，支起铁锅，一会儿牛肉就炖熟了。他俩美滋滋地吃了一顿。小白龙把牛尾巴插在一个山窟窿里，对小孩说："你就说牛钻进山窟窿里，拉不出来，必须让财主亲自来。"

等他们事安排停当天已经大亮，小白龙说："老天爷呀，你就不能让天再黑一阵。"说罢，天果然黑起来。他们赶快把东西送回财主家，小孩放下东西，叫醒老财主，说："东家呀，你家的牛钻进山窟窿里拉不出来。"老财主说："你胡说，我不信。"财主跑去一看，山窟窿里果然有个尾巴，用手拽拽，山那边有牛叫的声音，老财主左拽右拽，牛不出来，小白龙一喊："一，二，三"牛尾巴被拽出来了，老财主也随着掉进了山沟里，去见阎王了。

讲述人：郭老愚，男，93岁，汉族，淇县阁南村农民
采录人：陈香，女，21岁，汉族，保险公司工作人员
采录整理：张长虹，男，51岁，汉族，淇县文化馆工作人员
采录时间：1987年3月
流传地区：淇县

48. 天为什么是蓝的[西峡县]

开天辟地,天上和地上一样,有很多高山、河流。这些山都是头朝下,好像是镜面朝下照着地上的东西。

天底下只住着一家人,这家人怕天塌下来,从未出过门。老天爷知道这事后,对天神们说:"用块蓝布把天包住,不让人们看见就好了!"从此,天就变成蓝色了,人们再也不必担心天会塌下来。

讲述人:任朝江,男,汉族,文盲,西峡县军马河乡农民,已故
采录人:罗天宝,男,31岁,汉族,教师,西峡县米坪乡关山村人
采录整理:杨平,女,28岁,汉族,高中毕业,西峡县文化馆职工
采录时间:1987年1月
采录地点:西峡县米坪乡关山村

49. 天为啥是蓝的[范县]

那时候,太上老君还没下生,正赶上一场天地演变。他要等天长严了,再出世。没出世,看不到外界的事情,他却会说话,嘴上还长出了胡子。每隔上几天,老君就问娘,天长严了没有,娘总说:"没有,没有。"老君在娘肚里怀了八十年,胡子长白了。娘被老君问得很不耐烦,有气地说:"长严了,出来吧。"老君听说天已长严,就咬断娘的三根肋骨呱呱出世了。

老君生下来到世上,一看天还没有长严,天的西北角还有一个大窟窿,他就挖了一块冰给补上。用冰块补的西北角,与原来的天不合体,人们常害怕冰块补的天会塌下来。老君便脱下自己的蓝衫,把天遮住,天就变成蓝颜色了。

讲述人:崔金甲,65岁,男,汉族,初小毕业,范县王楼乡赵菜园农民
采录人:崔金钊,男,60岁,大专毕业,王楼乡教育组干部
采录时间:1990年3月14日
采录地点:范县王楼乡

50. 天为什么是青的

很久以前，天不是青的。抬头看天上尽是石头，风一吹，天上的石头就"噼里啪啦"地砸下来，把天底下的人砸死不少。一到刮大风，人们都提心吊胆，赶快躲进大山洞里。他们都幻想有一样东西能把天蒙着，那该多好啊。

有个姑娘长得非常漂亮，心地非常善良，是一个织布能手。她看见天上的石头砸死了那么多老百姓，心里非常难过，就没明没夜地织布，想织一匹青布把天上的石头蒙住。她织呀，织呀，一下子织了大半辈子，终于织出一匹能够蒙住天的大青布来。

天黑了，乡亲们都来送她，姑娘含泪告别了众乡亲，带着青布腾云飞到天上，用了一夜把天上的石头全蒙上了青布。第二天，乡亲们看见天已变成青色的了。

从此，天上再也没落下过石头，人们也能安心过日了。只要没乌云遮住，太阳一出来，就看见天是青幽幽的。

讲述人：杜思钟，男，文盲，70岁，砖店集农民
采录人：杜小喜
采录整理：龚国强
采录时间：1987年9月5日
采录地点：砖店集

51. 阴天刮风不下雨的传说

我们常常可以看到，有时天阴得很厉害，但一阵阵大风之后，云彩四处飘散，将要下雨的大阴天转眼间变成了大晴天。这种现象，若按科学的方法来回答，道理很简单，可古时科学不发达，人们便用一个可笑的传说来回答。

据说老天爷刚登位不久，要去召开天庭大会，需要好长时间才能返回。临走，他嘱咐他的妻子（天奶奶）说："我走了以后，什么地方旱，你该下就下吧。"天奶奶耳朵有点背，把话听错了，她听为"我走了以后，你想嫁就嫁吧"。就这样，天奶奶又另嫁他人了。

后来，老天爷回来，一看家里空无一人，很是生气。这时老风婆走过来说："她嫁走了，如果你不嫌弃我的话，我愿嫁给你。"老天爷略有所思，摇摇头说："不得，我

如果想下雨,积些云彩,你就会给我刮散。"老风婆说:"没有那么严重吧。一切我还是听您呢。"就这样老风婆闪动着秋波缠着老天爷不放。老天爷无奈,只好娶了老风婆做了他的第二个妻子。

老天爷和老风婆的脾气都很急躁,动不动就吵嘴、生气,老天爷要下雨,老风婆不让,一阵风把云彩刮散。这就是我们常常看到大阴天时刮风不下雨的现象。不过,要是老天爷真的生了气,老风婆就不敢再强了,就帮老天爷下雨浇田,以博得老天爷的欢心。但是,大雨来到之前,必要先刮一阵风以显示她的威力。这就是所谓风是雨头的因由。

讲述人:冯来兰,69岁
采录整理:凡孟曾

52. 为啥西南风热东北风冷

据说,在很久很久以前,快要天塌地陷的时候,玉皇大帝派一天神下凡私访,看谁的心眼最耿直,就搭救谁逃灾避难。天神领了旨意,装扮成一个卖油的老汉来到人间,叫喊着卖油。不论你给多少钱,打的油都比你应该买的多得多。可是买油的谁也不说多打了油的话。这天他来到一家,只有母女二人。听说卖油的来了,就拿了一斤油钱来灌油。卖油的老汉也同样给她们打了很多很多的油。母女一看,说啥也不要多打给她们的油。这老汉见她母女心眼耿直,就对她们说:"明个天上要下很多的棉花,你们不要拾它,什么也不要要,一直向很远的地方跑,见到一座破庙,你们再停下来。因为天要塌、地要陷了,跑到那里可以躲灾避难。"说完,老汉便不见了。第二天,她母女二人按照老汉说的,就向远处跑去,跑呀,跑呀,前面果然有座破庙,就走进庙里。天冷得厉害,母女便在破庙里生着了火。这时候就听一声巨响,大地摇摇晃晃,眼看就要陷下去,母女俩灵机一动,女儿拿起一根木柴,顶住大地的西南角,母亲抱块冰柱,顶住了东北角。后来,灾难过去啦,大地又恢复了原来的样子。因为西南角是木柴顶住哩,一刮西南风天就热,东北角是冰柱顶住哩,一刮东北风就冷。

讲述人:赵先,男,62岁,汉族,不识字,农民
采录人:梁玉辉,男,39岁,汉族,高中毕业,教师
采录时间:1987年5月14日
采录地点:马乡镇陈冲村

二、自然神祇

53. 山神和巫婆[清丰县]

很久很久以前,我们这个地方很美丽。有两个深而碧蓝的湖泊,整天绿波荡漾,周围垂柳飘洒,轻拂着湖面,岸边爬满青草、野花。这两个湖圈住我们半个村子。村里的人都很勤恳,用自己的手美化着这块地方。邻居之间相处得也很和睦,在这个村子里住着一个巫婆,人们不知道她什么时候居住到这个村子里的,不过她很善良又勤劳,经常为村里人做些好事:替别人看娃娃呀,给别人洗些衣服呀,等等。村里人都很亲近她。

一年年过去,巫婆也老了,做事感到不方便,她知道自己已到了暮年,该准备后事啦。她便决定把自己葬在这个美丽的地方,使自己尸骨有个安身之处。

有一天从这儿经过一位神仙,他拄着龙头杖,因为赶路很累,他口渴得厉害。当他看到两个大湖里的清水时,很高兴。他不顾观赏四周的美景,就用手捧着水喝起来,他喝呀,喝呀,不大一会儿两湖里的水全喝光了。他站起擦擦嘴,大叫痛快,可是当他向周围一看,却呆了,四周树上的绿叶开始枯黄、飘落,青草、花儿也没有精神了,一时满目荒凉,使人觉得心里苦楚。那山神看后十分后悔,他暗暗说:"哎,这美丽的风光要断送我手啦……"他思索着,最后毅然用手杖的一端划破了自己的肚皮,使自己喝的水又流了出来,那水重又流满了两个湖,还是那么清澈。山神流出的血,又染红了周围的花。那树、那草、那湖泊又回春了,比以前更美啦。山神看着这一切,高兴地笑啦,笑着笑着合上了双眼。

没隔多大一会儿,山神的尸体化成了一座山。那山长呀,长呀,越长越大,越来越雄伟。山石陡立,怪石横空,真是一座好山。

可是,这里很快就让巫婆知道啦。她仔细一瞧,看出这是山神的化身,她一下子变得恼火起来。心想:竟然有人敢抢占我的墓地。她看着,想着,开始嫉妒,恨起来。她想着:哼,只不过是个死老头子山神,有什么了不起的。何况,你没有给百姓做一件好事。百姓一点不喜欢你,欺到我的头上啦。她越想越恼火,越嫉妒。她心一横,决定教训一下这个该死的山神。

于是她运用法术，呼来一阵大风，一时飞沙走石，把这座大山一下子卷到很远很远的地方去。那山神自然不乐意走。何况，他曾使这一片美丽的地方失去春天，又用自己的身躯换来了它们的春天。他要终年陪伴这块土地，用自己装点这块土地。于是他把山又移了过来，依旧在那两个湖边。巫婆当然也不甘示弱，又把山卷走。山又回来，再卷走，再回来。

他们的法术都十分高强，不相上下，又都到暮年，在他们争斗半年后，都因为大伤元气而精力不足，最后竟双双灭亡。那个巫婆死后非常后悔，无脸见人，决定变成一个猫头鹰，每天晚上出来捕捉老鼠，以挽救自己的过失。那山倒了后，大石填平了两湖坑。那湖水外流，流向四周，把我们这儿周围冲成了沙地。而那两湖坑土石就变成我们村周围的淤地、胶泥地。到现在还是这样，我们村的地是淤地，而周围几里都是沙地。

讲述人：孟献义，男，59岁，农民，中学毕业
采录人：孟学超，教师
采录整理：刘希功
采录时间：1987年3月2日
采录地点：六塔集
流传地区：清丰一带

副2.53.1 建在山石上的山神庙一（程健君摄）

副2.53.2 建在山石上的山神庙二（程健君摄）

副 2.53.3　建在山石上的山神庙三（程健君摄）　　副 2.53.4　建在山石上的山神庙四（程健君摄）

54. 风 婆 婆 [豫南一带]

"风婆婆,放风来,大风不来小风来。"

在豫南的桐柏山区,每逢炎热的盛夏,人们被火炉似的太阳炙烤得难以忍受的时候,就会到处听到上面的那首儿歌。风婆婆是这一带的风神。说来也灵,只要孩子们把那首儿歌念上几遍,就会从东南方吹来阵阵微风,给人们带来爽快凉意。长此以往,人们对风婆婆就更加崇敬。

说起风婆婆为民办好事,这里还有一段故事呢!

在很久很久以前,桐柏山区有两座最高的山,一座叫桐山,一座叫乐山。桐山在西,乐山在东,两山相距一百华里,中间是一个小盆地,土地肥沃,河流纵横,阡陌交通。住在这一带的勤劳的人民,用自己的双手,把这个山间盆地绣得如花似锦。可是,主管这一带山岭的山神——凶煞神是一个凶残无道的家伙,它与它的弟弟,主管这一带水域的水神——恶煞神,经常狼狈为奸,无恶不作。人民饱受这俩恶神的灾害,对它们恨之入骨,却也拿它们没有办法。

这一年三月二十七日,凶煞神和恶煞神在桐山山顶吃酒。别看这两个家伙终年不劳动,吃的可都是山珍海味,它俩一顿酒饭吃掉的东西,价值合一百个平民百姓一年的口粮。这天,两个恶神在此狂欢,整整闹了一天,待它们酒足饭饱之后,便站在桐山之巅,解衣宽带,观赏这一带的风光。当时正是夕阳西下时分,干了一天活的人们这时都收了工,炊烟四起,别有一番景致。

凶煞神看了一会儿，指着东方远处隐约可见的乐山对恶煞神说："老弟，我可以在一夜之间，从桐山到乐山修一座天桥，天桥全部用大石条砌成，在明天鸡不鸣狗不叫的天亮之前完工。如果我说话不算数，我就到民间给你抢十个美女。"

听了凶煞神的话，恶煞神也拍着自己的胸膛说："大哥，只要你能把天桥修成，我可以在一顿饭工夫让这一带洪水泛滥，把桐山、乐山之间变成一片汪洋。如果小弟的话不能兑现，我愿为大哥到民间抢二十个美女来。"

"好，一言为定。"

"说干就干！"

当天，天黑前，凶煞神抓了许多民夫。天黑后，凶煞神就驱赶着被它抓来的民夫修筑天桥，它还手提钢鞭亲自督阵，如果哪位民夫干活稍微慢点，凶煞神就一钢鞭把他打下地狱，因此，人们只好拼命地干。天桥迅速地向前伸展，还不到半夜，就修好三分之二了。凶煞神看着那即将完工的天桥，脸上露出了得意的狞笑。

凶煞神修天桥和恶煞神泛洪水的事被主管这一带风的风神——风婆婆知道了，她非常气愤，马上派小鬼去察看动静。风婆婆是一个惯为民办好事的神仙，但苦于没权势，力量又不抵两个恶神，一时也拿不定主意。

外出察看动静的小鬼回来了，向她一口气讲述了恶神们怎样打赌，凶煞神怎样督阵及天桥快要修成的全部情况。听了小鬼的汇报，风婆婆心想："直言奉劝吧，恶神们肯定是不会听的；动武自己又不是它们的对手；撒手不管吧，又问心有愧。"这下可给风婆婆出了难题。正在她左右为难的时候，风婆婆又想到要是两个恶魔阴谋得逞，这一带的千顷良田都将成为汪洋大海。人成为鱼鳖，即使不被洪水淹死，也必须离乡背井，流落他地，死于冻馁。作为一个正直的神仙，必须要救民于涂炭。想到这时，风婆婆把自己的安危置之度外，只身来到了桐山的东南方。当她看到天色还早，那天桥马上就要竣工了，就毅然学起了鸡鸣、狗叫，因凶煞神有言在先，随着一声雄鸡的长啼和黄犬的吠叫，即将完工的天桥"轰"的一声全部垮了下来。正在得意的凶煞神一时被眼前的情景弄怔了，当它知道这是风婆婆干的之后，就举起钢鞭恶狠狠地朝风婆婆打去。风婆婆躲闪不及，被凶煞神一鞭打掉了脑袋。从此，风婆婆那没有头的身躯就慢慢化成了座山峰——风婆婆山，至今还屹立在桐柏山的东南侧。

后来，在风婆婆山的前坡，出现了两眼清泉，泉水清澈见底，人们都说这泉水是风婆婆的奶水。如果是善良的人来泉边喝水，泉水就会像糖水一样甘甜，像乳汁一样香醇；如果是丑恶的人来泉边喝水，泉水马上变得像胆汁一样苦，像鱼血一样腥臭。为了纪念为民捐躯的风婆婆，人们在风婆婆山前和桐山山顶修筑了两座风婆婆庙，每年到了三月二十八，也就是风婆婆遇难的那一天，人们就拖儿带女，来到庙里为风婆婆进香，这已成为这一带的民间传统习惯。这一带为三月二十八会，据说就是从那时开始的。

讲述人：刘四毛，男，71岁，汉族，文盲，农民，确山人
采录人：刘光，男，18岁，汉族。高中学生，确山人
流传地区：豫南一带

55. 寿星的故事［滑县］

提起老寿星，可以说是家喻户晓，老幼皆知。他那大奔头前额，长长的胡须，乐哈哈的面孔，叫人又爱又敬。

在很早很早以前，寿星在昆仑学道，拜元始天尊为师。师父兄弟三人，每人都收了一个徒弟。在三个徒弟中，数寿星学道最早、年龄最大，为大徒弟。他在学道中不偷懒不取巧，很用功夫，为人处世很诚实，师父和师伯都很喜欢他。但他两个师弟却把他当成无能老朽，特别是三师叔和他的徒弟经常讽刺挖苦几句，有什么苦差使总要推在寿星身上。对这些，他从不计较。

经过多年修炼，师父和师伯都认为三个徒弟中就数寿星人品好，道行深，但师叔却硬说自己的徒弟人品好，道行深，现在下山都绰绰有余。老师兄弟们争执不下，后来就商量了一个共同赐宝考验三个徒弟一番的办法，以此证实谁的人品好。

在赐宝的这天，把要给徒弟们的法宝，都放在了一个看起来很不显眼的聚宝匣里，然后摆在洞府前，设了香案，三位师长坐在案前。这时三师叔的徒弟一见霞光异彩的宝贝，眼花缭乱，乐得浑身直痒痒，还没等三位师尊发话，就趴在聚宝匣上琢磨开自己的宝贝了。他看见这个也好，那件也好，真想独吞了全部宝物，然而寿星却在一旁不动声色。不多时，师父们发了话："你们谁喜欢啥，自己就拿啥。"话音刚落，聚宝匣里的宝贝，就被三师叔的徒弟挑了一多半，师伯的徒弟看看再不动手，就什么也捞不着了，所以也下手拿开了。三师叔的徒弟一见这情况，急得眼都红了，赶忙又抢了几件，最后连一件也没有给寿星留下。按说寿星一定会生气，谁知他不但不争不抢，而且眼看着师弟们把宝贝拿完了，自己还在一旁不言不语守着宝匣子乐呵呵地直笑。这时他师父倒有些急了，心想虽然寿星为人诚实厚道，不因为几件宝贝伤了和气，可也不能让老实人吃亏，到头来一件也得不到呀。为了防止其他两个徒弟把仅剩下的一个聚宝匣，这件最好的宝贝抢去，赶忙过去拾起宝匣一边说着"还不把宝贝收起"，一边将宝匣照着寿星的头打了下去。说也奇怪，老大个聚宝匣，一甩出去就变小了好多，一挨着寿星的头，闪了一道祥光就钻了进去。这时寿

星头上不但不流一点血,而且连一点伤痕也没有留下,只觉得头上一阵晕胀过后,浑身非常爽快。当他用手摸头时大吃了一惊,这时头已经长老大,而且前额还长出个大奔头来;用手摸胡子又吓了一跳,不知什么时候胡子也长老长,而且全变白了。正在惊奇的时候,一看师父和师伯,他们却在一边满意地笑了。

赐完宝,三位师长问三个徒弟:"你们谁修炼好了?修炼好就可以下山。"三师叔的徒弟抢着说:"我修炼好了,愿意下山。"师伯的徒弟犹豫了一阵,虽说没修炼好,但也想下山。唯独寿星说:"弟子还没有修炼好,还需要在师父们的指教下,再好好修炼。"

两个师弟下山后,寿星又留下来修炼了好多年,师父和师伯又教给他好多本事,还给了他一根能降龙伏虎的拐杖,得道以后就成了福禄寿俱全的南极仙翁,人们熟悉的老寿星。

讲述人:王印其,61岁,女,滑县焦虎村农民
采录整理:李洛宁
采录时间:1989年12月12日

56. 老寿星头上的包

老寿星头上原本没有包。有一年,他去赴王母娘娘的"蟠桃会",喝醉了,迷迷糊糊地想:我何不也栽两棵仙桃树,自己吃着方便呢!于是就到蟠桃园中偷偷撅了两枝桃树枝,藏在袖筒里。谁知走在半路上,两个桃树枝从袖筒里掉了下去,恰巧地上有人娶亲,那俩桃枝说:"咱也成亲吧!"就变成一男一女下凡去了。

老寿星酒醒以后,不见了桃枝,他怕桃枝下凡生事,慌忙去找王母娘娘。王母娘娘一听很生气,用拐棍照他头上捣了一下。这一下捣得不打紧,老寿星的头上立时起了个大包。接着王母娘娘又派天兵天将把那俩桃枝抓了回来。它们见了王母娘娘,乞求还留在凡间。王母娘娘也嫌它们沾上了凡间俗气,一气之下一脚把它俩踢了下去。谁知王母娘娘使了狠心,把它俩身上的仙气踢掉了。俩桃枝落到地上,变不成人了,变成了两棵桃树。

副2.56.1 木版年画"寿星"
(程健君供稿)

自此,人间有了鲜桃,老寿星头上的那个包呢,永远也下不去了。至今那寿星图上,老寿星还总是托个大仙桃呢!

讲述人:刘玉柱的奶奶
采录人:刘玉柱,男,37岁,汉族,小学毕业,陌陂乡陌陂街农民
采录时间:1986年3月
采录地点:陌陂乡陌陂街

57. 建 双 塔 [中牟县]

早先,咱这冉家(村)东地有块风水宝地,传说在这地块下,要飞出一只金鸟,它一飞出那可不得了,咱这方圆百里就会遭大灾。太阳神和月亮神听说了这事,就商量要在那儿盖个双塔,把那金鸟压在地下,让它飞不出来,这儿的人就会得救了。

俩神商量后,说干就干。太阳神白儿里盖,月亮神黑儿里盖,各盖各的,太阳神盖东塔,月亮神盖西塔,他们各自都带着很多的小鬼、小判帮忙。盖呀,盖呀,整整盖了七七四十九天,终于盖成了。

可一看,盖得不一般高。太阳神天天都干,东塔盖得高,月亮神爱偷懒,不是来得晚,就是去得早,还不照常,他盖的西塔就不高。月亮神心眼坏,气胜①人家,就使夯。一夜他趁着太阳神不在,就运足气,一巴掌就把东塔给打掉半截。让娃儿②你看看不就是西塔比东塔高吗?那片儿的人都这样溜:"东塔高,西塔低,一巴掌打到冉坟西。"说的就是这事。不信,你去冉家坟西边看看,那还有一大堆砖头蛋呢。

讲述人:冯二喜,男,57岁,小学毕业,农民
采录人:冯长顺
采录时间:1989年10月8日
采录地点:中牟县冯堂乡蒿家村
流传地区:中牟县南黄店乡冯堂乡一带

---

① 气胜:方言,嫉妒意。
② 让娃儿:音记,方言,现在。

58. 玉皇大帝的来历［息县］

从前，息县城东关外有座天爷庙，庙里有个神仙叫玉皇大帝，俗称老天爷。说起玉皇大帝的来历，这里有段故事。

相传，古时候，有个"光严妙乐国"，国王名字叫净德时王，年过半百尚未得子，心里非常着急，曾多次祈求太上老君赐个儿子，好继承他的王位。

一天，皇后果然见到太上老君抱一婴儿来到皇宫，说是给她送子来了。皇后随即禀告国王，国王立刻前来拜谢，并设宴款待太上老君。可是，太上老君见了他们的酒席，转身拂袖而去。皇后以为酒席不丰盛，惹怒了太上老君，急忙上前追赶赔礼道歉。因她走得太慌张，被门槛绊倒在地，"唧哇"一声惊醒了，原来是一场梦。可她一摸肚子，真的怀孕了。国王一听夫人有孕，一时乐得哈哈大笑，说："这真是天助我也！"于是，马上设宴，庆贺皇后怀孕，也借此感谢太上老君给他送子之恩。

副 2.58.1 滑县木版年画中的四像，上为玉皇大帝（选自《中国木版年画集成·滑县》）

第二年正月初九，皇后生下一子，国王和皇后视如掌上明珠。国王每天朝政回来，总要亲一亲儿子，喜盼儿子快长大好继承王位。不料，这个王子长大以后，竟舍弃王位，不愿做皇帝，把皇室的所有财产一散而尽，自己却到山中学道修真去了。后来，他得道成仙，被太上老君选入天庭，当上了玉皇大帝，总管三界的一切祸福。因为玉皇大帝是农历正月初九生，所以，人间每到这一天都敬奉老天爷，说是正月初九是老天爷过生。

讲述人：涂玉生，男，63岁，农民
采录整理：戴金瑛
采录时间：1984年

59. 天奶奶替天爷解难

有一年庄稼旱了,百姓说:"老天爷啊!快下雨吧,再不下庄稼都旱死了。"走路的客官说:"老天爷,你可不能下啊,把我淋在半路咋回家啊。"船上的纤夫拉纤累得满头大汗,口里不住埋怨老天爷:"咋不起大风哩,起了风拉上篷我们不是不卖这苦力了吗!"正赶果子成熟,梨园里人说:"老天爷可不能刮风啊,要是把梨都刮落了,今年俺又要受穷了。"各人的要求不同,老天爷作难了。愁得茶饭不香,睡觉不安。

王母娘娘看老天爷这样子,问他:"你愁啥呀?"老天爷把这些事情给王母娘娘说了一遍。王母娘娘说:"那有啥愁哩!你传令叫黑夜下雨,白天响晴天,大风溜河走,别叫闹梨园。这样,各方面不都照顾到了吗?"

老天爷一听:"中!"就传令,命雷公风婆照计划行事。普天下都说天爷是好天爷。

讲述人:王远,男,70岁,文盲,农民

采录整理:王洪志,男,44岁,文化站专干

副 2.59.1 朱仙镇木版年画"天后娘娘"(程健君供稿)

60. 地上的光明是怎么来的 [西华县]

很久很久以前，地上没有光明，到处都是黑暗，动物们找东西，不是撞树上，就是掉在洞里，有时走路也常碰得头破血流。

一天，百兽之王狮子召集动物们说："我们不能永远生活在黑暗里，天上有光明，我们要把光明带到地上来。谁愿意去？"耗子说："我愿意去。"

蜘蛛和苍蝇也愿意去，它们要上天，蜘蛛就开始织网。织呀，织呀，一直织到云层上。耗子沿着蜘蛛网攀上云层，把云咬破一个洞，它们三个都上到天上了。

天上的人听说它们是从地上来的，就把它们带到天国国王那里。耗子说："天王啊，我们地上没有光明，全都生活在黑暗里，请您给我们一点光明吧！"

天王一点也不同情，召开会议说："我出难题，它们没法解决，我就可以拒绝它们的要求了。"他们对地上的使者说："你们如果能在明天早上以前把这里云层上长的青草都统统割掉，我就给你们光明。"

苍蝇对耗子和蜘蛛说："那么多的云层，上面又有那么多青草，怎么割也割不完啊！"耗子想了想说："我有主意了，快让我下地上一次。"

当天晚上，几千万只蚂蚁爬上天，它们见草就咬，终于，天没亮就把草全部咬倒了。

天王见云层上的草全部割倒了，就又耍了花招，对三使者说："今天我要烤三十只羊，如果你们能在一夜间吃光，我就给你们光明。"

苍蝇、蜘蛛和耗子商量了一下，又让耗子下地上去了。

第二天天还没亮，三十只烤羊只剩下了白骨。原来耗子从地上叫来许多耗子，不到半夜就把羊肉吃光回去了。

天王没有办法，和大臣商议："我让它们挑这两个盒子。我把光明装在红盒子里，它们要挑住黑盒子，不给它们光明，它们也没话说。"

苍蝇把听到的话说给蜘蛛和耗子，挑盒子时，它们挑住红盒子下地上去了。

狮子很高兴，让动物们都看盒子里的光明。盒子慢慢打开了，只见里面有一只红公鸡，都嚷着说："这哪儿是光明，我们上当啦。"耗子、蜘蛛和苍蝇急得直哭。可就在这时，红公鸡突然跳出来，跳到一个石块上，伸长脖子叫起来。

顿时，天东方出现了亮光。公鸡一遍遍地啼叫，天上的黑云没有了，变成了白云，只见一轮红红的太阳从地平线上升起来，照亮了大地。从此，地上有了光明。

讲述人:顾毛,男,40岁,汉族,教师
采录整理:宋雪英
流传地区:西华县

61. 水火不相容[汤阴县]

在汤阴县正南有一个古老的神话。在很久很久以前,火神和水神同时爱上了美丽的云女。可是,云女爱的却是年轻英俊的水神。云女和水神相爱,气煞了火神。当正直的水神到人间去施雨时,火神却再次威胁云女和他成亲,遭到了云女的坚决拒绝。火神勃然大怒,口喷烈火,将云女活活烧化了。水神得知云女被害,非常悲痛,他踩着汹涌的狂涛急浪向火神扑去。但云女早被火神烧化了,水神不愿再看到火神凶残的面孔,只好饮恨退居人间。从此水和火就不相容了。

采录整理:宝东　林英

62. 龙伯钓鳌

渤海的东边,不知道几十万里地方,有一个大壑,实在就是无底的谷,它的下面没个底,名叫归墟。大地八方,九州原野的水,乃至天上银河的水,全都流注在归墟里面,归墟里的水却既不增加,也不减少。

归墟有五座神山,第一叫岱舆,第二叫员峤,第三叫方壶,第四叫瀛,第五叫蓬莱。这些山的高下和周围都是三万里,山顶平坦的地方是九千里,山和山之间距离三万里,这样远的距离却好像邻居一样。山上的台观都是金玉所建成,山上的禽兽都是纯白的颜色,珍珠和美玉的树都成丛生长,花和果实都很有滋味,吃了能够不老不死。住在山上的人都是仙人和神人,从早到晚,在山与山之间飞相往来,简直数也数不清。可是五座大山却是浮在水面上的,下面没生根,常常随着浪潮颠簸,上下往还,不能稍微停顿一下。

这种情况,使得在山上的神仙很以为苦,他们就去把苦情向天帝陈诉。天帝恐怕长此下去,五座山就会流向北极,沉没在大海里,失掉了神仙们居住的地方。便叫海神兼风神的禺疆,带了十五只大乌龟,去把五座山用头顶起来,每三只乌龟做一组,轮流更替,六万年交替一次。这么一来,五座神山才算是屹立在那里没有动了。

可是却有龙伯国的大人跑来捣乱。他举步即到五座神山,拿起钓竿一钓,就钓起了六只在那里轮班顶戴神山的大乌龟。他把它们合拢起来,背在背上急忙便走,回到他的国家,把乌龟都杀了,把龟壳用来占卜吉凶。

于是岱舆和员峤两座神山就漂流到北极,沉没在大海里。这一场灾祸发生后,惹得住在两座神山上的神仙们,忙忙碌碌搬家飞行,差不多十万计。天帝知道这回事情,非常恼怒,马上运用神力,削减龙伯国的疆土,使它狭窄,缩小龙伯国的人的身躯使它短小。可是虽说这样,到伏羲、神农时候,那个国家的人的身量据说还有好几十丈长呢。

采录整理:赵承

63. 雷公和闪母

很久以前,山沟下住着一户姓雷的老两口。一辈子没生儿女,有个义子,名叫雷小。老两口把他看成宝贝蛋,没吵过一句,没打过一巴掌,说咋着就咋着,养成了他好吃懒做的习惯,成了有名的二流子。

雷小年长一十八岁,老两口为他完了亲。一成亲,小两口把老两口看成了眼中钉。雷小是张口就骂,抬手就打,说养活俩老人还不如养活两条狗。老两口听了只有暗暗流泪。一天夜里,连刮风带下雨,老两口的衣裳都淋湿了,冻得直打哆嗦。这时,只听到人喊:"雷公闪母!"他们一看,床前站着一个白胡子老头,说:"雷公闪母不必害怕,我是太白李金星。三十年前,你们下凡人间,今夜你们有大灾大难,玉皇让我把你们救回天宫。"又见老头吹两口仙气,他们觉得身子一摇晃,凡胎不见了,变成了一公一母两条金龙,卧在草屋内。太白金星又说:"你们走时把那两个恶人的魂抓走,带到天宫后处置!"说罢,转眼就不见了。

再说堂屋里,雷小家两口子,正商量着害死两位老人。准备趁刮风下雨的机会,把草屋推倒,把老人活活砸死。这时屋门"吱呀"一声开了,老头一闪过去,指着雷小说:"好你个忘恩负义的东西!竟要害我们一死!"雷小听了气得像吹猪的一样,二话没说,从床底下摸出一块砖头,"叭"的一声,朝老头砸去。只听"咣当"一声,正砸在门上。

这下子他犯了疑,屋门上得好好的,连一点缝也没裂,老东西是咋进来的呢?点着灯看看,屋里也没有啥,只是把门砸了个窟窿。他害怕起来,拉起床上的老婆,蹑脚蹑手进了草屋,打着火一照,只见两条金龙卧在屋内。雷小两口扭头就往外跑。这时,两条金龙腾空而起,寒光一闪,轰隆一声,雷小两口没魂儿啦。两口子倒在泥水里。

住在雷小隔壁的胡大,出来屙屎,太白金星的话他听得一清二楚;雷小家两口被龙抓的事,他看得明明白白。第二天一明,胡大就把夜里发生的事儿给村里人讲了。一传十,十传百,不几天就传遍了方圆几十里。老百姓都知道了:雷小两口因为不孝敬父母,他两口都叫龙抓了。他爹是雷公,他娘是闪母,老两口都是天上的金龙变的。

后来,老百姓都捐钱盖庙,烧香磕头,敬仰雷公闪母这两条金龙。那些不孝敬父母和公婆的人,听见打雷就害怕,看见打闪就没魂,再也不敢打公骂婆,虐待老人了。

采录整理:雷文杰

64. 好天难当

当好人难,当好官难,当好天也难!

有一天,老天奶和老天爷开玩笑说:"我看你这官儿怪自在哩,整天闲着没事,还三天两头吃供享,四行八业都向你许愿,什么好吃的都让你吃了!"

老天爷笑了笑,说:"要不,我让给你当几天,咋样?"

老天奶说:"中,当几天就当几天,看能把我咋着?"

老天爷出门玩了,要老天奶在家当家儿。

这天,先来了个种地的,烧香祷告说:"老天爷,您老睁睁眼,快下雨吧,我的庄稼快旱死了,您若是保佑俺好收好打,我给您上个刀头肉供!"老天奶一口应承了。她想,原来当老天爷就这么容易呀!一个供到手了。

过一会儿,来了一个泥瓦匠,跪下祷告说:"老天爷,您老睁睁眼,千万别下雨,把我的坯淋毁了!您要给我几个好晴天,我许您一个刀头肉供!"老天奶也应承了。

过一会儿,又来了一个种果园的,进庙来祷告说:"老天爷,我的果树正开花,千万千万别刮风,您要是给我个没风没火的好天气,我许您一个刀头肉供!"老天奶应承后,感觉有点麻烦了。

不一会儿,又来了一个撑船的,进庙祷告说:"老天爷,求您老人家帮帮我吧,您要给我送上一阵三级风儿,过了河,我给您上个刀头肉供!"老天奶不好不应承,可一想,难住了:一个叫下雨,一个不叫下雨,一个叫刮风,一个不叫刮风。叫人人都说好,不容易呀!

等老天爷回来,她苦笑着对老天爷说:"你这个官儿我不当了!"老天爷问她怎么回事,她把难处说了。

老天爷听了,笑了笑说:"这有什么难!"随手批道:"下雨只下庄稼地,砖瓦场上晒干坯,果树开花蜂蝶去,开船送他顺河风!"

老天奶笑了:"还是你有办法,刀头肉还是你吃吧!"

讲述人:周秀英,女,80岁,家庭妇女,不识字
采录人:牛凤桐

65. 老天爷难当[浚县]

有一天,有四个人拿着香箔供品到天爷庙里烧香祷告,各有心愿请老天爷保佑万事如意。

种地人说:"老天爷,快下雨吧。庄稼苗快旱死了,要是下场透雨,俺给您上花花大供。"老天爷说:"那就下场雨吧。"

卖酱的老板祷告说:"老天爷,可千万别下雨呀。弄几个大晴天酱就晒好啦。我赚了钱给您上花花大供。"老天爷有点作难啦。

梨园主祈求说:"老天爷,梨树正开花呢,千万可别刮风呀。梨园挂果多,给您上花花大供。"话刚落音,又有人祈祷了。

船老板说:"老天爷,我要起船啦,快刮几天顺风吧。三天能到码头,我给您上花花大供,谢谢您。"老天爷更作难啦:"有人叫下雨,有人不叫下雨,有人不叫刮风,有人叫刮风,我听谁的话呢?老天爷难当,我不当了。"

老天爷回到家里唉声叹气,说天爷难当。老天奶忙问:"因为啥事儿呀?"老天爷咋来咋去对老天奶一说。老天奶慷慨利落当机立断:"这事好办,夜里下雨,白天晒干酱,光刮顺河风,不要窜梨行。这不都如他们愿了吗?四家的花花大供,我们都收,还去当你的老天爷吧。不当,谁来进贡。"老天爷就又继续当起来啦。

讲述人:丁佩荣,女,70岁,汉族,浚县风景区工人
采录整理:邢清玉,男,49岁,汉族,浚县博物馆干部
采录时间:1988年12月

流传地区：浚县

66. 老天爷分家

传说老天爷有四个儿子。长子起名叫青天，次子名叫白天，三子叫昏天，四子叫黄天。常言说："儿大不由爷。"四个儿子长大后，都怀私心，钩心斗角，各霸一方，常因争权夺利而闹得昏天地暗，老天爷无法管教，只好同老天奶奶商量，决定分家。可天堂上一切都是公有的，有啥可分呢？无奈，老天爷只好把一年三百六十天平分给四个儿子，每人各分九十天。

家已分好，不料，恰巧在这个节骨眼儿上老天奶奶又生了一子，起名苍天。这五子分啥呢？这一下，可愁坏了老天爷，无奈，他只好又同四个儿子商议，要他们各均出十八天分给五子苍天所管。这样一来，每个人各得七十二天。也就是从"打春"到"立夏"共有七十二天，这段时间由长子青天所管；从"立夏"到"立秋"这七十二天由次子白天掌管；从"立秋"到"立冬"这七十二天由三子昏天所管；从"立冬"到"打春"这七十二天由四子黄天所管。而在这每个节令外都有十八天，一共又是七十二天由五子苍天所管。刚好这十八天里，天上的神仙都要到玉皇大帝那儿议事，于是，常说的"三煞"、"五黄"、"太岁"都避过去了。人间便把这些天当作"吉利日"，百姓们便趁此机会起梁、盖屋、修造、嫁娶……都会平安无事。

67. 天帝赐麦子[淮阳县]

很早很早以前，有个人名叫神农，这个人可不是凡人，他能上天去见南海观音，还能见天帝，天帝也就是咱常说的老天爷。

原先人世上没有药，人得了病只得等死。后来神农上天去见南海观音，他把人害病的事儿说说。南海观音怪好，送给他一杆鞭，这鞭是个宝器。神农从天上回来。拿着鞭在地上甩，甩到哪儿，哪儿就长出草药。人再有了病，就不等死了，弄点草药一吃就好了。

自打①神农用鞭甩出了药，人有病不死了，这一来，人慢慢多起来了。人一多，吃的又成了大难题，大家天天为吃的发愁。神农想了想，这不中，我还得上天去要

---

① 自打：方言，即自从。

吃的东西,要不人再一多,咋办哩!

神农到了天上,见了天帝,天帝问他:"神农你赠说啦,地上还缺啥,我想法帮你办办。"神农就说:"自打天塌地陷以后,世上光秃秃的一片荒,任啥也没有。以后有了药草,世上人有病算是不发愁啦。"天帝听了,觉得世上光有药治病也不中啊,还得有吃的,就说:"神农,你别绕弯扯恁远啦,干脆你说来弄啥哩吧?"神农说:"世上人多,没啥吃,天天为这事儿发愁。"天帝说:"我想着就是这事儿,妥啦,这你别愁啦。"天帝说着,就窝①命人取来个小瓶子,这瓶子也是个宝贝。天帝交给神农说:"这瓶子里装了三样神虫,有龙虫、虎虫和凤凰虫。等会儿你回去,把这三个虫倒出来,放到整好的土里,过些时候,就会长出人能吃的粮食,名字叫麦子。收了这代种那代,代代相传,不愁没人吃的。"

神农拿着那宝贝瓶子从天上下来了,按照天帝说的,把三个神虫种土里,过了些时,当真就长出麦子。就这世上算是有了麦子啦,代代相传,直到这咱儿②。

直到这咱儿人还念歌哩:"一龙一虎一凤凰,天帝叫它们下天堂,亏得神农收留它,为人造福万年长。"麦子就是这么来哩。啥是一龙一虎一凤凰哩?就是这咱这儿的昨虫、麦牛(音 ou)子、麦蛾子。

讲述人:梁加秀,男,73岁,文盲,淮阳县刘振屯乡农民

采录人:张华,淮阳县刘振屯业余作者

采录时间:1986年春

采录地点:淮阳县刘振屯乡讲述人家里

68. 人管天下 [桐柏县]

古时候,人王和雷公、金龙、老虎是兄弟。雷公排行老大,人王是老二,虎是老三,龙是老幺。起初,兄弟四人互敬互爱,和和睦睦过日子。后来,食物享用不均,闹翻了脸,一个不服一个,争着掌管天下。争来吵去没法子,就找天神评理。天神叫他们在山顶上盖间草屋,弟兄四个都住在草屋里,哪个能把那三个赶出草屋,就算他的本事大,天下让他管。

幺弟龙朝着雷公喊:"雷大哥,你是长兄,带个头,先来比试一下。"老虎一听心

---

① 就窝:方言,即随即。
② 这咱儿:方言,即现在。

里着了慌,它想:雷公本事比自个儿厉害,先让他动手,不是该他坐江山吗,哪里还有我的份呢!先下手为强,要是一下子赶走了他们仨,天下就归我了。主意拿定后,老虎一跃身,抢先跳出了门,在门外用爪子"唰唰"抓墙壁,又摆着尾巴,把门拍得"叭叭"直响,还吼叫着,震得耳朵发麻。三兄弟没被老虎赶出来,还哈哈大笑。老虎没法了,只好气鼓鼓地钻进草屋。

雷公对老虎说:"你这算啥本事!"说完,他蹦出草棚,腾云驾雾,打着雷,扯着闪,雷声震得屋子乱晃,闪电照得人和老虎眼都花了。雷公下这么大劲儿,也没有见谁从屋子里跑出来。

第三个显本事的是金龙。它二话不说,身子一伸,出了屋。雷公和老虎知道金龙有两招儿,都有点怕。人王还是坐在那像没事儿一样。金龙跑得老远老远,运足气,接二连三地吹几口大气。一时狂风四起,遍地飞沙走石,那间草屋震得要塌。金龙又飞到天上,张开大嘴一吐,大雨哗哗啦啦地泼了下来。狂风把草屋吹得破破烂烂,遮不住风,也挡不住雨了。老虎的毛被雨水淋透了,夹住尾巴钻到桌子底下;雷公也慌了手脚,躲到了墙角起。人王呢,一点害怕的劲也没有。金龙这样闹了一大阵,得意地回到草屋里,一见弟儿仨一个也不少,倒把它累得缩卷着身子瘫在了地上。

最后轮到人王了。人王站起身来,准备往外走,雷公说:"我和金龙、老虎都不行,你这个最小的个子还能比俺们强!别瞎费力气。依我看,我们四个平分天下吧!"人王没搭腔,只是笑了笑。他走出门外,捡来一捆一捆的柴火,堆在屋子一圈,掏出两块火石头,用力擦了几下,冒出了火星子,柴草燃着了,烟也大,火也大,不大一会儿,一团一团的火苗直往屋里窜。草屋烧着了,老虎烧得毛焦火辣,窜了出来,跑到了深林子里。雷公不怕烧,也被浓烟呛得睁不开眼,喘不过气儿,跑出草屋,腾云飞到天上了。么弟弟金龙能忍耐一些,过了一阵子,火越烧越大,烤得它鳞片都卷了起来,只好摇着头摆着尾巴出了门儿,一头扎进了深潭。

四兄弟争天下,最后还是人王赢了。天神哈哈大笑,就把管理天下的大权交给了人。

讲述人:刘昌国
采录人:刘英
采录时间:1986年2月
采录地点:桐柏县吴城乡阎庄村

69. 老天奶奶当家

当你站在河沿上,觉得这里比别的地方风大,而果木林中又比别的地方风小;夜里下雨的时间比白天多。你知道是怎么回事吗?

相传,在很久以前,老天爷和老天奶奶为了谁当家——主管天下,发生了争吵。老天奶奶说她能管好天下,让人类生灵过好日子,老天爷也说能管好天下,而且要比老天奶奶强。一时间争吵不下,最后商量好一人当家一年,老天奶奶起头先当家。

这年一开春,船家为了多拉货,少出力,就烧香叩头,许愿说:"老天奶奶刮大风吧,让船帆借风,多拉几趟,赚了钱,到年底俺给您上猪头大供。"

果园里的人却烧香叩头,许愿说:"老天奶奶,千万别刮大风,一刮风,果花败落,结不成果,成了灾荒年,让我们怎么过呀。只要老天奶奶不刮大风,让果坐好,等丰收了,给您上鲜果大供。"

种地的农夫看着因缺水快要旱死的庄稼,心急得很,忙烧香叩头,许愿说:"老天奶奶下大雨吧,只要下雨,庄稼丰收了,到年底给您上花糕大供。"

晒干姜的人也许愿说:"老天奶奶千万不要下雨,让我把姜晒干,要不一年吃喝无着落,全家人只有饿死。只要能晒好姜,到年底我拿出一半钱买上礼品给您上供,一年四季烧香叩头。"

老天奶奶一听可发了愁,一个要风,一个不要风,一个要雨,一个不要雨,都许下大供,这可咋办呢?想来想去咋也想不出办法,只好找老天爷商量。

老天爷一听哈哈大笑:"还要当家呢!这点小事都解决不了。"老天奶奶忙问有什么办法,老天爷说:"有供不光要吃,还能四个供都吃。"当即给风婆和雨神下了一道圣旨,上面写着:"有风顺河走,莫要窜花行。夜里下大雨,白日晒干姜。"老天奶奶自知不行,才交了权,老天爷就当家至今。从这以后人们一有事,就请老天爷保佑。

讲述人:许惠斌,男,82岁,读过私塾四年,楚旺镇人
采录人:张国安
采录时间:1987年10月
采录地点:楚旺镇

70. 土地爷和土地奶奶 [西峡县]

原先,在田关乡有个土地庙,土地爷非常显灵,人们也很信任他,进香的人们源源不断,进香的男女也络绎不绝。

一天,有个种姜的人,由于地湿,想让太阳出来晒晒姜。许愿说:"若能让太阳出来,我用两味香表来还愿。"

种姜的刚走,又来了一个插秧的人。插秧的人烧完香,叩了个头说:"土地爷,您老若能让天下雨,保我插秧,情愿在两月内香表不断。"

插秧的刚许完愿,站起身欲走,又来了一个种梨的人,种梨的人点着香,跪下叩头说:"土地爷,天晴天阴都无妨,千万不能刮风,您若允了我这个愿,愿在此庙前唱上三天大戏。"

种梨的人走后,又来一个撑船的,撑船的点上香,烧着表,叩完头,跪着说道:"土地爷,您看今日想启程,可一点风都没有,您若能让刮点风叫我顺利往返,我赚钱回来后,半月大戏,三天跑马会。"

土地爷听了四人的许愿,确实心满意足,可惜一个要雨,一个要晴,一个不让刮风,一个偏要有风。

土地爷为这大伤脑筋,闷闷不乐。这天,土地爷到家后唉声叹气,心神不定,这时土地奶奶发现了土地爷的心思。土地奶奶上前问道:"老爷为何闷闷不语?为了啥事?"土地爷听了,不高兴地说:"妇道人家,管不了这等闲事。"土地奶奶耐心地说:"什么事你尽管言明,看我能否帮你!"土地爷不耐烦地说:"给你说了也无用。"土地奶奶说:"你说了让我听听,常言道:'夫有千斤担,妇挑三百斤嘛!'"土地爷听土地奶奶这样一说,就只好把四个人的愿,前前后后说给了土地奶奶。土地奶奶一听笑着说:"这有何难?你还不想给我说呢?"土地爷一听忙问:"夫人有何妙计?快快说来听听。"土地奶奶一笑说:"白天天晴他晒姜,夜里下雨他插秧;有风刮到河凹里,不进梨园有何妨?"土地爷一听,连连叫道:"妙计,妙计!"

几个月过去了,果然来还愿的连绵不断,香烟缭绕,梆磬有鸣,骡马成群,热闹非凡。自此,土地爷更加显灵了。

讲述人:宋光荣,男,60岁,汉族,初小毕业,西峡县五里桥乡宋沟村农民
采录人:刘银芳,男,24岁,汉族,高中毕业,西峡县五里村乡封店村农民
采录整理:谢起超,男,40岁,汉族,高中毕业,西峡县文化馆干部
采录时间:1986年5月

采录地点：西峡县五里桥乡宋沟村

副2.70.1　山神、土地庙（2013年程健君摄）

副2.70.2　山神 土地 牛王庙（程健君摄）

副2.70.3　浮戏山山神庙碑记
（1994年程健君摄）

副编·自然神祇

71. 老天爷的来历［西峡县］

传说,很早很早以前,天上还没有老天爷呢,可是,为什么后来却有一个姓张叫天社的玉皇大帝呢?

原来的天和地是连在一块儿的,传说盘古开天地,才有了今天天和地的样子来。可是,有了天、地,谁来当老天爷管天管地呢?那个时候,天上已有了一班大臣,其中有太白金星了,太上老君了,如来佛了,等等。他们商量怎样找这样的一个人来,于是,就推举太白金星下凡来到人间找"老天爷"。

一天,太白金星来到一处地方,听说村里有一户姓张叫天社的大户人家,他不但是个富豪而且脾气也很豪爽,对人讲义气,不拘小节。太白金星打听到这家的住址后,就摇身变为一个要饭的老头,要饭到这家门前。这家掌柜正想出门,听到门口有要饭的讨乞,出门一看,是一个年约七旬的老头在要饭,就吩咐家人,把这个老人请到客厅里好好款待。

谁知,这个要饭的老头,吃过了把盘子、碗、碟摔个稀巴碎,人们想他老了,神经古怪也是常有的。一顿、两顿、三顿……顿顿这样,伙计们气了,就去告诉主人,主人也不计较,由他那样。伙计们都气不过,商量要教训教训他,把他赶走。不想这老头浑身生满了脓疮,这事便罢。自从他生了脓疮,别人都不去接近他,唯独主人格外殷勤,又是请医、抓药,又是煎药,照料他就像对待自己的亲老人家一样。老人疮好后,又住了几个月,约摸前后共住了有年把时间,不但饭钱没出一文,而且每天又是好酒好饭招待。太白金星想,这个人肚量大,心肠好,会治家,定能管理好天地。

一天,太白金星想到约定回天庭的时间也到了,就问主人:"君看天下何处景致最好?"主人说:"西湖最美。""那何不趁此去游玩游玩?"随后,就把他每日摔碎的碗碟拼成一只小船。奇怪,这船竟跟真的一样,他们两个乘上船直离地面向天庭驶去。这时,太白金星才亮明身份,要他上天去做玉皇大帝呢。

讲述人:张华昌,男,55岁,汉族,文盲,西峡县回车乡黑虎庙村农民
采录整理:谢起超,男,40岁,汉族,高中毕业,西峡县文化馆干部
采录时间:1986年5月
采录地点:西峡县回车乡黑虎庙村

三、人的起源

72. 人的来源

小时候,村上有几位上年纪的老人,经常给小孩讲神鬼故事。其中,关于人的来源,就有几种说法。

(1) 山神造人

在一个很高的山上,住着一个山神,天天捏小泥人,捏好了,就放到太阳下晒。捏了很多,满山遍野都是。一天夜里,山神正在山洞里睡觉,突然下起大雨。山神发现下雨,就赶紧把泥人往山洞中搬。因为捏的太多,搬不及,雨又太大,没招呼好,叫雨水冲走两个,一男孩,一女孩。冲到山底下,这两个泥人,越变越多,从此,就有了人。

(2) 人是从星星中下来的

为啥说地上的人与天上的星星一般多呢?因为过去地上没有人,天上星星的眼睛一眨就看到地上地方不错,人就从星星上到地上,就在地上生活开了。至今,上岁数的人中,还有"地上死一人,天上少一星"的说法。

(3) 人是鸟叼来的

过去有一种大鸟,神通广大,经常飞来飞去。这瞧瞧,那看看,看到哪地方没人,就从有人的地方,叼着人到没人的地方。现在的人的祖先,就是这种鸟叼来的。

(4) 人是山上的树长的

过去山上有一种枣树,不光长枣,还长小孩。谁家想要小孩,就到山上从枣树上往下摘,想要男孩的摘男的,想要女孩的摘女的,紧着挑。不信吗?看看每人肚上都有个肚脐,肚脐就是与枣树连接的地方。好多小孩,一看自己的肚,就是有个圆点点。所以,对人是从山上枣树上摘下来的说法,也就坚信不疑了。

采录整理:阎泉峰,男,51岁,中专毕业,上官镇人

73. 人的来历

很久很久以前,一座山上有两个石人,经过数年的修炼,这两个石人忽然会说话了,从此,这两个人开始了生活,二人结为夫妻。

一天,天阴得沉沉的,突然一声响,雷鸣电闪,这时玉皇大帝出现在上空,命令这一男一女两个人,马上回天宫,否则,就要罚他们受罪。二人无奈,只好又变成原来的样子,重新站立在山头上,他们二人的真体却升天去了。到天宫后,他二人与玉皇辩理,说:"我们二人,本是千年定就的夫妻,玉皇如若不信,我们愿变成石磨,从山上往下滚,如果这两盘磨能汇合在一块,就说明我们的话是真的,如果汇不到一块,我们愿永做石人。"玉皇听后,同意了他们的意见,叫他们变成两扇石磨从山上往下滚。果然,两扇磨滚着滚着,越来越近,最后到山下终止的时候,两扇磨一个在下面,一个在上面,整整齐齐地压在一起。玉皇无奈,只得让他们结为夫妻,从此,从天宫贬为凡体,在大地生儿育女,以至今天。

讲述人:刘树连,男,44岁,汉族,孔集乡人
采录人:刘灿旺,男,36岁,汉族,孔集乡文化站专干
采录时间:1986年7月8日
采录地点:孔集乡刘堂村
流传地区:中原一带

74. 老天奶奶造人

据说,开天辟地的时候,世界上没有人。老天爷就命老天奶奶用仙水圣泥造些人送到尘世上去生息。老天奶奶手巧,一会工夫就捏了许多。

老天奶奶捏的人,不论男女,都是端端正正的,但模样有丑有俊。然后,俊配俊,丑配丑,一对一对放在阳光下照晒,等晒干后送到下界尘世上去。可是,她忘了

这天要下雨,半响时下起雨来。刚捏的泥人,怎么能经得住雨淋,她就赶紧一对一对往屋里收。谁知雨越下越大,她一下急了,从屋里拿起个簸箕,三下两下把泥人拢到一块,用簸箕端到了屋里。她这一拢不要紧,全乱了套,泥人变了形状不说,原来配好的一对对全弄散了,有的甚至成了残废。再重新捏吧,仙水圣泥已经用完,没办法,只好就这样送到了尘世上去。如今尘世上人长得各式各样的甚至有的畸形等现象,都是当时老天奶奶造成的。至于俗话说的"有好汉,没好妻,猪八戒娶了花娣娣"的不公平现象,这也应由老天奶奶来负责任。

采录整理:江岩

75. 世上为啥有残疾人[禹州市]

据说,在盘古开天时,世上没有任何生灵。女娲娘娘心里产生了用泥造人的念头。她每天不停地用黄泥捏人。

一天,她把捏好的泥人,放在太阳地里晒时,突然天降大雨,眼看多日来的辛苦前功尽弃。一急之下,她急忙掂起扫帚往山洞里搋。这样一搋不大紧,很多泥人被搋断了胳膊,扫断了腿,有的被扫帚扎坏了眼。后来女娲娘娘吹了口仙气,把这批泥人变成了人,但是残疾却再也改变不了。所以后来人类就有了少胳膊缺腿的、瞎子、哑巴等残疾人。

讲述人:王青山,农民,64岁,小学毕业
采录人:王同全
流传地区:禹州各地

76. 天神的哑水

很早的时候,世间的所有生物都会说话,天王看见这种情况不好,只想让一种生物说话。但是让谁说,不让谁说,这下可难坏了。天王想来想去,结果想出了一个办法。

一天,天王下命令,叫天底下的各种东西,不分树木、石头、山沟、飞禽走兽、鱼虾昆虫,都聚在一起,要大家喝一种仙水。由大家自由选择喝什么水,喝了会说话的水就继续说话,喝了不说话的水,就不能说话。这样,以免大家争执。大家一听,都很满意。但是哪是说话的水,哪是不说话的水?大家都不知道,只好去乱碰,个个都担心,怕喝着不会说话的水。

约定喝仙水的这一天到了,地上所有的东西都向天王指定的地点赶去。走的、跑的最快,赶在了前面,爬的、滚的就很慢,只好落在后面,他们都非常担心说话的水被先去的喝完。大家都走了,只有青蛙独自落在后头,由于跳得慢,心里很慌,青蛙又气又急。

当时,世间最聪明的要数青蛙。只有它知道哪是说话的水,哪是不说话的水,但它跳得慢。当它正着急的时候,忽然人走来了。人见青蛙走得太慢,便将它托在手里,向前赶去。

青蛙看见它被人托着,跑得真快,把一些爬的昆虫、跳的走兽都超过了,心里很高兴,非常感激人大公无私的行为。青蛙想,世上动物中,只有人才又善良又厚道。如果人不能喝到说话的水,那多么可惜呀!应该设法叫人喝到会说话的水才行。可是,说话的水只能让一种动物喝,人若喝了,我青蛙就喝不成,连我也永远不会说话了。因此,青蛙又为难起来,咋办呢?它仰头望望抱它的人,却丝毫没有考虑什么,好像没有什么事一样。青蛙这才感到自己的想法太可耻了。为什么不学人那样大公无私呢?于是,它下定决心,非要想法让人喝到会说话的水不可。

大家都到了天王召集的地点,只见在一个平坝上摆着两个印花木碗。有一个木碗非常漂亮,碗外面画着金黄的花,五光十色,鲜艳夺目。碗内装满了水,水也是清亮透明。另一个木碗,外面的花色很旧,木碗也缺了一块,里面装一点浑浊的水。青蛙看了这种情况,便把人叫到一边,悄悄地向他说:"你喝水要喝那旧木碗内的水,不能去喝那又大又漂亮的木碗内的水,因为那水喝了就永远不能说话了。"人听了青蛙的话,再三推让青蛙去喝。青蛙说:"我喝了,就没有你的。我虽然以后会说话,可我只能在水里游、在陆地上跳,哪能管得住那些会飞会跑的东西。你快去喝吧!"青蛙说完,就先喝了大花碗内的水。其他各种飞禽走兽、山河树木土石、昆虫鱼虾等看见聪明的青蛙在喝大花碗内的水,以为大花碗里一定是会说话的水,都去抢大花碗里的水喝。人见青蛙喝了不能说话的水,不能再推让了,便去拿起旧木碗,一口将水喝完了。从此,只有人才能说话,其他一切东西都不能说话了。

人为了感谢青蛙,便把青蛙放在自己开出来的田地里,不仅每天耕种田地时可以看到青蛙,而且,种出来的粮食成熟了,可以任随青蛙先吃。

可是,青蛙一见人对它这样好,不仅不吃粮食,反而在田地里捉害虫吃,吃完了就哇哇哇地唱歌给农民听。从此,农民更加喜欢青蛙了。

讲述人:孔贤义

采录整理：马振华

【附录】

为什么只有人会说话［长垣县］

  古时候，世上所有的动物都会说话，整天唧唧喳喳，吵吵闹闹。天神听到，吵死了，闹死了。天神想了个办法，拿出两个木碗，一个盛好水，喝了还能说话；另一个盛哑水，喝了就成了哑巴，只会叫，不会说话。

  这一天，天神命令所有的动物都来喝水。所有的动物都到天神那里去，有的飞，有的跑，有的爬，有的跳。它们都想快点赶到，喝上好水。但是它们谁也不知道哪个碗里是好水，哪个碗里是哑水？只有青蛙知道，那时候，世界上数青蛙最聪明。

  青蛙一蹦一跳地跑得很慢，好着急啊！它看到喜鹊从头顶上飞过，就说："喜鹊，你飞得快，请你带上我吧。"喜鹊说："对不起，我没工夫。"说着就飞到前边去了。

  青蛙看见兔子从它身边跑过，忙说："兔子，兔子，你跑得快，请你带上我吧。"兔子说："对不起，我没工夫。"说完就跑到前面去了。

  老虎、狗……一个个都从它身边跑过去、飞过去了，谁也不肯带它。

  后边，人跑过来了，看见青蛙一蹦一跳地累坏了，就说："青蛙，让我带着你走吧。"青蛙说："谢谢您。"它想，人真好，应该让人喝上好水。

  所有的动物都来到了天神跟前，它们一看，一个木碗上雕着花，里边盛着清清的山泉水；另一个木碗又旧又脏，还缺了个大口子，里边盛着一点污泥水。青蛙悄悄对人说："你去喝那个破木碗里的水吧，那里边是好水。"人说："咱俩一起去喝吧。"青蛙说："不行，你看那木碗里只有一点水，我喝了你就喝不成了。我呀，水里游游，地上走走，会说话也没有什么用。"

  青蛙说完，就跳到大木碗里喝起水来。喜鹊呀，兔子呀，所有的动物都知道青蛙最聪明，只有青蛙才知道哪是好水，都以为大木碗里的水好，就一起围着大木碗喝起来。

  人看它们喝着大木碗的水，就端起那个又旧又脏的小木碗，把那污泥水喝了下去。

  从那时候起，只有人还会说话，所有的动物都变成了哑巴。

讲述人：永旺
采录整理：李广武

人为啥会说话［新蔡县］

相传很久很久以前，人不会说话，动物会说话。动物整天吵呀、说呀的，搅闹得天神们不得安宁。有一次，天神正在睡觉，又被一群动物吵醒了。他想，忠诚老实的人不好说狂话，就想了一个法子，来惩治好说、好闹事的。他先找一个大盆和一个小盆，分别装上"哑水"和"话水"，叫动物和人来喝。然后，他变作一只青蛙，暗中点化。这时，动物和人都在往这里走。动物走在人的前面。开始，"青蛙"叫动物驮着它，动物都不愿意。后来，它又让人驮它，人答应了。它就对人说："忠诚的人啊，一会儿，请你喝小盆的水。"人点点头就去喝小盆的水。"青蛙"来到水盆边二话没说便带头喝大盆的水，动物都莫明其妙地跟着喝大盆的水。从那以后，动物就不会说话了，而人却会说话了。

讲述人：陈氏，女，87岁，文盲，新蔡城关人
采录人：陈宏丽
采录整理：张敬中，新蔡县扶贫办干部
采录时间：1988年3月10日

为啥人会说话［范县］

盘古开天辟地，有了万物，那时天上的、地上的、水里的、树上的动物都会说话。从早到晚，世界上吵吵闹闹，乱得老天爷不得安宁。老天爷烦了，就想了个办法，派天兵天将在路口上摆了一盆清水，一盆浑水，谁喝了清水就不会说话，谁喝了浑水就能说话。可这事得保密，谁也不知道。

各种动物得知后，都往十字路口跑，天兵天将到河边洗澡时走漏了风声，青蛙知道了底细。可是青蛙跑得慢，央求别的动物带它去，但都各顾各，谁也不带它去。这时人跑过来了，看青蛙跑得慢，把青蛙托在手里走。青蛙知人心境好，就说："可别喝清水，喝了清水就哑巴啦，喝了浑水才能继续说话。"人说："咱俩一起喝吧！"青蛙说："不行，清水多，浑水只有一口，我喝了，你就没啥喝了，我让给你。"说着来到十字路口，人把青蛙放到地上，青蛙蹦蹦跳跳地往前走。

老虎在那里看守，吆喝着，别管谁，只能喝上一口，不能多喝。排好队一个一个地喝，青蛙喝了清水，马、羊接着喝，天上、地上的动物都挨着喝，挤着喝清水，老虎怕喝不上，赶紧也把清水喝了一口。人趁动物们争喝清水的时候一口把浑水喝个干净。从那以后，动物不会说话啦，只会唧唧喳喳，吱吱哇哇。只有人还是照样说话。

讲述人：崔金钊，男，60岁，汉族，大专毕业，范县人，退休教师
采录人：荆耕田，大专毕业，范县文化馆干部
采录时间：1990年4月24日
采录地点：范县文化馆

人为什么会说话［西峡县］

很早以前，传说天下的动物都会说话，整天吵翻了天，天神很不耐烦，觉得成天像这样下去自己就受不了啦。他就想了个法，用两个木碗，一个碗盛好水喝了还会说话，另个碗是哑水，谁喝下去就会变成哑巴。

这天，天神让所有的动物都来喝水。嘿，这下子可热闹了，有的飞，有的跳，有的跑，都想跑快点儿，抢喝会说话的水。它们各自想着，拼命地跑！可到地方一看，也不知道哪碗是好水，哪碗是哑水，看来看去分不清，不敢喝。只有蛤蟆才知道，那时候蛤蟆最能，最聪明。

蛤蟆的最大特点是跑得慢，一蹦，一蹦，干跑跑不快。它想让喜鹊、兔子带上走，可谁都怕拖累时间，都不带它。后来，人跑来了，看见蛤蟆走得怪累，就说："蛤蟆，让我带你走吧？"蛤蟆高兴极了，它想："人真好，该让他喝上好水。"

所有的动物都来到天神跟前，它们一看一个大碗里盛着清清的泉水，另外一个木碗又旧又脏还缺了一个口子，里面盛了一点污泥水。蛤蟆悄悄地对人说："你去喝那碗污泥水吧，喝了就会说话。"人说："咱们一起去喝吧！"蛤蟆说："那不行，你看那木碗里只有一点水，我要是喝了，你就喝不上了。再说，我只能在水里跑，地上蹦，喝了好水也没啥用。"蛤蟆说罢就去喝那碗清水，动物们都知道蛤蟆最能，想着它喝的是会说话的水，也都喝了起来。

人喝完了那点污水，就只有人会说话，动物们都变成了哑巴。

讲述人：杨金祥，男，55岁，汉族，初小毕业，农民
采录人：曹明航，男，23岁，汉族，高中毕业，农民
采录整理：杨平，女，28岁，汉族，高中毕业，西峡县文化馆职工
采录时间：1986年4月
采录地点：西峡县石界河乡通渠村

为什么人会说话［清丰县］

传说在很久以前，地球上的动物都会说话，天天把天上的神吵得不得安宁。于

是天神便想了个办法治理一下,就准备了一池清水,一池浑水,清水池里天神下了哑药。

这天,天神下令让所有的动物到池里喝水。命令一下,飞的飞,跑的跑,争着去喝清水。只有青蛙和人落在后面,青蛙急得呱呱乱叫,善良的人啊,把它放在肩上带到池边。这时清水池里的水还有一滴,青蛙一跃而下跳到清水池里,把剩下的一点水喝光了,又到浑水池里喝点浑水。善良的人,没有喝到清水,只好到浑水池里喝浑水了。

从此以后,喝了清水的动物,都不会说话了,只有人会说话。因为青蛙喝的清水少,也能咕咕呱呱地说几句。

讲述人:秦敬仁,男,39岁,汉族,初中毕业,十字路乡秦坡楼村农民
采录人:秦春霞,女,14岁,汉族,十字路联中二年级学生
采录时间:1987年
采录地点:十字路乡大秦庄

77. 人为啥不长角

过去人祖庙里敬的人祖爷,头上长着两只角,人祖爷长角,人祖爷的后辈咋不长角?说起来有个讲究。

人原先和人祖爷长得一样,头上也长着两只角,小时候是两尺肉角,很软,老了就成了两只硬角了。那时候的人经常用手掐自己的角。为啥?因为不论老少,头上的角只要突然变得很硬,掐都掐不动的时候,不出三年,非死不中,效应哩很。所以人才经常掐自己的角。到自己的角掐不动了,人就没心干事儿了,成天东游西逛,吃喝玩乐,六事儿不问,就等着死哩。

后来老天爷知道了这事,心想:人还没有到死哩时候,就先知道了,啥也不干,光吃好哩,地也荒了,东西也费了,还净叫亲朋好友和家里人陪着伤心,这样下去可不中,人心都散了。于是,老天爷就传下御旨,把人的角都给去掉了,从那时起,人就不再长角了。人没有角掐,就不知道自己什么时候死了,只好安心干事儿了。

一直到现在,谁要干啥事到了实在没有办法的时候,就说"没有角掐了",指的就是人去掉角的这件事。

讲述人:杨永兴

采录人：杨建军
采录时间：1987年3月
采录地点：盘龙镇

副 3.77.1　淮阳太昊陵庙会上的头生双角的人祖伏羲泥塑像（高有鹏供稿）

78. 眼耳口鼻的由来［项城县］

很早很早以前人没有脸，更没有眼、耳、口、鼻，听、看、吃、屙、说都是一个地方。所以现在骂人时还常说"真不要脸"或者"净是屁话"等。人的脸和眼、耳、口、鼻是咋形成的呢？这还得从远古说起。

盘古开天地以后，王母娘娘的第五外孙女韩俭，在天宫忍耐不住，私自下凡招了男人，接连生了六个儿子，其中有两对还是双生呢！不幸男人死了，她便带着孩子过日子。俗话说，寡妇门前是非多，那些平时假装正经的人常到她家串门子，免不了动手动脚的。韩俭本来就不正经，这样更拨动了她改嫁的春心。可是找来找去找不到主，一来她是后婚，二来还带着六个孩子，谁愿意招这些麻烦呢？

韩俭实在熬不下去了，就带着孩子到陈州人祖庙找人祖爷。她一见人祖爷就说："人祖爷呀人祖爷，你掌管的人间男女成对，恩恩爱爱，可我孤单一人多苦哇！你给我找个主吧。"人祖爷一听吓了一跳，忙说："不中，不中，要是让王母娘娘知道了，我可吃罪不起。当初织女下凡就惹恼了她老人家，还把我传到天宫狠狠训了一顿，说我没把人间管好，要不是太白金星讲情，我非受罚不可。你私自下凡王母娘娘就催我查找,我说了假话,说是查不到。现在你让我给你找主改嫁,我可不担这个风险。"韩俭一听可急坏了,就鼻子一把泪一把地说:"我虽说是仙女,可现在是人了,这点小事你就不管,还算啥人祖爷?我看我也没法活了,干脆碰死你跟前算了!"说着就往墙上撞去。人祖爷急忙拦住说:"不要这样,让我想想办法中不中?"人祖爷可是作了难了,不管吧,她寻死觅活要出人命事,管吧,又怕王母娘娘知道了,可咋办哩?他想呀想,忽然想起了好法子,就对韩俭说:"这样吧,我给你换个名字,让你长个脸,这样谁也不认识你了。再把六个孩子都安在脸上,你赡改嫁了,这样再也不会因为你有孩子没人要你了。"韩俭一听当然高兴,觉着只要能嫁人咋着都中。

人祖爷就给她改了形体,另起个名字叫脸。不久她嫁给了一个姓孙的,热热合合地过了一辈子。

从那时候起,人才有了脸和眼、耳、鼻、口。因为眼、耳、鼻、口是亲兄弟,直到现在还团结得很好,各干各的事,一点也不乱套。

讲述人:陈杰,男,47岁,汉族,初中毕业,傅集乡汽车站工人
采录人:姜学成,男,29岁,汉族,高中毕业,傅集乡文化站专干
采录整理:苏国安

79. 男人为啥长胡子[杞县]

男的最初也不长胡子,为啥后来长胡子来哩?这得从年三十晚上熬皮袄说起。

据说,在很久很久以前,玉皇大帝传下御旨,每年腊月三十晚上,南天门大开,向凡间施舍恩典。谁能在这天夜里守到大开南天门,谁就会得到好处,有得金银财宝的,有得大米白面的,最少也能熬上一件大皮袄。这就看你有没有诚心。

这年年三十晚上又到啦,人们都坐到自己屋里守夜熬年。熬年有个忌讳,不到半夜子时南天门大开不能出屋。有一个老头也一直在守在熬,谁知道年纪大了不顶事,熬着熬着打起瞌睡来。他怕睡着了就站起走动,顺便打开屋门,想看看南天门开了没有,谁知正赶半夜子时已到,南天门大开。玉皇大帝看下边站着个老头正往上看,就命人把他叫来。老头来到南天门,玉皇大帝问他:"你这老头子不等南天门大开,你就急得直往上看,你究竟想要点什么呀?"这老头见这个场面,也不知道说啥好啦,光摸下巴,说不出话来。玉皇大帝想了一下,点了点头,笑笑说:"大概你是急等要胡子吧!"遂命手下人说:"给这老头一把胡子,送他回去!"只见手下人拿

出一把胡子往老头嘴上和下巴上一拍,就长出了很长的胡子。

就打那时候起,男子大了都长胡子。

讲述人:张顺清,男,64岁,曾读私塾二年,汉族,官庄乡官庄街农民
采录人:张福国,男,38岁,高中毕业,汉族,官庄乡文化站专干
采录时间:1987年7月16日
采录地点:官庄乡

80. 没 角 捏 [唐河县]

很久以前,人们的头上也长着两只角。它长在鬓角处,是软的。它的用处是:人不管得了啥病,只要捏一捏角,就好了;遇到危险,捏一捏角,危险就没有了;渴了饿了,捏一捏角,肚子不饿嗓子也不渴了。有了这样两只角,人们就天不怕地不怕,整天吃饱睡觉,啥活也不愿干,地里长满了野草,很多良田都荒了。

有一年,天上玉皇大帝派天使下界巡察,天使看到人们那懒散的样子,心里很不高兴,就耐着性子劝人们耕田织布。可人们仗着两只角,谁听他的?天使一怒之下,就上天把民情如实地报给玉皇大帝。玉皇大帝很恼火,就派天兵天将,把人们的角割了。

人们没了角,只好干活。得病了,还习惯用手捏捏角。没有角,就只好捏捏角根太阳穴,也能治点小毛病。遇到麻烦的事,就挠角根,手指伸得远了,就挠着头皮。挠头皮当然不抵事,人们就长叹一声:"唉,真是没角捏呀!"

讲述人:李志九
采录人:李连杰
采录时间:1985年5月
采录地点:唐河县上屯乡丁岗村

81. 语 言 雨 [商城县]

相传,类人猿进化为人以后不会说话,全世界都是哑巴。人与人之间交往凭借

打手势、动腿脚、挑眉弄眼等动作和呼叫声的长短来表示。

  一年夏季,天下久旱无雨。不仅河流干涸龟裂,人们的嘴唇也都裂出了血,无法进行呼叫。正当人类面临灭顶大灾的时候,突然狂风四起,天空响起炸雷,接着乌云翻滚下起了倾盆大雨。人们见到雨水,便不顾死活地往外跑,纷纷张大嘴巴接水喝。奇怪的是,这些雨水分赤、橙、黄、绿、青、蓝、紫、白等多种颜色。有的地方下白雨,有的地方下红雨。地域不同,降雨的颜色也不同。人们喝足了雨水,精神倍增,呼叫着、跳跃着,叫着跳着没想到张嘴说出了话。更有趣的是,生长在同一地域,喝了同一色雨水的人,说出的话相互听得懂。生长在不同地域,喝了白色雨的人,听不懂喝了红色雨人讲的话;喝了红色雨的人,听不懂喝了白色雨的人讲的话。后来人们就把这种雨叫语言雨。

  现在世界上各国使节出访,为什么都带翻译?就是那时的地域差和语言雨造成的。

讲述人:汪流保,男,66 岁,商城县武桥乡农民
采录人:顾光义
采录时间:1989 年 5 月
采录地点:商城县武桥乡

82. 人身上为啥没毛［项城县］

  很早以前,人跟现在的猴一样,不穿衣裳,身上长满了毛。后来人为啥没了毛,而且穿上了衣裳呢?传说有这样一个故事:有一次,玉皇大帝过生日,地上的飞禽走兽都派代表带着礼物到天宫去祝寿,人也派了个代表。谁知道这个人很爱喷大空儿①,酒宴上喷得云天雾地,说人能降龙伏虎,驯服百兽,人能生产五谷杂粮,生火做饭,吃熟食,放的屁都是香的,把人说得比神仙的神通还大。也是他多喝了几盅,说着说着胡扯起来:"我看您仙界就是不胜人间,俺人间一个男人跟几个女人睡觉,想咋着就咋着,谁也管不住谁。"说着还哈哈大笑,羞得王母娘娘脸色由红变白,由白变青,当着玉帝的面又不好发脾气,站起来走了。玉皇大帝早就不耐烦了,见王母娘娘一走更加生气,大声说:"你这个畜生,在天宫竟敢胡言乱语,我要看看你人有多大本事!"随即下令把他绑了,命太上老君架上油锅,把他给炸了。

---

  ① 喷大空儿:方言,即说大话。

太上老君烧滚了油锅,就把他放到油锅里炸。因为那个人喝了仙酒,只把浑身的毛炸光了。太上老君以为他死了,就把他扔回了人间。

爱喷大空儿的人回到人间,身上脱了一层皮,变成了赤身白条。他觉得怪难看,就用树叶连起来穿在身上。打那以后,人才穿上了衣裳。

讲述人:王宏玲,女,24岁,中专毕业,项城县王明口中学教师
采录人:苏国安,项城县贾岭乡文化站专干;孔祥谦,项城文化馆干部
采录时间:1987年7月
采录地点:项城县王明口中学

83. 人身上为啥有泥[清丰县]

据传有一对同胞兄妹,哥哥姜子牙,妹妹姜子岚,兄妹俩在一起上学。学校很远,中午一顿常带上干粮,他们的干粮放在一个石坎里。上午放学后,他兄妹俩经常到石坎里去吃干粮,不知怎的干粮常常不见,俩人只好饿着肚子去上学。

这天,他兄妹俩又来到石坎里,吃干粮时,石坎突然变成了一头牛。大牛慢慢张开嘴说:"我吃了你们的不少干粮,我要报答你们!天快要塌了!到那一天,你们看到天上裂开缝,你兄妹俩就拿着一个棒槌。到时,我张开嘴,你们俩就进到我嘴里来。"

第二天清早,姜子牙和妹妹姜子岚俩人去上学,刚走到离家三里地时,妹妹姜子岚突然叫道:"哥哥,不好了,你看天上好像裂开了一个缝。""啊呀!不好,妹妹,我们快回家叫咱母亲一块上牛嘴里去。"兄妹俩走到家赶紧把母亲背起就走。天上的裂缝越来越大,他母亲说:"儿啊!我老了,反正也快死了,你快领妹妹去吧!"姜子牙兄妹俩没法,只好加紧脚步赶到大牛旁,大牛张开了嘴,他兄妹俩刚爬进牛嘴,牛嘴就合上了。待兄妹观看周围时,只见周围尽是石头。原来他俩进到山林之中,山里头啥也没有,吃什么呢?俩人就拿棒槌这敲敲,那打打。打下来的小石块用舌头舔舔,倒也能解解饥渴。

没过多少天,忽然来了个卖馍的老太太。姜子牙兄妹好久不吃馍啦,很馋。正在他兄妹馋的时候,只见那位老太太走上前说道:"你二人想买馍吗?""啊!我兄妹想买,也想吃。可是没有钱怎么买呀?"接着姜子牙就把兄妹二人到这里的经过说给老太太听,老太太听后说:"我不给你们要钱,这一筐子馍就送给你们兄妹吧!"兄妹二人有吃的了,没事干,就捏泥人玩,捏得好的放在一起,孬的放在一起。

玉皇大帝知道了这事,心想:好的和好的好过生活,孬的和孬的就不好过生活了。我何不让雨神下一场大雨,他兄妹没地方分开放,只好把这些泥人混合在一起了。想到此,玉皇大帝便传旨雨神,急下大雨。雨神遵旨,下起大雨来,大雨倾盆,山洪暴发。姜子牙兄妹赶紧收拾泥人,忙乱中有的泥人被损坏了。

后来这些泥人都活了,形成了人类世界。好人坏人总是混合在一起,损坏了的泥人便成了残疾人。人本来是泥捏的,所以无论怎样擦洗,身上的泥总洗不干净。

讲述人:张文方,男,55岁,农民,初中毕业
采录人:曹建芳,学生
采录整理:刘希功
采录时间:1988年4月17日
采录地点:瓦屋头乡张林子村
流传地区:清丰县一带

84. 喉疙瘩和胡须[项城县]

相传在很早以前,男人、女人都没有胡须,也没有喉疙瘩。有一天,玉皇大帝过生日,他一时太喜欢,多喝了点酒,醉后下了一道旨意,让仙女们向人间撒仙桃。那仙桃是三千年开一次花,三千年结一次果,再过三千年才会熟,谁吃了谁就会长生不老。那桃子到了凡间以后,男女老少都抢着吃。那些男子们口大,咬一口抵女人们三口。

玉皇大帝酒醒以后,知道自己说错了,又连忙向天下发出一道旨意:"那些桃子不准吃。"他话音刚落,那些只顾吃没顾咽的桃子,当时就卡在喉咙里,后来就成了喉疙瘩。

又停了一段时间,玉皇大帝想知道人们对这件事是咋看的,就派太白金星下来私访。太白金星下凡后变成个老头,他见到一个中年男子就问:"天上下来的桃子你吃了吗?"那人因为长了喉疙瘩,心里很生气,一听他又问这事哩,就骂了起来,越骂越难听。太白金星实在听不下去了,就飞回天宫向玉皇大帝从头到尾说了一遍。玉皇大帝想了想说:"再让他们嘴上长些毛,让他们说话不恁顺当吧。"太白金星说:"那女人们和孩子们可没有骂呀。"玉皇大帝说:"那好,女人和十八岁以下的小孩们不长就是了。"从此,十八岁以后的男子们都长胡须了。

讲述人：丁喜陆，男，已故
采录人：李廷坡，男，34岁，青台乡文化站专干
采录时间：1986年3月
采录地点：青台镇朱庄村

85. 男人为何有咽喉

相传，很久很久以前，有一对神童看守蟠桃园。这两个神童一男一女，像似孪生兄妹。

这一天，女神童不在桃园，魔鬼来了，望着那滴溜的仙桃，馋涎欲滴。但他不敢摘着吃，因为蟠桃是专门供玉皇大帝和王母娘娘吃的，吃了它能延年益寿，别的神鬼是吃不到的。魔鬼见男神童在睡觉，就来到他面前，低声地喊道："小神童，快醒醒！"

男神童被唤醒，揉了揉眼睛，问魔鬼有啥事，魔鬼说："你怎么不吃仙桃呀？吃了它能延年益寿哇！"男神童问道："这是真的？"魔鬼说："那还有假！不信，你可尝一尝嘛！"男神童说："俺不敢，偷吃仙桃玉帝要定罪的。"魔鬼说："你真是个大傻瓜。桃子结得那么多，摘一个吃了算什么？再说，你的伙伴又不在，除了你知道，谁也不知道。"

男神童一想也是，女神童不在又有谁知道？他伸手摘了一个仙桃。魔鬼想等男神童咬上一口，再让他为自己也摘一个。谁知，还没等男神童张口，女神童回来了。魔鬼一看不妙，朝男神童狡猾地一笑，溜了。

男神童一见女神童回来了，急忙把桃子送进嘴里。谁知桃子在喉咙里被卡住了。从此，男神童的脖子上长出咽喉。你看，现在个个男人都有个咽喉，这就是那个男神童给留下的。

讲述人：许金山，男，农民
采录整理：张静

86. 天帝封寿 [项城县]

相传，人祖爷造人以后，又造了飞禽走兽。谁知那些畜牲都比人繁殖的快，很

快超过了人的数量。玉帝一看这可不行,照这样下去,将来人就没法活了,得想法限制畜牲的寿命。

玉帝把人和畜牲招上天庭,先对人说:"天下离了人不能成为世界,我封你活二十岁如何?"人问:"你叫我吃啥东西呢?"玉帝说:"你想吃啥吃啥。"人又问:"你叫我都干啥活呢?"玉帝回答说:"想干啥就干啥,干累了就睡大觉。"人听了很高兴,磕头谢恩后,站在一旁。

接着,玉帝给马封寿限,他见马长得很威风,开口封马活五十年,马问玉帝:"天帝,你叫我吃啥、屙啥呢?"玉帝一听连屙啥也问着,心里怪烦:"你吃草料,屙元宝。"马又问:"你叫我干啥呢?"玉帝说:"拉车、拉磨、犁地、耙地,供人们骑着游玩。"马心里想想:和人相比,吃的、干的都没人好,看来玉帝是偏心眼儿,活恁长时间有啥意思哩?就对玉帝说:"天帝,你让我活三十年就足够了,那二十年我不要啦!"人在旁边听了心想:"苦点累点怕啥,不苦哪有甜哩?活着总比死了强得多呀!"人想到这儿,上前求玉帝说:"天帝,你把马余下的二十年阳寿让给我吧。"玉帝转脸看看马,见马没吭声,就把马的二十年阳寿给人了。

玉帝接着给牛封寿。玉帝见牛憨头憨脑的,就对牛说:"马只要了三十年阳寿,我封你活四十年咋样?"牛问玉帝:"你让我吃啥呢?"玉帝说:"你吃金条拌银条,不供香料。"牛又问:"叫我干啥活呢?"玉帝说:"铺天盖地拉犁拉耙,偷懒挨皮鞭。"牛听罢暗想:我比马干的活重,挨打又多,连香料也不给吃。它暗骂玉帝不公平,赌气对玉帝说:"我也不愿活恁长时间,让出二十年阳寿,你想给谁给谁。"人在旁边接过话茬说:"天帝,牛那二十年阳寿干脆也给我好啦。"玉帝说:"那好,既然牛不想要那二十年阳寿,就给你吧!"

玉帝接着把狗叫到跟前,给狗封了二十年阳寿,狗问玉帝:"你让我吃啥哩?"玉帝笑着说:"能吃的东西都没有了,你给人的孩子舔屁股吃屎去吧。"狗又问:"叫我干啥活呢?"玉帝说:"防贼防盗,给人家看家护院吧。"狗一听心里很不高兴,噘着嘴说:"我只想活十年,那十年阳寿给人算啦。"人赶忙接腔说:"给我我就要。"玉帝点点头同意啦。

随后,玉帝又把鸡叫过来,给鸡封了十年阳寿。鸡问玉帝:"天帝,你叫我吃啥呢?"玉帝说:"你有两只爪,自己从土里挠食儿吃吧。"鸡又问:"叫我干啥活呢?"玉帝说:"你身小力薄,别的活你干不了,专门喊人起床下地干活好啦。"鸡听了心想,叫我天天喊人起床,那不得老早就喊叫吗,连个安生觉也睡不成,活恁长时间净是多受罪。想罢,气呼呼地对玉帝说:"我只想活五年,那五年我不要啦!"人在一旁又接腔说:"天帝,那五年阳寿鸡不要,我还要,我不嫌多。"玉帝说:"人心不足呀,给你就给你!"

玉帝一个接一个给飞禽走兽封寿限,谁知那些畜牲都因为吃的、干的不如人,个个吵嚷着不想活恁长时候。玉帝一恼火,站起来走了。

　　从此,人的寿限比一般畜牲都长。二十岁以前,这段时间是玉帝亲口封下的,无忧无虑,快活自在,吃的、穿的、用的都不用自己操心。二十岁到四十岁这段时间是马让给的寿限,所以人在这段时间得奔波掏劲,创家立业。四十岁到六十岁这段时间是牛让给的寿限,人在这段时间是养儿育女,辛辛苦苦拉套吃累的时候。六十岁到七十岁是狗让给的寿限,人在这段时间干不了重活儿,只能在家看守门户。七十岁以后是鸡让给的寿限,人老体弱,夜里睡不好觉,常常天不明就醒,吵嚷着催孩子们起床下地干活。

讲述人:刘富兰,女,51岁,认字不多,农民
采录人:周广富,项城县贾岭乡阎梅学校教师
采录时间:1986年2月
采录地点:项城县贾岭乡阎梅村讲述人家里

87. 人活六十不活埋

　　传说很多年前,中原天朝酋长以为人到老年没用处,就立下了一个规矩:人活到六十岁就要活埋,违者抄斩。那时候,有心眼的人家,老人到了六十岁,就修一个"圈堂墓",把老人送到里面,由儿孙们送吃送喝,直到老死。

　　后来,有个年年岁岁称臣纳贡的北方小国,欺天朝无人才,密谋反臣为主。这一年,向天朝进贡朝拜的时候又到了,他们特地把精心喂养的一只长五尺开外,高三尺有余的大老鼠做贡品,用木箱装着,派使臣带到天朝。北国使臣在交纳贡品之前,向天朝酋长提出了一个有辱天朝尊严的苛刻条件:百日之内,天朝如果有人能认出贡品为何物,北国就继续向天朝进贡称臣;如果认不出,北国将反臣为主,天朝就得向北国纳贡称臣。

　　天朝酋长听罢,气得差点儿昏过去,吼道:"大胆蛮夷,欺我太甚!天朝乃天之中心,我为真龙,天意所定,图谋不轨,天理难容!料你小小北国,有什么不识之物!拿来我看!"酋长强压怒火,传令群臣立即来识别罕物。

　　群臣都到了,北国使臣打开木箱,露出一个世上罕见的怪物。那怪物长长的尾巴,小小的耳,豆大的眼睛,尖尖的嘴儿,灰灰的毛,细细的腿,不时地发出"叽叽叽,叽叽叽"的叫声。满朝文武,你瞧瞧我,我看看你,没有一个人识得贡品为何物。

　　这时,天朝酋长发愁了:若认不出此物,就得向北国蛮夷纳贡称臣,这不太损了

我天朝尊严！无奈,只得传言天下:凡能识得此物的,不分贵贱,不分丑俊,江山平半分。传言下去,一天,两天,三天……九十九天过去了,尽管来识物的人有万万千千,但是乘兴而来,败兴而归,没一个能识得那怪为何物的。举国上下,从酋长到臣民,无不忧心如焚。

百日这天,有个姓慧名眼的小官,早朝完毕,回到家里就提起饭罐满面愁容地到圈堂墓去给爹爹送饭。老人见儿子闷闷不乐的样子,就问:"孩子,为何事犯愁?莫非朝中有什么不顺心的事?"慧眼就把北国进贡要江山的事从头到尾说了一遍,叹道:"如今期限已到,再没有人能识别出那怪为何物,我天朝君臣百姓,就要做亡国奴了。"慧眼的爹爹听罢,当即说道:"老父识得此物,但是地下无用之人,你立刻回去,如此这般,真相就会大白。"慧眼按照父亲嘱咐,准备完毕,急忙上殿面告酋长:"我能识那妖怪为何物。"酋长转忧为喜,立即令大小官员,通知北国使臣,速到天朝门外,当场识妖。

天朝门外,人山人海,都想知道那妖怪究竟是什么东西。慧眼来了,人群马上闪开一条胡同。只见慧眼手握袖口,袖里不知藏着什么东西,不慌不忙地走上前去,围着妖怪转了几圈。当妖怪发出"叽叽,叽叽"的叫声时,慧眼马上松开袖口,从袖筒里窜出一只大狸猫,箭样向妖怪扑去。那妖怪一见狸猫,吓得浑身哆嗦,眨眼间缩成了一只小老鼠。人们这才猛然醒悟:啊,原来这怪物是只老鼠精! 再看那北国使臣,吓得面色如土,跪地求饶,发誓说:"北国永为天朝臣民。"

慧眼识妖有功,酋长当即临朝,就要加封慧眼,慧眼慌忙跪下,高声奏道:"酋长不可,识妖之法,本是臣父所教,现在他老人家还在墓内受苦,我怎敢受皇封贪图荣华? 请酋长开恩,传令天下,破除六十活埋的旧规矩,解救地下那些没死先埋的老人吧!"

酋长闻奏,心想:人到六十,虽精衰力竭,但还有丰富的经验和智慧。于是就大声宣令:"陈规误国理当除,人过六十有用处。从此六十不活埋,安居乐业享晚福。"

讲述人:刘丙元,83岁,农民
采录整理:刘金州

88. 人祖问寿 [遂平县]

自从盘古开天辟地以后,地上的一切都不知道自己能活多久,他们商量决定去问一下寿命神。

人家来问寿命神,寿命神乐呵呵地说:"好,好!不过我当着大家的面无法分配,等到明天早晨再分。"大家听了纷纷离去。寿命神有点偏心眼儿,他怕人醒得晚,让人祖睡在石板上,枕着硬邦邦的石头,盖着刺条。到了半夜里,人祖可受不住了,便把那块硬石头扔了,那块石头正好砸在大山上,疼得大山和石头一夜未睡好。那刺条正好扔在大河里,疼得大河一夜未合眼,人祖打开兽皮,呼呼地安睡起来。

天还没明,寿命神就大声喊:"谁要十万年的寿命?"因为大山和石头未睡好,便"哦"了一声,十万年的寿命它得到了。寿命神又大喊:"谁要一万年的寿命?"因为大河也未合眼,听到喊声,便"哗"的一声,一万年的寿命它得去了。寿命神恐怕人睡不醒,便派风到那吹醒人祖,谁知人祖睡在兽皮里正热,经风一吹,反觉凉爽,睡得更起劲。寿命神喊:"谁要一千年的寿命?"风没把人祖吹醒,倒把大树吹醒了,它"哗"的一声,一千年的寿命它又得去了。寿命神有点失望了,便喊:"谁要一百年寿命?"正在这时鸡叫了,一百年的寿命被鸡抢去了。"哞!""咴!""汪!"牛、马、狗分别得了五十年、三十年、十年的寿命。寿命神失望了,心里烦躁地说:"谁要五年的寿命?"这时,正巧人祖醒来了,便慌忙说:"我要!"因此人只得了五年的寿命。人祖伤心极了,跟别的去换,别的说:"我们的寿命都是寿命神分给的,我们不能和人换。"终于,公鸡出头露面了,拿出高调说:"我和你换,我把一百年的寿命让给你,我要五年的寿命。"人祖高兴起来了,称颂公鸡好。人祖为了感谢公鸡,送给公鸡一个红宝石,给它安在头上作为对它的报酬。

从此,人的寿命就由五年变为一百年,把五年当作鸡的寿命了。

讲述人:张延文,男,50岁,汉族,石寨铺乡大张庄村农民
采录人:郭建新,男,15岁,汉族,石寨铺乡初中学生
采录时间:1988年2月

89. 人的寿命

传说当天地初开,混沌初分之时,上天安排万物的寿命,曾问牛道:"给你二十年寿命,行吗?"

牛哭诉道:"太多了!我整天吃糠咽草,却出不完的死气力,到头来还难免一刀,不如早些死去。"

上天说:"好吧,减免十年。"

上天又问狗道:"给你二十年寿命行吗?"

狗也哭诉道:"太多了!我黑里白天守在门边檐下,主人把好的吃完了,扔给我一些残汤剩食,稍不如意,不打就骂,不如早些死去。"

上天说:"好吧,减免十年。"

上天又问猴道:"给你二十年寿命,行吗?"

猴也哭诉道:"太多了,我整天被关在木笼里,被人们当作玩物。玩得高兴时,撒一把花生米,玩得腻了,就抛开不管,稍不如意,还要抽几鞭子,不如早些死去。"

上天说:"好吧,减免十年。"

上天又向人道:"给你三十年寿命,怎么样?"

人哭诉道:"太少了,三十岁时,我刚成家立业不久,孩子还小啊!"

上天说:"那么把牛的十年寿命加在你身上。"

人又哭诉道:"太少了,四十岁正是出力的时候,死了太可惜!"

上天说:"那么把狗的十年寿命也加在你身上!"

人还哭诉说:"还少呀,五十岁有了孙子,我还要照顾后代呀!"

上天说:"那么把猴的十年寿命也加在你身上!"

人仍然哭诉道:"还少呀,还少呀!"

上天大怒道:"难道想活一百岁——老不死的东西!"说完拂袖而去。

所以,人在三十岁以内,正是青春妙龄之时,无忧无虑,幸福之极。

从三十岁到四十岁,是立功创业之时,竭尽全力为儿子们驾辕爬坡,驮辐负重,有一股永远使不完的牛气力。

从四十岁到五十岁,有了孙子,好吃的和好穿的都紧着孩子们,自己粗茶淡食,热冷不均,遇到了则吃一点,遇不到也不争竞,像狗一样替孩子们看门守户。

从五十岁到六十岁,已经身竭力衰,无所作为,依靠孩子们过活。加上耳聋眼花,手脚笨拙,难免经常被小孙子们像玩猴一样捉弄取笑。

六十岁以后,就非常怕死,恨不得想长生不老,因此常常引起一些不孝儿孙的讨厌,背前面后骂道:"老不死的东西!"

采录整理:余泽沛

90. 女人的心为什么是水做的[洛阳市]

传说离洛阳二十来里有个李家庄。这庄上只住着一户人家,三口人,夫妇俩和一个十六七岁的女儿。有一天他们的女儿到野地挖野菜,在一座坟上发现一株谷子。她觉得好奇,便掐叶子噙到嘴里,谁知,她从此便怀孕了,肚子一天比一天大起来。父母知道后,感觉丢人现眼,她的父亲给她拿来了一根绳子、一把菜刀,让她自己去选择死的道路。由于她母亲心软,晚上偷偷地将她放走。

当她逃到洛阳桥时,肚疼得厉害,她只好钻进桥眼里,生下一个男孩,取名鬼谷子。生下小孩因无法抚养,只是抱着哭,那小孩见她哭得伤心,于是便开口说话:"妈呀,你哭什么?"一听孩子会说话,她吓了一跳,又一想自己生的没有什么可怕的,她对孩子说:"孩子,咱吃什么哩?"那小孩说:"今后要什么有什么。"他妈要辆纺花车纺棉花,他给他妈弄来一辆纺花车和棉花。从此母子二人便搭了棚,在桥下过生活。

有一天儿子出去了,桥上来了个推小车的,他听到桥下有纺花车声音,到桥下一看,是个美丽姑娘,便起歹心,谁知姑娘死活不从,他就把姑娘杀了。儿子回来见妈死了,他在地上划了个"十"字,喊了一声"妈,回来吧",他妈又活了。

一个月过去了,那推小车的又路过这个地方,仍听到有纺花车的声音,又到桥下。她的儿子又是不在,他又把姑娘杀了,并且砍成八大块,把心摘走了。她儿子回来,把母亲每一块对到一起,就是找不到心。没办法,他到河里捧了一捧水做母亲的心,就这样他又一次将他妈救活了。

又过了一个多月,那推小车的又走到洛阳桥这里,听到纺花车的声音,又来到了桥下。她经不住那人的再三纠缠,撇下儿子跟那人走了。从此,传说女人的心是水做的。

讲述人:郭进山,男,76岁,文盲
采录整理:周新彬

四、文化创造

91. 蚕姑奶奶［南召县］

古时候,在伏牛山的一个小村子里,住着一家姓尤的夫妇。男人尤山,身强力壮,精明能干,妻子生下女儿尤德卉,不久就离开了人世,尤山又当爹又当娘,擦屎擦尿,把女儿养大。

尤家有一匹白马,能日行千里,夜行八百,既通人性,又懂人话,都说是匹神马。后来,边关有了战争,尤山被征入伍,走时交代女儿:"早归晚出,养好白马,战事一毕,为父疾速回家。"德卉在家牢记父教,伴随白马生活。

尤山一走就是三年。由于他智多谋广,打仗勇敢,立下战功,升为领兵副帅。边关不稳,害得他有家难回。离家又远,连个信也捎不回去。

德卉在家思念父亲,想得吃不下饭,睡不好觉。夜里做梦,听见爹爹喊她,常被惊醒。这天,德卉刚刚哭过,眼里噙着泪去给白马添草拌料,那白马"咴——,咴——,咴——"乱叫,又是用前蹄趴地,又是扑棱耳朵,抬起头看她。德卉见此情景,拈去泪水,用手捋着马鬃,轻轻地说:"白马呀白马,家里只有你和我,俺爹服役三年,没有音信,人人都说你通人性,你若听懂我的话,去到边关,找回爹爹,我就做你妻子。"那白马听后,前蹄立起,嘶叫一声,挣断马缰,一阵风跑了出去。

白马跑起来像离弦的箭,没几天就到了边关,找到了尤山。尤山一见是自家的白马,心想:是女儿来了。左等右等不见女儿。立时安排好军务,骑上白马。那白马扬起四蹄,嗒嗒嗒,直奔家乡而来。

到家后,父女团聚,格外高兴。尤山觉得白马功劳大,就特别细心喂养。可怪事来了,草再好,料再多,白马一口也不吃。女儿德卉去喂,也是这样,眼里还有泪珠,时常叫唤。白马不吃草,急坏了父女二人,想着长途奔跑,把马累伤了。请来兽医看病,兽医说:"马没病。"后来,尤山问起女儿德卉,马是如何到了边关的,德卉就把因思念爹爹,对白马说的话,向爹爹学了一遍。德卉又说:"我想它是哑巴牲口,只当是说个宽心话,谁知白马真个去了。"尤山听后,紧锁双眉,想了想,责怪女儿说:"终身大事,咋能作儿戏呢? 记住,这话千万不要传出去,今后你不要再到马跟前去。"

第二天,尤山用硬弓射死了白马,剥了皮,把皮钉在墙上晾晒。家里没了白马,德卉心里感到十分难受,背着爹爹,常常一个人暗中哭泣。

一天,德卉和邻居几个女伴,在院中踢毽子,她看到墙上钉的马皮,就走到跟前,用手摸一摸它的毛。这一摸,意想不到的事情发生了,马皮突然掉下墙来,往德卉身上一扑,卷住德卉,一阵风后,马皮连人都不见了。尤山再喊也喊不应,再找也找不到。

马皮卷着德卉,一直向伏牛山深山飞去,在一棵大栎树下,马皮停了下来,德卉姑娘失去人形,变成了马头形蚕。她不吃别的东西,只吃栎叶或桑叶。后来,成了这片树林的主人,上帝封她为蚕神。

她对这场遭遇,有说不出的苦处。日夜思念家乡,想念父亲和女伴,每当她想亲人的时候,便从口中吐出长丝。后来,她把自己吐的丝织成茧,人们又把茧抽成丝织成绸缎。据说,这是德卉姑娘为了报答爹爹的养育之恩,才这样做的。现在还有人把蚕称为马头娘,也就是这个缘故。

讲述人:薛书林,男,33岁,汉族,初中毕业,太山庙乡横山村农民
采录人:刘万普,男,25岁,汉族,高中毕业,石门乡孙庄村农民
采录整理:乔明光,男,48岁,汉族,大学本科毕业,南召县文化局干部
采录时间:1986年5月
采录地点:太山庙乡楼山村
流传地区:伏牛山南召县蚕区

92. 打石取火和锄头的来历[镇平县]

传说远古的时候,农民种庄稼不用锄草,只消"当当当"一敲铜锣,杂草就会闻声死掉。久而久之,人们不靠天吃饭,连敬奉老天爷的事也渐渐淡漠了。天上的玉皇大帝发现信奉他的人越来越少,十分生气,便派一位天神到人间使出法术,敲锣锄草从此不灵了。后来,人们发明了钻木取火,开烘炉打制出了铁铲,用铲子锄草,虽比不上敲锣锄草那么省力,可总比手薅便利得多。如此年年得到好收成,对老天爷的感情还是热不起来。

玉皇大帝再次动了怒。他派了精通火功的太上老君去灭人间的火种。太上老君虽是个体谅民间疾苦的神老头,可又不能违抗玉帝旨意,只得硬着头皮从命。

太上老君驾祥云来到伏牛山下的一个小村庄,看到几个人骑在一棵大树上,艰难地用小树枝钻木取火。钻呀钻,磨烂了双手,汗水浸透了衣衫,方才取得一星点点的火种。火种到手,几个人高兴得眼泪直淌,欢跳着朝村里奔去。老君见此情景,哪忍心煞灭火种,他跟随着几个人来到了一座烘炉旁,只见一位小铁匠接过火种,赶忙升火,人们扇风的扇风,吹火的吹火,终于燃起了熊熊大火。小铁匠便操起家什打制铁铲。只听"叮叮当当"连声作响,一把把铁铲打了出来。老君看到眼里,喜在心头,决心助人间取火制铲一臂之力。他不好直言点明,就想了个法儿。

老君往烘炉前靠一靠,声言讨个火使。小铁匠一看是位白发长者,便十分恭敬地为老君引火。老君使了点法术,"噗"地吹出了一股冷风,烘炉顿时火熄烟灭,老君转身拔腿就跑。生一次火不容易,霎时竟被灭掉,小铁匠怒上心头,喝了声:"哪来的妖人!"便抄起一把铁铲追去,眼看快要追上,小铁匠将铁铲朝老君打了过去,只听"当啷"一声,火花迸飞,原来铁铲打在了一块大石上,再看老君已无影无踪了。小铁匠恍然大悟,才知道是太上老君前来点化取火的新法。于是,便打了一个火镰,取来石块撞击取火,比原来的钻木取火省力多了。小铁匠还发现打老君的那个铲子碰在石头上折弯了,用这折弯的铲子一试,分明是往怀里搂着除草,比用铲子往前铲省力得多。于是,他便和伙伴们合计,照弯铲子的样子打,从此农家就用上了锄头。

太上老君不但没煞灭人间火种,还点化了人们生火和制作锄头的方法,玉帝为此将他打入天牢。后世人们根据"老君蓝衫五尺三"的说法,安锄把时都用五尺三寸长的木棍。中原一带传说立秋是老君生日,人们便在这天停止劳作,挂起锄钩休息,以示对老君的纪念。由此又产生出"立了秋,挂锄钩"的农谚。

讲述人:贺海成
采录人:姜典凯
采录时间:1986年3月
采录地点:镇平县贺庄村

93. 锄头的传说[范县]

传说,在很多年以前,人们管理庄稼很省劲。那时候地里有了杂草,一不去锄,二不用拔草,只用个木梆子在有草的地里转悠着敲敲,草就惊吓死了。这样时间长了,人们越学越懒。敲梆子觉着麻烦,太累,又操心,就生了个巧妙的法儿:把木梆子挂在树上,风吹树摇木梆乒乓响,把草惊吓死,地里没有草啦,庄稼丰收啦。

这事玉皇大帝知道了,很是恼火,便让天兵天将把木梆摘去,并下了神旨,再挂梆灭草不灵。人们作难啦,除草得用手一棵一棵的拔,又慢又累又费事,弄得庄稼减收,人们受苦。这时神农氏在玉皇大帝那里听差,看不下去了,这样时间长了,不得把人饿死吗?他就把玉皇大帝的龙头拐杖偷偷地拿来,下界到人间,用龙头拐杖往地里一搒,草就死啦。可天下地恁多,一个龙头拐杖忙活不过来呀!大家就模仿着龙头拐的样造了个家什去锄草,这就是后来的锄头。

讲述人:崔金甲,男,65岁,汉族,不识字,范县人,农民
采录人:崔金钊,大专毕业,干部
采录时间:1990年2月10日
采录地点:范县王楼乡赵菜园村

94. 锄头的来历

很早以前,地里的草不是用锄头锄的,而是由一人拿住铜锣,在地里边敲边说:"草死苗长,草死苗长……"这样,一直说七七四十九遍,地里的草就死了。

可是,有一个懒汉不愿这么做。他觉得这样在地里太热太累,于是,就在树上躺了下来,边敲边说:"草死苗长,草死苗长……"一直说了七七四十九遍。但是,地里的草不但没死,反而长得更旺了。

原来,这些事都是老天爷一手做的。开始,他见老百姓在地里拔草很受累,就把击锣锄草的办法赐给了老百姓。今天,他看到这个懒汉竟这样用他的锄草法,非常生气,就用仙术,狠狠地罚了他一顿。

这一来,那个懒汉为了生活下去,就想了个门儿,用铲子来铲草。一次,由于他用力过猛,铲子头碰弯了,他也没管它,就用弯铲子锄起来。说也怪,这弯了的铲子竟比以前好用多了,一块地不大一会儿就锄完了。这以后,懒汉有了得心应手的工具,也变得勤劳了,年年打下的粮食吃不完。

老天爷看懒汉变了,很高兴,可又一想:这个懒汉虽然变勤快了,可还会有第二个、第三个懒汉出现。要想杜绝懒汉,就必须让他们自己劳动。于是,老天爷就下了一道令,收回了敲锣锄草的方法。

这样,人们为了能生活下去,就不得不亲自动手锄草了。由于那懒汉发明的锄头,既省力,锄得又快,很快被人们一传十、十传百传开了。从此,过去的铲头,也就

变成现在的锄头了。

讲述人:吴文龙
采录人:范成林,男,26岁,汉族,高中毕业,县文化馆职工
采录时间:1988年11月
采录地点:胡庙乡吴楼村

95. 锄钩为啥是弯的[唐河县]

古时候,农田里只长庄稼,不长草。种子一播下地,农民就没活干了,说说笑笑,成群结伙到南天门上去玩。天神见他们整天闲逛,催他们回去种地,人们说:"地里干干净净,没活可做,来陪你们玩玩,不是很好么?"天神们讨厌老百姓,认为凡人不配跟他们玩,便到老天爷面前搬弄是非,说了老百姓许多坏话。老天爷信以为真,就对天神们说:"你们向凡间撒些草籽,地里庄稼一荒,老百姓自然顾不得逛天庭了。"

老天爷一声令下,苦了凡间老百姓。田野里到处都长出青草,密密麻麻,一人多深,把庄稼都掩盖了。从此,老百姓就顾不得到天上玩了,整天守在地里,不分白天黑夜锄草。那时锄原没有勾,是直的,使用起来很吃力。人们拼死拼活地干,地里的草还是锄不净。累得再很,谁也不敢歇。实在支撑不住了,用锄把往下巴底下一拄就睡着了。一睡就像死了一般。麻雀来了,在头发里搭窝,生蛋,孵出了小麻雀。一窝又一窝。有一天,一只麻雀向外飞的时候,攀住了人的头发,猛地一挣,把人惊醒了。那人一打听,已睡了三年零六个月!锄把在下巴底下拄弯了,变成了勾勾形。抡着一试,比原来的直脖锄省劲得多。从此,人们就把锄勾改成弯的,一直沿用到现在。

讲述人:高福云
采录人:张果夫　高福云
采录时间:1985年9月
采录地点:唐河县大张庄

96. 弓和箭的传说［南阳县］

大家知道,弓箭是古代人们猎取鸟兽、进行战争和防御外患的锐利武器。近代,弓箭还被用来作体育器材,锻炼身体。自从有了弓箭后,它在人类的生产、生活和斗争中,确实发挥了巨大的作用。可是,你知道弓箭是咋来的呢?

传说上古时,黄河以北有个部落首领叫共工氏。他有个女儿,叫农奇,是一位勤劳勇敢、聪明智慧的女子,经常登山涉水出外猎兽采果,供伙伴们享用。

一次,她来到一个古老的林中,放眼一看:满山架岭都是树,郁郁葱葱,琳琅满目:松、柏、杉、榆、楸、桐、枫、杨……笔直的树干直插云霄;还有板栗、柿子、山楂……有许许多多的果树,果实累累,挂满枝头,不时散发出沁人肺腑的香味。农奇高兴极啦。她心想:进了宝山不可空回,今儿,要多摘一些回去,叫姐儿们好好饱餐一顿。她来到一棵葛藤攀缠的柿子树下,伸出两只胳膊,将树一抱,两条腿往树上一夹,"哧溜哧溜"地爬到树杈上。然后,又像小鸟一样,敏捷地挪动着轻巧的身躯,摘罢这枝摘那枝。她摘呀,摘呀,正在兴头上,突然,"呜"一声怪叫,把她吓了一跳。定神一看,一只毛色斑斓的金钱豹,正朝自己飞驰而来。顿时,她毛骨悚然,连忙折了根七八尺长的棍子,攥在手中,趴伏在横伸的柿树枝上。碰巧那根树枝有个弧形弯儿,犹如一张弓,一根葛藤横攀而过,恰似一根弦。农奇左手抓着树枝,右手攥着木棒,屏着呼吸,目不转睛地注视着下面的动静。那豹子越来越近,农奇的心也越提越高。由于过于紧张,她攥棍的右手,不知什么时候已从树枝移到葛藤上了。她唯恐手抓得不紧,掉下去,于是就使尽全身的气力,使劲地攥着,攥着……说时迟,那时快,当那金钱豹又"呜"地怪叫一声时,农奇只觉得心一惊,头一懵,手猛地一松,那根木棍"嗖"的一下,飞出去好几丈远,正好射在金钱豹的天灵盖上。金钱豹被这突如其来的棍子捅得晕头转向,吓得魂不附体,尖叫一声,扭过头去,撂开四蹄逃跑了。

农奇是善于思索的女子,她觉得奇怪极了,就又摸索着试做了几次。结果,仍然是那样。并且,她还觉得,攥木棍的右手,用劲越猛,木棍飞出去就越远,速度就越快,撞击力就越大。

那时候,人们劳动和防身的工具就是木棍和石头,工具十分简陋,因而不断遭到毒蛇猛兽的作害。农奇心想:要是能把这个原理用来猎捕鸟兽和抵御外来的侵害,那该多好啊!

她的想法得到了父亲共工氏和伙伴们的支持。于是,她就去山上弄回些木棍、葛藤,用脚踩着,用手握着,将木棍握成弧形,把一截葛藤拴上去,两端缠紧绑牢。

然后,再取一根细树枝作为箭,进行试拉。一用力,根根树枝都被射得远远的。但是,用葛藤弓和弦,葛藤一干,一拉就断了,很不耐用;用树枝作箭,也不能杀伤命中的目标。后来,经过长期的实践和摸索,她终于发现了兽皮结实耐拉,有弹力,竹子质硬,有韧性,磨磋后非常锋利。她就用兽皮割成条条做弓弦,将竹竿的一头磨尖作为箭。这就是我国最早的弓和箭。现在,孩子们玩耍,拉弓射箭,用竹子削尖作箭头,也是从那时留下了的习惯。

讲述人:邱海观,70岁,农民
采录整理:李明才

97. 一日三餐的传说[西峡县]

传说女娲把人造好后,人也不吃不喝,闲居无事。一天,女娲对手下俩神女说:"人间闲暇无事,人类不会长久,要给他们播下粮种、草木,让他们学会改造自然,学会生活!"说完后,俩神女化作两个人间主妇下凡而去。

一年过去,遍地是粮,可是人们不吃,也不知怎样吃!

这天女娲娘娘来到人间,看到人间粮多如山,都要坏了。她上天后又对俩神女说:"今到凡间,需要教会人间怎样做饭,怎样炒菜。"而后又对俩神女说:"通知凡间三天一顿饭!"

俩神女没有听清,就匆匆忙忙地向凡间而来了。

不到半年工夫,凡间的人什么饭、什么菜都会做了。这时才有人问:"这些饭菜如何吃呢?"这两个神女才慌慌忙忙地想:不知是三天一顿?也不知是一天三顿?两位神女看这么多的饭菜,总该是一天三顿吧?她俩就顺口答道:"一天三顿。"

从此,人间就成了一天三顿饭。

讲述人:刘道灵,男,80岁,汉族,初小毕业,工人
采录人:刘银芳,男,24岁,汉族,高中毕业,农民
采录时间:1986年4月
采录地点:西峡县五里桥乡封店村

98. 造屋的传说 [南阳市]

在很久以前，我们的祖先，在森林里生活，居住在山洞中。他们靠捕猎生活，连毛带血地吃野兽肉。没有衣穿，也没有房住。

后来有个人，仿造马窝，架木为巢，在森林里把砍倒的树木架起来，搭些树枝树叶。这些树棚棚，就是原始的房屋。

传说到了尧王的时候，他手下有个专管修建房屋的人，名叫普安。普安根据尧王的旨意，想要修建一座外形美观、舒适又结实耐用的房屋，于是在天下到处查访能工巧匠，在几百人中，选中了两个人，一个叫鲁班，一个叫张佐。张佐是泥工，垒墙、盖屋，件件活计都行，手艺高超；而鲁班呢，是个木工，家具、门窗，也样样精通。

普安把鲁班和张佐叫到跟前，说："你俩是天下有名的能工巧匠，尧王命令你们，盖一座外形美观，住着舒适，又结实耐用的房屋，你们把最好的本领，都使出来吧！"

张佐和鲁班都想在尧王面前露一手，于是两人各领一班人，就开始了。张佐带领自己的一班泥工，打墙的打墙，盖房的盖房，很快就盖起了一座四四方方的房子。张佐看着自己盖的房子，自言自语说道："鲁班能盖这样结实耐用的房子吗？尧王见了一定会称赞。"

鲁班看到张佐先干起来了，他也不示弱。他想：你干我也干哩！于是就召集手下的一帮木工，做门窗的做门窗，架梁檩的架梁檩，不久，一座玲珑精巧、亭亭柱立的木板房就盖起来了。鲁班左看看，右看看，心想：这样美观、舒适的房子，尧王见了一定满意。

房子盖好，就请普安来看。普安先来到张佐的房前转了一圈，又绕着鲁班的房子转一圈，他俩满以为会受到普安的称赞和夸奖，谁知普安摇了摇头，叹口气说："看你们盖的都是什么房子？"他拿眼瞟了一下张佐，"四面都是一尺多宽的土打的墙，结实怪结实，可是，没有门窗，没有光亮，屋里黑洞洞的，叫人怎么住呢？"

"你盖了房子"，他又看鲁班一眼，"样子怪好看，可惜只有木柱、板墙，虽然美观、舒适，但经不起风雨，又防不了野兽的侵扰，也算不得好房子。"

一番话说得张佐和鲁班心里很服气，普安想了一下，故意提高嗓音说："你俩为啥不合着干呢。"

一句话，提醒了他们。鲁班很谦恭，就主动对张佐说："张大哥，咱们合着干吧！你的房子的长处，恰巧是我房子的短处。咱们把两座房的长处合在一起，再盖一座！"张佐见鲁班态度很诚恳，就拉住鲁班的手说："行！咱们合着干！"

就这样，鲁班和张佐合在一起干啦！木、泥工合在一起，没几天，一座外形美观,住着舒适,又结实耐用的房子便盖好了。普安见了这座房子,十分满意,便上报尧王。尧王一看,也满口称赞,说天下真还没有这样好的房子呢!就命天下老百姓都仿照此房盖房。

从此,无数座这样的房子,很快都盖起来了。而在盖房时,木工和泥工,总要合在一起,齐心合作,谁也离不开谁。同时,在盖一座房屋时,木工、泥工中都要选一个领工的。这个领工的,如果是木匠,就要仿照鲁班的名字,称他叫"堂班"。

采录整理:王庆文

99. 纺线婆的传说

据老辈人说:赊店东南原先都是一马平川的好地。后来,苗店一带起了一道岗。这岗天天往上长,还冒出好多石头橛子,庄稼也种不成了,人们也不知是咋回事。

一天,有个老汉起五更拾粪,猛然听见岗上有纺花的声音。他想:这地方荒草胡棵的,谁家的老婆儿咋跑这儿纺花来了?这老汉胆也大,就顺着声音找过去。到那儿一看,果真有个老婆儿在那儿纺花哩。他朝跟前凑了凑说:"老嫂子,这地方就没人来过,你咋跑到这儿纺花来了?"那老婆儿长叹一口气说:"唉,实不瞒你,我在这儿已经纺了七七四千九百天了,手里这半截花捻儿纺完就妥啦!"说着纺着,越纺越掏劲儿。老汉觉着那老婆儿纺一下,脚底下的地就往上鼓一下。老汉一想,猜着这土山长高一定是这老婆儿纺花纺高的。就向老婆儿问这问那,想着打个岔,好叫老婆儿纺慢些。谁知那老婆儿不答理他,一个劲地纺。一直到鸡叫三遍时,那老婆儿才问他:"这个大哥,你说我赶天明能把这半截花捻儿纺完不?"老汉瞅着那花捻只剩二指长了,只用狠纺几下就纺完了。她这样问,分明是想借人一句话哩,就说:"这花捻儿你甭说纺到明儿,你就是一辈子也纺不完。"谁知他话音刚落,纺花车的弦"咯崩"一声断了,车子也搅不动了。那老婆儿"呼"地站起来,把脸一抹拉,变成了一个青面獠牙的老妖精。手指头像五个铁钩子,抓着老汉的衣裳"哧啦"一下撕了下来,恶狠狠地说:"你这老东西,坏了我的大事,我非吃你不中!"老汉说:"我就说你纺不完,咋坏你大事啦?"那妖怪说:"这花捻就是牵山线,我要把它纺完,这座大山就起来了。山一起来,我就是这座山的王。你这一句话就把我的王位说掉了。"说着就去掏那老汉的心。正在这时,只听"咯嚓嚓"一声响,天上打了个炸雷,把那个妖精给抓了,那老汉也叫妖精害死了。

从此，这道岗再也没有长高，一直到现在还是那么高。据说，从前岗上还立了一块石碑，碑上刻的就是这回事。

讲述人：苗随柱，男，28岁，汉族，高中毕业，农民
采录人：史廷坤，男，34岁，农民
采录时间：1986年
采录地点：苗店乡张营村

100. 三 黄 [通许县]

通许县城南有一个赫庄村。在这个村的北边有一个大坑。在这个坑的边上，有一座三黄庙。这三黄庙是啥时候修建的哩？人们为啥要修这座三黄庙？要问这些，就得从很远很远的时候说起。

在很远很远的古代，人们不知道麻和棉花的用处，更不知道把麻和棉花纺成线，织成布，做成衣裳穿在身上。那时候，人们都是用树叶或者芦苇叶编在一起，披在身上当衣裳穿。穿这样的衣裳热天还好过，一到冬天冷的时候，就不中了，人们都冻得不行。再加上那时候也冷得很，一到冬天，不知道有多少人都被冻死了。咋办哩？能眼睁睁地等着冻死么？

时间又过了不知有多少年。

有一年，就在通许县城南二十多里的地方，有个名叫赫庄的村子。就在这个村住着一户姓黄的人家。这家原来的人口不少，爹妈和其他的人都因冬天天冷被冻死了，全家只剩下兄弟仨。老大叫大黄，老二叫二黄，老三叫三黄。这兄弟仨都是有心劲的人。他们眼看着爹妈和其他亲人，一年又一年都被冬天的天冷冻死了，心里很难过。可是想啥法不让自己被冻死哩？一年的夏天，大黄把俩弟弟叫到一块商量办法。可是一时谁也想不起办法，兄弟仨很着急。

又快到冬天了。为了叫冬天不被冻死，弟兄仨积极准备过冬的柴草。大黄弄来些树叶，二黄拾来些蒿草棵、树枝和麻秆。三黄抱来些白白的、软软的花一样的东西。这些他们都弄到了山洞里，一层一层地铺在地上当床。当他们在那白白的、软软的棉花上睡觉时，感到又暖和又好受，兄弟仨很高兴。可是在冬天寒冷的时候，为了不饿着还得到山洞外去打猎找能吃的食物。由于他们穿的是树叶和芦苇叶，大风一刮、大雪一下，他们都冻得吃不住。临他们回到住的地方时，大黄已经冻得快要死了。在大黄还有口气时，他把俩兄弟叫到跟前说："看着我是不能活了，你

们俩在我死后,一定想办法把过冬的衣裳改改,使你们不被冻死。"说到这儿他又对二黄说:"以后你是大哩,这个事你要多操心呀!"说罢他就死了。二黄、三黄兄弟俩难过之后,就把大黄睡的地方,连蒿棵、麻秆带树叶、白棉花一下抬起把大黄埋了。当二黄、三黄把哥哥抬起来时,只听"嘎巴嘎巴"一阵乱响,他俩认为树枝麻秆都断了,没法再抬了。二黄拿起一根一看,见树枝、蒿棵和麻秆都断了,可是,虽说那麻秆断了,那麻秆的皮还很结实,于是兄弟俩就拽着麻秆的皮把哥哥抬出去埋了。

晚上,兄弟俩坐在洞里就琢磨开了。三黄说:"哥也,那白白的、软软的花埋了可惜了,咱睡到那上又暖和又好受,那是啥哩?"二黄说:"那麻秆断了,为啥它的皮恁结实哩,是啥哩?"后来兄弟俩用麻秆的皮把一朵朵白而软的棉花连在一起,往身上一披,呀!比树叶苇叶暖和多了。当时兄弟俩可高兴了。

又快到冬天冷的时候了。兄弟俩为了早准备过冬的衣裳,就先弄来麻秆的皮和白而软的棉花,又连在一起当衣裳。心想,这下可不怕冬天冻得慌了。冬天到了,天又刮风又下雪。为了到外边找吃的东西,兄弟俩又去打猎了。到外边打猎一跑一动,那用麻秆和棉花连起来的衣裳,一下子又被风刮起来了,还是很冷。再冷也得打猎物吃呀!最后回到洞里,虽说猎物打来了,可二黄却被冻死了。

弟兄仨冻死俩了,就剩下三黄一个人。他自己想着,那白而软又暖和的东西就叫棉花吧,那很结实的麻秆皮就叫麻吧。那咋着能把它们连在一起,披在身上,又暖和又不怕刮风下雪哩!他想了很久,试着干了好些年,最后他又发现,那棉花不但暖和,还有一小根儿一小根儿细绒线,要是能把白棉花和麻连在一起,成一块裹在身上,就不怕刮风下雪了。又经过多少次的试验,最后他总算成功了。他把麻皮和棉花绒线连在一起当成布,又把棉花放在两层布的中间,做成衣裳穿在身上。这棉衣裳既不怕寒冷,又能很利索地打猎。虽说三黄做的衣裳很简单,但总算是世上第一件棉衣裳吧!这种方法后来经过人们的不断改改、试试,做的棉衣就更好了。人们再也不怕冻死人的冬天了。

三黄死后,人们为了不忘记他,就在原来三黄住的地方修了一座三黄庙。

讲述人:张秀生
采录人:常平

101. 海水为什么是咸的

在很久很久以前,海边有一小镇。镇上有位商人名叫高德。他跟前有个儿子高春。妻子去世多年,家里靠老仆王义照料。

一年,高德因病去世,他儿子高春继承家业。高春乃酒色之徒,不务正业。老仆王义多次相劝,高春非但不改,还迁怒于王义,心想:"这老家伙碍手碍脚,不如找机会将他干掉。"

高春找到个叫洪欣的渔民,对他说:"你把那王义带到海上,然后把他推下船将他淹死,我给你白银一百两。"说着,将银袋在洪欣面前晃晃。洪欣大怒,把他的银子摔到一边,说:"快给我滚,我不干这图财害命之事。"高春讨了个没趣,灰溜溜地跑了。

洪欣独自一人生活。他怕高春日后再谋害王义,就把王义接到家里一块过日子。

洪欣每日出海打鱼,王义在家操持家务。日子久了,王义心想若把房后那片荒地种上菜,不也能改善一点生活。想着,他就扛着锄头来到房后干了起来。谁知,没锄两下,就觉碰到个硬东西。挖出一看,原来是个石匣子。打开看时,里面有个小石磨和小石马,马上的小石人,手里还拿着小鞭子。王义觉得稀罕,就把这些东西带进屋来。

那时,海水是淡的。渔民吃盐非常困难。换一点盐,要用很多鱼才行。王义想:"这小磨若能磨出盐来就好了。"他想着就不由自主地对小石磨说:"小石磨,转一转,转一转来出白盐。"刚说完,就见小马拉着小磨转了起来,那小石马上的小石人就不断挥鞭呢!转了几圈后,细细白白的盐便流了出来。王义又惊又喜,心想:"这下可好了,再不愁没盐吃。"小磨不停地转,盐愈来愈多,眼看屋子就盛不下了。王义又对着小石磨说道:"小石磨,停一停,磨得多了没处盛。"话音刚落,王义就见小石磨停了下来,心中大喜。

从此,远近的渔民都吃上了盐。

不久,高春得知此事。有一天,他趁王义和洪欣都没在家,就把小石磨偷走了。他把石磨搬到自己的商船上,就命伙计们开船,向辽阔的大海驶去。他要带着石磨去海外经商贩盐,心想这下可发大财了。

到了汪洋大海,高春就对小石磨说:"小石磨,转一转,转一转来出白盐。"小石磨开始转,盐不断往外流,眼看船都盛不下了,可磨仍旧不停。高春只打听到怎样开磨,却不知怎样停磨。后来,船终于超载,沉没于海底。高春也在海里丧生。

虽然小石磨沉于海底,可仍旧在转动,盐也不断地溶于大海,自此,海水变成咸的了。

后来,渔民们又把这咸海水引到海滩晒干,由此来生产盐,依旧有盐吃,这就是小石磨的功劳。

讲述人:孟凡玉,男,40岁,工人
采录整理:何艺昌

102. 海水为啥是咸的［开封市］

在远古的时候,一个边远的渔村里,住着一家人:一个母亲和两个儿子。大儿子非常勤劳,早出晚归,养家糊口;小儿子却懒惰成性,贪心很大。母亲却偏爱小儿子,为了让小儿子独占家业,她把大儿子赶出了门。

老大在外受苦受穷,出力流汗,却填不饱肚子。后来,一个白发仙人实在看不过,恻隐之心泛起,就把一块石头送给老大,并嘱咐说:"你什么时候没饭吃了,没衣穿了,就在这石头上磨一下,它就会吐出盐来,然后你到市场上去卖,换回你要的东西。"老大感激涕零,但仙人忘记了告诉他如何止住石头往外冒盐,此是后话。

有了仙人的帮助,老大过得非常舒心,并且一天富似一天。老二和母亲在家听说了,都想知道他是怎样富的,眼气得要死。他们就对老大百般哄劝,老大只好把秘密告诉了他们。其时他们正在船上,老二听完此言,迫不及待就在石头上不停地磨起来,眼看白花花的盐一堆堆冒出来,他还不停手,直到盐越来越重,把船给沉了。老二和母亲都被海水无情地吞噬了,但老大却被白发仙人救了出来,继续过着幸福的生活。

这样,海水也就变成咸的了。

讲述人:马元初,60岁,开封人
采录人:康辉丽
采录时间:1989年12月
采录地点:开封市北城门外
流传地区:开封一带

103. 食　盐［西峡县］

很早以前,人间哪有啥盐?吃饭吃菜净是些淡味。

那时候,从天宫到地上有一个天梯,朝廷爷每天按时上天宫议事。有个朝廷的喂马人,白天见马吃得很饱,可每天早上起来见马浑身都是汗,肚子饿得很秕,觉着奇怪。他就趁夜深人静时,摸到马棚里观看。

这天当他走到马棚时,看见一个黑影牵着马出了棚,接近一看,原来是朝廷爷牵马。他想:朝廷爷往哪里去呢?我要看个仔细。就在朝廷爷骑上马,要扬鞭走时,他轻轻上前抱着马尾巴,那马知道是自己的喂主,也没用蹄踢他。

不大工夫,马把朝廷爷从天梯上带到天宫里,朝廷爷一下马,扭头看见后面有个人,原来是喂马的,也没法说,只好让他在天宫上游玩,自己议事去了。

那马夫在天宫转来转去,最后转到天宫的盐库,看见里面盛着很多不大不小的颗粒。他拿了一颗,往嘴里一塞,味道美极了,觉得一辈子也没吃过恁好的东西,就在盐库里挑了一颗好的扔到了人间。

朝廷爷议事毕,马夫又抱着马尾巴回到了人间。路上他把在天上看见的和尝到的美味说给朝廷爷听,朝廷爷听了说:"你尝的叫食盐,人间没有这,吃着香是因为咸,你扔一颗也没用。"

几天以后,朝廷爷又上天宫议事,玉帝训谕说天宫的盐精给人偷走了,嘱咐朝廷爷下次不要再来议事了,并叫天兵送走了朝廷爷,抽掉了天梯。那马夫把一盐精扔在人间,天上盐库的盐就断绝了。从此人间吃到了咸的,天宫吃的却是甜的。

讲述人:王正有
采录人:王遂成　谢起超
采录时间:1986年3月
采录地点:西峡县五里桥乡

五、动物神话

104. 神牛下凡的故事［郑州市］

相传在很久以前,牛是玉帝天宫里的一位大臣,称作"神牛"。那时,人间也归天宫管理,最高统治者自然是那位玉皇大帝。人们在土地上辛辛苦苦地劳作,每年都要将收获的谷子向天上交税,这样,他们自己留下的粮食就不多了,常常饿着肚子,一日只吃一餐。

有一年,地上干旱很严重。谷子下种以后很长时间没下过雨。田晒干了,苗枯焦了,人们想方设法抗旱,可结果还是受灾,粮食收成很不好,自然也就向玉皇大帝没有粮食可交了。这下,玉帝可恼火了,他要把天下的粮食都收起来,并下圣旨"从今以后,规定人间从原来的一日一餐改为三日一餐",并派大臣去人间传旨。

这被派去传旨收粮的大臣不是别人,正是"神牛"。神牛心地善良,虽然接受了玉帝的派遣,可心情沉重,很为人们的生活担忧。到人间之后,它见到人们苦难的生活,更是于心不忍,于是,它大着胆子将圣旨改为"从今以后,规定人间从原来的一日一餐改为一日三餐",对于催粮纳税之事只字未提。上天施恩,人们非常感激,奔走相告,从此一日三餐的规矩便在人间定了下来,一直传到现在。这样一来,人间本来就不多的粮食自然更是无法上缴天宫了。

神牛回到天宫后,向玉帝回复这次下去,已在人间传达圣旨,但因灾情太严重了,粮食收获很少,民间只剩口粮,确已无粮可收。玉帝因此也就相信了神牛的话。过了一段时间,玉帝不知怎么听说神牛错传圣旨,顿时大怒,召来神牛责问。神牛不慌不忙地回复玉帝:"玉帝派我到人间传旨,我照本宣读:'从今之后,规定人间从原来的一日一餐改为一日三餐。'一字不差,如何错传?"玉帝哭笑不得,只好将神牛派到南天门粮仓管门,撤大臣职务,另派一臣去人间收粮。这位大臣不顾人们死活,不但将人们的口粮抢走,还将留作种子的粮食也抢走了。

冬去春来,又到了第二年播种的时候,可是人间却没有种子,人们焦急万分。这时神牛在南天门粮仓管门,它对自己的贬职倒无所谓,但对人间的生活却时时记挂在心。当它知道人间没有种子,无法种田时,更是焦急。一天,天正下着毛毛细雨,神牛灵机一动,便不顾一切,擅自打开南天门的粮仓,把谷子随雨一同撒向人间。人们看到天上撒下谷种,十分高兴,忙着种粮生产。后来,人们为了纪念这一天,就把这一天叫作"谷雨"。

这样一来,触犯天规,玉帝恼怒万分,责怪神牛假传圣旨和撒谷种,犯下弥天大罪,于是召集文武大臣,对神牛进行严厉的惩罚:神牛不准为神,还在牛的下颌钉上一痣,使它不准说话,撵出天庭。一声令下,两名武士便将神牛从南天门推下人间。神牛跌在地上,上面牙齿全部跌落,所以,牛就没有了上牙,光有下牙,而且牛下颌有一颗痣。大约就是这个缘故。

牛被推到地上,人们都跑来看它,大家知道神牛为了大众的利益而受罚,纷纷表示要将牛好好护养起来,可是神牛却想既然不能在天上为神,那从今以后就在地上帮人们拉犁耕田吧!从此之后,牛便一直帮助人们拉犁耕田,而且不吃谷子,只吃谷草和其他草类。这样神牛就成了耕牛,成了农家的好宝贝。

讲述人:黄琳的姥姥,80岁,河南郑州人
采录整理:黄琳
采录时间:1988年4月

105. 牛来人间[沈丘县]

很古很古的时候,人们一半靠树果和草籽为生,一半靠种的庄稼为生。后来人越来越多了,树果草籽和很少的庄稼不够吃了。人们就用石斧、石铲等挖地。可是,这些工具又钝又笨,开垦荒地还是很困难。因此,人类常挨饿。后来人发明了石犁耕地。

人家说土地爷是好管闲事的老头。土地爷确实是个好办好事的老头。土地爷看到人类耕种这个情况,很是同情人类。心想,要是让那些力大无比的动物帮助人多好啊!于是,他就带着这个建议,为民请命,请求玉皇大帝赐福人间。可是,又恐怕玉皇大帝不准而得罪了其他神。他清楚地知道,在朝中,只有牛王等人和他最要好。他们二人都爱为民请命,敢于直言,指出天帝的错处,制止天帝的荒淫生活,当面揭露其他神的作恶行为。因此,风神、河伯、虎王、狐狸精们恨他们,就连玉皇老儿也恨他们。土地爷想来想去,最后还是决定向玉皇大帝建议。

这天,天帝升殿,诸神排到左右,只见从左列里走出土地爷,他手拿玉笏,叩拜玉皇说:"如今,下界的人们生活困难,耕种不力,望我皇派动物界神,率其部为民耕地。"接着只见他又呈上一份奏章。

玉皇大帝听此言,将奏章一览,面有惊愕之色,只听他自言自语道:"哼,叫我把那些让我满意、使我欢心、能够为我满足欲望而百般去做的几个神,放逐人间劳作,这怎么能行!这明明是拆我的台!这个老头!"于是愠怒之下,把土地爷斥退了。

这时,牛王爷觉得土地爷说得有理,就从朝班中走出来,请求玉皇恩准。接着马王爷、老君等神也站出来请求。玉皇大帝看看不准不行,先点头恩准土地爷的建议,然后问两班大臣,派谁去最合适。玉皇话音未落,那些引上荒淫、败坏朝纲、胡作非为的虎狼、风神、河伯、狐狸精们,恐怕玉皇把自己放逐下界,就想先发制人,乘此机会把牛王爷这个耿直忠臣压下去,觉得这样以后在朝上就没有人和自己作梗了,于是齐声推举牛王爷下界。谁知这正合玉皇大帝的意。土地爷和几个老忠臣一看这种情形,磕头再三,请玉皇留下牛王,他们说:"朝中不可没有牛王。"可是玉皇大帝这老儿执意不听。

就这样,牛王爷被派遣下界。牛王临行时,几个老臣挥泪相送,并告诉老牛,过些时候,一定奏请玉皇将牛王召回。

却说这老牛生性忠厚耐劳,虽然被派来民间率同类为民拉犁,但它并没有怨言。它帮助人们耕地,有多大力用多大力,埋头苦干,从不讲吃的好劣。因而人们很尊重它。

后来,玉皇大帝知道了自己的错误,无辜放逐了好臣子,就下旨召回牛王。可是狐狸这家伙早有所料,心想:"如果把牛王召回,我们这班人日子就不好过了。咱把它的脚切烂,它驾不住云就不用担心牛王会回来了。"于是,狐狸假传玉帝旨意,令一大力士用利刀把牛王脚切成两半,因此牛王终不能踏云上天回朝。

据说,现在牛脚呈两半"丫"形,就是这个缘故。

讲述人:耿张英
采录整理:耿玉芳

106. 神牛下凡

原来世上没有牛,牛在天上过日子。那时候,人还不会种庄稼,靠吃野东西生活。后来,人越来越多,野东西越吃越少,眼看野东西快吃光了。玉帝心里很焦急,就派神牛到凡间去传他的旨意,叫人"三天只准吃一顿饭"。神牛听三不听四,传成"一天吃三顿饭"。

玉帝听说神牛错传了旨意,非常生气,把神牛传来,说:"我是玉皇大帝,金口玉言,说出去的话也不能再收回了,你胡传御旨,该当何罪?"神牛跪下求饶。玉帝说:"死罪好饶,活罪难免。你到凡间去吧,掏点笨劲,帮助人们种好庄稼,多打些粮食,让天下人都吃饱,将功折罪!"就这样,神牛被打到凡间。

从此世间才算有了牛。牛天天闷着头犁地、耙地、打场、拉车,累得够受,还光吃草喝水,也不敢多吃粮食。因为这,牛气得天天"哞,哞"叫唤。

讲述人:张贤,女,52岁,汉族,不识字,农民
采录人:张凤琴,女,15岁,汉族,马乡联中学生
采录时间:1987年6月14日
采录地点:马乡镇马乡集

107. 牛叹气的传说[安阳市]

牛原来住在天上,啥事也没有,过得很得劲儿。

后来老天爷见人们犁、耙地很苦,种不好地,就想派牛下凡帮人种地,怕它不听话,就诓它说:"牛哇,你到下界去享两天福吧。到那吃饭有人端,睡觉有地毯,平时脖子上只放个二尺长的木棍儿,轻闲着哩。"牛一听很高兴,就下了凡。

牛到人间后发现不对劲儿啊,吃饭有人端,但端的是草疙节儿;睡觉的地毯是坷垃沫子。脖子上的短棍儿是牛套,那后边还带着犁耙,拉起来很费劲儿。它不愿意干,就飞回到天上,老天爷一见很生气,就把它的圆蹄砍成两半儿,它就不会再飞了,接着一踢把它又踢下凡间。

牛掉到地上磕掉了上牙,再也长不出来了。人怕它还跑,就给它穿上鼻圈儿,天天逼它干活儿。牛又气又伤心,想诉诉冤吧,又不会说话儿,只好唉声叹气。你要细心就能看到,牛每逢卧下时,总要长长吐一口气,那就是叹气哩。

讲述人:李黑丑,61岁,农民
采录人:韩志刚
采录时间:1989年2月
采录地点:安阳县韩家寨
流传地区:安阳县西部

108. 牛和五谷

远古时候,牛住在天上,犁云耕雾,让仙女播种星星。一天,神牛犁云犁到永宁①坝子上空,用力过猛,把天犁通了一个大洞。幸好一朵云把它挂住,才没有跌到地上来。待它从惊吓中定下神来,从破洞中往底下一看,嘿嘿,人间可美哩,千木山绿得像绸缎,洛水河碧得像镜子,花草遍地,人来人往,哪像天上冷冷清清的,没一点生气。从此,它每天都要到这儿来看一看人间风光。

一天两天,十天半月,神牛看出人间的一些短处来:人间没有五谷粮食,人们靠挖山茅野菜、摘野果山桃充饥,捕崖羊、麂子、野猪、野鸡来填饱肚子。"唉,人类太可怜了!"牛很同情人,决心要帮助人类,把天上的五谷种子送给人间。

可天上的五谷种子是装在神柜里呀!神柜用蛇锁锁着,还有天神守护着,就是蚊子也飞不进去。牛想了三天三夜,决定偷。

牛每天犁云耕雾以后,仙女就给它一坛仙酒,两筐仙果。神牛积攒了一月的仙酒、仙果,然后带着去见天神,把守神柜的四个天神全都灌醉了。趁此机会,它用尽力气,把角都挑弯了,才挑开了蛇锁,所以如今牛角是弯的。

牛偷到了五谷种,要送到人间去,可不是一件容易的事呀。天和地的交界处,有九十九道天门,每道天门都有天神守着。牛为难了,想了三天三夜,只有永远不做天上的神了。主意打定,牛把偷来的五谷种藏在自己的毛内,去到它犁通了的天孔边,选好落脚的地方,然后闭上双眼,从天孔跳下,落在千木山上,身上的荞子、燕麦被抖散在山顶上,现在山区产荞子、燕麦,就是这个原因。它从山顶上一直往下滚,滚到旱山坡,被一棵大树挡了一下,毛衣内的包谷散落在旱坡。所以,今天的旱山区主产包谷。牛滚呀滚,翻呀翻,一直滚到千木山脚永宁平坝上,才被当地人救起。它看到当地人好,便留了下来,把毛内的种子全抖了出来,送给了当地人,并教人们种植、收割、加工、吃食的方法。从此,大地上有了粮食。

人们为了报答牛的好处,便在自己的住房旁给它盖房子居住,真心实意对待它。从此,牛成了人类的好朋友,大地上也从此有了耕牛。

讲述人:张雨红
采录整理:许培福
采录时间:1989年12月27日

---

① 永宁:地名。即河南省洛宁县。

109. 牛为啥没上牙[南阳市]

一般动物的牙齿,都有上牙和下牙,可牛没上牙,这是咋啦?

自从盘古开天地,有了人类以后,慢慢地有了房屋,开垦出土地。人们学会了耕耘播种,也有了五谷杂粮。但是起初,人们并不会生活,常常是蓬头垢面,饥一顿,饱一顿,生活没有常规,没有一定秩序。

那时玉帝在天上,天规很严,神仙们也都爱打扮。他很想关心一下地上人们的生活,就对老牛说:"牛呀,出去传我的话,要人们一天一顿饭三打扮。"老牛心底最诚实,听到玉帝传旨,急忙来到人间。可它老了,耳朵背,记性差,只记住了一和三。见到人们就传话说:"人们听着,玉帝叫你们每天一打扮,三顿饭。"人们很听话,就照着做了。

玉帝得知老牛把话传错,就对老牛大发雷霆道:"你让人们吃三顿饭,吃什么?好吧,你下去给人们干活吧!"说着就把老牛一脚踢了下来。

老牛从天上翻了几个筋斗,摔下来,一下跌了个嘴啃地。霎时满嘴流血,感到嘴壳非常痛,一摸上牙全没有了。老牛又气又悔,自此没明没黑地使出全身气力,给人们拉车耕田。但从那时以后,无论是小牛犊或是老牛,嘴里都没有了上牙。

采录整理:李建霞

110. 牛 传 话

盘古开天后,人们只知道咋耕、咋种、咋收五谷杂粮,就是不会铺摆过日子。不知道啥时间吃饭,啥时间睡觉,饱一顿,饿一顿的。

天上的规矩很严,啥时候吃、啥时候睡都有路数儿。老天爷知道了人间不是这样,连吃饭、梳妆都是随便儿。他派最诚实的天牛神下到人间传他的旨意,让人们一天一顿饭,一天三打扮。一天一顿饭就是日出吃饭,一天三打扮就是日出、日中、日落三打扮。年老耳聋的天牛神,记住了一和三,它来到人间说:"你们听着:老天爷说了,叫你们每天一打扮,三吃饭。"现在,人们就是按这个传话过日子的。

老天爷知道老牛传错了话,就说:"你让人们一天三吃饭。吃啥东西?你到人间帮他们干活去吧!"说罢就将天牛神一脚踢下凡来了。

老牛从天上下来,翻了几个跟头,摔了个嘴啃地,满嘴流血,上牙全摔掉了。一直扎不出上牙来。至今,人们说那些好说错话的人,是"没扎上牙!"

讲述人:王文富,男,56岁,工人
采录整理:马辉岐

111. 老牛植草[桐柏县]

从前,大地上没有草,遍地光秃秃的。神农爷对老天爷说:"老天爷呀,地上只有树和庄稼,就没有别的东西了。人们想求您赐给点啥东西,把大地变成绿绿的。"

老天爷找来好多神将,商议神农爷的请求。有的说:"除了人住的地方,都让变成水。"有的说:"天上的草给下界撒一点嘛!"

老天爷对一个叫牛的老将说:"带上百草籽,走三步撒一把,剩下的放在硬土下。"

牛老将带了草籽,来到地上,撒了起来。老牛忘性大,它把"走三步撒一把,剩下的放在硬土下",记成"走一步撒三把,剩下的放在软土下"了。到了草发芽的时候,遍地都成草了。

神农爷找到老天爷说了这事。老天爷气了,把牛赶出了天宫,让它来地上消除草灾。牛到天下除草,费尽了力气,除不净,只好吃了起来。直到如今,牛还是整天吃草。

讲述人:栗文伟
采录整理:马卉欣

112. 牛为什么吃草[遂平县]

牛是人最忠诚的朋友,为人耕田、拉车,辛辛苦苦,可吃的却是青草,这是为什么呢?

据说,牛原来是天上的金牛大仙,负责传递玉帝的旨意。有一年腊月,灶君从人间返回天堂,向玉帝说人们谷物缺少,情况十分悲惨。玉帝听了,十分同情人们的不幸遭遇,唤来金牛大仙,说:"你带上稻种到人间去,走一步撒一把。"金牛大仙领旨出殿,到粮仓里取种子时,把玉帝说的错听成是带上草种,走一步撒三把。他把草种拿出来,把人间的平原、山冈、田地全部撒满了草种。到处长满青草,把庄稼欺得长不起来。人们的生活更苦了。

第二年,灶君又把人间的全部情况告诉玉帝,玉帝听后,气得七窍生烟,传令把金牛大仙找来,问他时,他说:"你让我到人间去撒草种,一定是草长得太旺了吧。"玉帝听了恼羞成怒,要金牛大仙去人间把田里草犁掉,一脚把他踢到人间。金牛大仙连滚带爬,摔得就算站不起来了,上牙也磕掉了,直到现在牛还没有上牙。因此,牛在人间耕地拉车,吃青草,都毫无怨言。

讲述人:崔蕊的祖母
采录人:崔蕊,女,16岁,汉族,花庄乡初中学校学生
采录时间:1988年春节
流传地区:遂平西部山区一带

113. 牛、驴二将军

牛和驴从前并不拉犁和拉磨。它们都生活在天宫里,还都是将军呢。每天只是传达传达玉皇大帝的圣旨,痛快极了。

这天,玉帝把它们招来说道:"二位贤臣听旨,近来人间屡闹饥荒,饿死不少人。平民应以节俭为本,今特令你们二位速到人间传旨,从即日起,改为三日一餐,不准吃馍,只许喝汤。切切!"

牛、驴二将军听毕,齐声道:"遵旨!"说罢,驾起云头,向人间飞去。不一会儿,就到了人间。正赶上那个地方有会,人们拥拥挤挤,好不热闹。牛、驴二将军看到一酒馆,经不住那酒香的引诱,便变作二老翁走了进去。它俩要了两碗酒,一饮而尽,出来竟都有些东倒西歪。二位将军摇摇晃晃地来到一高台之上,现了原身便传圣旨。由于喝多了酒,它们竟然把圣旨传错为:"一日三餐,又吃馍又喝汤。"这样一来粮食更不够吃了。

玉帝为了惩罚它们,便令牛、驴二将军下凡,帮助人们种地,生产粮食。从此,牛拉犁,驴拉磨,而且只能吃草。

讲述人:李秀亮,男,68岁,文盲,农民

采录整理:刘玉安,男,32岁,教师

114. 金牛与伏牛山[灵宝县]

相传远古时候,黄河南岸函谷关和华山之间,是一片荒滩。这一年,从山西洪洞县来了一些灾民,路过这里,看到土地肥沃,就落了脚,想在这里种地谋生。可是灾民们都是赤手空拳,既没有牲口,也没有农具,种子撒到地里,也收不下多少粮食,生活仍然非常贫困。

一天,金牛星在天河岸上玩耍,当它走到南天门,倾着身子向凡间一看,看见人们头顶烈日,用棍棒石块松土种地,怪可怜的,就悄悄地下了凡,在地上打个滚,变成一头大金牛,拉着一张金犁,来到人们跟前。人们一见都很喜欢,便扶起犁,让金牛犁起地来。它犁呀犁,开了一块又一块,种了一片又一片,不分昼夜,一会儿也不停。到了收打入库时,家家仓满囤流。

第二年该种地的时候,金牛星又下凡啦,还是日夜不停地干。一天,雨祖爷踩着云头,四处巡察雨情。他坐在云端往下一看,原来金牛正在犁地哩,很不高兴,脸色一变,厉声厉色地喊:"金牛,赶快回天宫去,谁叫你私自下凡,太上老君等着你哩!"金牛星不理睬他,只管犁地。雨祖爷又说:"你再不听话,我定要到玉皇大帝面前告你!"金牛星生了气,说:"随你的便吧!"雨祖爷讨了个没趣,驾起祥云腾空而去。

玉皇大帝得知,派了天兵天将下凡,要拿住金牛星回天宫问罪。天兵天将驾着云头,一看见金牛星,就掏出了捆仙绳。金牛星一看天兵天将要捆自己,也发了怒,把金犁一摔,四蹄腾空,和天兵天将大战起来。天兵天将拿不住金牛星,只好回灵霄殿缴旨。玉皇大帝发怒,二次派雷公下凡去殛它。雷公下了南天门,"轰隆隆,轰隆隆"响个不停。金牛星还没有来得及躲避,已被雷公抓到了高空。眼看要到南天门,它横下一条心,用尽平生之力,四蹄一蹬,雷公没有抓好,"扑通"一声,跌下凡来,金牛星的灵魂却被抓上天了。过了一天,金牛的尸体变成一座大山,八百里长,好像卧着的一头大牛一样。太上老君平常总是骑着金牛来来往往,这一会儿见金牛变成一座山,心里很难受,就把金牛拉过的犁挂在华山的悬崖上,表示怀念。至今到华山上去的人还能看到这张犁,都叫它老君挂犁。

采录人:张治国

115. 牛 猫 鼠 [舞阳市]

人们都知道,牛比老鼠大得多得多,但是,在人的十二属相中老鼠却占了头位,啥原因呢?猫见了老鼠为什么就想抓住吃掉它呢?这里边还有一段故事可讲哩。

相传,玉皇大帝要给人定十二属相,准备开个动物会,叫大家推选推选。这事猫先听说了,因为猫好瞌睡,怕误了推选会,就给它的好朋友老鼠说:"玉皇大帝要给人定十二属相,听说要从咱们动物中推选,我好瞌睡,怕误了开会,你去时可要叫我,咱俩一块去。"老鼠一听说:"行,你放心大胆地去睡吧,我一定叫你。"

后来,玉皇大帝定了开会时辰,猫只顾睡觉,专等着老鼠叫它。老鼠听说开会后,心里犯了打算,它怕和猫一块儿去争了它的份儿,选不上它。到开会的时候,老鼠便偷偷地去了,到那儿真的选上了。

在排先后次序的时候,玉皇大帝说:"牛的个儿最大,应该排第一位。"别的动物都没有说啥,老鼠却和牛论起了大小,牛说数它大,老鼠说数它大,各说各大,争论不休。老鼠说:"光咱俩说不清,不行咱到大街上叫人们评论评论,人们说谁大,谁就排第一位。"玉皇大帝看它俩在互相争地位,他不想多管它俩的事儿,就同意了它俩的意见。

牛到大街上人丛的地方走来走去,人们见了都说:"这头牛真肥。"老鼠一听没说牛大,就急忙顺着牛腿,爬到牛的脊背上,跳过来蹦过去。人们一看说:"呀!这只老鼠真大!"老鼠对玉皇大帝说:"瞧瞧!人们都说我大吧。"就这样,老鼠在十二属相中争了个第一位。

老鼠被选入十二属相,又争了个头位,高高兴兴地回去了。它走到半路遇见猫,猫问它:"你听说开推选会了没有?"老鼠便高兴得连蹦带跳地说:"开罢啦,十二属相中,我为老大!"猫又问:"有我没有?"老鼠说:"你没有去能有你?"猫一听就恼了,便指着老鼠说:"你说叫我睡吧,去开会时叫我,结果你没有叫我,叫我误了大事,这时候还来我跟前夸你,真不讲信用,我非吃了你不可。"说着就向老鼠扑去。老鼠吓得赶紧逃跑。

从那以后,猫见了老鼠就要捉住吃掉,老鼠看见猫就跑。

讲述人:赵文选,男,57岁,小学毕业,舞阳县孟寨乡赵马村农民
采录人:黄成勃,男,30岁,高中毕业,孟寨乡文化专干
采录时间:1989年3月5日
采录地点:孟寨乡赵马村

116. 牛的传说

从前,牛是野的,它们成群结队到处乱跑,每年春、夏、秋三季还能生活。一到冬天,特别是下了大雪,它们就不好过了。饿死、冻死、被野兽咬死的很多,眼看就要绝种了。

一天,玉皇大帝对老君说:"牛在凡间没人经管,眼看就要死绝了。老百姓种地没有力量,不如把这些牛交给他们经管,等喂熟了也好帮他们犁地。"老君来到凡间,见到牛王说:"玉皇大帝可怜你们,叫恁都到人们家里,叫人们给恁端吃端喝,夜里还把床铺得软软的,睡在屋里边,他们忙了,恁帮他们耕种。这样,保险叫恁子孙后代永远不绝。"牛王见老君说得好听,就答应了。

谁知,牛一到人的家里,人们就把它们鼻子上扎了个孔,穿上了鼻圈儿。端吃端喝虽办到了,床铺可不中,差不多都是在地上撒点干土,根本就不铺被子。夜里卧在地下,粪尿浆着不说,白天还得干很重的活。想挣跑不干吧,稍微动一动,鼻子疼得钻心。那些狠心人动不动又是打,又是骂。牛们这才知道上了当,心里又气又恨,直到现在,每当晚上卧时,还长出几口气哩。

讲述人:蔡文典,男,58岁,汉族,高小毕业,农民
采录人:蔡艳红,女,19岁,农民
采录时间:1985年12月
采录地点:田庄乡蔡庄村

117. 玉帝哄牛下凡间 [沈丘县]

从前,世上没有牛,人们种地很难,就求玉帝给个帮人耕地的牲畜。玉帝答应了,叫人去从百兽中挑选,人一挑挑中了温驯的牛。牛认为在上界悠闲自在,不乐意下来,玉帝就给牛许下了四个条件:吃的是甘草,喝的是糖水,在干活时人们还要专门给它唱小曲儿,一天内让它睡七十二歇觉。牛一听玉帝许下恁好的条件,就下凡了。

牛到人间干了一段,吃的不是带甜味的甘草,而是晒干的干草;喝的不是甜糖水,而是坑塘里的塘水;干活时人在后面吆喝着,是轰它干活哩,不是唱的小曲儿;

一天睡七十二歇觉,只是一会儿打一个旽儿,有时候夜里也得去干活。牛受不了这个苦,就跑到玉帝那里告状,玉帝说:"条件都兑现了,不要再来无理取闹!"牛还是不甘心,三天两头到玉帝那里去纠缠。玉帝没法儿,只得命天兵把牛蹄儿切成两半,从此牛就再也不能去上界告状了。牛生气呀,直到现在干着活还不住"忿忿"出闷气呢。

讲述人:郭永玉,男,30岁,高中毕业,沈丘县周营乡政府干部
采录人:徐程,沈丘县文化馆干部
采录时间:1987年4月
采录地点:沈丘县周营乡文化站

118. 牛蹄子为啥分两瓣

相传,古时候老百姓种地没牛,耕地十分困难。这事被太上老君知道了,他动了慈悲之心,想把天上的神牛牵到人间试试,看能不能帮助人们耕地。

到夜深人静,太上老君牵着牛,扛着耧,下凡来到山上。套好牛后,他打算先试一试,看牛是不是听话。不料那牛转过三道山,望见涧河,便挣脱套绳朝山下跑去,老君紧追不舍,撵到河边。牛贪吃水草,死活拉不走,老君生气地打了牛一鞭子。牛蹶子一蹦多高,竟然踢了老君一脚,把老君踢了个仰巴叉。

老君起来,抹了一把头上的汗水,捋着雪白的胡子,心想:要是把牛留在人间,庄稼人使唤不住怎么办?想到这里,他邀来天兵天将,把牛的四蹄捆了个结实,他拿起斧子照准每只蹄子的中间砍了一斧。然后放开牛,这一回牛变老实了,服服帖帖地站在那里,再也不狂蹦乱跳了。老君将牛赶到山坡跟前,天已经快亮了,他坐下磕了磕鞋里的土,霎时间长成了土堆。

老君将牛和耧留在人间,上天去了,从那时起,牛开始听人使唤,蹄子也成了两瓣。

讲述人:郭绍卿,男,71岁,文盲,磁涧乡奎门村农民
采录整理:王雁竹,男,43岁,中专毕业,磁涧乡奎门村农民

119. 牛蹄子为什么两瓣

相传几千年前,牛在天上专耕蟠桃园。有一次,王母娘娘到蟠桃园游玩,见牛不停地劳作,累得满身大汗,就下令让牛停下来休息,并且对牛说:以后每年只耕一回就可以了。牛听了很高兴,从此就常在天上歇着,没事干。

有一天,孙悟空到下界游玩。他到人间一看惊呆了,农民都在拉犁耕地,累得汗流浃背。悟空心想,要是有什么能代替他们耕地该有多好啊!这时,他想到了蟠桃园里的牛,就一个跟头回到了蟠桃园,到牛身边,对牛说:"你整天在这里没事干,我带你到人间游玩去吧,那人间可真美丽呀!"牛被悟空说动了心,就随着悟空来到人间。

悟空把牛领到一座很漂亮的大山旁,牛就忘记了上天。悟空一看时机一到,赶快拿出早已准备好的锯子,利索地把牛蹄子全锯开了。牛感到蹄子痛,低头看时,蹄子已成两瓣,再找孙悟空已没影子了,想回天上,也回不去了。

从此,牛就留在人间,为农民耕种。直到现在,它的蹄子还是两瓣,仍没长好。

讲述人:柳世荣,男,62岁,汉族,文盲,高杨店乡柳王庄农民
采录人:柳红伟,男,16岁,汉族,高杨店联中学生
采录时间:1987年10月
采录地点:高杨店乡

120. 关于牛的传说

据说,从前牛曾是兽中之王,老虎居第二。有一天,玉皇大帝为了使人间得到能劳动的动物,便对老虎说:"你到人间去吧?人们整天会让你享受荣华富贵。"老虎想:我在山上一日三餐,有肉有酒,何苦到人间去呢?就对玉皇大帝说:"启禀万岁,我不愿去人间,还是让牛去吧。"玉皇大帝见老虎不去,也不勉强。就召见牛,对牛说:"牛爱卿,你到人间去吧,人间会让你享受荣华富贵的,让你吃田草,喝塘水,你愿不愿意呀?要不愿意让老虎去。"牛一听,吃甜草,喝糖水,心想:这福不能让老虎去享。就一口答应,它哪里知道老虎根本不愿去。

牛到了人间,被人用来干拉犁子、耙等笨重活。吃的不是甜草,而是田间的草;

喝的不是糖水,而是塘里的水,这可把老牛气坏了,可是已经在玉皇大帝面前说过了,再也没办法了。

从此,老虎成了兽中之王,老牛成了辛勤的劳动者。

讲述人:郑效发,男,51岁,汉族,文盲,高杨店乡洼李村农民
采录人:郑俊豪,男,15岁,汉族,高杨店联中学生
采录时间:1987年10月
采录地点:高杨店乡

121. 猪马牛羊牲畜的来历[西峡县]

听老辈人说:远古时候,西峡丁河西岸,山上是大树参天,低处是水草丰满,水里有鱼,山上有牲口,人们就选着这个好地方聚居,上山打兽,下河捕鱼。咋恁好个地方哩?还得从狮子封王说起。

传说狮子原来在天宫的大殿前蹲着。有一天,玉皇大帝无事可议,在大殿上闲坐,忽然殿前的两头狮子猛自吼了三声,如同炸雷一样,玉皇大帝忙问左右:"主何吉凶?"左右说:"狮子朝驾,天下太平。"玉皇大帝心中高兴,就封狮子为兽中之王。

那些牛、驴、骡马,本来就不是狮子的敌手,狮子封了王,它们又添了三分害怕。自此以后,所有兽类看见狮子就让三分,一来二去,狮子的心高了,心想:当百兽之王不如长生不老,就想咋才能长生不老呢?想来想去,要去偷王母娘娘桃园的桃吃,因为吃了王母娘娘的仙桃就能长生不老。这偷吃仙桃可也不是个容易事,狮子心想:要打通通鼓,离不了五七人,就约会猪、牛、羊、驴、骡、马,合伙去偷。那些牛、马们本来就怕狮子,何况仙桃谁不想吃?因此也都答应了。可是王母娘娘的桃园有天兵天将把守着,一个个都有本事,所以找不到机会。看着桃花红,桃叶绿,桃压树枝弯溜溜,馋哩舌头滴水,吃不到嘴里。

人家说:天下无难事,只怕有心人。好容易盼到六月六,这天,地上的老百姓,都烧高香,化纸钱,那些看桃的天兵天将,看香信一到争着去抢钱花。狮子看机会到了,就跑进园子偷吃了仙桃。这事叫玉皇大帝知道了,生气地把狮子、猪、牛、羊、马、骡、驴一齐打下凡压在一个山下,叫它们受罪。压在哪个山下,就是池水沟鳖胡①洞。玉皇大帝又派了两条小龙下凡镇守。这两条龙也不想下凡间,可是玉皇

---

① 鳖胡:即蝙蝠。西峡土话叫夜鳖胡。

大帝的圣旨不敢不遵,只得押着猪、牛、羊、马、骡、驴下凡,压在山下,上了几道栓,锁了八把锁,两条小龙也就守着洞口,等着玉皇大帝接它们回天宫的圣旨。上来两条小龙也很认真,日子长了,等不着玉皇大帝的圣旨,心里着实有点生气,可是玉皇大帝也早把这两条小龙忘了。两条小龙等不着回天宫的圣旨,就化形为人在这人世间窜来窜去,苦害老百姓。老百姓们也为它俩烧香上供,总是满足不了两条小龙,弄得这一方老百姓不得安生。有个封老大,年方二十,妨死爹,气死娘,没有妻子,没有房。村里人怕受连累,把封老大撵出去,永远不许他进村,逼得封老大只得赤巴脚,净脊梁,草当被子地当床,白天吃哩百家饭,夜里睡在大路旁。

　　一天封老大来到白鹤湾,跑的腰疼腿酸,饿得头晕眼花,当他跑到现在的白鹤湾的一棵松树下时,一头栽倒,昏过去了。封老大迷迷糊糊看见两个人,一个是老汉,连眉毛都白了,对个年轻小伙子说:"你会看病,咋不给这个人的病治治?"那小伙子说:"他是饿着了。"那个老汉说:"快端饭、菜、馍。"霎时,大松树底下摆满了一桌饭菜。老汉说:"他咋不吃哩!"那小伙子说:"光有饭菜吃吃渴,脚下有水尽他喝。"封老大正饿正渴一看见馍,就想要一个吃吃,一翻身醒了,那个小伙子和那个老汉都不见了。封老大又饥又渴,想爬起来找点水喝,一看一桌饭菜,封老大抓住就吃,狼吞虎咽吃了个饱。这一吃不饿了,可是渴哩要死,这时才想起梦中听的"脚下有水"的话,封老大找了一会儿才看见松树下边垮了一批子土,一条松根露在外头,顺着那条根滴水,封老大嘴噙住树根接水喝。他一尝,不是水,是又醇又香的酒。这一下,封老大是饭吃饱,酒喝足,又躺到大松树底下睡着了。

　　封老大又看见那两个人,这回是那个小伙子先开腔:"你总说这山下有宝,没有人能开动石门,我看这封老大身高一丈,膀宽二尺,吃了你的馍,喝了我的水,叫他去开石门。"那老汉说:"开石门也容易,只要找着钥匙。"那小伙子问:"你知道钥匙在哪里?"那老汉说:"远看近取。"老汉接着又说:"这把钥匙要想到手可不容易,得先用你那酒把两条小龙灌醉才行,不然你休想拿到钥匙。"正说着话,鸡叫了,那两个人又没见了,也给封老大惊醒了。封老大起来觉得自己长高了,长胖了,浑身有劲。他想想夜里的梦,老汉说"远看近取",他就在松树圆圈找,啥也找不着,猛一抬头看见松树顶上结了个松梂,也不知道这就是钥匙,他就上去砍这棵松梂。谁知道这松树有两三抱子那么粗,抱不住上不去,他去找了个石斧想在树上砍些脚窝蹬上树去。说也奇怪,砍好这个脚窝,不等下个脚窝砍好,这个脚窝又长住了。他这"梆当梆当"一砍惊动了两个看守的小龙,这个说:"兄长,莫非有人偷钥匙?"那个龙揉揉眼、挖挖头说:"我正睡得香,你胡吆喝的啥!"封老大看树长得快,就觉得这棵树是宝树,上边那松梂一定是开石门的钥匙,这一想,力气就更大了,砍得更快了,响声更大了,龙一听着急了,"吼"的一声飞到大松树前,这一下,可把封老大吓得要死。就在这个时候封老大想起来梦中那老汉说"非把龙灌醉才行"那句话,就大着胆子站着,龙问:"你弄啥?"封老大说:"来请你们喝酒!"龙是爱喝酒的,一听说酒就问:"酒在哪里?"封老大把它们领到松树根前,他一看,几十坛美酒,两桌子佳肴,两龙一看高兴极了,自从下凡以来,没有吃过恁好的东西,就大模大样不让自坐。封老大想:正是有缘千里来相会,无缘对面不相识,今日有缘,宝该我取,天助于我。想到这里,就更是殷勤献酒,坛里的酒越喝越多,俩龙从早起喝到日过午,又从日过午喝到太阳落,酒越喝越香。最后封老大给每个龙搬了一坛酒,龙打开酒坛一闻,一下子都把一坛酒连喝下肚,此时已是半夜时分,两条龙都喝得大醉卧在松树边。封老大看时机一到,就跟着龙头上到松树,身上不知从哪来恁大力气,把松棰取下。这一取钥匙腾空而飞,霎时间只听"咔嚓"一声,有如天崩地裂一般,把醉得要死的龙也震醒过来一点,就是醉成一堆泥,动弹不得。山门一开,压在山下的狮子出了洞口向北跑,骡子出了山门向东跑,马向西跑,牛向南跑,五奔四下各自逃生。就猪跑得慢,刚跑到白鹤湾门前的丁河滩就被醒过来的两条龙追上。上边一个下边一个,把这猪看得稳稳当当,现今还在丁河滩上立着,后来人们都说那叫"二龙观猪"。自从盘古到现在丁河不知道涨过多少次水,可是水再大,也没淹住过石猪。传说不淹石猪的原因是龙看守着,水涨大,地也升高。而这俩龙没有看好偷吃王母娘娘仙桃的狮子、牛、马、骡、猪……,玉皇大帝再也不发旨叫它俩回天宫。也不知经过几世几劫,猪成了石头,龙成了两条土岭,人们现在把下边这条龙的头叫"龙观眼"。这条龙的眼珠是一对夜明珠,被别宝回子得走了,眼下还有两个石洞。上边的那一条龙的龙头人们现在叫"龙台岗"。时间长了,龙和猪都升不得天宫,都怨恨起玉皇大帝,因此,猪和龙又成了好朋友,龙教猪游泳戏水,所以后世的猪淹不死,说什么:猪过江,狗过海,猫到河里摆一摆。

　　再说封老大,灌醉了小龙,放走了猪、牛、马、骡……,龙醒过来以后,怎肯罢休?当这两条小龙醒来的时候非常生气,到处在找封老大算账。

　　封老大哪里去了呢?封老大取出钥匙,打开石门,"轰"的一声如同天崩地裂,把封老大也震昏过去了。又多亏他梦里遇见那俩人,说了半天,你知道那俩人是谁?一个是千年松根变茯苓,万年修行成仙童,封老大喝了茯苓水,代他行医去治病。另一个是白鹤仙翁,他和老天爷是一天生,天地事事都知道,后人称白鹤仙翁为老寿星。茯苓仙童和白鹤仙翁,知道山下压着猪、牛、羊、马、骡、驴、狮子等宝贝,不搭个凡人气,是救不出来的。当时看见封老大生得憨厚彪壮,就告诉了他开石门的办法。怎奈还没有说完,鸡叫了,封老大只知其一,不知其二;只知道找钥匙开石门,不知道怎么为百姓收宝,这算是活活个娃叫他给摆治死了。封老大自己搬石头砸了自己的脚,白鹤仙翁赶紧捧住头,茯苓仙童抬住腿送到现在的封湾,藏在一山洞里。白鹤仙翁的米,茯苓仙童的水,将养了七七四十九天,才算好。

　　可当龙醒过来以后,知道自己上当,到处又找不到封老大,气就越来越大,瞅见人就杀,见兽不留。只闹得几十万年,人们聚居的好多地方人绝迹,兽灭种,血流成河,因此把山坡上的土都染红了,所以马沟口到白鹤湾的一架山上变成红色,人们叫它"红坡"。血流到山沟里汇成河,染红了河水,后人把这沟叫"赤水沟",现在天数长了,染红的水也流尽了,人们把字音也念走了,写作"池水沟"。

再说白鹤仙翁和茯苓仙童,是想着人们种庄稼太难,不如将宝物放出山来拽犁,拉车。可是没等话说完,鸡子叫了,所以封老大只会开山门不会收宝,因为石门一开,都是扎鞭绞脖子,各自顾各自。在山下押了多少年,谁也说不清,猛一出去,就像大水头子乱冲乱撞,碰见人它们也害,遇着庄稼它们也糟蹋,这一下好事变成害事了。可忙坏了白鹤仙翁,他拿着他的宝葫芦,东山跑到西山,总算把马收进了宝葫芦。人们就把马拴到家里喂,沟口的黄豆再也不糟蹋了,所以后人把收马的这条沟叫马沟。骡子力大,比较难收,一直追了三十多里,才收住,后来把收骡子的地方叫骡子沟。接着去收牛,水牛力大,跑得快,所以狼都怕水牛。为了把水牛收进宝葫芦,茯苓仙童和白鹤仙翁把水牛的腿打断一条,这只水牛变成了一条石牛,永远卧在高山顶上。由于那座山陡,后人又在那里修起寨墙、城门,后人把这座山起名叫石牛寨。唯有狮子受过玉皇大帝之封,白鹤仙翁收不住,整天在丁河以东横冲直撞,搞得路断人稀。人们也气了,就约会了周围几十里的人,一下子把狮子撵进一个小山沟永远不敢再跑出来。所以后人把藏狮子的那个小沟叫狮子沟,沟口有个集市,人们叫黄狮。

这些精怪一收住,白鹤仙翁教封老大使用马、牛、骡耕地、拽车。从那时起人种庄稼比以前快多了。

不知经过多少年,封老大成了这一带的财主,他从茯苓仙童那里学会看病,又在丁河北岸开个药铺,所以后人就把封老大住的地方叫封湾,把他开过药铺的地方叫封店。以后他就成了灌河以西的财主,他不忘白鹤仙翁和茯苓仙童的恩情,就把两条龙守着的一道湾取名叫白鹤湾。不知道又隔了多少年,丁河滩上的石猪,遇见了白鹤仙翁,问:"人家犁地的犁地,拽车的拽车,我和羊弄啥?"白鹤仙翁说:"没用,只可吃肉。"就从那时起人们就饲养猪羊吃肉,一直流传到现在。

那押狮子的洞,为啥现在叫鳖胡洞呢?两条小龙酒醒之后向洞口查看,小龙询问封老大的下落,夜鳖胡都说:"不知道!"小龙就生气了,就将夜鳖胡镇到山洞里。夜鳖胡在山洞里天数多不见阳光,猛自见一回半回阳光,就耀得眼什么也都看不见,只有在夜晚才能看见。从那以后人们就把那个洞叫鳖胡洞。

讲述人:张清合,男,92岁,汉族,文盲,西峡县五里桥乡前营村农民(病故)
采录人:万子东,男,53岁,汉族,高中毕业,西峡县五里桥乡前营村农民
采录整理:谢起超,男,40岁,汉族,高中毕业,西峡县文化馆干部

采录时间:1985年6月
采录地点:西峡县五里桥乡前营村

副5.121.1 朱仙镇木版年画"牛马王"（程健君供稿）

副5.121.2 木版年画中的牛马王（选自《中国木版年画集成·滑县》）

副5.121.3 朱仙镇木版年画"马王爷"（程健君供稿）

副5.121.4 朱仙镇木版年画"牛王爷"（程健君供稿）

122. 六畜①的来历 [鹿邑县]

很早很早以前，世上没有六畜，所有飞禽走兽全都是野的。后来，黄河沿岸出了个打猎的，名叫齐宇。他长得又壮实又麻利，跑起来像飞风，一跳能蹿两丈高。再凶的野兽，他只要看见，撵上去都能逮活的；啥鸟从头顶上飞过，他跳起来都能一把抓住。

齐宇天天上山打猎，逮了很多飞禽走兽，他吃不完，就养起来。时间长了，那些畜牲都喂熟了，见了齐宇都很亲热。齐宇见它们怪可爱，也不忍心杀吃了。畜牲也怪通人性，齐宇对它们好，它们都很感激，在一块儿商量着要报答齐宇的恩德哩。

这天齐宇来喂那些飞禽走兽，畜牲们都围了过来。红马说："主人，你天天喂我们，比俺到处跑着找食儿吃强多啦。我要报答你的大恩大德，我跑得快，从今往后改掉野性，帮你拉车，走路叫你骑。"齐宇听了，高兴地拍拍马的脖子。

黄牛接着说："我也要跟马学，我力气大，能帮你拉犁拉耙。"齐宇听了，高兴地摸摸牛的脊梁。

白羊笑眯眯地说："我身小力薄，拉不动车，拉不动犁，不过我的奶很好喝，以后我给你奶喝吧。"齐宇听了，高兴地抚抚羊毛。

花狗摇着尾巴说："我生性机灵，以后帮你看家护院吧。"齐宇听了，高兴地拍拍狗的头。

公鸡仰着头说："我也没别啥本事，就长一个好嗓门儿，以后我天天早上给你打鸣吧。"齐宇听了，高兴地点了点头。

黑猪生来好吃懒做，它噘着嘴嘟囔着说："我啥也不想干，只想吃了睡，睡了吃，干活又苦又累净是活受罪，还不如死了舒服呢。"齐宇听了很生气："你这个懒家伙，既然你认死也不想干活，我就杀吃了你！"

就这样，这些畜牲改掉了野性，变成了人喂的六畜。

采录整理：刘德俊，男，46岁，鹿邑县生铁冢乡学校教师
采录时间：1986年秋
采录地点：鹿邑县生铁冢乡政府

---

① 六畜：指猪、牛、羊、马、鸡、狗。

123. 蛇 与 人 [宜阳县]

蛇和人原来是好朋友。

蛇和人亲密无间,共食共宿,友好相处。蛇给人们消灭老鼠,蛇在夏天围着人的身子给人消暑,人在冬天让蛇缩在衣服里取暖。天冷了蛇和人就围着火炉讲故事,人睡了小蛇在人的鼻口里钻来钻去地玩。人肚里有了坏虫,蛇就很小心地爬到人肠子里去吃掉它们。蛇在人的光滑的肠子里很快活,人觉得胸中又痒又凉又舒服。人和蛇就这样快乐地生活着。

任何一个物种和另一个物种的联合与亲密无间的交往都会威胁世界。天帝知道了这件事,就派了一个恶魔,扮成人的模样,手里高举着石头朝蛇狠狠砸了一下子,然后就跑了。蛇和人从此便结了冤仇。

蛇见了人胆战心惊,可是他们还相好如初。有一天蛇偶然见人手里高举着石头的样子,就反回身朝人咬了一口,就逃走了。人和蛇也从此结下了冤仇。

从此后,人一见蛇就高举着石头要打,而蛇一见人,要么狠咬一口,要么立刻逃走。蛇和人成了最大的仇敌。

但是,只要人见蛇不拿石头,不抬手,蛇就永远想不起被打的事情,人和蛇会仍然像往日一样相好如初;夏天里人借蛇消暑,冬天里蛇借人取暖。自然蛇也不用再缩到地洞里冬眠了。

讲述人:杨大怪,91 岁
采录人:杨少波
流传地区:洛阳市宜阳县一带

124. 小鸡放屁 [濮阳县]

盘古开天以后,女娲造人也造了各种动物,可在造动物时,忘给它们安生殖器了。于是,上神就命阎罗王给动物们制造安置繁殖后代的器官。阎罗王细心地琢磨了好久,才制定出了它们生殖的方法。像有的动物是胎生,有的动物是卵生,有的动物是蛋生。方法制定好以后,阎罗王就规定一天,让动物们都去领生殖器。

各种动物一听叫领生殖器,都起得很早去了阎罗殿。尤其是大公鸡起得最早,它领了一个生殖器——阴茎,高高兴兴地回来了。走到半路上,它碰见了公鸭子,公鸭子一摇一摆地才开始去啦。大公鸡说:"鸭大哥,你咋才去?你看我的生殖器都领回来了。"公鸭子说:"领了个啥样的东西呀?叫我看看。"大公鸡高兴地指给它说:"你看,就在这儿,这叫阴茎。"

鸭子拿着看了又看,说:"公鸡兄弟,你看我这笨样,啥时候能走到啊?你跑得快,把这个给我,你再领一个去吧,我知道你是好行好事的。"大公鸡本来不想给它,可经它这一夸就答应了。

大公鸡又跑到阎罗殿,向阎罗王要阴茎,阎罗王说:"你不是早就领走了吗?"大公鸡说:"我让给鸭大哥了,它说它跑不动。"

阎罗王一听,生气地说:"你乱来,放屁!把它赶出去!"

大公鸡被赶出了阎罗殿,垂头丧气地回了家。因为阎罗王说话是金口玉言,从此,公鸡在交配的时候就放个屁。

一直到如今,鸭子有阴茎,公鸡没阴茎。再说,大公鸡也不像大雁、小燕、麻雀等动物那样成双成对,而是群居——乱来。

讲述人:张同修,男,60岁,汉族,清河头乡中村农民
采录人:张松林,男,44岁,汉族,高中毕业,清河头乡文化专干
采录时间:1990年8月
采录地点:清河头乡中村

125."哥哥打"的来历

相传在很早很早以前,有个老太太和儿子媳妇、闺女及孙子在一起生活。她的儿媳妇憨厚老实不会说话,而她的闺女小兰却好吃懒做,凭着会说在娘面前胡编乱造净说嫂的坏话。

有一年春节,老太太为祭祖割了二斤肉包包子,小兰趁娘不在家,就一气偷吃了好几个。老太太一看包子少了就大发脾气,这时小兰痛哭流涕地说:"你没在家我看见俺嫂吃了,她怕我对你说还打了我一顿。"老太太一听更是火上浇油,就找来儿媳当面审问。

"你这个不要脸的东西,你偷吃了几个包子?"

"我哪会偷吃?"老太太又问小兰:"你说她偷吃没有?"这时小兰看了嫂嫂一眼,支支吾吾说不出话。

"谁要是偷嘴吃了叫他五雷轰顶不得好死。"嫂子气得嘴唇发抖的说。

果真有一天雷鸣电闪狂风大作,突然一声巨响,就在这一霎间,小兰化作一股青烟不见了,只留下一个椭圆的白东西。老太太哭肿了眼也没见到女儿的影子,于是她就把那个白东西用布包好放在了热炕上。

有一天忽然这个白东西慢慢裂开了缝儿变成了一只小鸡。小孙子见了高兴地跳了起来,老太太指着小鸡对孙子说:"这就是你的姑姑。"从此以后他每当喂它就叫姑姑,那只鸡听见叫姑姑就向他跑去了。

这只鸡长大了,一次老太太的儿子去喂牛时发现这只鸡卧在牛槽里,牛也不能吃草,他二话没说拿起棍子就打,鸡子"扑扑棱棱"地飞了出来,嘴里还喋喋不停地叫着:"哥哥打,哥哥打……"从此以后鸡子每当下了蛋就赶快跳出鸡窝,嘴里叫着"哥哥打,哥哥打"。

讲述人:苏七成,男,54岁,不识字,内黄县东庄乡大故县村人
采录人:李久文,男,24岁,教师

126. 龙、虎、鸡、太阳的故事 [安阳市]

豫北流传着这样一个神话故事:很早很早的时候,世上所有的禽兽都是一家子,都住在大森林里。后来,禽兽越生越多,于是矛盾产生了,像羊和兔打架等等很多事情,大森林里乱糟糟的。于是大家就想:"干脆我们选个王吧,让它来管理森林。"但选谁呢?有的说,虎雄壮,虎当;有的说龙行,让龙当。争论不休,争了整整十天,机灵的猴子说:"我们何不让龙和虎斗,看谁能胜谁,胜者为王。"这个提议得到了大家同意,于是龙和虎拼命争斗起来,结果打了整整七天仍没分一个胜负,这可怎么办呢?大家都皱起了眉头。这时狐狸突然说:"我看,让它们去上帝那里,让上帝任命好了。"大家听了,也无更好的办法,只得同意了。

为了取得上帝好感,龙想:我哪里都好,就是头上光秃秃的,于是找到蜈蚣,蜈蚣对它说:"我作保,你把鸡的角借来。"龙和蜈蚣找鸡借角,鸡一开始不愿意,说:"我借给你角,我就要受冻了,这不行啊。"这时,龙的老岳父太阳听见了,大声说:"鸡兄,有我在,你还怕受冻?你鸣叫三遍,我就出来给你送暖。"鸡无话可说,只得把角借给龙。第二天,龙见虎头上绣了个"王"字,想这虎也顶精顶厉害的了。于是,它俩一起去见上帝,上帝一见,看看龙,看看虎,觉得都不错,一时也没了主意,只好说:"这样吧,龙去当水中王,虎当百兽王。"它们都回去了。龙在回去路上想:

"应该好好谢谢鸡。"但转念又想:"我要是没有角,水中兽还能服我?"于是,改路直接溜进大海。

龙骗走了鸡的角,鸡又悔又恼,去找保人蜈蚣,一见就啄,蜈蚣慌忙钻进乱石堆里,鸡气得仰天大叫三声,把眼睛瞪得溜圆。太阳听见急忙出来。至今,鸡和蜈蚣仍是一对仇敌,虎头上"王"字还能看到;鸡叫三遍,太阳就出来。谁若不信,不妨仔细观察。

讲述人:程秀荣,女,56岁,小学毕业
采录人:程晓东
采录时间:1988年6月5日
采录地点:安阳市

127. 公鸡报晓

在很早以前,天上有十个太阳,这十个太阳像十个大火球一样,把田里的禾苗都烧焦了,人们无法生活,很叫人讨厌。

一天,大路上过来了一个打猎的,他背着一个大弓箭,走到在地里耕田的一个老农身边,问道:"热不热?"老农答道:"咋不热呢?"他看到这个人背着这么大的一个弓箭,便说道:"天上有十个太阳,太多了,你要是能用这个箭射下九个,天上留一个不就好了吗?"猎人也说天上有十个太阳太多。老农便趁机说道:"那你就对准一个太阳射一箭瞧瞧咋样。"猎人只好说:"那好吧,射一箭试试瞧。"他便抬弓对准一个射了一箭,果然一个太阳被射落了,老农高兴极了。又让猎人连射了七箭,又射落了七个。这时,猎人说道:"留着这两个吧。"停了一会儿,老农又说:"不行!留两个也热,就留一个吧。"猎人又抬弓射一个,谁知这一箭却把两个太阳都射下来了。太阳掉进大海睡大觉去了,顿时天变得像锅底一样,黑得什么也看不见。老农和猎人都着急,便仰脸对着大海大喊起来:"太阳公公快出来!"喊了半天也不见太阳出来,老牛也急了,也跟着叫了起来。太阳在海里听到叫声说道:"这是什么东西在叫,叫的这么难听。"仔细一听,原来是一头老牛在叫,又躺下睡去了。过了一会儿,传来一只公鸡清脆的叫声,公鸡连叫三遍,叫醒了一个沉睡的太阳,这个太阳听到这清脆的叫声非常高兴,趁伙伴不注意的时候偷偷地跃出了海面。

从此天上便成了一个太阳,每逢夜里五更过后鸡叫三遍,太阳就从大海里爬出来,升上天空,人们就靠这一个太阳进行生活,植物靠这一个太阳生长。

采录人:秦同样

128. 龙的产生[襄城县]

我的家乡流传着这样的一则神话,说的是龙的产生的神话,故事情节大致是这样的:

从前,太阳得了病,整个大地被太阳灼热地曝晒着,大地干裂了,五谷不生,老百姓出于生计奔走祷告,求老天爷发慈悲下几场大雨,可无论怎样祷告都无济于事。

当时有一位年轻的猎人,他身材高大,勇敢坚强,而又时时助人为乐。他看到老百姓正处于死亡的边缘,于是告别他的妻子和可爱的儿子,准备到很远的地方求雨。

他背着干粮,跋山涉水吃了很多苦,终于到了一个大山里碰到一个老人,那老人告诉他说:"你到龙王那里,求助龙王,他会帮你忙的。"这位猎人按照老仙人的指点到了龙王那里,龙王起初很怠慢他,这位猎人经过耐心劝说,龙王才答应帮他的忙。并且龙王对这位猎人说:"我有个条件,你若答应我就帮你。"猎人说:"您说吧!"龙王接着说:"你能离开你的妻子和儿子吗?"猎人回答说:"为了整个大地上的老百姓,我愿永远离开妻子和儿子。"龙王看到猎人有牺牲精神,就送给猎人一粒明亮的仙丹,并对猎人说:"你先回去见见妻子和儿子,三天以后把这粒仙丹服下,你会到太阳身边为太阳治病。"

猎人就按龙王的吩咐做了,他变成了一条龙,飞到了太阳身边,把太阳包围下来,果然大地上下了一场大雨,五谷又开始生长,太阳又照原样可亲可爱。可是,以后人们再也见不到那个猎人,关于龙的传说却传开了。

讲述人:苏国义,男,70多岁
采录人:苏耀亭
采录地点:襄城县颍阳乡苏社

129. 老虎身上的花纹

最早,老虎身上本来全身洁白,没有花纹,人们称作"白虎"。可是,为什么现在老虎身上都有花纹呢?

据说,牛王被派到人间以后,整天帮助人们耕地,并没有回天宫的意思。可是,那些陷害它的风神、河伯、虎、狼、狐狸还不甘心,总是偷偷地下来嘲笑老牛。

一天,老虎又瞒着玉皇大帝下凡来,伤害人命。它走到一个地方,见老牛正为人们拉犁,后边,农民还拿着鞭子打着牛。它心里十分得意,当那农民耕完地,把牛放在山坡吃草时,老虎就走过去,挖苦老牛说:"我看你的身量不小,力气也很大。怎么要让力气小的人使唤你呢?你会甘心这样下去吗?"老牛知道老虎这家伙心毒手狠,今天又是单独找它难看。于是,它就将计就计,认真地说:"那有什么办法呢?人的智谋多,我不如他们。人们能说动土地神,行为能感动天和地。如果不听人的话,就不给你吃,也不给你喝,有什么办法呢?"老虎说:"我就不相信,人类会有什么计谋?"老牛说:"不信,你找人类试试,就知道了。"

老虎为了吃人,就来找人们,对他们说:"都说你们人类很有智谋。所以,我今天特来请教请教。"人们说:"你想看可以。可是有一个条件。"老虎想:"我是兽中王,力大无比。无论怎样,你们也动不了我一根毫毛。"于是老虎就问人们:"啥条件?"人们说:"必须把你绑在树上。不然,人们慑于你的威势,是不敢当面表演给你看的。"老虎一听,心想:"拴住!那多难受!"可是想看看人们有什么计谋,最后还是答应了。

人们一见老虎答应了,心里暗自高兴。众人把老虎用绳子捆在一棵古老的大树上。接着人们又携来干柴堆放在老虎的周围,说是可以挡风。老虎一听,以为马上就可以看表演了,到时再乘人们不防备吃几个人,于是它心里乐了。

老虎正做它的好梦哩,周围的干柴突然起了大火。火越烧越大,越烧越近,很快身上也着了火,它一急,一吼,弄断了绳子窜出火堆逃跑了。人们也早已走光了。

老虎跑到一处,扑灭了身上的火,发现全身已烧的黑一块,红一块,黄一块。老虎为了让后代知道人的厉害,就让子子孙孙们永远穿着这种火焰般的衣服。

采录整理:耿瑞

130. 盗 五 谷 [济源市]

在很久很久以前,人不种庄稼,靠天上下米下面过生活。米面来得容易,谁也不爱惜,有的女人把面炕成锅盔,给小孩子垫屁股。玉皇大帝知道了,气恼之下,停了下米下面,让人们种五谷。

那时候,五谷满身都是穗,种到地里不用锄地,只要用石片在地头一敲说"草死苗长",草就死了苗就长。粮食年年收成好,吃不完,用不尽。人哩?又慢慢懒起来了。天热的时候,就用绳子把石片吊在树上,人睡在树底下,等小雀碰着石片一响,人睡那说声"草死苗长",草就死了。这事又被玉皇大帝知道啦,又一下子恼了,令下大雨,把世上的五谷全淹死了,也没种子了。

人没粮食吃啦,就下水里捞鱼鳖虾蟹吃。可这也不是长法呀!咋办哩?有人说,西天老佛爷手心里还有五样种子:麦子、稻子、谷子、秫秫、黄豆。这是玉皇大帝叫他看管着哩,就是不让凡人种。这又咋办哩?大家一合计,派五个苍蝇,五个小雀,五个蚂蚁,上西天去啦。来到老佛爷那里,五个苍蝇"嗡嗡嗡"落到老佛爷的眼皮上,老佛爷抬手去撵苍蝇,这五样种子一下子落在地上。五个小雀叼着跑了。老佛爷派天兵天将去撵,小雀眼看快被撵上,嘴一松,五样种子掉在了地下。五个蚂蚁衔起来钻进了蚂蚁窝。天兵天将再也找不着了。过了几天,这五样种子发芽啦,后来成苗啦,开花啦,结果啦。人们收下来的果实不敢再吃啦,第二年又都种到地里。没过几年,普天下又有了五谷杂粮,粮食又越来越多了。

真是一饱忘百饥。有些人又把没粮食的时候忘啦,拿着粮饭乱扔。这事又被玉皇大帝知道了,又派风神下凡刮一场大风,把五谷全部收去了。这时候老黄狗哀求上神说:"上神息怒,我是最爱惜粮食哩,扔掉的馍饭都是我吃完的,您开开恩给我留点吃的吧!"风神发了慈悲,说的是不论黄豆、还是小麦、稻子、谷子、秫秫都只留上面一个穗。可是,风神去摘豆角哩,豆角尖扎着了他的手,他没敢再摘,才给黄豆留下了满身豆角。

后来,人们感谢盗五谷、保五谷有功的功臣,叫黄狗吃熟食,叫小雀在穗上吃,叫蚂蚁在地下吃,叫苍蝇照天闻香气。

讲述人:张吴氏,女,86岁,汉族,不识字,马乡镇马南村人
采录人:张东亮,男,30岁,汉族,初中毕业,马乡镇马南村农民
采录时间:1987年7月
采录地点:马乡镇马南村

131. 羊盗五谷种[西峡县]

在西峡县太平镇东坪村的西南坡上,有一块巨石,端平光滑,上面马、羊、虎、犬四种图像并列。尤其羊的图像更加生动、明显。可是这幅石画并不是人们雕刻的。

它的来历,传说还有一段神奇的故事哩。

传说,很久很久以前,人间没有五谷(稻、稷、麦、豆、麻)。这五样种子是羊从天宫玉皇大帝的御田里盗来的。

有一年,天上的神羊为了散心而来到下界观赏人间秋色,恰好落在现在的太平镇地盘,发现大地草木丛生,一片荒凉景象。人们吃野菜野草过活,一个个面黄肌瘦。神羊就走到人们面前,问道:"你们为什么不种粮食吃?""粮食?"人们有气无力地回答说:"我们还不知道粮食是什么东西,连见都没见过。"神羊说:"下次我摘些给你们送来。"神羊腾云驾雾上天去了。

可是,神羊来到玉帝的御田里,身穿铠甲的武士手持明晃晃、闪亮亮的兵器,守护严密,不可近身。无可奈何,神羊只得等到晚上兵士们酣睡之后,偷偷潜入田内摘了五样种穗,噙在嘴里,腾云驾雾给人间送谷种来了。人们听到神羊送来谷种的消息,奔走相告,蜂拥而来。这个左看看,那个右瞧瞧,稀奇的不得了。神羊给人们教授种植栽培的方法后,就又回天宫去了。

人们种上了五谷,辛勤耕作,精心护理,当年就长上了庄稼。五谷种子都是羊叼来的,所以穗穗都既像羊犄角,又似羊尾巴。人们开始吃上了五谷,穿上了麻衣,显得精神百倍,脸膛红润,生活比过去强多了。"吃水不忘掘井人",每当秋收冬藏之后,人们就想起了神羊,于是人们举行了盛大的祭羊仪式。

不知咋的,民间祭神羊的事情被玉皇大帝知道了,玉皇大帝看到人间出现的五谷,猜想五谷种子很可能是神羊盗下凡了,就命令天神把神羊宰杀到人间,并要人们吃掉羊肉。

说也奇怪,第二年,在神羊被杀的大石头上,先是长出了青青的野草,后来又生出了羊娃,石块上也印出来羊的图案。从此以后,羊就在人间传宗接代。它生长在人间,仍以吃草为生,供人食肉。

人们为了感谢神羊送给谷种的恩情,每到年终都要举行"腊祭"。

羊为人们丧了性命,人们都拥护它当十二生肖属相,玉帝也拗不过,只得把羊的名字也列在属相里。说也奇怪,那块巨石上又出现了马、羊、虎、犬的新图案。

从此,民间又把"马、羊、虎、犬"并列,作为"忠、孝、义、节"的代表。"羊盗五谷种"的传说也从此流传开了。

讲述人:王宇间
采录人:姚平　谢起超
采录时间:1986年5月
采录地点:西峡县太平镇乡东坪村

132. 狗为什么改不了吃屎［淮滨县］

远古时候,天狗因偷吃了蟠桃宴上的御膳,被玉帝打下凡尘,从此,在人间繁衍生息。

天狗被打下天庭后,寄居在一个农夫家里。它整天帮农夫看家守门,倒也是勤勤恳恳,任劳任怨。可是就有一头,天狗很不满意。每到吃饭时,农夫总是将吃罢了的残汤剩下倒给天狗吃。渐渐地,天狗由懒变馋,暴露了偷吃的本性。每当农夫从地里干活回来,总发现屋里食物少了许多。农夫质问天狗,天狗总是装聋作哑,一问三摇头。从此,农夫开始留意了。

一天,农夫扛起锄头假装下地干活,绕到屋后窗下偷看。不一会,就见天狗跑进屋里偷吃起食物来。农夫怒不可遏,提起手中的锄头,冲进屋里,将天狗痛打了一顿。天狗带着伤痛跑出农夫家门。它想:"我堂堂一个天狗,整天叫我吃农夫吃剩下的,饥一顿饱一顿,还挨打受气,这太不公平了。"天狗越想越不是滋味,决心向玉帝告瞎状,借机狠狠惩罚一下农夫。

天狗来到灵霄宝殿,向玉帝哭诉了遭受农夫虐待的苦楚。玉帝心想:"打狗也得看主人面,我的犬臣怎能受这样凌辱?这农夫也太可恨了。"于是,对天狗说:"你还到人间,警告农夫,若下次再敢虐待,我定降罪于他。"天狗一听旨意,心花怒放,道声"谢玉帝",就摇头摆尾出了灵霄宝殿。刚走出殿,忽然想到,还得问问我与农夫谁先吃饭。想到这,天狗回头又进了灵霄宝殿,向玉帝问道:"每天吃饭,我与那可恶的农夫谁先吃呢?"玉帝不假思索道:"自然是狗吃了人吃。"天狗千恩万谢,辞别了天宫。

天狗记性很差,恐怕忘了玉帝的旨意,一路上,嘴里不停地念着"狗吃了人吃"这句话。它跑着念着,念着跑着,突然被一棵累草绊了一跤,摔得头昏脑涨。这一摔不要紧,却把玉帝的旨意给摔糊涂了,怎样也想不起来到底是谁吃了谁吃。没法子,天狗只好又返回天宫,再次请示玉帝。玉帝正在陪娘娘高高兴兴地谈私房话,一见天狗又来啰啰嗦嗦,没完没了,雅兴大伤,心里非常生气。他想,这天狗实在可恶,一个狗事竟搅得天地都不得安宁,便怒气冲冲地喝道:"狗奴才,永远忘不了吃食。记住,狗吃了人食。"

天狗把"吃食"听成了"吃屎",所以自那以后,狗再也忘不了吃屎。

采录整理:师桂林
采录时间:1989年10月

流传地区：淮滨县赵集乡一带

133. 狗吃屎的故事

相传，盘古开天地，神农分五谷，天下风调雨顺，万物生长。人类高枕无忧，安居乐业，真是太平盛世。

忽有一日，神农奉玉帝圣旨，出了灵霄殿，足踏五色神云，降落人间，察看世俗黎民百姓是否丰衣足食。

只见他衣不遮体，蓬头垢面，脚穿破履，手捧要饭碗，一副乞丐模样，沿路过村乞讨，细察暗访。这天午时，来到一个村庄，当首人家，头门虚掩，耳闻院里有说话声音，便高声吆喊："行行好吧……"身随声响，来到庭院，迎头看见一妇人，手拿一张"千层"油饼，正给才屙罢屎的小孩儿擦屁股哩。那妇人看来了个要饭老头，随手把擦过屎的油饼扔了过去，嘴里说着："给，吃去吧。"

神农见此情景，气愤非常。手拿油饼，化一道青烟，直上九天灵霄殿，启奏玉帝。百神闻听，无不愤慨，一齐跪奏玉帝：要求摘除五谷果实，以惩罚人类。

玉帝准奏，派神农领着百神众仙来到人间，所见世上五谷，不管高低，要全部捋光。俗话说：狗不嫌家贫，狗是人类最忠实的朋友。众狗类听神农领来好多神仙，要捋去五谷之果，饿死人类，赶忙跪地向神农和众仙磕头求情：要求给人类以改错行善的机会，给狗类留下口中食，天下生灵不能均遭涂炭。同类相怜，犬仙看着同类磕头如鸡啄米，也尽力从中帮忙，给予说情。神农等众仙，看在众狗类和犬仙的情分上，才罢手收兵。但，这时高秆谷类，如高粱、麦子、谷子的果实等已差不多要捋光了，仅仅剩下一点儿梢头。就算是玉米侥幸，也只不过剩下俩仨棒子，还有一些半秕不饱的。

至今在民间，尤其是在一些老年人中间，仍流传着"人吃狗食"一说，就是打这个时候开始说起的。

从那时起，狗类一旦发现人类再不珍惜粮食时，总是念念不忘提醒人类不要忘记过去："忘，忘，忘忘。"即使人类食用剩下的残渣，狗也十分珍惜地拾起来吃得津津有味，满口香甜。而且，它们为了防止再有人用油饼给小孩儿擦屁股，糟蹋粮食，每逢看到哪个小孩儿屙罢屎，就赶紧跑过去，用自己的舌头给舔光，然后再把屎吃掉，以此给人类省下更多的粮食。

天长日久，狗也就养成了吃屎的习惯。而人类看到狗如此珍惜、节省粮食，也就自觉地用土坷垃、碎砖瓦块等代替了油饼。

人类也从那时候起,有了养狗的嗜好。

不过,狗类从那时到如今,总是不忘犬仙的恩情和对神农的恼恨。它们经常跪在地上,仰头望天,感激犬仙的帮忙和众仙的手下留情,怒视着神农的身影,并且和尘世要饭的人们也结下了不解的冤仇。凡是要饭的人,它们都视为神农的化身,又来找人类的差错,所以就疯扑狂咬,以解当年之恨。神农得知这个消息后,再行下凡巡察时,总不忘带上一根打狗棍,用作防身。因此,我们现在所见的讨饭人都带根打狗棍,也就是从那时沿袭至今的。

讲述人:郇永德,男,汉族,农民(已故)
采录整理:李国富,36岁,大专毕业,干部

134. 狗求五谷

在很早以前,人们还不会种地,吃的是野果、树叶,生活很苦。老天爷很心疼,就叫天神们夏天从天上下雨,冬天下面,春天下油,秋天下水,人们过上了好日子。

可时间一长,人们开始挥霍浪费了。老天爷听说后很生气,就让一年四季只下雨和雪。

人们又没吃的了,就烧香磕头,求老天爷保佑。老天爷正在气头上,无论人们咋哀告也不动心。忽然看见老黄狗也在跪着求情,心就有些软了。哑巴畜牲没罪呀,得给它留条生路,就对狗说:"我给你一粒谷、一粒麦、一粒豆、一粒桃黍、一粒黍子当种子,种到地里就能收五谷杂粮。今后狗吃粮食,人吃狗屎。"

狗当人的奴才当惯了,赶紧把五粒种子交给人种到地里,以后就有了粮食。狗记性不好,把老天爷的话记反了,没咋后来一直是人吃粮食,狗吃人屎。人们知道这五粒种子来之不易,再不敢抛撒粮食了。那五粒种子打下的粮食,就是现在的五谷杂粮。

讲述人:林李氏
采录人:李成妤 林智慧

135. 狗尾巴大谷穗的传说

传说远古的时候，人世间并没有谷子这个品种。谷子只是天上有，种在玉皇大帝的御田里。人想得到谷种，就愁上不了天。

一天狗说："我能上天取回谷种。""你怎么能上天呢？""我沿着通天河的水游上天去。"说完，狗就跳到通天河里上天要谷种去了。到了天上，玉皇大帝见狗没有带来盛谷种的东西，有意考考它，叫狗自己去取。狗到了御仓里，寻思片刻，想出来一个好办法。它立刻躺在谷种堆上打了几个滚，等它站起来，身上已沾满谷种，它高兴极了，遂顺原路回去。

可是，狗一路凫水，狗身上沾的谷种已全被水冲掉了，不过，因为狗尾巴翘在水面上，没湿着水，所以尾巴上沾的谷种没被水冲掉。人们看到狗带回了谷种，非常高兴，说："狗啊，多亏了你这条尾巴，以后结的谷穗就有你的尾巴大！"

从此，人间有了谷种。狗尾巴大谷穗的说法也就传了下来。

讲述人：张作向，男，50岁，汉族，汲冢镇农民
采录整理：楚万生

136. 人吃狗食［嵩县］

相传，在很早以前，麦子长着浑身穗，产量很高，农民们打的粮食吃不完，从来就没把粮食当成一回事。农民们用面做桌子、做凳子，给小孩儿们做玩具，到处乱扔，有时候用蒸馍打狗扔鸡，随便糟蹋米面。

后来，天上的神知道了，玉帝就派太白金星下凡私访。太白金星就变成个讨饭吃的，弯腰驼背沿街乞讨，他向一家媳妇讨饭吃，谁知那个媳妇却说："俺有面还给孩子擦屁股、扔鸡打狗哩！"

这太白金星探明了事实，就回天宫禀报给玉帝。玉帝闻言大怒，当即传旨："收回粮食。"顿时天昏地暗，风雷大作，天上的神都各使神通下凡收回粮食。眼看把麦秆上的穗子都快收完了，只剩下最顶上的一穗，这时一个农家的看门狗，跪在地上大哭："老天爷，可怜可怜我吧！给我留下一穗吧？"老天爷看狗哭得可怜，就把最顶上的一穗小麦给狗留下。据说现在留下的一穗麦子，还是狗给求情，留给人们的。

所以,世上还有"人食狗食"的传说,还有"狗也是一口人"的话。

讲述人:李群,女,41岁,小学毕业,嵩县潭头马瑶村农民
采录人:尚广宗,男,28岁,初中毕业,嵩县潭头马瑶村农民

137. 吃屎狗的来历

"吃屎狗忘不了茅厕路",这句话还有一个小来历呢。

从前,有个转眼无情的恶泼妇,丈夫没死前,就使着心计害婆婆,丈夫死后,就更无顾忌地虐待起婆婆来了。

有一次,她说要炸油馍,叫婆婆坐到锅前烧火,趁婆婆不备,她抓了两把盐丢进油锅里。立时,锅里"噼里啪啦"炸开了花,滚烫的油全溅在婆婆脸上,把婆婆的双眼烫瞎了。

婆婆眼瞎了,她就加倍折磨婆婆。数九寒冬,她抱着火炉,盖着棉被,却让婆婆睡着凉席光着脚。过年过节,她用白面烙饼给孩子衬屁股,却让婆婆喝冷汤吃剩饭。

年三十晚上,她在包饺子,孩子喊着要屙屎。她一咬牙,顺手抄了一疙瘩屎包在饺子里,端去让婆婆吃。瞎婆婆一听说儿媳给端来饺子,以为儿媳转了心,忙说:"好媳妇,还让娘吃饺子哩!"说着,老眼里流出了泪水。

可怜的瞎婆婆因为好久没吃过饱饭,加上舌头也冻僵了,所以开初没尝出别的味道。可吃着吃着尝出了臭味,问:"这饺子是肉馅吧!""是哩,哪儿恁些穷话!""吃着咋有臭味哩?"恶媳妇说:"肉馅多放了几天,有点臭味也是免不掉的!"瞎婆婆颤抖着说:"你说的可当真?"恶媳妇眼一翻,狠狠地说:"谁说瞎话叫她死了变个吃屎狗!"话刚落音,只听"喀嚓"一个炸雷,这恶泼妇被击翻在地。

赶她爬起来,真的变成了一条狗,并且摇着尾巴向茅厕里跑去。

讲述人:贾恩惠,女,42岁,农民
采录整理:邢重长

138. 狗为啥爱吃屎［南召县］

据说,很久以前,人烟稀少,风调雨顺,土地肥沃。种庄稼不须劳作,只要拿只铜锣天天打,并且说"铜锣、铜锣当当响,田园五谷往上长",五谷就会自然生长,五谷丰登。而且那时的小麦、水稻、谷子都像豆一样,从根到梢结籽,因此人们根本不愁吃喝问题,据说,这是玉皇大帝的恩惠。

但是人们却不知珍惜上帝的恩赐,变得越来越懒了,他们夏天坐在树荫下打锣,冬天烤着火坐在屋里打锣,而且常常聚在一起赌博,不务正业。他们不知珍惜粮食,把粮食当泥一样,做成各种玩具、桌椅、床铺。上帝知道后很生气,于是变成一个白胡子老头来劝他们改善从新,但那些人没有听他的劝告,反而讥笑他。上帝很生气,要惩罚人类。他要饿饿人类,于是用手捋小麦、谷子、水稻,快捋到头时,狗趴下来给人讲情,说捋完了他们会饿死,且说它将来也没啥吃。上帝气头上说,没啥吃你吃屎! 狗说,人都饿死了哪儿有屎吃? 上帝想了想觉得狗说得很对,就不捋了。从此小麦、水稻、谷子只梢起结籽。就因为这,据说豆从根到梢结豆角是因为豆扎手,上帝没敢捋。从那以后,狗就吃人屎,而人也活了下来,但是也是从那时候起,人们必须劳苦种地,庄稼才会丰收。

讲述人:王德坤之外祖母,已故
采录整理:王德坤,粗识文字
采录时间:1990年1月2日
流传地区:南召县一带

139. 狗看门的传说

狗想找个最有本事的朋友。一只狼走来问道:"小兄弟,你在想什么呀?"狗说:"我想找个最有本事的朋友。"狼说:"那好,你就跟我住吧。"狗答应了。

晚上,狗"汪汪汪"地叫,狼连忙对它说:"别叫,别叫,熊听见会来吃我们的。"狗想:"怕熊? 熊的本事一定比狼大。"

狗离开狼,和熊交上了朋友。晚上狗又是"汪汪汪"地叫,熊连忙对它说:"别叫,别叫,老虎听见会吃我们的。"狗想:"怕老虎? 那老虎的本事一定比熊大。"

狗和老虎交上了朋友。晚上,狗依旧"汪汪汪"地叫,老虎连忙说:"别叫,别叫,人听见会来捉我们的。"狗想:"怕人,看来人的本事一定比老虎大。"

狗又和人交上了朋友。晚上,狗还是"汪汪汪"地叫,人高兴地说:"叫得好,叫得好!有你,我们就再不怕看不住门了。"狗想:"看来,门的本事一定比人大。"它又和门交上了朋友。晚上,狗仍"汪汪汪"地叫,门站在那里啥也不怕。

从此,狗就和门成了好朋友。

采录人:赵琢云
采录整理:白明

140. 青蛙是怎样改恶从善的[社旗县]

相传,女娲造人时,是用黄泥巴捏的。她捏一个活一个,捏两个活两个,一连捏了很多很多。一天,有个蛤蟆在她面前一晃不见了。从此,女娲再捏人就捏不像了,不是手长,就是脚短;不是头歪,就是身斜。女娲生气了,就把手里那块泥巴扔进了长江。不知过了多少年,那块泥巴变成了一个蛤蟆精。

这一天,蛤蟆精爬到一座山顶上,看到人们有说有笑的在地里干活,心里恨起女娲来:同是一块泥巴,为啥叫他们变成人,叫我变成蛤蟆呢?它越想越气,就带着它的子子孙孙,去糟蹋人们种的庄稼。弄得长江两岸的老百姓日夜不安,年年歉收。

一天夜里,蛤蟆精又带着它的儿孙们去糟蹋庄稼。谁知人们正拿着棍在地里等着它们哩。一阵棍打,蛤蟆们的两条腿都被打断了。蛤蟆们看跑不了啦,就苦苦求告说:"以后永不再糟蹋庄稼了。"人们还不依,它们又求告说:"饶了我们吧,以后我们捉害虫吃。"人们这才放了它们。

从此,蛤蟆再也站不起来了,一直到现在,它们还是似坐非坐,似站非站,经常在地里找虫吃。

采录整理:张海亮
采录时间:1986年3月
采录地点:社旗县城郊乡柳营村

141. 青虫为什么没有牙 [淅川县]

据说,原来的青虫都有牙,可后来为什么没牙了呢?

传说,很古很古的时候,青虫的牙齿又尖又利,而且,它们的头目——虫王爷,是个又贪又馋的家伙。它年年过生日,都要神农氏给它送很多很多的贡品,如果得罪了它,它就要虫子们把遍地的庄稼吃个精光。

这年,虫王爷要过生日哩,被玉帝召上天去了。它刚走,神农氏就送来了上好的贡品。它的两个童子想,年年送的贡品都让虫王爷独吞了,有时剩下一些,就是放得发霉,也不让下人吃,这次,趁它不在把贡品给大家分吃了。

俩童子就这样做了。哪知,虫王爷回来没见贡品,大发脾气,连连追问他俩。他俩知道虫王爷是个吃肉不吐骨头的家伙,怕吃眼前亏,就撒谎说神农氏没来上贡。虫王爷气得咬牙切齿,下令要在来年春季下吸浆虫,把天下的麦子全吃光。

俩童子见惹出了大祸,忙计议了一番,夜里给神农氏托梦说:"今年千万别种麦子,最好种上两季稻,若不然,就有大祸临头了!"

神农氏按照俩童子的嘱咐,教天下农人学种了稻子。第二年,虫王爷的吸浆虫没处下嘴,全都饿死了。普天下的稻子获得了大丰收。

虫王爷见此计失算,又发誓要在来年下料虫(稻螟虫),把天下的稻子全吃光。

俩童子忙给神农氏托梦说:"秋季千万别种稻子,最好种上玉米,若不然,就大祸临头了。"

神农氏按照俩童子的嘱咐,教天下农人把稻田起旱,全种上了玉米。结果,虫王爷下的料虫没处下嘴,全都饿死了。普天下的玉米获得了大丰收。

虫王爷见一计不成,又生一计,它找到冰雹将军,煽动说:"天下的农民表面上惧怕你,背地里天天诅咒你,还扬言早晚要把你点天灯烧死哩。"冰雹将军本来就是个冷酷无情的家伙,一听此言,好像冰上泼水,发誓在来年下一场大冰雹,把地上的玉米砸个粉碎。

俩童子得知消息,不敢怠慢,连夜托梦给神农氏:"来年千万别种玉米,一定要种上红薯。若不然,就有大祸临头了!"

第二年,神农氏又按照俩童子的嘱咐,教天下农人全种上了红薯。冰雹将军的一场冰雹又落了空,家家户户仍是有吃有喝。

虫王爷见此计又未得逞,更加恼怒,抱头想了三天三夜,又生一条毒计。它找到"一担挑"姐夫瘟神,要它在来年春发一场瘟疫,要使天下农人饿不死病死。

两个童子知情后,又惊又气,为了挽救众生,就冒死上天,向玉皇大帝报告了虫王爷的所作所为。

玉帝闻知,勃然大怒,立即传旨,把虫王爷拘上天庭,斥责道:"你这个贪馋狠毒的东西,竟然如此妄为,该当何罪?!"虫王爷刚想分辩,不料,玉帝一把夺过它手中的朝王板,狠劲向它嘴上打去,一下把虫王爷的牙齿打落了。因此,直到如今,所有的青虫都没有牙齿。而普天下农民却学会了种五谷杂粮。

讲述人:姚六娃
采录人:姚国芳
采录时间:1984年6月
采录地点:淅川县盛湾乡单岗村

142. 青蛙的舌头为啥短[南召县]

据说,从前青蛙本来有一个很长的舌头,说起话来非常灵巧,可不像现在这样只是"哇哇"地乱叫。这是为啥呢?

很古的时候,大地是一个没边的大平原,没有丘陵高山,地比天还大得多。玉皇大帝是天地全神,他住在天上,应该天包地,不能地包天。他问文武大臣:"谁有天包地的本事,官升三级。"可是满朝文武都说没有这个本事。

一天,太白金星对玉皇大帝说:"地既然有这么大,就一定有万物精灵。可将皇榜张贴下界,看何物有此妙策。"玉帝就叫太白金星到下界张贴皇榜。这消息很快地传开了。太白金星等啊,等啊,就是没人揭榜。一天,青蛙突然把皇榜揭了,太白金星就把青蛙带上了天庭。

玉皇大帝问青蛙:"你有啥办法让天把地包着呢?"青蛙转动着灵巧的舌头说:"这很好办,如果把地多捏些鼻儿,让大地耸起来,地不就小了吗?"玉帝一听,这真是个好办法,便派出力士把大地捏了许多鼻儿。经过这么一捏,大地耸起的部分,便成了高山丘陵,这样地就缩了许多,天就把地严严实实包了起来。玉皇大帝看天把地包得严丝合缝,高兴得牙也笑掉了。可是他想:"一个小小的青蛙,竟有这么大的本事,要是哪一天它对我不满,凭它这张利舌去联合起万物造反,我可对付不了,不如把它的舌头割掉,不让它讲话,它纵有天大的能耐也就不可怕了。"玉皇大帝叫太白金星偷偷割去了青蛙的舌头。

现在,我们再也看不到青蛙那灵巧的舌头了,我们常听到青蛙哇哇地乱叫。仔细听听,还会听出青蛙是在向人们诉着它的委屈:哇!哇!割舌头为啥?天小地大！哇！哇！割舌头为啥？天小地大！

　　讲述人：马长富
　　采录人：铁天培
　　采录时间：1985年6月
　　采录地点：南召县板山坪乡

143. 鲤鱼犯荆花

　　黄河岸边生长着一种红荆，红枝条、绿树叶、粉红花。据说六七月间荆花谢的时候，只要一落到河里，鲤鱼便会成群漂出水面来，人们称这为"鲤鱼犯荆花"。之所以如此，还流传有一段故事呢。

　　原来，鲤鱼是黄河龙王的三太子，小时爱玩，常常跳出龙宫，化作小孩，跑到河边玩耍，瞟见有人，就立刻跳到水中。

　　河边有位叫荆花的小姑娘，常随父亲在岸边割草、拾柴、打鱼。鲤鱼偷偷看见了，舍不得离开。

　　一次，荆花在岸边割草，远远看见有个小孩儿，一眨眼不见影了。她想是谁家孩子掉到水里了，着急地跑过去，跳下水去打捞。摸呀，摸呀，一摸摸到一个肉乎乎的东西，托出水面一看，真是一个胖孩子，心口还在跳，鼻子喘着气，她忙把他放到岸上。小孩忽然说话了："谢谢大姐姐，你救了我的命……我得赶快回去，父王知道了是要处罚的……"原来他是鲤鱼变的，故意来见荆花。他向荆花说了自己的身世，又回到河里去了。

　　他俩就这样相识了。

　　以后，荆花来岸边割草、拾柴，小鲤鱼就来给她帮忙。不久，这事被荆花父亲知道了，就问她缘由，劝她说："人有人的规矩，神有神的规矩，还是断了这样的来往吧！"荆花舍不得，照样和小鲤鱼在一起，时间久了，慢慢有了情意，两人竟难舍难分了。

　　小鲤鱼和荆花的事最后被黄河龙王发现了，老龙王发誓淹死荆花父女俩，断绝儿子的私情。眼看黄河要涨水了，小鲤鱼慌慌张张跑来向荆花报信儿，要她赶快逃。

　　大水漫过来，荆花父女俩跳上小船，顺水漂着，小鲤鱼被水兵追着，紧紧跟在船后边。小鲤鱼眼看被水兵追上了，大叫："大叔，快帮帮我！"荆花父女俩，把小鲤鱼拉上船来,用鱼叉向水兵投去。那些水卒们急了,一使劲掀翻了小船,三个人都落到了水里。荆花父亲被淹没了,荆花和小鲤鱼漂到了岸边。

小鲤鱼想着父王不会饶恕自己,就劝荆花赶快逃命,荆花哭着说:"要去咱们一起去,不做龙子龙孙,做平民百姓,咱也心满意足!"

小鲤鱼说:"事由不得咱呀,你快逃命!"把荆花用力一推,不见了。

荆花从此整日在岸边哭,眼里哭出血来,染红了身子,死后化作了红荆。小鲤鱼被龙王囚禁起来,不准他到岸上去,只有荆花血泪滴到河面时,两人方能在水上相见。

就这样,传下了"鲤鱼犯荆花"的故事。

采录整理:马久智,男,40岁,工人

144. 龟盖为什么四十五块[西华县]

从前,乌龟盖是一整块,不是像现在这样四十五块连在一起,这是怎么回事呢?

原来,带翅膀的鸟都秘密去参加王母娘娘二百年举办一次的宴会。后来不知怎么被乌龟听说了,它也想参加这次宴会,可是自己没有翅膀,飞不上天宫,怎么办呢?它就找鸟儿们求助。鸟儿们想:如果一个人驮太沉,抬着吧显得乌龟高贵,自己下贱。最后,终于想出了一个好主意,每人贡献一根羽毛,给乌龟插上。乌龟有了翅膀,能上天赴宴了,别提多高兴了!它为了感谢大家就新起了名字叫"大家"。

开宴的一天终于到了,它们一同飞到天宫。到那儿以后,来赴宴的都还没有就席,乌龟见到自己没吃过、没见过的美味佳肴摆了一桌,就急得流出了口水。它问跑堂的小麻雀:"这叫谁吃的?"小麻雀随口答:"叫大家吃的呗。"乌龟听了,高兴的没法说,它想:"我第一次到天宫,王母娘娘就这样招待我,以后,哈哈……"于是,它就大吃起来,不一会儿就把酒菜吃得差不多了。等赴宴的来吃时,酒菜已没有了。众鸟都气急啦,它们一看就知道是乌龟干的。一个个找着乌龟,都拔下了自己的羽毛。

该回去了,乌龟没有了羽毛,无法下去,求谁谁也不理。鸟儿们都回去了。乌龟没有办法,只得趴在天边往下喊,原来它和妻子商量好,回来给妻子带些菜。妻子也许正在等自己,它大声喊:"老婆子!老婆子!"听听没有回声。又喊了两句,似乎听见下面有声音,它使劲往下喊:"把下面打扫好,铺些被子……"它妻子把被子错听成了坯子,于是,把整个院子都铺满了砖坯子,乌龟觉得铺好啦,就变变方向,一个跟头翻了下来。结果"啪嚓"一声,把整个盖摔碎啦。它妻子把碎盖对一起,经过精心照料,慢慢长到了一起,最后变成了四十五块。直到现在,乌龟的盖还是四十五块呢。

讲述人:张三,男,45岁,文盲,农民
采录整理:杨华伟
流传地区:西华县颍河流域

六、植物传说

145. 麦、谷子、玉米为啥只有一个穗

相传,过去的麦、谷子、玉米都和豆子、绿豆那样,每一棵都长了很多穗儿,并且穗儿非常大,人们的生活也相当好,家家户户的粮食都吃不完。

这一天,有一个婆娘,为了哄孩子玩,便烙个油饼叫孩子坐上。不料这事被老天爷看见了,他想:这个人咋能叫小孩坐油饼上哩,这不是糟蹋粮食吗?于是,老天爷便化装成一个要饭的老头下凡到人间。可是他讨了半天,也没人肯给他一口饭,老天爷非常生气,随即唤来天兵天将,捋麦捋谷子、掰玉米,豆子和绿豆扎手没法捋,他们便从中间将上半截儿折去。人们都吓坏了,纷纷跪下讨饶,老天爷不但不准,还下令把所有的五谷杂粮全部毁掉。就在这个时候,狗领着许多动物赶来讲情,狗说:"人糟蹋粮食,你罚他不亏,那俺这些动物又没啥错,不能把俺们也饿死呀。"老天爷听着有理,这才下令不让捋咧。所以,麦、谷子和玉米都是独穗儿,豆子、绿豆和一些扎手的农作物呢,也就剩下一点儿扑拉棵①。

讲述人:赵子亮,35岁,男,小学毕业,农民
采录人:赵玉莲,女,25岁,教师

146. 小麦为什么只有一个穗

传说过去一棵小麦就有好几个穗,多的一棵能长十多个穗,麦穗长的又大,人们打的小麦又多,过日子也就不俭省,打的麦子到处放,有的磨面做馍叫小孩拿着玩,玩够了,就扔了。老天爷知道这事,很生气,他下令把所有的粮食都绝收了。

---

① 扑拉棵:指失去主茎或没长成的草、菜一类植物。

这样才过一年,人们就把粮食吃完了,地里一点也不收,人们就只好吃树叶、树皮了。忠厚老实的狗眼看人们都要快饿死了,就上天上向老天爷求情,让老天爷给它留下一个麦穗,老天爷不答应,狗一连跪下三天三夜。老天爷被狗的诚心感动,就同意给狗留下一个麦穗,他问狗要一多大的麦穗,狗想了想正要回答,这时一只不吃粮食的兔子跑过来说"给我的尾巴这样长",老天爷答应了。

这下可气坏了狗,因为兔子的尾巴太短了,它谢过老天爷,扭身便向兔子扑去。

从此,狗见了兔子就咬,一棵小麦也只有一个穗了。

讲述人:黄永良
采录整理:黄新建
采录地点:聂堆乡黄庄村

147. 牛王种草

很早以前,天底下一片荒凉,除了很少的一点庄稼,啥都没有。玉皇大帝想给地上增添些生机,就命牛王带着各样草种子到凡间撒草种,叫它三步撒一把,光往山上撒,剩下的草种子埋在石头底下。牛王耳朵不灵,听成一步撒三把,剩下埋在土里啦。就这样过了一年,普天下到处是草,唯有山上、石头上没草。土地爷气得跑到天上向玉帝告了牛王的状,说:"牛王不听玉帝旨意,草种不往山上撒,光撒到平地里,就连庄稼地里也撒上了草种子。"玉帝听罢大怒,就把牛王一脚踢到凡间,叫它啥时候把草吃完再回天宫。牛王从天上一头栽下来,不小心摔掉了上牙。所以到现在牛也没有上牙。

讲述人:韩狗堆,男,48岁,汉族,不识字,农民
采录人:韩凤岭
采录时间:1987年8月
采录地点:张楼乡杨沟村

148. 荞麦与寒露

从前,在一个山脚下,住着一家三口人,老两口和一个儿子。儿子叫寒露,二十

来岁,为人忠厚,有几分憨气。可他摇耧撒种,扬场放磙,样样都拿得起,放得下,三里五村都夸他是个好庄稼把式。寒露没成亲,老两口心里总是放不下,就央亲托友,到处打听哪庄有像样的好姑娘。老两口心里盘算:寒露不老能,得找个精明点的姑娘当媳妇,好当家理事。

后来听说东庄有个名叫荞麦的姑娘很聪明,究竟咋样咧?寒露妈不放心,想先去试试。她拿了几尺布,装着是找人帮忙做衣裳哩,来到荞麦家。一瞅,荞麦长得细皮白肉,苗苗条条,跟一朵花儿样。寒露妈心里就喜欢上了,忙赔着笑脸说:"姑娘啊,我听说你心眼儿好,手又巧,今儿个想给你添点麻烦,就这几尺布,给俺娃儿做件衣裳。"荞麦见老人白头丝窝,眼也不济事,赶紧接过布,笑吟吟地说:"大婶,只要不嫌俺手笨,俺就帮这忙,可不知要做件啥衣裳?"寒露妈说:"家寒底薄,做件衣裳想多派点儿用场,说出来你不要见怪,这几尺布,要做一件长衫,一件短衫,再做一件床单。"姑娘猜中了老人的心思,说:"中啊,三天后来拿吧!"

三天过去了,寒露妈去到荞麦家。姑娘送给她一件长衫,细密密的针脚,活做得真好。她心里喜欢,脸上却装成不满意的样子说:"我叫你做三件,你咋只做了一件啊?"荞麦把那衣裳抖开,架在身上说"这是长衫",又把长衫的底边往上一折说"这是短衫",接着又把衣裳铺在床上说"这是床单"。

寒露妈哈哈笑着回家了。没停两天就备下聘礼,送到荞麦家。荞麦姑娘收下了。这年腊月,寒露和荞麦成亲了。又过了几年,一双老人下世,只剩下小两口。夫妻俩男耕女织,日子过得也怪舒坦。

这年镇上起了会,荞麦叫丈夫把自己织的布匹拿到会上去卖。寒露背上布,骑上自家的小马上路了。半路上碰见一个秀才,秀才见寒露骑马背布,像个二百五,就想坑他。说:"老弟,我有点急事,把你的马借给我骑骑吧?"寒露问他:"你姓啥叫啥,家住哪儿啦?骑过了我好去牵。"那秀才骑上马,扬扬鞭子说:"我姓你所赠,日月本是名,住在半空里,月亮落村中。"说罢摧马跑了。

寒露回到家里,荞麦问:"马丢了?"寒露说:"一个秀才借去了。"荞麦又问:"他叫啥,住哪庄啊?"寒露说不出来,只好把秀才那几句话学说学说。荞麦想了想说:"明儿个你翻过大梁山,山西坡半腰里有个庄儿,去找一个叫马明的人要马。"

第二天,寒露按着荞麦的话找到了马明。马明见寒露找来了,惊奇地问:"谁叫你到这儿找的呀?"寒露说:"俺屋里人。"马明心想:憨蛋丈夫倒娶了个聪明妻子。低头又出了个孬点子,说:"马你骑回去,顺便给恁妻子捎份礼物。"

寒露接过礼物回到家,把礼物递给荞麦。荞麦抖开礼包一看:见是一棵葱、一朵花和一个歪哩疙瘩的大南瓜。荞麦看罢,羞得满脸通红。知道这是刺刮她"聪明伶俐一枝花,不该配个大憨瓜"。看着气着,气着想着,越想越气,一下得了个气结胸病,一天重一天,不到半年就死了。

荞麦死后,寒露一想她,就到坟上哭一场。今儿哭,明儿哭,慢慢地在他流泪的地方长出一棵红秆绿叶的小苗苗。他看见苗苗,想起荞麦,哭得更痛了。眼泪落到苗苗上,慢慢地秆粗了,叶大了,开出白花,结出了有棱有角的果果。寒露想念妻子,就把这从没见过的苗苗叫荞麦。他把荞麦籽捋下来,撒到地里,第二年长了一大片。在地里干活时,看着荞麦棵,就好像见着妻子,心里也好受些。荞麦又熟了,他叫荞麦自生自落。这样一年多一年。开花时,他瞅着一地银花,想着他的妻子;成熟时看着一地金黄,还想他的妻。就在这一年荞麦熟的时候,寒露也忧愁成病死去了。

这年秋旱,庄稼绝收,只有寒露地里的荞麦丰收了。人们没啥吃,就把荞麦收下来磨了磨。虽然面色黑青,吃着也不多好,但总算能挡饥,度过了灾荒,保住了性命。人们都感激寒露,就把寒露死的那天叫"寒露节"。人们尝到了荞麦的甜头,一逢秋旱就种荞麦。这荞麦也怪,总是在寒露节前熟。人们说:"这是荞麦和寒露夫妻情重的缘故哇!"

讲述人:董刘氏,女,67岁,汉族,文盲,兴隆乡董庄村农民
采录人:董进山,男,37岁,汉族,大专毕业,社旗县党校干部
采录时间:1981年6月
采录地点:兴隆乡董庄村

149. 麦子为啥单穗头[淮滨县]

传说远古时候,麦子并不像现在这样只有一个穗头。当麦子成熟时,每个叶杈间都生长着一个金黄饱满的穗头。那真是秋种一斗,年收万石。老百姓吃不了,用不尽,日子过得十分富足。

俗话说,饱时易忘饥时苦。初时,每到丰收季节,老百姓家家杀猪宰羊,烧香磕头,祭祀上苍,感谢恩赐。可随着生活的富足,却渐渐把这件大事给忘掉了。天上的玉皇大帝长时间收不到人间烟火,很不高兴,决定到人间察访民意。

这年冬天,玉皇大帝化作一个衣衫褴褛的叫花子来到人间。一天,他来到一个农户门口,见一农妇一边烤着炭火,一边将一块烤得热腾腾的白面饼子给孩子暖屁股。玉帝故意乞求道:"老人家,舍口饭吃吧。"农妇看了一眼门前的"叫花子",嘴一撇,头一扭,怪声怪气地说:"哪来的穷要饭的?真没一点眼色,饭早就吃完了,哪有东西打发你!"玉帝听她出言不和,强压气头,指着小孩屁股底下的圆饼子说:"你行

行好,把那块饼子舍给我吃吧。"农妇一听,气不打一处来!两眼一瞪:"说的怪轻巧,不怕闪着了牙。这饼子能是给你吃的吗?饿坏了你这叫花子是小事,冻坏了我的孩子可是大事。快别啰唆啦,滚吧!"玉帝听罢,又气又恨。心想:我恩赐万物生长,保佑人间太平,没想到人间的百姓竟福中忘德。他边走边想,突然被一群如狼似虎的官兵拿住,连打带推,把他赶出了城门。玉帝见城门外有许多骨瘦如柴的讨饭人,感到纳闷,上前一打听,大伙纷纷咒骂、诉苦。原来,当今皇帝来这里游玩,县官为了讨皇上欢心,以便日后升官发财,竟下令凡乞丐一律轰出城外。违者定斩不赦。玉帝闻言,顿时气冲牛斗。驾起五色祥云,腾空而去。

玉帝一回到天宫,盛怒之下,传出一道御旨:麦子统统不再生长麦穗。这时,太白金星出班奏道:"人间百姓以麦为食,若麦子绝收,无数生灵必然尽死于饥饿,人间从此荒矣,望玉帝大发慈悲之心。"其他众神仙也觉得太白金星言之有理,纷纷劝谏。玉帝呢,旨意已出,碍着面子,不好收回。何况,刚刚在人间受辱,余怒未消。可是,群仙臣请旨,又不能不给点面子。思索片刻,于是改口道:"看在众仙卿份上,给人间麦子留下一个麦头就是了。"说罢,袖子一甩,罢朝回宫。

从那以后,人间的麦子每棵就只生长一个穗头了。

采录整理:李健　赵玉明　邓建臣
采录时间:1989年11月
流传地区:淮滨县一带

150. 五谷为啥不是从根到梢都结籽[唐河县]

在很早很早的时候,世上没有五谷杂粮,人们日子过得很苦。

有一天,玉皇大帝化为凡人来到人间察访。一看到这种情况,心里很不是滋味。回天上以后,就把天上的五谷种子撒向人间。

第二年,玉皇大帝撒下的种子都发芽、开花、结籽了。大家看到这些五谷,不知是啥。有人试着生吃,又煮熟吃,味道很好,又能治饿。就一传十,十传百,把种子采回家去,保存起来,慢慢地吃,又慢慢地学会了种。就这样,种子一年一年保留下来。

这些五谷,原来从上到下都结籽,春种一粒,秋收万籽,年年都是好收成,家家大囤满小囤流。后来,玉皇大帝又化作凡人来到人间,看到一个年轻人睡到前半晌子还不起床,他爹喊他干活,他懒洋洋地说:"五谷从根到梢都是籽,只要种上,粮食就吃不完,何必起早摸黑去干呢!"玉帝又看到许多人不爱惜粮食,随地糟蹋,有的还用白馍擦屁股。

　　玉皇大帝生气了,回到天庭,召来夸娥氏说:"下界粮食多了,人们变懒了,粮食糟蹋得看不上眼。你去把五谷的籽捋了,只剩梢上一点,让勤快的能吃饱,不再有多余的粮食。"夸娥氏遵旨下界,就动手捋起来。捋了小麦捋高粱,捋了高粱捋谷子。遍地都是粮食呀,他捋着捋着,感到心烦,又去捋芝麻时,从下往上捋有半尺高,感到芝麻蒴扎手,就不捋了;又去捋大豆,手刚挨着大豆角,觉得比芝麻蒴更扎手,就不捋了。夸娥氏又到了玉米地,觉得腰弯得酸疼,手捋得发胀,就用脚踢掉玉米秆下面的几个棒子,又踢中间的棒子时,不想踢得高了,只踢掉上头几个,把中间的一两个棒子留了下来,然后回天交旨。

　　玉皇大帝问他捋得咋样,夸娥氏撒谎说:"五谷杂粮样样只留个梢。"玉帝听了很满意,随即传旨:"人世间的五谷,以后就按夸娥氏捋后的样子长。"

　　从此,芝麻下部半尺高没蒴;大豆从上到下都有豆角;玉米只在腰里结个棒;另外的庄稼,只到梢上才结一个穗。

　　　　讲述人:倪张氏
　　　　采录人:张康
　　　　采录时间:1984年8月
　　　　采录地点:唐河县马振扶乡小河村

151. 植物浑身长穗的传说

　　传说在很早很早以前,麦、谷、玉米等农作物都是浑身长满了穗的。那时粮积如山,人们过着丰衣足食的生活。

　　东西多了,有些人奢侈起来,看粮食不是粮食,有个农妇还用白面做个面墩,让孩子坐在上面玩。这些事都被老天爷知道了,老天爷非常恼火,决心惩罚天下人,下令把所有农作物的穗都捋去。命令一下,天兵天将就雷厉风行地干起来了。

　　狗看到这情景,就跪在地上哭着向老天爷求情说:"老天爷,你把农作物的穗都捋了让我吃啥呀?"老天爷仍怒火不息,呵斥道:"你吃屎!"狗说:"人都饿死了,我上哪儿吃屎哩。"

　　老天爷一想,狗讲得有道理,又看狗可怜巴巴的样子,就下令给一棵庄稼剩一个穗头吧。可天兵天将们捋黄豆、绿豆等庄稼时嫌扎手,也就暗暗偷懒没捋。

现在的稻、谷、麦子都是一棵一穗,豆类却还满身是穗,据说就是这个原因。

讲述人:张成青,女,76岁,大张庄农民
采录整理:张成凤
采录时间:1985年8月
流传地区:大张庄一带

152. 今天的小麦为什么只一个头

在很久很久以前,小麦有很多头,每个叶都能发一个头,那为啥现在的小麦只有一个头呢?

原来呀,在小麦有许多头的时候,天下的老百姓收获的麦子可多了,可是人们不知道爱惜粮食,大块大块的白馍吃不完就扔掉,这事终被玉皇大帝知道了,让查事神下凡查实。这位神通广大的神灵变成一个要饭的老婆婆,手拿破篮子和拐杖,一步一晃朝一家高门大院走去。这院子真是漂亮极了,门口还有两尊石狮子。虎头门环透着幽光。这些玩意是拦不住查事神的,他很容易地走了进去。

他来到一棵大花树下,只见一个打扮很妖艳的少妇正逗小孩子玩呢,小孩屁股下坐着一摞油馍,还有很多糕点、食品被小孩踩在脚下,手中仍在不停地抛撒着。

查事神说:"大姐,给我点东西吃好吧,我已经三天没吃东西了,你行行好吧。"连说三遍,不见那妇人回话,他加重语气又说了一遍,只见那妇人不满意地扫了他一眼,说:"老不死的婆子,给你吃,我还嫌可惜呢。"查事神说:"那小孩扔掉不是更可惜吗?"那少妇干笑了两声说:"这几个算什么?我家有的是,宝宝扔一辈子也扔不完。"说着自己也帮孩子扔起来。

查事神大怒,现了原形,驾祥云去了。玉皇大帝听了查事神查看的情况,就让管理庄稼的神,给小麦只留一个头,以保下界的人们的命。从此,小麦便成了一个头了。

但是,小麦不甘心自己只长一个头,就想出一个分蘖的办法,以满足百姓们的要求。

讲述人:赵连如,男,57岁,汉族,初中毕业,射桥乡射桥镇农民
采录人:乔蕾,男,19岁,汉族,高中毕业,射桥乡越楼村农民
采录时间:1987年10月

采录地点：射桥乡

153. 小麦顶头穗的来历［西峡县］

从前，在伏牛深山的陈家庄，住着很多人家。他们一不愁吃，二不愁穿，过着富足安闲的生活。

那时小麦是一叶一个穗，其他杂粮都是这个样儿。这还不说，到冬天，老天爷不是下雪而是下面。这样一来，人们就随意糟蹋粮食也不在乎，把白面馍蒸成杠子当枕头用，摊煎饼给娃们擦屁股、当尿布，冬天衬在身下取暖。连喂的猪、狗、鸡、鸭也是人吃啥，它们吃啥。可把野菜糠皮用来敬神。

有一天，玉皇大帝在灵霄宝殿早朝，文武大臣三呼完毕，各站一边，龙口启动："众位仙家，有本出班启奏，无本站到一边。"

太白金星进前奏道："万岁，臣前日游玩，遇见了下界土地神氏。他向我诉苦道：'人间如今敬我们连个面花也没有，一律用野菜、麸子当供品。'"

玉帝听了说道："下界神氏苦处当然是有的，我们也不可只听一面之词，应该去查对一下。"太白金星奏道："臣愿下凡一走，以查实情。"

太白金星下朝以后，踏着云朵，驾着清风来到人间。摇身一变，化作要饭老头来到了陈家庄。

进到村子第一家，馍疙瘩、煎饼片子遍地都是，又看了猪槽、狗食盆全是面饭。又走了全庄一看，都是一样，即刻返身回到天宫。太白金星面见玉帝，如实启奏。

玉帝龙颜大怒，传旨给龙王，不得再下白面，改成下雪。令托塔李天王，派天兵天将下界捋掉五谷杂粮所有之穗。

这些天兵天将个个如狼似虎下界捋开了。人们跪在地上苦苦求情也无济于事。狗也围成一片趴在地上哭："撒一个吧，撒一个吧，总不能让我们饿死，哪怕撒一个蝇子头呢！"天兵天将看狗哭得怪可怜，觉得它们是受连累的，撒了一个顶头穗不捋。捋完了麦穗，捋玉米、稻谷、高粱。捋着、捋着，天兵天将们的手划破出了血，给高粱染上了斑斑的血迹。捋谷子的时候，血水顺手流，给谷子秆也染上了红血。最后捋荞麦时，天兵天将们的手疼得实在捋不成了才作罢。

后来，小麦、玉米、稻谷、高粱谷子都成了一个穗，而谷子、高粱被血染成了红色。荞麦穗未被捋掉，可也成了红色。

以后人们再也不敢糟蹋粮食了。因为一年到头总是紧巴紧地接住季，这样，猪、狗、鸡、鸭只能吃刷锅水和糠了。而狗却自认为有功劳，不想吃坏食，在人们吃饭的时候,立在面前可怜巴巴地望着,人们总是把碗里的饭给它拨几口。时间一久就烦了,骂道:"死狗货,吃屎去吧!"以后,狗就吃起屎来。

讲述人:李运忠,男,67岁,汉族,文盲,西峡县军马河乡军马河村农民
采录人:董留申,男,25岁,汉族,高中毕业,西峡县军马河乡军马河村农民
采录整理:谢起超,男,40岁,汉族,高中毕业,西峡县城关镇县文化馆干部
采录时间:1986年4月4日
采录地点:西峡县军马河乡军马河村

154. 麦穗与狗和兔子[社旗县]

狗和兔子原本是一对好朋友,可为啥现在狗见了兔子就又撵又咬呢?据说里面还牵扯着一个麦穗的传说。

相传古时候,麦子长得浑身上下都是穗。人们打下的粮食吃不完,慢慢地就不爱惜了。有的人用面饼子给小孩垫屁股,有的人蒸个大馍当板凳坐,还有人用白面当土垫地,用白馍擦屎沤粪。各方土地把这些事儿禀报到天庭。玉皇大帝听说天下百姓如此糟蹋粮食,不由心中大怒,即命二郎神带领天兵天将下凡,要把小麦穗子全部捋光,以惩戒那些作孽的百姓。

二郎神带着哮天犬和天兵天将下得凡来。这哮天犬是天下狗的祖宗。这狗们又最有灵性,听说祖宗下凡,都纷纷前来叩拜。见天兵天将捋麦穗,狗们想起人们平日待它们还不错,便一齐跪下苦苦哀告说:"人们有错,也得给我们留口饭吃啊!"二郎神说:"你们不是还能吃屎吗?"狗们说:"要是把麦穗都捋光,人们没啥吃都饿死了,哪儿还有屎可吃呀?"哮天犬也替子孙们向主人求情。二郎神想了想说:"那恁说给你们留下多长麦穗哩?"狗们一齐摇着尾巴说:"给我们留下一尾巴长吧。"

二郎神听了,正要吩咐天兵天将把麦穗捋剩下狗尾巴那么长。谁知,正在这时,一群兔子跑了过来,也不问青红皂白,边跑边喊道:"也给我们留口饭吃。"二郎神问:"你们要多长?"兔子们一齐摇摇尾巴说:"跟我们的尾巴这么长就中。"二郎神听罢,就吩咐天兵天将,把麦穗捋得只剩下了兔子尾巴这么长,然后回天庭去了。

由于兔子多嘴,麦穗又短了那么多,狗们都很生气,一齐扑向兔子,要把这些多嘴多舌的东西全部咬死。兔子们吓得回头就跑。由于急于逃命,跑得太快,为此把嘴都碰破了,一个个都成了豁子嘴,这也是对它们多嘴的惩罚。就从那以后,狗和兔子就结了仇,狗一见兔子就又撵又咬。可那麦穗再也不会变长,直到现在大致还

是兔子尾巴那么长。

讲述人：张运芳，农民
采录整理：徐东

155. 狗与麦子

相传，很久以前，人们种的庄稼只有麦子，没有别的五谷杂粮。麦子从头到根都长的是籽，中间长有叶子，每亩可收十来石。麦子打得多人们吃不完，拿着白面当泥巴玩，做成面人、面牛……各种各样的东西，地上扔得到处都是。

这些事被玉皇大帝知道了，他气极了，说："我把最好的东西送到人间，风调雨顺，你们富了，这样糟蹋东西。"说罢，派太白金星把麦穗从根到梢捋掉收回来。

那时候，狗很勤劳，整夜守着门户，帮助主人去打猎，地位差不多和人是平等的。

这天，一只大黄狗正在地边看庄稼，太白金星就动手捋起来，捋到离梢四寸来长时，正好让狗看见了，狗哀求着说："大神，人们糟蹋，我不糟蹋，留下一点，让我们狗吃吧。"

太白金星觉得有理，便留下四寸来长，驾起祥云，直奔天宫，对玉帝说了这件事。玉皇大帝想："是呀！狗多好啊！就留下一点让狗吃吧。"于是说："行啊，金星，你再带一些玉米、粟、稻、黄豆给那些不知好歹的人们。"

以后留下的麦子就不够人们吃了，只好种太白金星送来的五谷杂粮，狗当然不得吃麦子了。这件事又被玉皇大帝知道了，恶狠狠地对太白金星说："狗真不识抬举，麦子留下让它吃，它却不吃，欺骗于我，让给人们吃，往后让它跟着人们吃屎！"

从此以后，善良的狗开始吃屎了，它的叫声也变了，整天叫着汪（枉）、汪（枉）、汪（枉）。那麦子也就剩下梢上的四寸来长，人们再也不拿着白面玩了。

采录人：刘俊锋　刘俊杰

156. 五颗麦籽

很早很早的时候，人们不种庄稼。吃啥呢？老天爷下面嘛！人们吃不了，就把馍呀面呀到处乱扔,吃的没有糟蹋的多。

老天爷很生气,不再下面了,把麦籽撒下来,让人们自己种着吃。

麦子种上了,地里一半子麦苗一半子草。人们都拿着石头站在地边上,一边敲着石头一边说:"苗长,草死;苗长,草死……"真格的,麦苗长起来了,草都死了。麦子收成可好啊,面还是吃不了,用不完。

后来,人们又不稀罕粮食了,还像过去那样糟蹋,老天爷知道后,就派天兵天将下凡收回麦子。

天兵天将把麦子都收回天上了。有一个天将累瘫了,坐在地上打瞌睡,手里还攥着五颗麦籽哩!五个苍蝇、五只麻雀和五个蚂蚁看见了。五个苍蝇说:"弟兄们,老天爷把麦子收走对咱也不好呀!"五只麻雀说:"对,咱们都要饿死呀!"五个蚂蚁说:"咱可得把这剩有的五颗麦籽抢走啊!"它们都说:"中!"

五只苍蝇上去咬那天将攥麦籽的手,那天将觉得手痒疼痒疼的,伸开手抓痒哩,五颗麦籽掉在了地上。五只麻雀啄着飞走了。

天将驾着云就撵。不大一会儿,撵上麻雀了。麻雀看事儿不好,把嘴里的麦籽吐到了地上。天将按落云头,弯腰捡咧!五个蚂蚁又把五颗麦粒噙着钻进洞里了。天将用手就抠,指头抠得流血,没见到一颗麦籽!没法儿,就回天上了。

以后,五颗麦籽在人间又传开了。

讲述人:苏远林

采录整理:周君立

157. 通条麦和小麦[桐柏县]

古时候,大地上尽是光秃秃的,没有一棵庄稼,人们靠吃肉过日子,时间长了,动物让吃得差不多了。

一天,小狗问小猪:"大哥,请你给人们想个办法,找点吃的东西,要不,等些时咱哥俩也得成人的肉食儿啊!"小猪说:"狗老弟,咱到南坡脚下神王庙里问一下神王爷吧!"

小狗和小猪来到神王庙,说:"神王爷呀,请救救我们吧!能不能给人们找点吃的东西,要是能救救我们,我小狗一定来给您看神王庙院。我小猪要是死了,把我的肉都让您吃掉。"神王爷说:"办法是有,就怕你们不想干。太艰难了呀!"小狗说:"为了保住命,啥难也不怕。"小猪也说:"请说吧,再难俺也不怕。"神王爷说:"离这儿有几千里的一座天山,是我的老家,那里有粮食种子。你俩想去的话,就能为人取来粮食种子啊!"

它们商量了一下,就上路了。走啊走啊!遇山翻山,遇河趟河。它俩走到一座山下,一看从山下到山顶有恁多小路,哪一条是通向山顶的路呢?

正发愁哩,一个白发老婆婆走了过来。小狗和小猪问老婆婆:"老婆婆,这么多的路,哪一条是通往山顶的呢?"老婆婆说:"这路有三百九十九条,最中间的一条就是。"小狗和小猪一听,就数了起来。它俩东数一百九十九条,西数一百九十九条,找到了中间一条,跑了上去,到上面一看,还是在山下见到的那个老婆婆在纺线,身边有很多石头,还有一个石马。它俩来到老婆婆面前,老婆婆说:"要去天山,离这儿有几千里,你们还没走到一半儿。"小狗和小猪说:"请您给我们想个办法吧!"老婆婆说:"要是去,就得把你们的牙砸掉一个,安在石马嘴上,石马吃一块石头,就能驮你们上天山。路上,要过火山,穿大海。你们骑不好,一掉下来,就没命了。要抓紧马鬃。"小狗和小猪把牙打了一个,安到石马的嘴上。石马真吃了一块石头,蹦了起来,小狗和小猪骑在它身上,上路了。

它们走了十二个白天,十二个黑夜。路上火山一个接一个,大海一个挨一个。

石马一气儿把它俩驮到神仙堂。一进门,神王爷问它俩:"你们来干啥呀?""来取点粮食种。"神王爷说:"你们有装粮食的东西吗?""没有。""那你们看咋办呢?"

小狗和小猪来到外面的池塘边想法儿。走火山,太热了,就跳进池塘里洗个澡再说吧!洗了澡,坐在地上歇一会儿,湿淋淋的皮毛上粘了些草。"有法啦!"它俩跑到神王爷面前说:"我们有法啦!"神王爷一听,也不问是啥法儿,就把装粮食种的仓门打开了。小狗和小猪进去躺在粮食种上,滚来滚去,身上粘了密密麻麻的粮食籽。神王爷问它们:"你们还要吗?"小狗和小猪说:"不要了。"说罢,骑上石马就回到了老婆婆纺线的地方。等它俩下了石马一看,身上粘的粮食在过大海时被大浪冲得快没了。它俩气得直出长气。老婆婆说:"别丧气,你们拿的粮食一个也没有掉,都在石马嘴里。"说完,老婆婆把它俩安在石马嘴里的牙一拔,把石马嘴里的粮食倒进了一个口袋。接着又把那俩牙安到它俩的嘴里,老婆婆说:"这粮食叫通条麦,麦秆通身都是麦穗。你们把这些种子拿回家,让人们种,一两年人们就有吃的了。人们要是忘了你们,我就把通条麦给他们捋捋!"话一说罢,老婆婆就不见了。

小狗和小猪又走了十二个白天,十二个黑夜,回到了它们家里。它俩拿出通条麦让人们种。过了一两年,粮食就长满遍地。

时候长了,人们打的粮食吃不完,就乱糟蹋。小狗和小猪把这事给老婆婆说了。老婆婆一听很生气,就来捋通条麦。眼看要捋光了,小狗和小猪就向老婆婆求情,不让捋了。老婆婆一看捋得只剩下一个麦头了,就说:"我不捋了,就让它是这个样儿吧!就给它起个名叫小麦。"

直到现在,麦子还是只长一个头。

人们为了不忘小狗和小猪的功劳,生粮熟饭总是有它们吃的。

讲述人:陈祖明
采录人:汪永军

158. 小麦和稻谷为啥只有一个头[桐柏县]

相传,原先麦和稻谷一棵就长十个头。人们过着富裕的生活。

老天爷派一名天将到人间察访民情。天将变成一个讨饭的老头,路过一家门口,看到一个小孩坐在一块厚烙馍上。天将拿着这块馍,回去给老天爷说了,老天爷看人们不爱惜粮食,就派天兵天将到人间把麦穗和谷穗都捋光。

天兵天将一下来,就在地里捋了起来。黄豆角和芝麻角扎手没捋,又去捋麦穗和稻谷穗,捋着捋着,一只老黄狗出来求情,它跪在地上苦苦哀求:"留个梢吧!留个梢吧!"

天兵天将看在狗的面子上,留一点庄稼梢儿。从此,除了黄豆和芝麻,别的庄稼只是有个梢儿。

讲述人:刘英元,女,54岁,文盲,住桐柏县城关南街
采录整理:张明芝

159. 小麦为啥只长一个头

传说原先一棵小麦长有十个头,那时,一般年景,麦垛如山,仓满囤流。人们吃不愁,喝不愁,都把麦子和面粉看成是极普通的东西。

后来,玉帝想知道人间的生活究竟是个啥样,就派黄狗变成一个要饭的老婆儿,挨门挨户讨要。它见人们把小麦往场地上胡乱抛撒,还拿来喂猪喂鸡,就不住地摇头叹息。

这天它来到一家门口,伸出两手,可怜巴巴地讨要。一个中年妇女走出来,嘲笑它说:"哎哟!这样的好年景,还要饭呀,装的什么穷?老婆子,实话告诉你,你来

得太晚了,我刚才把一张面饼给孩子做尿布了!"黄狗心疼得眼泪都出来了。

玉帝得知真情,大怒,想着世上的人,身在福中不知福,这样作孽,得好好惩罚一下,决定叫小麦一个头也不要长。黄狗是个好心肠,它知道了这个消息,忙跪下磕头说:"玉帝,那样人们是会饿死的,留一个吧!"玉帝心被劝动了,说:"好吧!只准长一个头。"又说:"黄狗,你既然跟人们这样一心,那就罚你下去吧。"

从此,小麦就只长一个头了。

采录整理:李建霞

160. 麦穗的传说 [义马市]

据说很早以前,麦子浑身都是穗,每个穗都有半尺长,家家收的麦子都多得没处放。白蒸馍捞面条都吃烦了,随意抛撒,不知道爱惜。这事被玉皇大帝知道了,他就装扮成一个讨饭的白胡子老头,到人间来看看人们究竟是如何糟蹋粮食的。

他走进一个村子,见一个媳妇坐在大门前的老槐树下做针线,这时在旁边爬着玩的一个娃娃屙屎了,那媳妇拉过孩子,用针线筐里的白蒸馍擦擦屁股就扔掉了。玉皇大帝看在眼里,气在心里,但还是忍着过去平心静气地说:"大嫂,行行好,给我找点吃的吧!"那媳妇厌恶地指着给孩子擦屁股扔掉的馍说:"那不是两个白蒸馍,你不会去拾吃了!"玉皇大帝听了,气得胡子一撅一撅的还是强忍着没有发作。

他又走到一户财主家门前乞讨,恰好财主家小孩满月,正在设宴待客。财主见一个脏老头来讨饭,认为是冲了他家的喜气,不吉利,就气冲冲地走过去,夺下老汉的破饭碗,到猪食槽里舀了碗剩饭菜交给他说:"没长眼的老东西,快滚,快滚!"老汉受了辱骂,气得全身颤抖着昏倒在地。有几位老人看见,急忙上前搀扶他。可是手刚伸出,眼前金光一闪,却不见了讨饭老汉,大家正在疑惑,忽听天空雷声阵阵,紧接着无数金盔金甲的神兵从天而降,到了田间,见麦穗就捋掉。眼看就要把田里的麦穗捋光了,人们都赶到田边,跪下给神兵叩头,乞求手下留情,给留下点种子。特别是那个拿馍给孩子擦屁股的媳妇和辱骂讨饭老人的财主,像鸡叨米似的叩着头求告:"老天爷呀,你可不能跟小民一般见识,我们再也不敢作孽了,你就给我们留点活命粮吧!"

玉皇大帝听了人们的求告,见那两个作孽人也认错悔改了,肚里的气消去了大半,就命令天兵天将住手。可那些肥大的麦穗都被捋光了,只剩了些山根田里的瘦小麦穗。人们把这些麦子收后作为种子,种出来的麦子每根上只结一个穗,而且只有寸把长。为此,人们都怨恨那两个糟蹋粮食的作孽精。直到现在,老人们还常常讲起这个故事,教育后代子孙,要勤俭持家,不要浪费粮食。

讲述人:任景超
采录整理:古长友

161. 为什么麦子只有一个穗

据传,古时候只有麦子一种粮食作物。那时的麦子杆上净是穗,因为穗多,收的粮食也很多。人们因此无忧无虑,生活十分美满。

那时,尽管天下的人不愁吃、不愁穿,但都是勤劳俭朴的。从不浪费粮食,个个过着俭朴生活。这样过了一代又一代,天下安定,人人团结,一派繁荣。

哪知,天下竟出现了一代大逆不道的子孙们,他们看粮食多,就开始吃喝玩乐,浪费粮食。开始,还能种着庄稼,后来,连庄稼也懒得种了,吃储存的,把地上搞得乱七八糟,直至储存的粮食也快吃完了,他们也没觉悟。

由于以前地上繁荣,所以玉皇大帝也好久没有派天神巡视地上了,不知怎的,这时,玉皇大帝又派了一位天神下来巡视。这位天神往下一看,地上庄稼荒芜,野草遍野,就把看到的一切都告诉了玉帝,玉帝大发雷霆,即派天兵天将把地上可吃的东西都刮走、卷走,把他们全部饿死。于是,众天神把地上的东西开始往上卷。这一下,地上的人们才知道事情的不妙,都吓得躲在屋里不敢出来。小狗、小猫都跪在地上乞求天神给它们留下一条生路。天神内心不忍,就对玉帝强谏。玉帝思之再三,决定把麦子留下一穗,所以到现在麦子仍是一个穗,这里面有着小狗、小猫的一份功劳呢。不然,人们都饿死了。再说那些大豆、玉米等是玉帝看人们改造变好了,给人们增添的谷物。

讲述人:楚贵民,男,48岁,汉族,大专毕业,和兴乡中学教师
采录人:樊怀军,男,16岁,汉族,和兴乡初中学校学生
采录时间:1988年5月
采录地点:和兴乡

162. 庄稼的传说

据传古时候,麦子、谷、高粱等不论啥庄稼,从上到下都结满了穗,籽实累累,人们收的粮食堆满仓。粮食多了,吃不完,也就不爱惜了,到处糟蹋。

一天,一个妇女正在做饭,她的孩子哭闹,就用一块麦子面做了一个面墩儿,让孩子坐在上边玩。

这事恰好被下凡视察的天神看到,就把人们糟蹋粮食的情况,一五一十地向玉皇大帝作了汇报。玉帝听后大怒,马上传旨,派管五谷的天神,把地上的庄稼全部收归天上,以此来惩罚那些糟蹋粮食的人。

管五谷的天神施展法术,狂风大作,准备把长满一身穗子的庄稼从根到梢捋个精光。正在捋麦子、谷子、高粱等庄稼时,忽然听到一个悲哀的声音,就停下来,发现猫、狗跪在地上,嗷嗷直向天空惨叫,请求给它们留一点。天神看到它们可怜的样子,心想:作孽的是人,何必让猫、狗活活受罪呢。于是,就把梢上未捋掉的穗头给它们留下。在捋大豆时,不防手被豆角尖儿扎了个大口子。去捋荞麦时,鲜血滴在荞麦棵上,顺着茎秆往下流,把荞麦秆都染红了。由于天神的手受了伤,就不再捋那些果实带尖的庄稼了,便带着捋下的麦子、谷子、高粱等庄稼的穗回天上交旨。

从此以后,麦子、谷子、高粱等只有顶端长个穗头,大豆、荞麦、棉花等扎手的庄稼如故。

人们为了感谢猫、狗,吃饭时总要给它们留点儿,以示未忘其恩。

讲述人:田守义,男,40岁,汉族,大学毕业,张店乡中学教师
采录人:薛勤贞,女,16岁,张店乡初中学校学生
采录时间:1988年5月
采录地点:张店乡

163. 小麦为什么只长一个穗 [沈丘县]

一棵小麦能长出很多很多的麦穗子,该多好啊!当人们面对着翻卷着碧波的麦田,总不免这样想。可是在很古很古的时候,一株麦苗却是能长很多麦穗的,据说每发一个叶,就结一个穗。为啥如今只长一个麦穗呢?一次,我的朋友告诉给我

这样一个故事,我才明白。

据说,很早以前,人们吃的主要食粮就是小麦了。那时候的小麦就像草一样长不高,可是每发一个叶就结一个穗。穗多,打粮多。人们收得小麦吃不完,就是一般的农民也不发愁吃的。可是那时,富户贪图享乐,拿小麦不当回事,百般生法糟蹋,竟把麦面做的油饼,放在屁股下当坐垫。过了不久,这件事被玉皇大帝知道了,他非常生气地对诸神说:"人间竟把用来祭祀的白面饼当坐垫。这是对我们的最大不敬。我非惩罚他们不可!"说毕,就命令土地神率六甲六丁,把麦穗全部撸去,一个头也不准留。土地神听了,连忙磕头为民讲情,可是玉帝主意已定,土地神没法,只好从命。

第二年,人们又辛勤地把麦种上。等啊,等啊,直到第二年的春天,还不见小麦随着叶子抽穗,一直向上长。人们认为可能是时令不到,于是还等。可是快到立夏了,还不见小麦抽穗,这下子,可着急了。他们哪里想到是土地神领六甲六丁把小麦穗撸了呢!

没办法,人们有了啥疑难,好向上天求告。看着这天大的灾,于是成千上万的农民就跪在麦田边向天帝求告。土地神正准备把这最后将要抽出来的麦穗掐掉,可看到老百姓的可怜样子,跪在地上祈祷,又想想他们整年辛劳的情景,心里也不忍把这麦梢上的穗也掐掉。可是又想,玉帝的命令又不能违抗。咋办呢?最后想了个主意:我不如把实情告诉百姓。让他们自己想办法,去天庭向玉皇大帝求情。人们听了土地神的话,一边痛恨那些作恶的人,一边推举人上天见玉帝。后来人们又一想,一般人是不能进天宫的。人们又发愁了。

正好这时,狗知道了这件事。它就请求人们让它上天求情。它是人的好朋友,就让它去了。

狗对着南天门,吠了三声,果然天门大开,现出玉皇大帝等一班众神。狗走上前去,代表百姓向玉皇大帝赔礼、请罪,并说明百姓的苦情。玉皇大帝这时也忽然醒悟,心想:"如果小麦一粒不收,人们拿什么来祭祀啊?如果人们都饿死了,我还做谁的天帝啊?"于是,他抬起头来,传令土地神,停止掐穗。可是已经晚了,小麦普遍的只剩一个穗。

狗这次不但为人间做了一件大好事,也提醒了玉帝。玉帝很称赞它。为了表扬狗的功劳,让人们永远记住这个教训,就赏赐给小麦一个狗尾巴穗。所以,后来的小麦就只有一个像狗尾巴一样的麦穗了。

事后,人们对狗感恩不尽,就不再让它独自生活了,主动把狗养起来。如今,啥畜牲也比不上狗和人亲近。

讲述人:晏凤亮

采录整理：耿瑞

164. 口粮为什么又叫"免狗点"［洛阳市］

话说远古时候，人们生活在世界上，土地肥沃，粮食丰收，人们吃穿不愁，安居乐业。传说当时地上生长的小麦，浑身都是麦穗，所以产量特别高，人们得到的粮食很多。久而久之，人们就不再珍惜粮食了，到处抛撒浪费。还有人用白面烙成薄饼当手纸用。这种事情传到天上后，玉皇大帝很是震怒，便下了一道圣旨给掌管农业的神，令地上的作物连年不收，小麦都只长秸秆不长穗，来惩罚人间的百姓。

玉皇大帝的旨意一传出，地上便开始歉收，明明是好端端的麦子，过去浑身都是穗子，现在连一穗也没有了，只是像草一样疯长，其他作物也不再结实了。过了一段日子，人们贮存的粮食吃光了，就开始挨饿，再时间一长，便有了人吃人的现象，一时间，土地荒芜，村子里到处是饿死的人们。到了最后，人们再也熬不下去了，一些人便结队一起去问当时的一个年长的智者。老人告诉他们说，这是由于他们不珍惜粮食，乱糟蹋粮食，触怒了上天，才有了这场灾祸，要想活命，只有这样这样办……

又过了一段日子，玉皇大帝想要知道他的旨意执行得如何了，便派二郎神杨戬下凡察看。二郎神带着哮天犬来到人间，一下子被饿得皮包骨头的人们围了起来，七嘴八舌地说："我们知道错了，上天惩罚我们是应该的，我们不抱怨，只是我们养的狗并没有错，您看……"说着牵来一些同样饿得精瘦的狗，"它们也饿得快死了，看在它们是您的哮天犬的子孙后辈的份上，请您回去禀告玉帝，给我们的狗一些吃食儿，让我们饿死好了。"话说得非常诚恳，使二郎神很是感动，身边的哮天犬也"汪汪"地求情个不停。

二郎神回到天上，向玉皇大帝报告了人间的情况，并把百姓们的话转告给玉皇大帝，向他求情。玉皇就准奏了，命令掌农的神想办法，农业神便让地上的麦子只长一个麦穗，打下的粮食作为狗的口粮，好让狗活下来。

多年不结穗的麦子开始长出一个穗子，收了以后，早已饿极的人们便什么也不顾了，与狗争着吃食，由于狗是人们养的，不得不听话，也就没有法子。后来人们为了记着这个教训，教育后辈要珍惜粮食，就把口粮叫作"免狗点"。

165. 麦为啥只结一个穗[唐河县]

传说远古的时候,老天爷爱惜民间百姓,让麦子从根到梢都结满了穗。麦子年年大丰收,粮食多的吃都吃不完。麦子吃不完了,就有人抛撒起来了。有个妇女,夏天孩子闹人,她就用白面团成团,蒸熟了给孩子当球玩。冬天天气冷,孩子喊冷,她就用白面烙成饼,给孩子垫在屁股底下当墩坐。老天爷看见,很生气,下决心要治治这些抛撒粮食的人们。他令天神把所有的麦子从根捋到梢。天狗一见着了急,这样一弄,天下人咋活呢。看着捋麦穗的天神,天狗大哭着说:"留个梢吧,留个梢吧!"哭得很凄惨。老天爷听了也软了心,再说,他也不忍心绝了他天下的臣民,就对天神说:"就留下梢吧。"这样,从根到梢都结麦穗的麦子,就只剩了个梢。直到现在,麦子都是只结一个穗。

讲述人:金自兰,女,42岁,唐河县城郊乡陈庄村人
采录人:杨路
采录时间:1986年除夕

166. 小麦的传说[南阳县]

据说在古时候,小麦可不是今天的样子,而是拖着长长的尾巴,从根到顶都是种子。为什么会变成今天这个样子?这里面还有一段曲折的经历哩!

神农氏教会人们种庄稼后,五谷丰登,人们衣食无忧,遍地都是小麦,每年不用干活都吃不完的大米白面。慢慢地,人们开始懒惰起来,也不知道爱惜粮食,除了吃饱喝足外,还用麦面捏成面人、面兽,连小娃们用的玩具都是面捏的。

这事不久就给天帝知道了,天帝大为震怒,决心惩罚一下不知道节俭的人类。他派一个专管农业的天神,叫他把小麦从根到顶全部捋掉,饿一饿糟蹋粮食的人类。

天神来到人间,先把小麦从下往上捋,眼看着就要把麦子捋光,一只老黄狗冒死出来替人类求情,要天神看在其他动物的份上,饶恕人类的愚昧无知,给人类留下一条生路。天神被黄狗冒死苦谏的精神所感动,答应将此事奏知天帝。天帝更为黄狗对主人的忠诚打动,要天神将剩下的一段像狗尾巴一样的麦穗留给人类,但

他提出一个条件,人类必须养成勤劳节俭的好习惯。

从此,麦子就成了今天的样子,人类也慢慢养成了勤劳节俭的好习惯。而老黄狗呢?由于它在最关键的时候为人类求得一条生路,所以一直受到人类的尊敬和保护,吃住都同主人在一起。

讲述人:冯九志,男,70多岁,南阳县山东营村农民
采录整理:陈少强,河南大学中文系1984级4班学生,家住南阳县新店乡山东营村
采录时间:1987年8月
采录地点:南阳县新店乡山东营村

167. 原来下面不下雪

原来天上不下雪,下的全是白面。后来为啥不下白面光下雪哩?

据说,很早以前,天底下有两种人:一种人勤俭节约,一种人好吃懒做。天上下白面的时候,勤俭节约的人收了自己该收的白面,都保存起来,等粮食接济不上了,才拿出来吃一些。好吃懒做的人平时啥活不干,单等着天下白面时,拼命抢着多收一些白面,吃不完了还到处抛撒。

这件事被玉皇大帝知道了,他变成了一个要饭的老头,到人间察访。

一天,他来到人间,见一个大闺女吃得胖乎乎的,坐在屋里正打盹。玉帝走上前说:"这位大姐,行行好,可怜可怜俺这要饭哩,给点饭吃吧!"这闺女睁睁眼,看是个要饭的,连理也没理,还是睡她的觉。玉帝又喊了一遍,这闺女可就烦啦,把眼一瞪,说:"你没看我正睡觉吗?饭有的是,就是懒得给你拿,快滚开!"玉帝挨了一顿骂,只好走了。接着又来到一家,见一个胖媳妇正在哄孩子。玉帝说:"这位大嫂,行行好,可怜可怜俺这要饭哩,给点饭吃吧!"这媳子翻了翻白眼说:"哼,你这糟老头子!我有的是馍,就是不给你吃,留着给俺孩子垫屁股哩!"说着,又给她孩子往屁股底下垫了一大块锅盔。玉帝见到这些,可气透啦!想不到人间还有这样作恶的人。他一怒之下,传下旨意,从今往后再也不许下白面了。命北极星把白雪降到人间,下雪的时候,越冷越好,叫那些不劳动的人冻得比干活还难受。

第二天,就刮起北风下起大雪来。那些懒蛋又以为下白面哩,慌着去收,都冻得浑身打战,好容易把盆盆罐罐都收满啦,天一晴都变成了冰凉的水,再也不是白面了,他们只得被活活饿死。勤俭节约的人,一点也不担心,把原来节省下来的白

面拿出来做饭吃。就从那儿起,直到现在一直是光下白雪,再也不下白面了。

讲述人:李世深,男,47岁,汉族,中专毕业,教师
采录人:李凤奇,男,35岁,汉族,中专毕业,马乡镇联中教师
采录时间:1987年5月
采录地点:马乡镇联中

168. 下雪的故事[新乡市]

传说很早很早以前,天上下的雪不是雪而是白面粉。为啥后来改成下雪了呢?有这样一个传说。

老天爷为了了解人间民情,特派王母娘娘来到凡间巡察。王母娘娘化装成一位讨饭老婆儿,来到人间。她走到一家门口,只见一位大嫂正在院内烙油饼。她便装着有气无力地说:"大嫂,可怜可怜俺这个要饿死的老婆儿吧。"大嫂忙说:"哪有啥给你,改改门吧!"王母娘娘见掉在地上一个油饼,忙说:"行行好,把那个掉在地上的泥油饼让俺吃了吧。"大嫂忙说:"不行不行!俺还喂猪哩!"这时院中树下的小孩睡醒了,哭得哇哇大叫。大嫂忙去抱孩子,只见屙了一席,她顺手拿一张油饼给孩子擦屁股上的屎,接着又拿一张油饼当尿布给垫到屁股上。

王母娘娘说:"大嫂!把油饼当尿布使用,糟蹋那么多白面,多可惜呀!"

这位大嫂毫不在乎地说:"糟蹋点怕什么,天上会下白面。"

王母娘娘又走了许多村庄,串了千家万户。她见到人间不把白面当作宝物,而是视面如土,速回天宫禀告给老天爷。老天爷一听大怒,立即下令,停止下白面粉。

从此,下白面粉改成下雪了。

讲述人:杜汉三,男,70岁,高中毕业,农民

169. 天上下白面[林州市]

相传在很久很久以前,天上不下雨,不下雪,下下来的直接就是白花花的面粉。那时候,各家各户吃不愁,穿不愁,日子过得很是美满。

一日,玉帝召见群臣,命苍龙大将到人间体察民情,观察民风。那苍龙领旨后,刻不容缓,当即乘风来到了人间,摇身一变,变成了一个衣衫褴褛的行乞乞丐。只见他,头发散乱,满面苍灰,老态龙钟;身上背着一个破筐,筐里放着一个破碗;手里拄着一根竹棍,颤抖磕绊来到了一家大户门前。

那大户门前坐着一个中年妇女,那妇女正在逗着她的儿子玩耍。苍龙走到跟前,捧着他的破碗,有气无力地颤抖着说:"大娘,行行好,给点饭吧,我饿极了。"

谁知,那妇人却是一个尖刻之人,又见这位乞丐衣衫破旧,形容难看,便没有好气地说:"饭?葱花饼倒还有一个,不过,那是给我的儿子垫屁股的。臭要饭的,快走开。"说完,她转身回到屋里,取出了一块大饼,放在一块石头上,让她儿子坐在了上面。

那苍龙本是天兵天将,何曾受过这等的侮辱。转眼间,他化作一股青烟,回天宫禀呈玉帝去了。

那天,天宫里正在举行蟠桃会,玉帝在为他的母亲王母娘娘庆寿,喝得有点醉意。恰逢此时,那苍龙气汹汹地过来,将其在人间的见闻,大肆夸张,极力撺掇,全部告诉了玉帝。那玉帝听罢是龙颜大怒,当即下令,将此处人等斩尽杀绝。幸亏旁有太白金星等极力劝阻,玉帝才命苍龙带一队天兵天将到人间惩治这方百姓,且允许他们在那位妇人门前射一箭,在那一箭的范围内随意处置。

次日,苍龙带领一队人马又来到了人间。这次不比上次,金盔金甲,威风凛凛。那苍龙一意要报上次受辱之仇,于是,在那家大门前,他用足了力气,狠狠地射出了一箭。不想,也是偶然的事故,这箭偏偏射在了一支南归的大雁身上。那雁身上中箭之后,拼命地忍着剧痛,拼命地飞呀飞呀,一气飞了二十多里,终于气尽身绝,一头栽了下来,这儿就是今天的"雁落洼",位于林县城关镇中部。再说那苍龙见神箭射在了大雁身上,喜不自胜,率领那帮手下人马大肆屠杀开了当地人民。那苍龙发起了淫威,越杀越起性,直至到了"雁落洼",仍是杀心未灭,继续屠杀。以致把与"雁落洼"毗连的一个村庄的人也给杀了,这就是今天的"屈杀"村,位于林县城郊乡的东部。

从此,天上再也不下面了,冬天开始下雪,夏天开始下雨。

采录整理:赵文昌

170. 五谷的来历

很早的时候,伏牛山下有条大河,河里有九条恶龙。一遇上老天下大雨,九条龙就在河里胡打乱闹,常常闹得河水漫岸。见年①也不知被水冲走多少牛羊财物,淹死多少父老乡亲。

这条河的源头是个大海眼,海眼直通东海龙宫,那九条恶龙就是东海龙王的九个儿子。

河边有户人家,原先是三口人,老婆叫九龙闹水淹死了。为了记住这个仇,父亲给独生儿子起名叫九龙,盼他长大后除掉恶龙,为他妈报仇。

九龙长到九岁就跟父亲学会了武艺,特别是箭法更为高超。天上飞禽,山里野兽,只要叫九龙瞅见,哪个也逃不了。

九龙十二岁那年夏天,九条恶龙又趁下雨涨水的机会出来祸害人。九龙的父亲一见在水里胡闹的恶龙,气得再也忍不下去了。他往门头上搭了条头巾,又抄起一把斧子对九龙说:"不除了这九条恶龙,咱就甭想过安生日子,我这回破上老命跟它们拼一火。我走后,你看着门上这条头巾,要是变红了,就是我死了,你就去为我和你妈报仇!"

父亲走后,九龙盯着头巾,三天三夜没眨眼。到第四天一早,头巾突然变红了。九龙知道父亲已被恶龙害死了,就大哭一场,然后背上弓箭,拿把斧子,找九条恶龙去了。

九龙走到一片大树林里,碰见一个白胡子老头。那老头问他:"小壮士,你要干啥去呀!"九龙就把找恶龙报仇的事对老人说了一遍。那老头对九龙说:"那九条恶龙可厉害得很哪!你的斧子要能连着砍断九棵大树,你的箭要能射穿九块顽石,才能降服那九条恶龙哩!"

九龙听了老人的话,就举起斧子朝一排大树砍去,谁知只砍了八棵,斧子就卷刃儿了。他又取下弓箭朝九块石头射去,也只射了八块,箭头就断了。九龙为难地瞅瞅身旁的老人。老人笑嘻嘻地说:"只要你有恒心,我能帮你找到好家什儿。"说着,老人把九龙领到一个石坑前说:"这底下有一口石钟,你把它挖出来,再用火烧它三四一百二十天,你就能得到降服恶龙的宝贝。"

九龙按照老人的指点,不分昼夜地拼命挖起来。整整挖了三八二百四十天,果真挖出了一口石钟。石钟烧裂了,里边露出一把寒光闪闪的宝刀,九支锋利无比的金箭。

九龙刚拿起刀箭,白胡子老头突然又站在他的面前,笑着对他说:"好孩子,你现在能去降服恶龙啦。不过你要记住:治住它们以后,千万甭害了它们的性命,它们肯定有最好的东西报答你!"说完,那老头就不见了。

九龙明白是神仙点化自己,就赶紧朝河边走去。老远看见翻滚的河水里有九

---

① 见年:方言。每年。

根木头往上水头冲。他料定这就是九条恶龙变化的,就急忙取下弓箭,"嗖嗖嗖"连射了九箭,那九根木头霎时沉了下去。停了一会儿,九条恶龙现出原形浮上了水面,每条龙头上都带着一支箭。九龙一见,跳进水中举刀就要砍。九条恶龙一见耀眼闪光的宝刀,吓得齐声哀求:"饶了俺吧,往后再也不敢祸害人啦!"

九龙见它们那可怜的样子,又想起白胡子老头说的话,就挨个儿拔掉九条龙头上的箭。九条龙感激不尽,一定要叫九龙到龙宫去玩玩。九龙见它们没有恶意,就答应了。

九龙骑在最小的那条龙身上,只听一阵"哗哗"水响,不一会儿就到了龙宫。九条龙领着九龙见着老龙王,叙说了根由。老龙王也很感激,就叫九个儿子带九龙去看珍宝,说是九龙想要啥就给啥。九龙看遍了无数金银宝贝,觉得都没啥用处,一样也不要。最后来到龙王的五龙女住的房里,见五龙女正用琼汁玉露浇五颗金黄的宝珠,九龙很奇怪,就问:"你浇它弄啥呀?"五龙女说:"这是人世上根本没有的宝贝,每天由我们姐妹九人采来人间的第一束阳光沐浴它;收集百花上的玉露来浇灌它。要是拿它往天上一扔,想要啥就会有啥。"

九龙一听,就决定要这件宝贝。给老龙王一说,老龙王有点舍不得了。为啥咧?因为老龙王曾经说过:谁能从五龙女手里要走这五颗宝珠,谁就是五龙女的丈夫。要是答应了九龙,就得把闺女搭配上。可自己说过九龙要啥给啥。这会儿也不好再赖,他就把这事儿推给了五龙女。不料五龙女对九龙很中意,一口答应下来。老龙王没话可说,只得在龙王城把女儿女婿的婚事办了办,然后叫九龙夫妻带上宝珠回去了。

九龙和五龙女出了龙宫,就登上伏牛山的最高峰,迎来初升的太阳,把五颗宝珠扔上高空。九龙大声喊着:"宝珠,宝珠!我要你变成成年吃不完的粮食,叫天下百姓永不再挨饿!"

话刚落音,就见五颗宝珠化作万道金光,又慢慢落到地上。霎时之间,漫山遍野长出了无数的庄稼。从此以后,人们有了吃的,日子过得很美满。因为这些庄稼是龙王五姑娘的五颗宝珠变化的,人们就把所有的庄稼称为"五姑撒粮"。后来传得久了,粮食种类多了,人们才改称为"五谷杂粮"。

讲述人:许正华,男,58岁,汉族,文盲,郝寨乡石桥村农民
采录人:许记民,男,22岁,郝寨乡石桥村农民
采录时间:1986年3月
采录地点:郝寨乡石桥村

七、地方神话传说

171. 黄河翻身的传说［封丘县］

过去的黄河下游,也就是从邙山往东流经河南、山东到大海这一段,传说并不在现在流经的地方,而是离现在的黄河以北几十里,有的还要有几百里的地方。那么,它又是怎样变成了流经现在这个地方的呢?这里边,有一段"黄河翻身"的故事,而且,现在黄河水里不断有许多树梢和煤炭冲出来,也和这段故事有关。

相传,黄河在大平原上从西往东流呀流,流呀流,不知流了多少年月,也不知到了哪朝哪代,黄河里的各种水族,都想换一个地方新鲜新鲜,解除一下疲倦和烦恼。答应不答应部下的这个请求呢?黄河大王拿不定主意。据说黄河大王在众神里面是官职最小的一个神,只相当于人间的一个七品知县。这样小的神要答复这么大一个事情,是得认真考虑一下的。答应吧,自己没有这么大的职位,给人间造的祸害大了,上边怪罪下来咋办呢?不答应吧,觉得部下的要求也不过分。黄河大王考虑了半天,忽然一个办法涌上心头。他想:对,我何不到人间人王帝主那里去讲讲,如果他答应了,一切事情就好办了。主意打定,他就来到当朝皇帝的寝宫,给正在睡大觉的当朝皇帝托了个梦,要求他答应自己的要求,让黄河翻一翻身。

皇帝听了黄河大王的话,大吃一惊,说:"光黄河每年开的决口,我就耗费多少钱哪!如今你们还想弄个大翻身,要是依了你们,叫黄河翻动一下身,人间的灾难有多大且不讲,我光钱得出多少呀!不中,我不能准许这样做!"

黄河大王见第一次碰了钉子,并没有甘心,他第二天又给皇帝托了个梦,并且和他讲起理来了:"我们每天躺在那儿,连动也不能动一下,几千年几万年了,要是你自己,你受得住吗?眼下,河里各族都在嚷嚷着要求翻个身,要是一点儿也不依它们,叫它们乱了套,就会冲决河堤,到人间乱来的,这样,你的江山会坐得稳吗?到那时,后果不堪收拾,你再想法子也没有用了,还不如现在就依了我们呢!"

一说到这,皇帝的脸都吓白了,连忙说:"中中,那就依了你们,翻个身吧。可有一件,要翻身只能翻到一县里,可不能翻得太远了!"

听了皇帝这句话,黄河大王就回去了。他向黄河里的水族们说了得到皇帝允许一事,并把皇帝说的叫翻到一县的"一县"二字,误解为"伊县"。伊县当时在黄河下游南边二百里,水族们一听能翻这么大一个身,都非常高兴地做起了准备,都来请示自己在翻身中干些什么事情,黄河大王也都一一作了妥善安排。

当一切将要准备完毕时,黄河大王的夫人也来请示黄河大王,说想找点儿活干干。黄河大王见自己的夫人叫派活儿,想了一晌,觉得百事顺利,没有啥事可做了,就对她说:"你看着办吧,别人忙,你随便。"大王夫人没听清,她以为黄河大王说的是"你撒炭",高高兴兴地准备撒炭的事情去了。

就在这一天夜里,黄河大王扯带着黄河,从原来的地方向南滚去,一直翻到了南边的伊县,才停了下来。

这一天半夜子时,人们正在睡觉,只听见外面风雨声大起,声如山崩地裂,天塌地陷,都吓得把门关得紧紧的,躲藏得严严实实的,谁也不敢出来看一眼。第二天一早,风停了,雨住了,天晴了,人们起身一看,见树梢上挂了许多的水草,庄稼像被石碾碾了一遍一样,原来平平展展的地上,自北向南有一条条像被水冲过一样的东西方向的大沟,每条沟里还有不少泥沙。人们还发现,在冲过的泥沙里,还夹杂有不少的能烧火做饭的煤炭哩!

由于翻身的缘故,黄河由北边挪到了南边,淹没了伊县,从此,伊县这个县在地图上没有了,它变成了黄河的河床。一直到现在,人们还能在黄河水冲过去的泥沙里,或是在黄河故道里,不断地挖到一些乌黑发亮的煤炭来,传说这就是在黄河翻身时大王夫人误听了大王的话,在翻身的那一夜中间,撒了不少煤炭的缘故。

讲述人:贾宗贤,男,64岁,农民,不识字,封丘县王村乡徐寨村人
采录整理:郭顺昌,男,30岁,大专毕业,封丘县文化馆干部
采录时间:1984年4月
流传地区:封丘、长垣、滑县一带

副 7.171.1　郑州黄河（2013 年程健君摄）

172. 邙山和黄河的传说 [封丘县]

相传很久很久以前,中国这一大片土地上本来没有黄河,西边是高山峻岭,东边是没有尽头的万里平川,再往东是水势滔天的汪洋大海。高山上树木成林,平地里花香鸟语,海洋中游鱼成群,人们过着幸福欢乐的日子。

有一年夏天,不知从哪里跑过来一条长长的大黄水怪,这黄水怪吞云吐雾,带着狂风暴雨和洪水来到人间。它忽东忽西,忽南忽北,行动无常,给人类带来数不尽的灾难,无数的树木花草被狂风刮折,无数的村寨和庄田被洪水淹没。从那开始,山洪经常暴发,江河到处决口,小鸟逃得无影无踪,连东海的游鱼也吓得躲藏到深深的海水底下了,人们的幸福生活没有了,整天提心吊胆地过日子,一刻也不得安宁。

天上的玉皇大帝知道了人间这件事,对黄水怪的胡作非为非常生气,他下了一道命令,派天兵天将把这个黄水怪拿住,压在了巴颜喀拉山下。

过了一些年,高山上的树木又长成了林,平原上又出现了鸟语花香的世界,东海里的鱼又浮到了水面,人们又重新过上了太平幸福的日子。

却说天上有一位神通广大的蟒神,他热爱人间奇异美丽的风光,向往人间幸福美好的生活,在人们生息的地方到处游山逛景,分享人间的快乐。有一天,他来到巴颜喀拉山游玩,看见山下压着一条长长的黄水怪,连忙上前询问是怎么一回事,为什么压在了大山下。黄水怪一见有人问自己的事,连忙把自己如何作乱、如何被天兵天将们捉住压在大山下受苦的过程,轻描淡写地说了一遍,还假装表示自己愿意悔改,然后流着眼泪,哀求蟒神去到玉皇大帝那里讲情,救它出来。

蟒神听了黄水怪的话,看了看它的脸色,不放心地问:"你出来以后,还像以前那样凶恶地危害别人吗?要是那样的话,谁也不会救你的!"

黄水怪见有希望,赶忙说:"我再也不敢像过去那样做了。只要能救我出去,我要给人们造福,不给他们一丁点儿的祸害。你要是不信我的话,我现在可以起誓!"

蟒神见黄水怪说话很诚恳,就答应了它的请求:"好吧,我到玉皇大帝那里去试试,中了就放你出去,可你得按自己说的话做,要不然,我可不管这个闲事。"

黄水怪见蟒神信了它的话,很高兴,连连说:"蟒大仙,我说到办到,只要放我出去,我真不敢像过去那样胡来了,您的营救之恩,我永生不忘!"

蟒神听信了黄水怪的话,他一直来到天宫,拜见了玉皇大帝,请求放黄水怪出去。

蟒神是天上很有威望的大神,不但众神都很尊敬他,连玉皇大帝对他也敬重。现在,玉皇大帝见蟒神给黄水怪讲情,有心想做个人情,放黄水怪出去,却又担心它出来旧习不改,继续作恶,沉吟了半晌没有作声。

蟒神看出了玉皇大帝的心思,他走上前去,对玉皇大帝说:"陛下不必担心,黄水怪如果出去后继续作乱,叫小神我收拾住它,想也万无一失。"

玉皇大帝听了蟒神的话,心这才放了下来,对蟒神说:"好吧,就依了你的请求,放它出去吧。可出去后,要是它不改旧习,你可见机行事,把它拿住治服就是了。"

于是,玉皇大帝又派天兵天将,用神力搬动巴颜喀拉山,让黄水怪从大山下的缝隙里钻了出来。

谁知那黄水怪一见放了自己,立即又换了一副面孔,把说过的话抛了个一干二净。它刚从山下钻出来,见天兵天将一走,就又凶恶地挟带着暴风雨和洪水,一路向东,滚平了不少名川大山,淹没了不少树木森林和庄稼田园,不管蟒神在后面怎么叫它,连理也不理,一个劲往无边无际的东海跑去。

蟒神见黄水怪这样无理,非常气愤,后悔自己不该对害人的东西讲仁慈,求情救它跑出来。这时,他立即按照玉皇大帝的吩咐,从巴颜喀拉山上驾起云头,飞身赶上前去,在中原一带降落,拦腰按住力大无比的黄水怪,想把它重新拿住压在山下。谁知,那黄水怪也十分厉害,任凭蟒神怎么拽也拽不回它。

黄水怪见蟒神按住了自己的腰,非常着急,挣扎着想继续逃窜,无奈蟒神紧紧扣住了它的腰部,它左右摇晃前边身躯,却怎么也挣脱不得,终于筋疲力尽,停在了那里。

后来,蟒神因没有降住黄水怪,无颜回天宫里去,就化作一座大山,沉重地压在黄水怪的身上。使得黄水怪后身怎么也动弹不得,只是前半截身还不定时地左右摆动,给东部平原带来祸害。这样,大山和黄水怪相持了很久很久,黄水怪总也无法挣脱,日子一长,它无可奈何地变成了一条大河。后来,人们把蟒神变的大山叫蟒山,后又称邙山;把黄水怪变成的大河称为黄水怪河,后又叫它黄河。直到今天,在这座山以西,黄河一般不决口,河身也无大的变化,传说那是蟒神扣紧黄水怪后半截身的缘故;而在邙山以东,由于黄水怪经常晃动前半截身躯,想挣脱蟒神的束缚逃跑,河身经常南北滚动,给黄河下游的两岸人民带来很多的灾难。

讲述人:刘振山,男,64岁,不识字,封丘县司庄乡农民
采录整理:郭顺昌,男,30岁,大专毕业,封丘县文化馆干部
采录时间:1984年5月
采录地点:封丘县司庄
流传地区:封丘县司庄、陈桥一带

173. 邙山的传说[洛阳市]

传说很久很久以前,黄河和邙山是两条蜿蜒无际的巨龙。两龙不知因何事争吵,以赛跑而决胜负。它们从西北遥远的天际开始,向东飞跑,跑呀跑,跑到洛阳一带,邙山感到太累了,打了一个盹,在这当儿,黄河"唰"的一声飞蹿而去。邙山睁眼一看,哪里还能见到黄河龙头,长叹一声,瘫坐在地,再也起不来,走不动了。这不,邙山一动不动,而黄河却奔流不止。

讲述人:李峰年,61岁,农民
采录时间:1984年8月7日

副7.176.1 邙山霸王城(2013年程健君摄)

174. 淮河的来历(一)[息县]

相传,很久很久以前,有个淮夷族的人家,逃难落户于浮光山(浮光山即今濮公山)下。全家只有母子二人,母亲年过半百,儿子二十六岁。母亲说儿子从小就心灵手巧,就给儿子起名叫灵子。

灵子家里很穷,每天靠上山打柴度日子。一天,母亲得了重病,家内无钱买药,灵子就照着民间验方上山采药。他采了一种又一种,摘了一棵又一棵,还差一样没找到,就爬到一个陡坡上,不料,脚一滑摔死在山下。

正巧,王母娘娘路过此地,就将拂尘一挥,小伙子蹬了蹬腿,慢慢苏醒过来。灵子睁眼一看,只见王母娘娘驾云而去,才知道原来是王母娘娘救了他。这时,突然空中暴风骤起,随风飘下一条白色裙带。那白色裙带一落地,却变成了一条又宽又长的大河。

这裙带怎么会变成大河呢?原来,这条白色裙带是从王母娘娘身上掉下来的。白色裙带看灵子忠厚老实,孝敬母亲,就趁暴风骤起之机飘落下来,要和灵子成亲。不料,被王母娘娘发现,拔下金簪对下一划,那白色裙带就变成了一条大河。

灵子站起来往家走,可他刚走几步,觉得两腿发软,难以立身,只好又躺在地上。忽然,有一个身穿白衣的女子来到他的面前,向他问道:"这位大哥,你怎么在这里躺着?"灵子回答说:"我母亲得了重病,没钱买药,就来到山上自己采,不料,从山上摔了下来,摔的两腿不能走了,就在这里歇一歇。"女子说:"没有钱,咋不去取宝珠呢?"灵子叹了一声说:"这里哪有什么宝珠呀!"女子用手指了指浮光山:"宝珠就在那山上。别看那山上是块块石头,那石头取回去就是宝珠。你若不信,可到河里去看,河水会映出那山上五颜六色的一串串葡萄似的宝珠。不过取宝时,每人每天只能取一个,取多了,就犯了山规。"灵子还想向女子问些什么,谁知眼一眨,那女子不见了,莫非又遇上仙女?他一时高兴得蹦了起来,一翻身,醒了,原来是场梦。他急忙站起来往河水里看,果然见到浮光山的倒影现出一串串葡萄似的宝珠。灵子又往山上看去,仍是一片石头,再往水中倒影看去,又是一串串宝珠在闪光。他急忙往家里跑去,要把这个喜事儿告知众位乡亲。没想到,路上遇一女子躺在地上乱叫唤。上前一问,原来那女子得了肚子疼病,求灵子给她背回去弄点开水喝。灵子将她扶起,不好意思去背,就用手架着女子的胳膊走。那女子疼得更厉害了,身子一歪趴在灵子的身上,灵子只好背着女子走回家去。灵子把女子背到家后,马上烧了一碗开水,端给女子喝。那女子喝了一碗开水后,当下止了疼,便来到灵子母亲身边,问了问母亲的病情。她说她有个祖传单方,可以治好母亲的病。这女子出门不知取了些什么,用开水一冲,让母亲服下,不到一个时辰,母亲的病好了。母亲很感激,便向女子问道:"你叫什么名字?为何来到这里?"女子说自己的名字叫秋月,父母双亡,剩下孤独一人,无依无靠,乞讨到这里。母亲看她聪明伶俐,又贤惠,就收留了秋月。

再说灵子来到乡亲家里,就把他做梦的事儿和亲眼见到山上宝珠的事儿说了一遍,大家都觉得很奇怪,有的立刻跑到山下去观看,果然现出一条大河,东西望不到头。又到水中一看,那山上一块块石头也不见了,全是一串串金光闪闪的宝珠。乡亲们都说这是灵子的福气,是他发现这条大河是王母娘娘的白色裙带变的,就以灵子的淮夷族名给这条大河起名叫淮河。

从这以后,灵子每天领着众乡亲前往山上取宝,照着梦中女子说的,每人每天只取一颗宝珠。从此,这一带的人们富了起来。

这里有个浪荡公子,名叫胡才。他贪财不足,嫌一天取一颗太慢,就派几个家奴给他上山挑宝珠。谁知,那些上山挑宝珠的家奴都被压死在山上。胡才一连派了几次,都没取成宝珠,一时怒火万丈,自己亲自上山取宝珠。胡才来到山上,拣了一个又去拣第二个,当他拣第二个时,两手发麻,浑身发抖,抖得一个也没拣到。说也奇怪,手里没有宝珠了,手也不麻了,身上也不发抖了。可他财心不死,又去拣了两个,浑身又是发抖,这才知道自己犯了山规,只好两手空空回去。当他走到灵子家门口时,正巧遇上了秋月。他看秋月长得如花似玉,顿时起了歹心,回去后就派几个家奴来抢秋月。灵子一见歹徒抢秋月,拿起棍棒与歹徒打起来,只见灵子打伤歹徒,歹徒却打不住灵子,刀枪一到灵子身边就被挡了过来。秋月在一旁哈哈大笑起来:"有本事的跟我来!"说罢,就往外跑去。歹徒一见秋月跑了,急忙去追秋月,灵子也在后面紧紧追去。秋月来到淮河岸边突然变成了一个白衣女子,跳入淮河水中。灵子这才明白,他的妻子原来就是他梦见的那个白衣仙女。几个歹徒见此情景,吓得浑身发抖,转身跑回禀告胡才。谁知,那胡才早已瘫在地上死了。

说也奇怪,自从秋月投河之后,山上再也没有宝珠了,人们到淮河水中观看,淮河水再也映不出那一串串葡萄般的宝珠了。人们想念秋月,更痛恨那个恶贯满盈的胡才。可是,再恨,也追不回来宝珠了,留下的只是它的传说。

讲述人:姚慧敏,女,63岁,离休干部
采录整理:戴金瑛
采录时间:1985年5月
流传地区:息县

175. 淮河的来历(二)[息县]

古时候,淮河并不那么长,也没那么宽,更没那么深,只不过是一条小沟沟。人们可以从它身上一跨而过。那么,后来这条小沟沟咋变成了一条又宽又长的大河呢?说起来,这里有一段玲珑玉剑降恶龙的故事。

相传,很久以前,这条小沟沟两边都是槐草滩,东西望不到头。小沟沟北面有个单家台(今息县临河乡单台村),单家台有个李员外,家有良田千顷,骡马成群,但他从不吝惜钱财,加之年老得子,使他更加心地善良,常拿自己的钱财修桥补路,周济乡邻,做了很多好事,人们称他李善人。

李员外的善念感动了张天师。因为张天师爱贤求才,知人善用,闻得下界单家台出了个李善人,就派龟蛇二将去请李员外,让他来到府中一叙。

这天,李员外闲暇无事,独自一人坐在书房看书,不觉困倦,伏案而睡,朦胧中忽听有人闯进书房,李员外抬头一看,只见黑白二将站在面前。李员外正要开口问话,那黑白二将已向李员外躬身施礼道:"李善人有请!"李员外一时愣了起来:"你是何人?为何请我?"龟蛇二将道:"我们是奉张天师之命,请你到府中一叙。"李员外一听是张天师有请,不敢怠慢,当下就随同黑白二将,足踏祥云,直奔天庭。不多时,来到张天师府门,张天师立在府门相迎。二人互相礼毕,进入客厅。张天师命人献茶。不多时,进来一个童儿,手端玉盏,献上香茗。只见这童儿有十三四岁,五官端正,眉清目秀,上下着一身黑衣,就是头上无发,白茫茫一片,实在令人生厌。茶罢撤去玉盏,摆上珍馐异果,斟上玉液琼浆,果然天上人间大不相同。酒至半酣,李员外微带酒意,说道:"今蒙天师抬爱,小奴实在三生有幸。恕我直言,天上仙人英俊,非同人间可比,唯有这童儿的头上太不雅观,为何不去医治呢?"正巧,黑衣童儿送酒至此,听得清清楚楚,心中不由好怒。他放下酒瓯,"哼"了一声扭头就走。张天师言道:"李善人有所不知,这童儿并非仙童,也并非凡人,而是一条秃尾黑龙。他生性倔强,脾气暴躁,经常出来残害生灵,想当年我带领龟蛇二将平魔降妖时把他收服,一直拘役身旁。但山河依旧,本性难移。刚才李善人露出轻慢之意,这条秃尾黑龙必定要寻事生非,少不了一场灾难。"李员外一听心惊胆战,半晌不语。张天师接道:"李善人不必多虑,本天师自有办法帮你除难。你要谨记今年七月十五日,秃尾黑龙必定找你生事,我这里有一把降龙宝剑,若遇黑龙寻事时,可将它抛入空中,便可治服这孽龙。"说罢,从衣袖中取出一把三寸长的玲珑玉剑,交给李员外。李员外当即拜谢收纳。张天师又遣龟蛇二将送李员外回到家中。李员外刚要相送龟蛇二将,不料脚被一物绊住,摔倒在地,"啊"的一声醒来,原来是南柯一梦。李员外回起味来,口中仍有异香,怀中真有玲珑玉剑一把。李员外认为这是张天师托梦给他的宝剑,便精心将它收藏起来。

有话则长,无话则短,不知不觉到了七月十五日。刚到午时,只见西南上空乌云翻滚,电闪雷鸣,大有裂石惊天之势。不一会儿,大雨倾天而降,只见一条黑龙张牙舞爪,誓将单家台夷为平地,以报轻慢之仇。瞬间,单家台周围一片汪洋。李员外见此情景,急忙取出玲珑玉剑,抛入空中。那玉剑金光万道,瑞气千条,直向黑龙穿去。那黑龙自然认出这是张天师的降龙之宝,便扭头逃走。但为时已经晚了,那玉剑已从龙背上穿心而过,剑随龙落,把那秃尾黑龙钉在单家台南面的小沟沟之中。那黑龙摇头摆尾拼命挣扎,可它怎么也摇摆不掉,越摇摆越深,很快摇摆成一条大河,把小沟沟两边的槐草滩全都毁了进去。后来,秃尾黑龙也不见了,洪水顺河滚滚流去,人们才算得救。因这条大河是槐草滩所变,人们就给它起名槐河,日子久了,就演变成了淮河。

讲述人:李龙泉,男,57岁,临河乡农民
采录整理:张涛
采录时间:1987年

176. 蛟龙破河［新乡市］

黄河是咋形成的？它为何有九道弯？说来话长了。

相传，东海龙王与蟒蛇交配，生下一怪，说它是龙吧，头上无角；说它是蟒吧，它长有四爪。似龙非龙，似蟒非蟒。别看这怪长得不咋样，老龙王可娇宠得很哩！给它取名为蛟（"娇"的谐音），蛟毕竟是龙种，所以后人称它"蛟龙"。

蛟龙不仅样子长得出奇，它的习性也特别。龙体可以五曲，蛇身能够三弯，蛟龙却能曲体九弯；龙性绵软、驯服，行雨和熙适度，蛟龙生性暴躁，行雨也狂烈猛下。世人怕它，所以祈雨往往求龙而不求蛟。老龙王害怕蛟长大后，在龙宫招惹是非，就趁早把它打发到青海湖，封它为王，并一再叮嘱它，要安分守己，不得胡作非为。

却说青海湖中，原有一只千年老龟，身体庞大，动作迟缓，所以千百年来也没谋个一官半职，在青海湖水晶宫里一直是一个当差的。蛟龙来到青海湖为王，老龟对新主子服侍更为殷勤，不但给蛟龙当贴身差役，外出还让主子坐在背上，给主子当坐骑，日久天长，背上被蛟龙压了个大坑。说来有趣，现在龟的背上，仍然留有坑洼的痕迹。

过了好长时间，千年老龟生了一个念头：水族众生都笑它无能，只会当差，难道就不能弄个一官半职干干。它想，如果蛟龙能夺得王位的话，我飞黄腾达就大有希望了。于是，它向蛟龙献计说："蛟大王，你武艺超群，才华出众，又是龙王的娇子。可是，你头上无角，身上无鳞，将来老龙王晏驾，继承王位的一定是你的龙兄龙弟，可是他们无能无智，怎能掌好大权？你应当趁早面谏龙君，说明理由，争得王位，才是上策。"

蛟龙头脑简单，被老龟一番话激了起来，立即叫老龟驮着，离开青海湖，急急忙忙向东海进发。

路途遥远，蛟伏在老龟背上一伸一缩，不知不觉脱掉了几次皮，每脱一次皮，身体就增长一倍。它越来越重，最后竟把大龟压到泥沙中，慢慢腾腾地爬也爬不动。蛟龙急了，一阵雷鸣电闪，借着狂风暴雨，体弯九曲向东海飞奔，它经过的地方，平地冲出了一条回肠九曲的大河，这就是黄河。

可怜的老龟，见主人撇下自己，不觉伤心落泪，忍不住哭诉道："我这样迟缓，何年何月才能赶上主子呢？"蛟龙怜念它护送有功，封它在半道的"黑龙潭"安身。如今位于原阳县黑龙潭一带的人都这么传说：此地平均二十年一小灾，四十年一大灾，那是蛟龙思念主仆之情，来探望潭中的老龟引起的。

讲述人：郭松针，女，40岁，新乡地区艺术馆干部
采录人：李茂山

177. 伏牛山的传说［卢氏县、栾川县］

八百里伏牛山，神峦奇峰紧相连，风景处处如画，到处都有佳话相传。

抱犊寨　望牛岭　望夫石

在卢氏、栾川交界的地方，有个簸箕形的山峰。这山峰只有一面的爬爬小路可通往山下，其他三面就像刀削斧劈一样，人们把这个山峰叫抱犊寨。为什么叫抱犊寨呢？早年，抱犊寨下三川镇上有个青年人告别了妻子，抱着牛犊，爬到寨顶。四下一看，寨边有"螃蟹盖"、"石老婆"，寨内洼地的"马蹄窝"里又有"过风洞"、"凉水泉"。南崖悬挂着火红的山丹丹花，北坡是浓绿的松柏林，真是要山有山，要景有景。于是，他便在过风洞里住了下来。

一天，他忽然发现牛犊不见了，草深林密又不好找，他便爬上寨外一座高高的山尖上，四下一扫，看见牛犊正在寨内"马蹄窝"附近的一个险石柱上。滚下来咋办！他溜下山来向险石柱跑去。

这石柱，三面临深渊，与山坡连接那面是条丈把长、一脚宽的舍身崖，一般人别说在上面走，连看都没有那个勇气。这青年胆大身子又利索，只见他又快又稳地走过这段舍身崖，转身用双手反扣住石柱顶，一个倒翻身，便到了石柱上。再看那牛犊，一下长得好大啊！猛然间，它离开石柱，向远处飞去了。

这青年好生奇怪，仔细一看，原来石柱边长着灵芝草，牛是吃了灵芝草腾空而去的。于是，他也拔了棵灵芝草，刚吃下肚，顿觉身轻如燕，飘飘忽忽回到过风洞，便成了仙。

后来，人们在过风洞内塑了青年抱牛犊的金身像，烧香祭祀"抱犊真人"。这一险峻山寨从此得名"抱犊寨"；青年找牛犊时所上那座高高的山尖，就因此得名"望牛岭"；青年离家后，他妻子每天站在三川镇边盼望丈夫回家，留下了现今的"望夫石"。

老君山　歪嘴山　娘娘山

伏牛山主峰不仅有仙人桥、挤挤身、朝阳洞、晾宝台等名胜，而且景色异常，因此早先叫景室山。

一天,太上老君打这儿过,发现这一带险山奇峰,流泉飞瀑,如此引人入胜,就想在这儿安下身来。他刚到一个山头落住脚,那山头"轰隆"一下便歪向一边,一看难安身,又到另一个山头,拔出剑来插在峰顶,心想,先留个记号。然后回天宫去了。

等他再来,王母娘娘早占了这山峰。老君说:"那么多山峰你不去,为啥偏偏侵占我的地盘?"娘娘说:"那么多山峰你不去,为啥同我争地盘?"俩人相持不下,告到玉皇大帝面前。玉皇大帝问:"你们都说自己有理,凭证呢?"老君忙说:"我在那儿插有一剑。"娘娘不紧不慢地说:"我有绣鞋一只。"实地一对证,只见宝剑穿过绣鞋插在那儿。看样是绣鞋先放,宝剑后插。娘娘胜了,她想着自己将老君的剑拔出来,又穿透绣鞋插在那里,竟然得胜,开心地命一群仙女帮她乔迁新居。

却说老君吃了个哑巴亏后,没走多远,忽然看见前面峻峰挡住了去路。他升起云头,登上峰顶,放眼看去,只见远近云涛翻滚,群山时隐时现,这超俗的仙境,倒是处难得的好地方。他叫来土地一问,才知道这便是八百里群山主峰景室山。于是,便在南天门上面选择一块平地住了下来。

从此,人们把景室山叫作老君山,把老君一脚踩歪的山叫歪嘴山,被王母娘娘讹去的山头叫娘娘山。

那头吃了灵芝草成仙的神牛到哪里去了呢?它最初到了卢氏县的文峪,因地方太小,神牛卧不下,又到山西的盐池,还是卧不下。最后还是老君让它卧在抱犊寨和老君山这一脉群山上。抱犊寨是牛头,望牛岭是牛角,老君山是牛脊梁。牛尾巴在哪儿?据说在南阳。

从此,八百里伏牛山出名了。人们在老君山上建了老君庙,正堂上卧着一头铜牛,墙上是太上老君的画像。

讲述人:任珍珠
采录整理:牛爱民

178. 孤山的传说[新乡市]

新乡市北二十里有座小山,山峰高出地面只十来丈,山脚下是新乡有名的玫瑰泉。因这个小山很孤立,周围平坦,群众都称它为"孤山"。

孤山的西北坡上有一条很长的石缝,孩子们常去那儿向里扔石子玩。为啥平缓的山坡上会裂出个大石缝呢?这里有个迷人的传说。

很久以前,孤山里有一个金老太太,她唯一的家产是一盘金磨和一个金马驹。她决心将孤山青石全部磨成金豆,撒给人们。每当夜深人静时,你趴在孤山岩石上,能听到叮叮咚咚地磨石头的声音。但是,深厚的大山谁也没本事进去。

有一年夏天的一个晚上,天气热得让人喘不过气来。虽已半夜,但村里人仍无法入睡。在村头乘凉的人忽见远处山顶上金光闪闪,定眼看时,原来却是一金马驹,因天气炎热出来找水喝。第二天,好事的人纷纷去山上,看到金马驹卧过的地方湿漉漉的好像水刚刚流过。金马驹深夜出来饮水的事像长了翅膀,很快就传开了。这消息后来传到当地的一个大财主贾善人的耳朵里。他带了家人每天夜里守在那里,想捉住金马驹,可一连几天都不见金马驹来。

又是一个闷热的晚上,半夜时金马驹又来喝水了。贾善人急不可待地跑出来照金马驹就是一棍,把马耳朵打伤。金马驹扬起后蹄,照贾善人就是一蹄,然后,一溜风似地隐没在深山内。贾善人从此一病不起,不久便一命呜呼了。

孤山金马驹的事传开后,有一天附近村中忽然出现一个南蛮货郎,经常在孤山周围转悠。在一个风雨交加、电闪雷鸣的夜晚,他窜到孤山脚下,面向西北念念有词,用货郎鼓敲开了山门,用扁担支住,走进山内。这时,惊动了金马驹。它突然跳起,撞倒南蛮,踢翻支山扁担,腾空而起,消失在夜幕中。随着一声山崩地裂的响声,孤山又合上了,而贪婪的货郎被压在山里。孤山自此留下这条长长的裂缝。

后来,当地群众在马驹喝水的地方,经过多年的努力,终于开出了一个泉,人们都叫它"玫瑰泉"。

讲述人:刘万春
采录整理:朱树森

179. 花山爷与面疙瘩山[社旗县]

很早以前,花山顶上有个神仙,人们都叫他花山爷。那时候,这一带到处都是山。花山爷见老百姓们没地种,就跟花山奶商量:想把这一带的山平了。花山奶是个凡人,不知道花山爷有多大本事,想着花山爷是跟她说玩笑话哩,就说:"只要你能把这些山都平了,我见天给你送饭吃。"花山爷说:"中!咱说一句当一句。我走时带个鼓,啥时候我饿了就敲鼓,你听见鼓响就去给我送饭。"

这天,花山奶给花山爷做了一锅面疙瘩。刚刚做好就听见鼓"咚咚、咚咚"响了起来。花山奶当是花山爷饿急了,忙把面疙瘩盛到饭罐里,掂着就往山上去。谁知到山上一看,原来是马尾鹊在叨鼓哩。她把饭罐放在一块石头上,正要去找花山爷来吃饭,忽然看见一头大花猪,在花山东南东一嘴、西一嘴地拱山哩!小山只用一下就拱平了,大一点的山顶多也不过两三下。眼看就拱到花山跟前了,花山奶害怕了,转身就往山下跑。不防绊着了放饭罐的那块石头,一跟头栽死了。那罐面疙瘩顺着山坡流下去,一直流到山脚下。到现在花山西北角还有一条上头窄、下头宽的白石头带子。人们说,那就是花山奶当初撒在山上的面疙瘩汤变的。为此,人们又把花山叫作面疙瘩山。

据说从前伏牛山是跟桐柏山连在一起的。现在几百里平川,就是花山爷变花猪拱平的。花山奶死了以后,花山爷知道真身叫凡人看破了,就上天去了。人们为了纪念他拱山造地的功德,在花山顶上修了一座花山爷庙,一年四季烧香朝拜他。

讲述人:战玉生
采录人:赵山勤
采录时间:1986年3月
采录地点:社旗县下洼乡中学

180. 龙门的传说 [洛阳市]

洛阳城南的龙门山有个山口,两厢是断崖绝壁,形成一道门阙。石壁上凿有一千多个雕着佛像的石窟,石壁中间是奔流不息的伊水,这就是闻名天下的龙门。

关于龙门的形成,民间流传着不同的说法。

(1) 龙门开不开

古时候的龙门山是一道东西走向的青石山,并没有"龙门"这个山口。这个山口是怎样开的呢?民间流传着这样一个故事:

那时青石山下,住着母子二人。母亲纺花织布,儿子上山放羊。

有一天,正午时分,放羊娃把吃饱的羊群赶到树荫下倒沫,他躺在树下乘凉。一闭上眼睛,朦胧间,忽然有个白胡子老人向他走来,问道:"龙门开不开?"放羊娃睁眼一看,周围啥人也没有。他想,我是做梦吧?也不在意,继续在山上放羊。

第二天晌午,他把羊放饱了,照样把羊赶在树荫下倒沫,他躺在树下乘凉。刚刚闭上眼睛,又见那位白胡子老人走来,弯下腰来问道:"龙门开不开?"放羊娃一骨碌爬起来,四下瞅瞅,仍然没有人影。放羊娃想着奇怪,便急急地赶着羊群下山了。

副 7.183.1　洛阳龙门石窟（1996年程健君摄）

他的母亲正在纺花，见儿子早早回来，便问："今天咋恁早就回来了？"放羊娃说："娘，今天我遇到仙人啦。"接着便把事情经过说了一遍。母亲想了想，说："娃呀，你想想，这架大山南边阴雨连天，已经积水成灾，莫不是山神显灵，要救那一边百姓哩？明天那老人再问你，你就答应开。"

第二天上午，放羊娃急着答应老人的问话，天响午，就把羊赶到树荫下，他又躺在原来的地方，闭上眼睛，心里说："白胡子爷爷你快来吧，俺娘叫俺答应哩。"他想着想着，老人已站在他的身边，低头问道："龙门开不开？"放羊娃应声答道："开！"这一声回答很响亮，远近的山都听见了，连声应道"开！开！开！"的回声。说时迟那时快，只听轰隆一声巨响，天昏地暗，接着是电闪雷鸣，倾盆大雨下起来了。

一阵狂风暴雨过后，只见青石山开了一道山口，山南的积水顺着山口流了下来，像一条长龙奔腾而下。这个山口人们就称它龙门，青石山也改名龙门山。

山开之后，人们发现山口两边的峭壁上，满是石窟佛像。有些佛像活灵活现，好似真人一般，有些佛像鼻子、眼睛模模糊糊。人们说，那些鼻眼不清的石像是因为放羊娃心太急了，没到正午就答应开了龙门，它们还没有长好呢。

放羊娃呢？传说龙门开了之后，河水奔腾而下，他来不及躲开，被滚滚的河水冲走了，后来，他就成了一棵柏树，长在龙门山上。它四季常青，却不往高处长，好像永远就那么大，人们叫它"童子柏"。

（2）山娃和水秀

龙门山的北面住着一个大财主，他为人狠毒，对长工刻薄，人称活阎王。

长工里面有个小孩子，名叫山娃。他父母为还债给活阎王家扛活，到死还没把债还清，活阎王就把山娃弄到家里给他放羊顶债。山娃天天上山放羊，顿顿连粗糠剩饭也不让吃饱。有一天,山娃放羊回来,有个小姑娘在羊圈旁等他。这姑娘叫水秀,也是个苦命的孩子,是顶她娘来活阎王家干活的。水秀偷偷递给山娃一块硬馍,山娃悄悄接住吃了。就从这天开始,山娃帮水秀挑水做活,水秀帮山娃缝补衣裳,两人相互帮助,亲亲热热,像兄妹一样。

日出日落,月缺月圆,日子一天天过去,山娃和水秀都慢慢长大了。聪明伶俐的水秀越长越好看,那秀丽的样儿好似一朵花。山娃也长成了膀大腰圆的小伙子。他俩偷偷地相爱了。

诡计多端的活阎王发现山娃和水秀相爱的事以后,把山娃叫去说:"山娃子,听说你想和水秀成亲,那好哇!安心给我放羊吧,等到羊群繁生得满山坡的时候,我就成全你们。"山娃看看狠心的活阎王,想了又想,虽然条件苛刻,但还是咬牙答应了。

从此,山娃对羊群照顾得更加细心,羊群一天天多起来。只是几年的光景,山上的羊群就像朵朵白云落满了山坡。

这天,山娃高高兴兴地去见活阎王:"老爷,你的羊群已经繁生得满山坡了,该让我和水秀成亲了吧!"只见活阎王小山羊胡子一撅,两眉一皱,然后满口答应:"好,山娃子为我出力不小,该是成亲的时候了。只是……我想,也该给水秀做几件嫁衣作陪送吧,三天后让你们成亲。"

听罢这话,山娃立即把喜讯告诉水秀,俩人喜出望外。可是他俩谁也没想到,活阎王已经暗中把水秀卖了。

第二天,山娃照样赶着羊群上了山。他走后不久,水秀去村边洗衣裳,便被人贩子拉走了。好心的长工偷偷上山,把这不幸的消息告诉了山娃。他要下山去追水秀,却被活阎王带一帮子打手给拦住了。原来活阎王知道有人给山娃报了信,怕山娃丢下羊群去追水秀,立即带人赶上山来。山娃跟活阎王说理,活阎王狠狠地骂道:"穷小子还想娶媳妇,别做梦吃星星了,快放羊去,羊要是少一只,我扒了你的皮!"山娃知道上了活阎王的当,气得浑身打战。他冲上去要与活阎王拼个死活,被一帮子打手死死地抓住。山娃气晕了,倒在了地上。恍惚间,他听见山肚里有叮叮当当凿石声音,接着又传来一声连一声的问话:"龙门开不开?龙门开不开?"山娃想,让大山裂开吧,山崩石裂,摧毁那吃人的世道吧,砸死那狼心狗肺的活阎王吧!他忽然站起身来,高声喊道:"开——!"山娃的喊声一出口,就听见轰隆隆一阵惊天动地的巨响,山崩地裂,洪水奔腾,转眼之间山下成了一片汪洋。活阎王和他的那帮子打手再也不见踪影。山娃和羊群也都不见了。

洪水消退后,大山崩裂的地方出现一个大缺口,就形成了今天的龙门;而洪水流过的地方,变成了一条河流,就成了今天的伊河。

水秀呢?传说被人贩子拉走不远,便投井而死。后来,在山下的池塘里出现了并蒂莲,人们说,这就是山娃和水秀的化身。

（3）鲁班劈伊阙

有一天,鲁班听说黄河上游有一座大山挡住了黄河的去路,河水泛滥成灾,决定和他的父亲一起去劈山凿石,为百姓消除水患。

上路时,鲁班拿出丈量尺寸用的五尺杆,让他父亲骑上,交代说:"你扶好杆子,把眼闭住,早晚杆子落地站稳了,再把眼睁开,就到了咱要去的地方。"鲁班的父亲把眼睛一闭,那五尺杆晃了晃,变作一条飞龙,腾空而去。

鲁班急忙拾掇了东西,大步流星地在后边追赶。

鲁班的父亲乘着飞龙经过洛阳南山上空,突然听见有人呼救的声音。那是一个肩背包袱要翻山越岭的行路人,一不小心,落进水中。那时候,洛阳城南有一座青石山挡住了伊河的去路,河水壅积成湖,茫茫一片。善良的老人救人心切,竟忘了儿子的嘱咐,睁开了双眼。他一睁眼,飞龙又变成了五尺杆,和老人一起从半空中跌进茫茫的大水中。就在这时候,鲁班风风火火地赶到了,只见他呼地一下从腰包里拔出开山斧,照着脚下的大山狠劈下去。随着一声震天巨响,南山被劈开一道缺口,壅积的湖水顺着山口向北流去。水很快消退了,鲁班的父亲和那位落水者都被救了出来。

鲁班救了父亲和落水的过路人,又看看山口越冲越大,豁然敞开,两边石壁陡立,形成了一个门阙,就高兴地在断崖雕刻起佛像来。他刻啊刻啊,雕刻出了数不清的佛像。

几天以后,鲁班和他父亲起程往西走,疏通黄河去了。

（选自《民间文学》1983 年 11 期）

采录整理:梁书根

181. 龙门开不开[洛阳市]

在洛阳南面,有两座峻峭的山峰,一条明镜似的伊河水,从两山中间流过。这个山口就是有名的龙门。

很早很早以前,只有一座大山横在那里,没有龙门,也没有伊河。有个放羊娃天天在山上放羊。有一天他正在放羊,忽然听到一个凿石的声音,然后好像有人在问:"开不开?——开不开?"他很奇怪,但没敢吭声。

晚上放羊回家他把听到的声音告诉了母亲。他妈给他出主意说,你明天再听到问,就说"开",看会咋样。

第二天,放羊娃又到龙门山上放羊,当像前一天听到那问声后,他大声答道:"开!"这时山突然"嘣"的一声从中间劈裂,洪水迸出,浪涛汹涌。

后来,洪水慢慢退下去了,出现了一个山口,山口两边的山峰陡峭险峻,山洼里长满了奇花异草;山崖上出现了数不清的石洞,石洞里刻有大大小小的佛像,一条河水从山口缓缓流过。

这就是龙门石窟的形成。

讲述人:王刚,56 岁
采录人:刘爱丽
采录时间:1989 年 7 月
采录地点:龙门山下

182. 五湖四海的形成[西华县]

有几个人整天到处寻找幸福。有一天,他们走到一个村口,眼看天快黑了,也没有找着住的地方,一瞅,有一棵大柳树,十几搂粗,里头是空的,他们一商量决定住在大树窟窿里。第二天半晌午,一个小孩过来把这棵柳树薅了,他们钻出来问他:"俺正睡觉哩,你把树薅了弄啥?"小孩说:"俺娘蒸馍缺把柴火。""那你的馍得给俺一个。"小孩说:"那咋不中。"

不大一会儿,小孩给他几个拿来一个馍,他几个吃了几天,才吃了个大窟窿。他几个就钻进馍窟窿里,吃、睡都在里面。

有一天发了大水,馍顺水漂走了。漂着漂着,从那边游过来一条鱼,鱼一张嘴把馍连人吞进了肚里。他几个出来一瞅,鱼肚里啥都有,铁匠、木工、泥水匠、种地干活的,还有一条木船,船上装了一船红绒线。

这条鱼游到江边,一个洗衣服的闺女伸手逮住鱼,剖开鱼腹,把一船红绒线给她丈夫扎了一对鞋上的红缨子。这时从那边飞来一只老鹰把那对鞋缨子叼住叼跑了。她在后头就撵,一撵撵到南天门,老鹰"噗啦"厮个蛋把南天门堵住了。她叫木匠做梯子,铁匠打钻。"噼里啪啦"一会儿工夫,她吩咐的东西都准备齐了。她说:"恁站我肩膀头上,把老鹰蛋打烂。"

这几个人往她肩膀上一站,正好到南天门,几个人开始敲老鹰蛋,叽里哐当,把老鹰蛋弄开了。老鹰蛋里的水"哗"地流了一地,形成了五湖四海。

讲述人：郑会振，男，33岁，文盲，西华县红花镇柳城村农民
采录人：郑书成，西华县红花镇柳城村文学爱好者
采录时间：1987年8月
采录地点：西华县红花镇柳城村讲述人家里

183. 不到黄河心不死 [濮阳市]

相传古时候有个名叫彭祖的老寿星，活了整整八百岁。他死前一年的一天在河边钓鱼，来了一个看上去只有十七八岁的后生，身后还跟着一条小狗。小狗摇摇尾巴跑到彭祖的鱼篓子上尿了一泡，彭祖非常生气，便对那后生说："你这人太不讲道理，我偌大年纪，还要受你的气？"后生忙赔笑说："老人家不要见怪，狗是畜牲，不懂事。"接着彬彬有礼地问："不知老人家高寿几何？"彭祖转嗔为笑，回答说："再过一年整整八百了。"后生问："请教老人家，你可知道黄河多少年干一次？"彭祖道："从我记事以来，黄河还没有干过呢。"后生笑了笑说道："据小生所知，黄河一千年干一次。"彭祖听了十分生气："我说活了八百岁，你就说黄河一千年干一次，这不是存心戏弄我吗？真是岂有此理！"后生不动声色地说："小生的话一点不假，我已见黄河干过两次啦。二百年后黄河还要干，到时候我再来和你一同去看黄河干如何？"这时，彭祖才知道，这后生也非凡夫俗子。但心里还是不服气，说道："我倒要看看黄河是咋干的，如果活不到，我人死了，心也是不死的。"后生见彭祖不再理他，便飘然而去了。

原来，这后生乃二郎圣君化身。他告别了彭祖，直奔鄷都城而去。到了城门口，城门官早已奉阎王之命恭候相迎。只见二郎圣君步入森罗殿，直截了当地追问阎王道："请问，凡人该活几岁？"阎王说："最多活一百多岁吧。""那彭祖怎么活了八百岁？"阎王感到事情蹊跷，叫判官呈上生死簿。二郎圣君打开簿子，查遍三卷，均无彭祖的名字，他感到奇怪，于是睁开双目之间的那只慧眼一看，发现彭祖的名字被装订在订书线内，便道："想不到阴曹地府也有徇私枉法之事！违法乱纪者若能如实招来，我便饶他这次，如若不然，我将上奏玉皇大帝，打他进入十八层地狱，使其永不得翻身！"这时，判官忙跪下奏道："此乃小官所为，只因彭祖是我舅父，把我从小抚养长大，小官这样做是为了报恩，恕罪恕罪！"说完，拆开装订线，提起红笔勾去了彭祖的名字。彭祖也就一命呜呼。

二百年后，二郎圣君想起了彭祖所发誓言，来到彭祖坟前，劈开棺椁一看，彭祖那颗心果然仍在跳动。于是，他带了彭祖这颗不死之心，来到了黄河岸边，看到黄

河水果然干了,彭祖的心就立时停止了跳动。

讲述人:施国银,男,60岁,汉族,不识字,濮阳县农民
采录人:王其连,大专毕业,濮阳市劳动局干部
采录时间:1986年4月13日
采录地点:濮阳县

184. 猪拱河的传说[豫东北]

在河南的东北部有一条河流。它自南而北至津入海,正式名称应该叫东沙河,但我们那儿都习惯上称之为猪拱河,这个名字本身就很生动别致,你一猜也能猜到这里一定大有缘故的。

很早很早以前,记不清是哪朝哪代了。我们那一带遭了旱灾,半年多滴雨未下,庄稼全都病病歪歪,大有颗粒不收的恶兆。老百姓纷纷顶着烈日到各自村头的十字路口叩头祈雨。一马平川,到处都是黑压压求雨的农民。一天,两天,三天……俗话说,人而有恒,金石为开。跪到了七七四十九天,也就真感动了一位仙家。这位仙家千年修行才由猪身修成了人形。

他明知道这是玉帝故意不给这里降雨来惩罚警告当今皇上的无道和昏庸的。但是,他实在不忍心看着这里成千上万的老百姓在死亡线上挣扎,于是,决心拼出自己一条性命也要救下这些虔诚的人们。于是他就到黄河边,摇身一变而成一只巨猪。腿似梁檩,眼似灯笼,嘴巴大得像磨盘。他从黄河那儿奋力用嘴巴拱,硬是拱出一条曲曲弯弯的大沟来,他把这条沟拱到我们那个地方,继续往北拱,滚滚的黄河水顺沟涌来,我们那儿的人们便纷纷把沟里的水担到地里去救庄稼,千万亩的收成终于有点希望了。那个变成猪身的仙家本来打算一不做二不休拱到京城里,拱倒无道昏君的金殿,淹死那些只顾自己享乐的达官贵人,自己也就黄袍加身,推行一种开明的政治。但是在距离北京只有几百里的时候,空中雷光闪闪,一个面沉似水的大和尚站到了他的面前,喝道:"嘟! 大胆的猪精,你也不照照你的模样,就想位列九极! 而且擅自开沟引水,真是胆大包天了。"还在奋力拱地的这位猪仙抬头一看,认出了这位和尚原是玉帝手下的天神所化,他明白这是玉帝要怪罪自己了。他知道自己剩下的时间不多了,于是,就脖项一扭,抄近道把河水引到了今天的天津附近,从那里把这滔滔的河水送到了海里。有的说这位仙家累得精疲力竭,又被那可恶的天神收走了仙力,所以拱到海里就没有出来。也有的说这位猪仙被

天神摄回天界，玉帝念他心地正直到底饶过了他的死罪，但也勾去了他五百年的修行以示严惩。

我们那儿的老百姓可是千恩万谢这位猪仙的大功大德；为了纪念他，这条沟就起了个名字叫作猪拱河。如不信，到我们那儿打听打听，连几岁小孩儿都知道这个神奇的传说。

后　　记

　　2003年9月6日,河南省民俗学会在郑州举行换届会议。会后和张振犁老师同车去河南大学,再次说起先生的著作《中原神话通鉴》。

　　我是七七级学生,1978年3月入学。我们的民间文学课是大三时开的。我们的作业就是假期回乡时搜集一篇民间故事。那时的民间故事像那时的文物一样遍地都是,很少人知道它的价值。我是先生的学生。我是先生在七七级中文系中最早的学生,因为大一的时候我就找到了先生家,诚惶诚恐地向先生请教民间文学。我平生拿到的第一笔稿费就是发表在1979年第2期《遍地红花》上的民间故事《张三打鬼》。从七七级开始,从1980年开始,以后历届的中文系学生都上民间文学课,历届的中文系学生都把民间故事当作业。之后,先生带着助手程健君等溯淮河源,登太行山,沐黄河风,履邙上霜,探求神话圣迹,聆听乡民夜语。照相之,录音之,寻宝般踏遍了中原的山高水寒。三篇《中原神话调查报告》,记录了1980年代"中原神话"的最初惊喜。

　　传奇闪亮于庸常之中,宝藏深潜于阳光之下。关键是,有没有识宝的慧眼。

　　先生发现了宝藏。先生发现那些从缺齿跑风的嘴里进入灵透无比的童耳中的似乎荒诞不经的故事,是祖先向我们秘密传递的无价之宝。

　　它叫神话!

　　今天的民间还有神话?

　　今天广袤的中原民间还鲜活着洪荒时期的神话?

　　四大文明古国已消失三个,独存的唯有华夏文明。也就是说,那些消失的文明所留下的神话都已经成为神话的木乃伊,而华夏文明的神话却依然鲜艳成花朵,在一代又一代老百姓的口中美丽绽放,随风俯仰。

　　生活中不缺少美,只缺少对美的发现。

　　阳光下不缺少宝藏,只缺少对宝藏的发现。

　　先生是个老实人。老实人唯一能依仗的就是老实。先生的老实成就了先生。先生于是在他发现的鼓舞下一次又一次地发现着,《中原神话专题资料》、《中原古典神话流变论考》、《东方文明的曙光——中原神话论》、《中原神话研究》……先生的努力和执着,先生的辛劳与成果,获得了中外学者的高度评价。先生不仅贡献了一个学术流派——中原神话流派,贡献了学术史上的一个词条,还贡献了一种研究的方法和视角。

2003年9月8日上午,我来到了河南大学出版社王刘纯社长的办公室。刘纯兄是我的同学,一个有着超前的学术警觉和颖悟能力的人。11时45分,社长屋里的人走光了,我打算用剩下的15分钟详说先生,岂料,不到3分钟,他就慷慨表态:可以。随后记下书名,嘱我下午莫走,拿先生稿子,并坚持我和他联合责编。下午我去先生家,一敲门就应,显然先生在等我。

此时的先生已届八十高龄,且视力不佳。感谢先生的信任,他把积二十多年心血完成的《中原神话通鉴》的两千多篇、一百四十多万字的稿子,答应交给我进行统编。早在读大学的1980年,我就和七个同学在先生的指导下编写过四十万字的《河南民间故事》,后来又和健君兄联袂主编了《中原民俗丛书》十五种。先生的信任没让我感到压力,编纂的难度没让我感到压力,是年我四十有八,正值气盛心高之际。2004年1月18日,也就是农历的腊月廿七,我把先生的手稿、书稿、图片、资料,大小三个纸箱两捆书统统装车,拉到郑州我杂乱有序的混沌斋。

2004年1月27日,农历正月初六,我开始编排先生的书稿。《中原神话通鉴》内容有神话、评论和用作考据的文献、方志、碑铭、书信、采录等。一故事一评论是其特点。这个并不难编。先生于此书用时多年,常写于讲课后、听会间,笔迹不同,纸张各异,时有对不妥的地方,这就得仔细校正和考究。6月13日,印刷厂将排印好的稿子送到了我的案头。6月30日,我专去开封给先生送稿,让其审校把关,就版式、题例、文字、图片等详细商谈。我提出,文献、方志等内容请先生的研究生帮着校订出处。半年后,完成二校。并于春节前交到出版社。

2005年5月9日,社长刘纯兄告诉我,已交责编看稿。

2006年6月22日,高有鹏教授电话,说《中原神话通鉴》定下了具体的责任编辑。

2007年6月26日,我和程健君、高有鹏一起去出版社见总编张云鹏兄,商谈了《中原神话通鉴》详细的出版计划:《中原神话通鉴》由我统编文稿,健君负责编照片,有鹏负责将书中注释文字让研究生校正出处。

2008年5月30日,我和健君、有鹏去出版社见云鹏总编,把《中原神话通鉴》编校稿奉上。此时,由于时间久,由于承接此书的印刷厂机器更新,该书电子版丢失。商量决定,仍让此厂重新录入。印刷厂很快录毕。9月21日《中原神话通鉴》新稿完成校对。正、副编共1056页。10月29日,出版社派人将《中原神话通鉴》取走。

2009年12月3日我去出版社,总编云鹏兄拿出了责编审稿后的意见,说,约时候专程去郑州详商。

2010年12月24日,如约和健君、有鹏一起去出版社见云鹏总编,责编周老师亦到。对此书的意见进行具体研讨。云鹏谈了此书的紧迫性,说先生已经86岁。

最后议定，赶在2012年9月河南大学百年校庆之前出版。

2013年7月5日，和健君去郑东新区河南大学出版社见云鹏兄，再商先生《中原神话通鉴》之最终意见。总结为：

1. 年底及明年初出版；2. 填写国家图书资助书，争取资助，不获资助也要出；3. 找原来的电子版；4. 由孟宪明、朱淑君具体完成书稿；5. 程健君负责图片。

2013年7月24日，我全日帮填《中原神话通鉴》申请国家图书出版基金的表格，至子夜方成初稿。

2013年的国家图书出版基金未能如愿。好在，2014年《中原神话通鉴》终于上榜。

2015年7月1日上午，我和朱淑君到出版社，商量《中原神话通鉴》一书的出版计划。张云鹏社长亲自主持。责编李云、谌洪波，总编室主任陈林涛等均到。决定当年11月出版。从后往前推时间，要求9月全部校编完。校出一部分，交出一部分。9月19日我和健君在河南大学参加会议，下午云鹏兄开车来接，一起去看先生，将年底出书的决定告诉他。并准备出版先生的论文集和作品集。

从2015年6月初到10月26日，按照出版社的要求，朱淑君再次对稿子做最后的审校。也就是说，"漫长的"编纂要变成"快速的"奔跑。此书的复杂性在任何一次的编校时都没有轻松过。此书有八百多篇神话故事，每篇故事后都附有搜集人和讲述人的信息，时间、地点、文化程度等。按照要求，所有信息要统一格式，所有正文中的数字都改成汉字，所有关于故事所附的时间等的数字都改成阿拉伯数字；故事中讲述人的方言、口语比比皆是，不好理解者必须加注；故事流传的发生地由于建制有改，譬如巩县和巩义市、登封县和登封市、密县和新密市……是一仍其旧，还是再行加注；文献、方志等都要有详细的引用来源，而至此还基本没做；尚有不便的是，出版社所送打印的稿纸是PDF版，而在个人电脑上使用的却是Word。这不仅是时间的压迫，尤其是麻烦的折磨。朱淑君是个老实人。老实人唯一依仗的就是老实。淑君的老实成就了此书。逐章逐篇，逐句逐字。至10月26日，《中原神话通鉴》正编稿编校完毕并立即发健君让其配图。11月26日，按照先生的指示，她将钟敬文先生关于神话的讲稿修改成《中原神话通鉴》的书序。12月1日，我开车带朱淑君去健君处拷贝《中原神话通鉴》的图片。12月3日，责编将最后的书稿和图片一并拷走。朱淑君于此际多次感冒且久拖不好。至此以后，随着《中原神话通鉴》的交稿而日渐康复。

王刘纯、张云鹏、程健君、高有鹏、朱淑君、孟宪明，我们都是先生的学生。我们都知道先生著作的价值，我们都想早日将先生的著作面世，从2003年到今天的2016年，俯仰间过去了十四个年头。细心的读者自会发现，负责此书的"社长刘纯兄"后来变成了"总编云鹏兄"，再后来又变成"社长云鹏兄"。岁月的魔术师轻举起

手中的魔杖浅浅一触,鲜花成果,嫩芽成木,白云瞬间成为雨露。编者一方也有变化,开始是孟宪明统纂,后来由朱淑君完成。我编了两次,朱淑君编了两次。出版社出了三次电子版。健君兄选编了图片。有鹏兄擘划、奔走,《中原神话通鉴》就是他起的书名。古云,有事弟子服其劳。值先生喜届九十四岁华诞,一群弟子将此书奉献于先生面前,算是多年后的又一份作业吧!

长得慢的未必都好,但好的一定长得慢,像长了数亿年的石头,像长了数千年的神话。先生的书写了二十多年,编了十多年,加起来将近四十年。确实感觉漫长了些。但一想起是说神话,一想起是说千百年来出入于千万先祖并流传于亿万后人的口慧和智慧,忽然就感觉"漫长"得理直气壮。

我知道,华夏独存的神话是民族心灵的种子,自会一代一代地扯蔓、开花,结出鲜艳的果实。作为神话研究集大成的《中原神话通鉴》,其实是一座随时准备飞扬播撒的种子仓库。

> 蒙蒙的,潺潺的,淅淅沥沥的,连赶了九天行程的雨于晨明时渐渐停息。坐在安宁的书房,总听见时间的瀑声飞流而下。我知道,百米之遥的西三环正裸奔着永不疲倦的钢铁怪物。
>
> 2016年10月25—28日12时,孟宪明于豫州蛟龙窟混沌斋